NOBILIAIRE

DE

PONTHIEU ET DE VIMEU.

NOBILIAIRE

DE

PONTHIEU ET DE VIMEU

PAR

R. de B........

AMIENS
LEMER AINÉ, IMPRIMEUR-LIBRAIRE
PLACE PÉRIGORD, 3.

1861
1862

AVERTISSEMENT.

J'ai voulu faire un livre que personne n'ait encore fait ; j'ai voulu traiter une matière nouvelle, c'est pourquoi je livre au public ce Nobiliaire de Ponthieu et de Vimeu. Je suis né dans le Ponthieu, ma famille en est originaire et ne l'a jamais quitté. Le travail que j'ai entrepris a donc le double but de rendre un hommage à mon pays et de combler une vaste lacune de son histoire. On a beaucoup écrit sur le Ponthieu, on n'avait jamais rien dit de son ancienne et nombreuse noblesse.

Si j'avais voulu traiter à fond et en détail la généalogie de chacune des familles dont je me suis occupé, il en est beaucoup pour l'histoire desquelles un volume aurait à peine suffi. Telle n'était pas ma pensée. J'avais pour objet de faire bien connaître les maisons nobles, leur origine, leurs alliances, leurs emplois, les dignités dont elles avaient été revêtues, les seigneuries qu'elles avaient possédé. Simplifiant mon travail, j'en ai écarté à la vérité tout ce qui était de nature à le rendre moins aride, mais aussi tout ce qui l'eût inutilement allongé. Je n'y ai laissé que des faits importants, que le strict nécessaire, et, telles qu'elles sont, les généalogies dont ce recueil est composé sont aussi complètes qu'il est possible de le souhaiter.

Je ne me suis pas dissimulé combien était délicate la matière que j'abordais, quelles brûlantes questions pouvait soulever un pareil livre. Aussi, pour toutes les familles encore actuellement existantes, et dont le nom figure dans la grande recherche de la noblesse picarde faite successivement par Bignon et de Bernage sur l'ordre de Louis XIV, je me suis arrêté dans leur généalogie à l'époque de cette recherche, c'est-à-dire à la fin du xviie et au commencement du xviiie siècle. Chacun sait que les commissaires du Roi n'ayant demandé que la justification de quatre ou cinq degrés, y compris celui de l'inquiété, la plupart des gentilshommes, pour s'éviter de plus longues recherches, se bornèrent à fournir les preuves exigées, ce qui eut pour résultat de tromper beaucoup de gens sur la valeur et l'origine réelles des familles. Pour toutes celles-là donc, comme pour toutes du reste, je rétablis la véritable origine en remontant dans le passé aussi loin que j'ai pu le faire, en m'appuyant sur des documents sérieux et en prouvant une filiation suivie. Il n'est guère de famille qui n'ait ses papiers jusqu'au xviie siècle. Cette lacune de cent cinquante ans ne sera donc préjudiciable à personne : c'est comme une longue chaîne à laquelle il manquerait quelques anneaux que les plus intéressés sauront bien rattacher.

On ne trouvera ici que les familles éteintes avant la grande maintenue dont je parlais plus haut et que celles dont la noblesse a été reconnue et confirmée à cette occasion par l'Intendant de Picardie en vertu des déclarations du Roi des 4 septembre 1696, 30 mai 1702, 30 janvier 1703 et 16 janvier 1714. Je n'ai pas rapporté les familles qui ont acquis la noblesse depuis, c'est-à-dire pendant tout le cours du siècle dernier, car je ne puis et personne ne pourra les regarder comme faisant partie de l'ancienne et véritable noblesse de Ponthieu.

Je terminerai ce court exposé en affirmant de nouveau qu'à défaut d'autre qualité, on ne pourra du moins refuser au Nobiliaire de Ponthieu et de Vimeu celle de la plus grande exactitude, de la plus scrupuleuse authenticité.

A.

ABBEVILLE.

Armes : *D'argent à trois écussons de gueules.*

Cette maison, qu'on dit être issue des comtes de Ponthieu, se serait éteinte, pour la branche aînée, selon le père Ignace et d'autres écrivains, dans la personne de Jeanne d'Abbeville, alliée à Jean de Melun, sire d'Antoing, et pour la branche cadette, dite d'Yvregny, dans la personne de Marguerite d'Abbeville, qui épousa Jean de Monchy, seigneur de Senarpont. Quelques généalogistes ont affirmé, au contraire, qu'elle s'était continuée dans la maison de Boubers, encore actuellement existante, et se sont fondés sur ce que les d'Abbeville, seigneurs de Boubers, avaient, dans beaucoup d'actes, omis leur nom patronymique pour ne paraître que sous le nom de leur seigneurie. Le Moyen-âge offre beaucoup d'exemples de ce fait. Quoiqu'il en soit, je vais rapporter les deux branches de la maison d'Abbeville qui s'éteignirent presque simultanément au commencement du xvi° siècle.

BRANCHE AINÉE.

1. — Hues d'Abbeville, vivant en 960, épousa Giselle, sœur de Hugues Capet.
2. — OEullart d'Abbeville, fils des précédents, fut père de
3. — Simon d'Abbeville, dont un fils qui suit.
4. — Rorgon d'Abbeville, laissa Girard, qui suit.
5. — Girard d'Abbeville, châtelain d'Abbeville, sire de Boubers, vivant encore en 1199. De sa femme, dont le nom est inconnu, il eut Guillaume.
6. — Guillaume d'Abbeville, dont vint :
7. — Girard d'Abbeville, sire de Boubers, qui n'eut qu'un fils.
8. — Jean d'Abbeville, sire et pair de Boubers. Il laissa trois fils : 1° Guillaume, qui suit ; 2° Bernard, évêque d'Amiens ; 3° Jean, archevêque de Besançon.
9. — Guillaume d'Abbeville, mourut en 1316, laissant Ringoix.
10. — Ringoix d'Abbeville, noyé à Londres en 1364, fut justement célèbre par cette fin tragique et par sa fidélité au roi de France, qui en fut la cause.
11. — Girard d'Abbeville, chevalier, sire de Boubers et de Domvast, fils du précédent, fut père de Louis.
12. — Louis d'Abbeville, chevalier, sire de Boubers et de Domvast, vivant en 1399, laissa un fils de Jeanne d'Eudin, sa femme.
13. — Emond d'Abbeville, sire de Boubers, Domvast, Frenq et Bléquin, épousa Jeanne de Rély, dame dudit lieu et de Caumont. De leur union naquit une fille.
14. — Jeanne d'Abbeville, dame de Boubers, Domvast, Valines, Bléquin et Caumont, porta toutes ses seigneuries à son mari, Jean de Melun, sire d'Antoing et d'Epinoy, Connétable de France, avec qui elle fut enterrée à Caumont.

BRANCHE D'YVERGNY.

1. — Jean d'Abbeville, dit d'Yvergny, seigneur de Chepy, eût pour fils :
2. — Jean d'Abbeville, dit d'Yvergny, seigneur de Chepy et de Grotizon, mourut en 1420, laissant entre autres enfants :
3. — Pérotin d'Abbeville, dit d'Yvergny, seigneur de Mons, Caubert et Ercourt, père de Philippe, qui suit.
4. — Philippe d'Abbeville, dit d'Yvergny, écuyer, épousa Adde Boussart, dont il eut cinq enfants : 1° Louis, qui suit ; 2° Guillaume, allié à Marie de Biencourt ; 3° Marie, femme de Nicolas Journe, puis de Drieu de Humières, seigneur de Becquincourt ; 4° N......, femme de Nicolas de Bours, seigneur de Framicourt ; 5° Jeanne, femme de Pierre Le Vasseur, écuyer, seigneur de Sailly.
5. — Louis d'Abbeville, dit d'Yvergny, écuyer, épousa Antoinette de Biencourt, dont il eut Jeanne et quatre filles.
6. — Jeanne d'Abbeville, dame de Mons, Caubert, Ercourt, Moismont, Biencourt et Yvergny en partie, épousa Jean de Monchy, chevalier, seigneur de Sénarpont et de Vismes.

ABRAHAM.

Armes : *d'argent à la fasce de sable accompagnée de 6 billettes de même, 3 en chef, 3 en pointe.*

Cette maison, ancienne en Ponthieu, est depuis longtemps éteinte. Le premier Abraham que l'on connaisse vivait en 1312 à Drucat, près Abbeville, où il possédait des biens. Jean Abraham avait des terres au Crotoy en 1384 et 1410.

1. — Jean Abraham, écuyer, seigneur de Millencourt et d'Yzengremer, vivait à Yzengremer en 1450. On ignore le nom de sa

femme, dont il eut : 1° Jean, qui suit ; 2° Marie, femme d'Edmond Béquet, écuyer, seigneur d'Erveloy, d'une famille qui prétendait compter parmi ses membres l'illustre Archevêque de Cantorbery.

2. — Jean ABRAHAM, écuyer, seigneur de Millencourt et d'Yzengremer, épousa avant 1480 Catherine Le Briois. Il en eut entre autres enfants :

3. — Hugues ABRAHAM, écuyer, seigneur de Millencourt et d'Yzengremer. Il épousa Jeanne Galme, qui lui donna : 1° Jean, qui suit ; 2° Jacques, écuyer, seigneur de la Tour-Carrée ; 3° Jeanne, femme de Nicolas de Brestel, écuyer.

4. — Jean ABRAHAM, écuyer, seigneur de Millencourt et d'Yzengremer, épousa une demoiselle de Boubers-Ribeaucourt, dont :

5. — Jean ABRAHAM, écuyer, seigneur de Milly, Millencourt, Yzengremer et Maisoncelles, épousa N. de Roussé, dont le nom propre m'est inconnu, mais que, par la concordance des dates, je crois être fille de François de Roussé, écuyer, seigneur d'Escarbotin, et de Hélène d'Anvin de Hardenthun. Ils ne laissèrent que des filles, qui s'allièrent aux Monthomer, aux Friaucourt et aux Saint-Blimond de Ponthoiles.

ACHEU.

Armes : *Parti, au 1er d'argent à la croix ancrée de sable, au 2me d'argent à l'aigle éployée de sable.* Supports, *deux lévriers,* Cimier, *un lévrier naissant.*

Cette ancienne maison paraît avoir été originaire d'Acheu, en Vimeu, où elle existe encore. Plusieurs de ses membres portèrent, au XIIIe et au XIVe siècle, le surnom de Poulain. Le plus ancien que l'on connaisse est Jean d'Acheu, chevalier, qui vivait en 1251. La maison d'Acheu fut maintenue dans sa noblesse le 16 août 1698, après avoir prouvé depuis le 6 janvier 1555.

1. — Enguerran d'Acheu, dit Poulain, écuyer, tenait un fief du roi en Vimeu, en 1270. Il fut père de

2. — Simon d'Acheu, dit Poulain, écuyer, possesseur d'un manoir à Martainneville et de fiefs à Grébault et Onicourt en 1290; de lui est issu Pierre.

3. — Pierre d'Acheu, dit Poulain, écuyer, seigneur dudit lieu, laissa un fils.

4. — Guillaume d'Acheu, écuyer, seigneur dudit lieu, vivant en 1350, eut pour fils :

5. — Jean d'Acheu, dit Poulain, écuyer, seigneur dudit lieu, épousa, à ce que je crois, Marguerite de Franqueville. D'eux sont issus Jean, qui suit.

6. — Jean d'Acheu, écuyer, seigneur de Baynast, épousa Anne de Chatillon et vivait avec elle en 1416. Je crois qu'il eut pour fils le suivant.

7. — Pierre d'Acheu, écuyer, seigneur de Foucaucourt; de sa femme, dont le nom m'est inconnu, il a laissé Paul, qui suit.

8. — Paul d'Acheu, écuyer, seigneur du Plouy et de Foucaucourt, épousa Claude de Wavrans, en secondes noces, en 1548. D'elle il eut : 1° Jacques, qui suit; 2° Louis, auteur de la deuxième branche qui suivra.

9. — Jacques d'Acheu, écuyer, seigneur du Plouy, épousa Isabeau de Caux, par contrat du 6 janvier 1555. On ne leur connaît qu'un fils.

10. — Paul d'Acheu, écuyer, seigneur du Plouy, Verreuf, Sotteville et Haut-Pas, se maria deux fois. En premières noces, il épousa Gabrielle d'Estourmel, par contrat passé le 6 mai 1586. Il épousa en secondes noces, par contrat du 11 mai 1610, Marguerite de Poix. Du premier lit est venu : 1° Gédéon, écuyer, seigneur du Plouy, allié à Marie Manessier, dont un fils, mort jeune, et deux filles. Du second lit est issu Anne, qui suit.

11. — Anne d'Acheu, écuyer, seigneur de St.-Maixent, fut allié à Suzanne de Sarous, par contrat du 24 mai 1646. Il laissa entre autres enfants, Jeuffray, qui suit.

12. — Jeuffray d'Acheu, écuyer, seigneur de St.-Maixent, fut maintenu dans sa noblesse, le 16 août 1698, sur preuves remontant jusqu'à Paul d'Acheu et Claude de Wavrans. Il avait épousé Charlotte Le Hué, par contrat du 21 mai 1667, et en eut pour enfants : 1° Louis ; 2° Geoffroy-Michel ; 3° Louis ; 4° Marie, femme de Jacques Renier, concierge du jardin du roi, à Amiens ; 5° Antoinette-Charlotte ; 6° Madeleine.

DEUXIÈME BRANCHE.

9. — Louis d'Acheu, chevalier, seigneur de Foucaucourt, Bienfay, Lignières et Wavrans, épousa Antoinette de Gaudechart, en 1560. Il eut d'elle : 1° Gédéon, qui suit ; 2° Claude, auteur de la troisième branche, qui suivra ; 3° Charles, chevalier, seigneur de Lignières, mort sans alliance.
10. — Gédéon d'Acheu, chevalier, seigneur de Foucaucourt, épousa Gabrielle de Saveuse, dont il eut Antoine.
11. — Antoine d'Acheu, chevalier, seigneur de Foucaucourt, fut allié à Catherine de Quiry. J'ignore s'il laissa des enfants.

TROISIÈME BRANCHE.

10. — Claude d'Acheu, écuyer, seigneur de Bienfay, épousa Barbe Le Febvre de Caumartin. Son fils et successeur fut Louis, qui suit.
11. — Louis d'Acheu, écuyer, seigneur de Bienfay et de Wavrans, fut marié trois fois : 1° en 1594, avec Anne de Villers ; 2° avec Marie de Monthomer ; 3° avec Anne de Bernard, de laquelle il eut enfin un fils.
12. — Antoine d'Acheu, écuyer, seigneur de Bienfay et de Wavrans, épousa en 1662 Suzanne de Bruxelles. Il eut d'elle

beaucoup d'enfants qui moururent tous, et ses biens furent recueillis par la famille Le Comte.

AIGNEVILLE.

Le village d'Aigneville, en Vimeu, a été le berceau de cette famille qui paraît pour la première fois en 1218, dans la personne de Guillaume, chevalier, maïeur de Maisnières. Maintenus dans leur noblesse le 22 décembre 1698, le 24 décembre 1700 et le 18 février 1702, Messieurs d'Aigneville de Millencourt, de Romaine et de Halloy, au lieu de prouver depuis le 24 mars 1472, pouvaient produire une généalogie suivie depuis l'an 1218. La maison d'Aigneville, éteinte, portait : *d'argent à l'orle d'azur.* Supports : *deux griffons.* Cimier : *une sirène.*

1. — Guillaume D'AIGNEVILLE, chevalier, maïeur de Maisnières, en 1218, eut d'Agnès, sa femme, quatre fils : 1° Guillaume ; 2° Gauthier, qui suit ; 3° Aléaume ; 4° Giroult.

2. — Gauthier D'AIGNEVILLE, vivant encore en 1257, fut père de :

3. — Jean D'AIGNEVILLE, écuyer, vivant encore en 1340, eut de dame Mahault, sa femme, un fils qui suit.

4. — Firmin D'AIGNEVILLE, chevalier, seigneur d'Etrejus et de Millencourt, épousa Alix du Bus, qui lui donna deux fils : 1° Jean, qui suit ; 2° Robert, auteur de la deuxième branche qui suivra.

5. — Jean D'AIGNEVILLE, écuyer, seigneur du Bus, Rogehan, Dreuil et Millencourt, en 1400, épousa Jeanne de Belloy, dont vinrent : 1° Claude, écuyer, guidon de la compagnie du seigneur de Pont-Remy, périt à la guerre et ne laissa pas d'enfants ; 2° Charles, écuyer, seigneur de Dreuil, Rogehan, Airaines, Morival et Citornes, fut allié à Marie de Lannoy, dont une fille unique, Jeanne, qui épousa Guy de Chantelou, chevalier ; 3° Guillaume, qui suit.

— 8 —

6. — Guillaume D'AIGNEVILLE, écuyer, seigneur de Millencourt, épousa Isabelle Quiéret. Il laissa pour fils et successeur Emond.

7. — Emond D'AIGNEVILLE, écuyer, seigneur de Millencourt, fut allié à Maiotte de Caumont, par contrat du 4 avril 1481. Il n'eut d'elle qu'un seul fils.

8. — Jean D'AIGNEVILLE, écuyer, seigneur de Millencourt, épousa Antoinette Le Ver, par contrat passé le 5 juin 1549. Il fut père de Claude, qui suit, et de Quentin, auteur de la troisième branche, qui suivra.

9. — Claude D'AIGNEVILLE, écuyer, seigneur de Millencourt, épousa Antoinette de Béthencourt, dont il eut :

10. — Antoine D'AIGNEVILLE, écuyer, seigneur de Millencourt. De sa femme, dont le nom n'est pas connu, il eut : 1° André, qui suit ; 2° Louis, écuyer, seigneur de Varengueval.

11. — André D'AIGNEVILLE, écuyer, seigneur de Millencourt, fut allié à Antoinette Descorches. De cette union est issu, entre autres enfants : 1° André, qui suit ; 2° Antoinette, femme de Jean de Cretelle, écuyer.

12. — André D'AIGNEVILLE, chevalier, seigneur de Millencourt et de Flamermont, épousa Marie de Marmande, dont il eut : 1° Charles, qui suit ; 2° quatre filles, dont deux religieuses, une sans alliance et une femme de Louis L'Yver, écuyer, seigneur d'Infray.

13. — Charles D'AIGNEVILLE, chevalier, seigneur de Millencourt, lieutenant de roi à Cambrai et chevalier de St.-Louis, épousa Marie de Saint-Souplix, par contrat du 9 septembre 1679. Il n'avait pas encore d'enfants quand il fut maintenu dans sa noblesse, le 18 février 1702.

DEUXIÈME BRANCHE.

5. — Robert D'AIGNEVILLE, écuyer, seigneur de Millencourt et d'Etrejus, vivant encore en 1395, avait épousé Marie de

Biencourt, qui lui donna deux fils, Pierre, qui suit, et Jean, prêtre.

6. — Pierre d'Aigneville, écuyer, eut trois fils : 1° Guillaume, qui suit ; 2° Pierre ; 3° Edmond.

7. — Guillaume d'Aigneville, écuyer, vivant encore en 1469, n'eut qu'un fils.

8. — Antoine d'Aigneville, écuyer, seigneur de Dreuil ; de Jeanne de La Garde, sa femme, il ne laissa qu'une fille, Maroie, vivant en 1534.

TROISIÈME BRANCHE.

9. — Quentin d'Aigneville, écuyer, seigneur de Flamermont, épousa, par contrat passé le 21 juin 1552, Marguerite Massue, de laquelle il eut : 1° Nicolas, écuyer, seigneur du Halloy ; 2° Gédéon, écuyer ; 3° Jeanne, femme de Oudart de Gouy, écuyer, seigneur du Tertre.

10. — Guillaume d'Aigneville, écuyer, seigneur de Becquétoille, homme d'armes des ordonnances du roi, sous la charge du duc de Joyeuse, fut allié à Anne de Gouy, par contrat passé le 4 janvier 1588. De lui sont issus : 1° Nicolas, qui suit ; 2° Charles.

11. — Nicolas d'Aigneville, écuyer, seigneur de Boiville, épousa Marie de Bomy et fut père de Charles, qui suit, et de David, écuyer, seigneur de Halloy, maintenu dans sa noblesse le 22 décembre 1698.

12. — Charles d'Aigneville, écuyer, seigneur de Boiville, épousa Marie de Ray, par contrat passé le 12 juillet 1634. Il eut plusieurs enfants : 1° Nicolas, qui suit ; 2° David ; 3° Pierre, écuyer, seigneur de Boiville, et deux filles.

13. — Nicolas d'Aigneville, écuyer, seigneur de Boiville et de Romaine, épousa Marguerite de May, par contrat passé le

5 juillet 1673. Il avait trois fils, Pierre, François et Nicolas, quand il fut maintenu dans sa noblesse, le 24 décembre 1700.

AILLY.

Je ne dirai rien de cette grande et illustre maison, dont le nom est à chaque page de notre histoire. Ailly-le-Haut-Clocher fut son berceau. Ses armes étaient : *De gueules à deux branches d'alisier d'argent, passées en double sautoir, au chef échiqueté d'argent et d'azur de trois traits.* Une branche de cette maison, établie à Neuville, près St.-Valery, remplaçait les *deux branches d'alisier* par *un lion d'or.*

AINVAL.

La maison d'Ainval, issue d'Arnoul, sire d'Ainval en Vimeu, chevalier, vivant en 1180, s'est éteinte au siècle dernier. Les trois branches qui existaient encore à la fin du xviie siècle, furent maintenues dans leur noblesse en prouvant une généalogie suivie depuis Guillaume d'Ainval, écuyer, demeurant en Vimeu, avec Barbe d'Amerval, sa femme. Les armes de cette maison étaient : *d'argent emmanché de gueules, à la bande d'azur cotoyée de deux cotices de même, brochant sur le tout.* Supports : *deux daims.* Cimier : *un daim naissant dans un vol d'azur.* Devise : *Nescit labi virtus.*

1. — Guillaume D'AINVAL, écuyer, seigneur d'Ainval, épousa Barbe d'Amerval, dont vint :
2. — Hue D'AINVAL, écuyer, seigneur d'Ainval, qui fut allié à Jeanne de Sorel, dame de Blangy-sous-Poix. De cette union naquit Colart, qui suit.
3. — Colart D'AINVAL, écuyer, seigneur de Blangy, épousa Gillette de Vaux, dame de Langle et Quevauvillers. Il eut d'elle Colart, qui suit.

4. — Colart d'Ainval, écuyer, seigneur de Blangy. De sa femme, Antoinette de Béry d'Esserteaux, il eut plusieurs enfants : 1° Claude, qui suit ; 2° Jean, religieux bénédictin, prieur de Gamaches ; 3° Amé, écuyer, père de Jacques mort sans postérité, de Marie, femme de Raoul Le Couvreur, écuyer, seigneur de Vraignes, et d'Antoinette, femme de Jean Bauduin, seigneur de Fréchencourt.

5. — Claude d'Ainval, écuyer, seigneur de Domfront, Cauroy et Prunierval, fut maïeur d'Amiens en 1547. Il épousa Marguerite Wallon, de laquelle il eut : 1° Pierre, qui suit ; 2° Jérôme, auteur de la deuxième branche, qui suivra ; 3° Adrien, auteur de la troisième branche, qui suivra également.

6. — Pierre d'Ainval, écuyer, seigneur de Domfront, fut marié deux fois ; d'abord avec Jeanne Le Forestier, dont il eut : 1° Gilles, mort jeune ; 2° Robert, qui suit ; 3° Marie ; puis, en secondes noces, avec Madeleine d'Amerval, dont vint Barbe, femme de François de Parthenay, écuyer, seigneur d'Ainval.

7. — Robert d'Ainval, écuyer, seigneur de Domfront et de Fillescamps, épousa Anne de Hangest, par contrat du 14 novembre 1570. D'eux sont issus : 1° Lazare, qui suit ; 2° Gilles, écuyer ; 3° Françoise, femme de François du Chesne, écuyer ; 4° Marthe, femme de Louis Le Comte, écuyer ; 5° Isabeau.

8. — Lazare d'Ainval, écuyer, seigneur de Fillescamps, épousa Marie Coullet, par contrat du 10 novembre 1612. Il laissa pour enfants : 1° Charles, écuyer ; 2° Louis, écuyer ; 3° Antoine, qui suit ; 4° Marie, femme de Robert de Millon, écuyer, seigneur de Margimont.

9. — Antoine d'Ainval, écuyer, seigneur de Fillescamps, fut allié à Catherine de Gueulluy, par contrat du 22 décembre 1647. De cette union naquirent : 1° François, qui suit ; 2° Thérèse ; 3° Louise.

10. — François d'Ainval, chevalier, seigneur de Fillescamp, capitaine au régiment de Normandie, épousa Charlotte Dupuis, par contrat du 24 février 1683. Il laissa un fils, qui suit.

11. — Charles d'Ainval, chevalier, seigneur de Fillescamps, épousa Eulalie de Hollondel, par contrat passé le 12 juin 1703. Il fut maintenu dans sa noblesse le 28 novembre 1716, avec ses enfants : 1° Louis ; 2° François ; 3° Marguerite ; 4° Marie.

DEUXIÈME BRANCHE.

6. — Jérôme d'Ainval, écuyer, seigneur de Cauroy et du Quesnel, épousa Marie de Canteleu, dont il eut : 1° Josias, écuyer, mort sans postérité ; 2° Antoine, qui suit ; 3° Marthe.

7. — Antoine d'Ainval, écuyer, seigneur de Hen, épousa Hélène de Vendeuil, dont sont issus : 1° Jean, qui suit ; 2° Marie, femme de Pierre de Gueulluy, écuyer, seigneur de Moriauville.

8. — Jean d'Ainval, écuyer, seigneur de Hen, épousa Madeleine de Pascourt. Ils eurent pour enfants : 1° Jérôme, qui suit ; 2° Marie, femme de François Caignet, seigneur de Bougicourt.

9. — Jérôme d'Ainval, écuyer, seigneur de Hen, fut allié à Antoinette de Gueulluy, par contrat passé le 21 septembre 1641. Il fut père de : 1° François, dont Antoinette, femme du sieur de Rambures ; 2° Alexandre, écuyer ; 3° Jérôme, qui suit ; 4° Joachim, écuyer.

10. — Jérôme d'Ainval, écuyer, seigneur de Hen, garde-du-corps du roi, épousa Marie Pinte, par contrat du 2 mars 1677. Ils n'eurent qu'un fils.

11. — Antoine d'Ainval, écuyer, seigneur de Rivière-lès-Conty, épousa Marie-Anne Fournier, par contrat passé le 2 février 1709. Il fut maintenu dans sa noblesse le 6 novembre 1717, avec ses enfants : 1° Pierre-Antoine ; 2° Guillaume ; 3° Frédéric ; 4° Marie-Françoise.

TROISIÈME BRANCHE.

6. — Adrien d'Ainval, écuyer, seigneur de Domfront, maïeur

d'Amiens, épousa Marie du Gard, par contrat en date du 27 décembre 1561, et en eut : 1° Jean, qui suit ; 2° Marie, femme de Bénigne Vitus, prévot des maréchaux de France en Picardie.

7. — Jean d'Ainval, écuyer, seigneur de Fosse-Bleuet, licencié-ès-loix, épousa Marie Le Picard, par contrat passé le 19 mai 1589. D'elle il eut Jean, qui suit.

8. — Jean d'Ainval, écuyer, seigneur de Fosse-Bleuet, avocat au bailliage d'Amiens, épousa Adrienne Morel, par contrat du 30 août 1617. Son fils et héritier fut Jean, qui suit.

9. — Jean d'Ainval, écuyer, seigneur de Maucreux, Argillière, Prunierval, Brachure, Darly, Vauchelle, Mullot, se maria deux fois. En premières noces, il épousa Marie Cardon, par contrat du 8 décembre 1656, et n'en eut pas d'enfants. En secondes noces, par contrat du 1ᵉʳ février 1674, il épousa Suzanne-Marguerite de La Villette. D'eux sont issus : 1° Antoine, écuyer, seigneur de Frétoy, gendarme de la Reine ; 2° François, écuyer ; 3° Marie-Angélique. Jean fut maintenu dans sa noblesse, avec ses enfants, le 17 décembre 1701.

ALEGRIN.

Armes : *Parti d'or et de gueules, à la croix ancrée de l'un en l'autre.*

Cette famille était connue à Abbeville dès l'an 1200. Jean Alegrin, cardinal, mort en 1240, était de la même maison qui donna aussi deux chanceliers de France, sous Louis-le-Jeune et sous saint Louis, un évêque de Soissons et un historiographe de France.

AOUST.

Armes : *De sable à trois gerbes d'or, liées de même.*

Cette maison est originaire du village d'Aoust près Eu, dans l'église duquel on voit encore un curieux monument, qui, mieux que tout le reste, atteste l'antiquité de la noblesse des d'Aoust ; c'est une pierre d'un grès rougeâtre et très-fin, malheureusement brisée en plusieurs endroits, qui représente un chevalier en armure complète du xiii° siècle. On lit autour l'inscription suivante : « *Chi gist me sires Raoul de Aouste, chevalier........ an de nostre seigneur mil et ii chens et lx et ix le mardi devant Purification nostre dame. Pries pour same.* » Une branche de la maison d'Aoust, anoblie en août 1454, a beaucoup paru à Abbeville et dans les environs, au xv° et au xvi° siècle. J'ignore si les personnes de ce nom, qui habitent aujourd'hui Paris et l'Artois, sont les représentants de cette branche ou d'une autre, mes notes ne me fournissant que les documents suivants :

1. — Frémin D'AOUST, seigneur dudit lieu, mentionné, en 1303, comme homme-lige du chapitre de Noyelles-sur-Mer, dans le cartulaire dudit chapitre. On le croit père de

2. — Eustache D'AOUST, à son tour père de

3. — Guillaume D'AOUST, en 1400. Celui-ci laissa pour fils :

4. — Eustache D'AOUST, vivant en 1440. De lui serait issu Jacques, qui suit.

5. — Jacques D'AOUST, écuyer, licencié-ès-lois, seigneur de S¹-Aubin, fut successivement argentier, échevin plusieurs fois, et enfin procureur fiscal à Abbeville. Il avait épousé, dès 1434, Marguerite Cornu, dont il eut plusieurs enfants, entr'autres le suivant ; c'est ce même Jacques qui fut anobli, au mois d'août 1454.

6. — Jacques D'AOUST, écuyer, seigneur de S¹-Aubin, bailly d'Abbeville, fut allié à Marguerite de Runes, qui lui donna :

7. — Eustache d'Aoust, écuyer, licencié-ès-lois, seigneur de St-Aubin, conseiller du Roi et bailly d'Abbeville, allié à Jeanne de Runes, dont Jeanne, femme de Valeran de Baynast.

7 bis. — Jacques d'Aoust, frère du précédent, fut écuyer, seigneur de Francières, et bailly d'Abbeville. On lui donne pour femme Madeleine de Damiette, de laquelle il eut beaucoup d'enfants, dont l'aîné fut Jacques.

8. — Jacques d'Aoust, écuyer, seigneur de St-Aubin, Francières, Neuville-sous-St-Riquier, Roquemont, Genvillers, Haussoy, Bonaffles. Il naquit en 1504, et fut maïeur d'Abbeville en 1542 et 1564. Il se maria deux fois, 1° avec N... de Buleux, dame de Buleux et de Sotteville; 2° avec N... de Bournel de Namps. Son fils et successeur fut Louis, qui suit.

9. — Louis d'Aoust, écuyer, seigneur, vicomte et pair de la Queute, Francières, St-Aubin, Genvillers, Roquemont, Haussoy, Bonaffles, Neuville. Il épousa une delle Quiéret qui lui laissa cinq enfants: 1° Louis, seigneur de Neuville; 2° Charles, seigneur de Francières; 3° Pierre, seigneur de Roquemont; 4° Françoise; 5° Marie.

ARREST.

On croit cette famille originaire d'Arrest, près St-Valery. Toujours est-il qu'on la voit, dès 1310, à Abbeville, où plusieurs de ses membres remplirent des fonctions municipales, et s'allièrent à un grand nombre des familles les plus marquantes de l'ancienne bourgeoisie. La généalogie qui suit est celle qui fut produite et prouvée, en 1708, pour la maintenue de Bignon. — Armes : *d'argent à un lion de gueules.*

1. — Ochias d'Arrest, écuyer, seigneur de Beaulieu, allié, 1° à Françoise l'Yver, dont Jean, qui suit; 2° à Marie de Lamiré.

2. — Jean d'Arrest, écuyer, seigneur de Beaulieu, épousa Antoi-

nette Laignel, par contrat passé, le 7 juin 1564. De cette union naquit Artus.

3. — Artus d'Arrest, écuyer, seigneur de Beaulieu, maitre des fortifcations, réparations et ouvrages pour le Roi en Ponthieu. De Marie de Bernay, sa femme, il eut : 1° Nicolas, qui suit ; 2° Charles, auteur de la deuxième branche qui suivra.

4. — Nicolas d'Arrest, écuyer, seigneur de Beaulieu, conseiller du Roi, lieutenant de robe-courte en la sénéchaussée de Ponthieu, épousa Marie Noël, de laquelle il eut Louis, qui suit, et Marie, alliée par contrat du 3 janvier 1675, à Charles de Saisseval, écuyer, seigneur d'Anville.

5. — Louis d'Arrest, écuyer, seigneur de Valmontier, conseiller du Roi, élu en l'élection de Ponthieu, épousa Anne de Doullens, par contrat passé le 19 février 1669. Il fut maintenu dans sa noblesse, le 29 novembre 1697, et n'avait alors que deux filles à marier, Anne et Françoise. Il fut donc le dernier de sa branche.

DEUXIÈME BRANCHE.

4. — Charles d'Arrest, écuyer, seigneur de Thuison et de Sailli-Bray, gentilhomme servant du Roi, fut marié deux fois : 1° Avec Marie-Catherine Manessier, par contrat du 17 décembre 1639 ; 2° avec Louise du Plessis, par contrat passé le 12 avril 1652. De sa première femme il n'eut qu'un fils.

5. — Philippe d'Arrest, écuyer, seigneur de Sailly-Bray, Beaulieu et Thuison, mousquetaire du Roi, capitaine de cavalerie au régiment royal, épousa Marguerite-Françoise de Brouilly, par contrat du 15 mars 1667. D'eux naquirent Philippe, qui suit, et Pierre-Paul, écuyer, seigneur de Séricourt, capitaine au régiment de Languedoc, puis capitaine de garde-côtes, sans alliance lorsqu'il fut maintenu avec son frère dans sa noblesse.

6. — Philippe d'Arrest, écuyer, seigneur de Sailly-Bray, cheva-

lier de St-Louis, capitaine au régiment de Billy, épousa Marie-Anne de Saisseval, par contrat passé le 1er février 1698. Il eut d'elle deux filles, Marie-Louise et Madeleine, et fut maintenu dans sa noblesse le 28 janvier 1708.

AU-COSTÉ.

Originaire d'Abbeville; la famille Au-Costé en était l'une des plus anciennes et des plus considérées au moyen-âge. Elle s'éteignit au XVIe siècle. Ses armes étaient : *d'argent à la bande de sable accompagnée de 6 billettes de même, et chargée de 3 alérions d'argent.*

1. — Renier Au-Costé, maïeur d'Abbeville en 1226, 1227 et 1233, fut père de :

2. — Jacques Au-Costé. Celui-ci fut maïeur d'Abbeville en 1280, 1283, 1284, 1288 et 1301. Il épousa Jeanne Loisel qui lui donna : 1° Mathieu, qui suit ; 2° Fremin, maïeur d'Abbeville en 1336 ; 3° Jean, maïeur d'Abbeville en 1337, 1344 et 1348.

3° — Mathieu Au-Costé, seigneur de Bouillancourt-sous-Miannay, maïeur d'Abbeville en 1318, épousa Clémence Sommecarde qui le rendit père de Mathieu, qui suit.

4. — Mathieu Au-Costé, écuyer, seigneur de Bouillancourt, huissier d'armes du Roi, fut maïeur d'Abbeville en 1360, 1363, 1372, 1376, 1379, 1382. De sa femme, dont le nom est inconnu, il eut un fils, qui suit.

5. — Eustache Au-Costé, écuyer, seigneur de Bouillancourt, épousa N. de Boubers de St-Riquier. De cette union sont issus : 1° Eustache, qui suit ; 2° Colart, écuyer, seigneur de Bouillancourt, allié à Isabelle Roussel, et mort sans enfants, en 1420 ; 3° Antoinette, femme de Jean l'Yver, seigneur de Boëncourt.

6. — Eustache Au-Costé, dit Tassinot, écuyer, seigneur de Bouillancourt, maïeur d'Abbeville en 1434, 1435, 1436 et

1440. Il eut pour fils : 1° Mathieu, écuyer, seigneur de Bouillancourt, garde du scel royal, et maître des arbalétriers de la ville d'Abbeville; 2° Pierre qui suit.

7. — Pierre Au-Costé, écuyer, seigneur de Bouillancourt, mort en 1471, avait épousé Jeanne Cornu qui lui donna pour fils le suivant.

8. — Jean Au-Costé, écuyer, seigneur de Bouillancourt, mourut en 1492, laissant un fils.

9. — Jean Au-Costé, écuyer, seigneur de Bouillancourt, eut deux fils; l'aîné Jean, auditeur du Roi à Abbeville, mourut sans alliance et laissa tous ses biens à son frère cadet, Nicolas, lequel, s'il se maria, ce que j'ignore, n'eut pas du moins de postérité.

AULT.

Armes : *Écartelé, au 1er, d'azur à la croix ancrée d'or, accompagnée de 3 croissants d'argent ; au 2me, 5 points d'azur équipolés à 4 d'argent ; au 3e, d'or à 3 chevrons de gueules; au 4me, d'argent à la croix de gueules.* Supports : *deux lions de gueules.* Cimier : *un lion naissant de même.*

Quelques personnes, issues des derniers représentants de cette famille, en ont relevé le nom, en abandonnant le leur qui, pourtant très-ancien en Picardie, était désormais, par suite d'une fâcheuse identité, voué à une célébrité déplorable. La véritable famille d'Ault, qui reconnaissait pour son auteur Pierre d'Ault, anobli par Charles VI en octobre 1397, est donc tout-à-fait éteinte. Lors de leur maintenue de noblesse, le 10 janvier 1699, Messieurs d'Ault rappelèrent l'anoblissement de 1397, mais ne firent commencer leur généalogie qu'à Pierre d'Ault, vivant en 1507.

1. — Guerard d'Ault, prévôt du Vimeu en 1369, fut père de Pierre, qui suit.

2. — Pierre d'Ault, fut anobli par lettres données en octobre 1397, et enregistrées à la chambre des comptes de Paris, le 17 novembre 1397. On ignore le nom de sa femme, mais on sait qu'il eut pour fils le suivant.

3. — Hues d'Ault, écuyer, lieutenant-général d'Amiens, mourut avant 1460 ; il avait épousé Mahault de Beauvais dont il eut :

4. — Hues d'Ault, écuyer, père de Pierre, qui suit, et de Bernard.

5. — Pierre d'Ault, écuyer, épousa Françoise de Crèvecœur. Il eut d'elle : 1° Charles, qui suit : 2° Philippote.

6. — Charles d'Ault, écuyer, seigneur de la Wardieu (fief séant à S¹-Sauflieu), épousa Jacqueline d'Ailly, dont il eut : 1° Adrien, qui suit ; 2° Gabrielle, femme de Jean Le Vasseur, écuyer, seigneur de Gournay.

7. — Adrien d'Ault, écuyer, seigneur de la Wardieu, allié à Françoise Bocq, laissa deux enfants : 1° Charles, qui suit ; 2° Charles, seigneur du Souich.

8. — Charles d'Ault, écuyer, seigneur de la Wardieu, épousa Jeanne de Donquerre, par contrat passé le 8 juin 1628. D'eux sont issus : 1° Nicolas, qui suit ; 2° Louis, écuyer, seigneur de S¹-Aubin.

9. — Nicolas d'Ault, écuyer, seigneur de la Wardieu, épousa Antoinette de l'Espine, par contrat en date du 5 mars 1655. D'elle il eut : 1° Hugues, qui suit ; 2° Augustin, écuyer, seigneur de la Mairio, maintenu dans sa noblesse avec son frère.

10. — Hugues d'Ault, écuyer, seigneur du Mesnil, fut allié à Charlotte Roussel, par contrat du 8 octobre 1677. Il n'avait pas encore d'enfants, quand il fut maintenu dans sa noblesse, le 10 janvier 1699.

AUMALE.

La Morlière, dans son *Recueil de plusieurs nobles et illustres maisons de Picardie*, et Le Carpentier, dans son *Histoire de Cam-*

brésis font descendre cette famille des anciens comtes d'Aumale de la maison de Nesle. Une généalogie volumineuse publiée par d'Hozier ne commence qu'à Émery d'Aumale, mort en 1425. Sans partager l'opinion de Lamorlière et de Le Carpentier, qu'il signale, d'Hozier rend cependant une justice éclatante à la grande noblesse des d'Aumale. Deux branches de cette famille, celles du Quesnoy et d'Yvrencheux, furent maintenues dans leur noblesse, le 30 janvier 1699, sur preuves remontant jusqu'au 10 mai 1546, vivant Philippe d'Aumale, écuyer, et Madeleine de Villiers, sa femme. La seconde compte encore des représentants à Abbeville. Armes : *d'argent à la bande de gueules, chargée de 3 besants d'or*. Cimier et supports : *3 lions*.

1. — Jean de Nesle, seigneur de Falvy et de la Hérelle, épousa en secondes noces Mme Jeanne de Ponthieu, reine d'Espagne, comtesse de Ponthieu, de Montreuil et d'Aumale, dont il eut entre autres enfants :

2. — Guy de Nesle, dit D'AUMALE, parce qu'il fut apanagé d'une partie de ce comté, et que selon l'usage du temps, il en prit le nom. On lui donne pour fils et successeur :

3. — Raoul D'AUMALE, chevalier, seigneur de Harcelaines et de Hocquincourt, vivant en 1380. Il fut père d'Émery.

4. — Émery D'AUMALE, chevalier, seigneur de Harcelaines, Hocquincourt, Hondrechies et Bouillancourt, épousa Jeanne d'Épagny. Il mourut en 1425, laissant pour héritier Jean, qui suit.

5. — Jean D'AUMALE, chevalier, seigneur de tous les lieux susdits, épousa Jeanne de Moreuil, vicomtesse du Mont-Notre-Dame près Fère en Tardenois ; il mourut le 21 novembre 1469, laissant cinq enfants : 1° Jean qui suit ; 2° Renaud, chanoine de St-Quentin, en 1512 ; 3° Guillaume, seigneur de Fontaine-Notre-Dame, auteur de la branche des seigneurs de Nampsel qui suivra ; 4° Isabeau, femme d'Antoine de Brouilly ; 5° Jeanne, femme de Mahieu de Hondecoustre, chevalier.

6. — Jean D'AUMALE, chevalier, vicomte du Mont-Notre-Dame,

seigneur du Quesnoy, etc., fut allié à Jeanne de Rasse, par contrat du 15 février 1491. Il en eut quatre enfants : 1° Philippe, qui suit ; 2° Charles, allié à Annette de Pas ; 3° Charles, auteur de la branche des seigneurs d'Haucourt, qui suivra ; 4° Madeleine, femme de Jean d'Estourmel, seigneur de Templeux.

7. — Philippe d'Aumale, chevalier, vicomte du Mont-Notre-Dame, tué à la bataille de Pavie en 1524, avait épousé Madeleine de Villiers-l'Isle-Adam. Il laissa deux fils, Louis, qui suit, et François, auteur de la branche des seigneurs du Quesnoy, qui suivra.

8. — Louis d'Aumale, vicomte du Mont-Notre-Dame, fut successivement panetier ordinaire du duc d'Orléans, écuyer d'écurie, panetier ordinaire, conseiller et chambellan de Henri II, capitaine de cent hommes d'armes et lieutenant de cinquante lances des ordonnances du Roi, chevalier de St-Michel. Il épousa, en 1545, Antoinette d'Anglebelmer, et eut pour fils unique Jacques, qui suit.

9. — Jacques d'Aumale, chevalier, seigneur et vicomte du Mont-Notre-Dame, seigneur et baron de Bazoches, gentilhomme ordinaire de la chambre du Roi, et chevalier de St-Michel, épousa en 1584 Marie de Boussut, et mourut sans enfants le 17 février 1625.

BRANCHE

des Seigneurs du Quesnoy.

8. — François d'Aumale, seigneur du Quesnoy, Boubers, Lignières et Le Saulchoy, épousa par contrat du 22 juillet 1548 Michelle de Bayencourt. De cette union naquirent François, qui suit, et Guillaume, auteur de la branche des seigneurs de Balastre, qui suivra.

9. — François d'Aumale, écuyer, seigneur de tous les lieux susdits, fut allié par contrat du 27 octobre 1573 à Michelle de Gadimez qui lui donna : 1° Adrien, mort à marier ; 2° Jean, qui suit ; 3° Nicolas ; 4° Philippe ; 5° Adrien, religieux à St-Jean d'Amiens ; 6° Charles, religieux à Selincourt ; 7° Pierre, seigneur de Talonville ; 8° François ; 9° Claude ; 10° Marie, femme de Oudart de Bernetz ; 11° et 12°, Isabelle et Anne, religieuses.

10. — Jean d'Aumale, écuyer, seigneur du Quesnoy, vicomte du Mont-Notre-Dame, épousa Louise de Cajac, le 29 février 1620. Il en eut 12 enfants, entre autres Charles, qui suit, et Jacques, auteur de la branche des seigneurs de Mareuil, qui sera rapportée plus loin.

11. — Charles d'Aumale, écuyer, seigneur du Quesnoy, Vaudricourt, etc., n'eut que deux filles de sa femme, Éléonore-Henriette de St-Just : 1° Marie-Louise, alliée le 16 juin 1693 à François de Calonne, seigneur d'Avesne ; 2° Isabelle-Henriette, morte à marier.

BRANCHE
des Seigneurs de Mareuil.

11. — Jacques d'Aumale, écuyer, seigneur de Mareuil, épousa Suzanne de Courcelles, par contrat passé le 10 septembre 1675. Il fut maintenu dans sa noblesse, le 31 janvier 1699, et mourut en 1708, laissant plusieurs enfants.

BRANCHE
des Seigneurs de Balastre.

9. — Gabriel d'Aumale, écuyer, seigneur du Chaussoy, épousa Catherine de Paillart, dame de Balastre, par contrat du 27

février 1584. Il laissa entre autres enfants, Philippe, qui suit, et Antoine, auteur de la branche des seigneurs d'Yvrencheux et de Buigny, qui sera rapportée plus loin, et qui est la seule encore existante.

10. — Philippe d'Aumale, écuyer, seigneur de Balastre, fut allié à Marie de La Fons, par contrat du 31 juillet 1620. Il eut plusieurs enfants : 1° Louis, qui suit ; 2° Marie, femme de Gabriel de Roque ; 3° Jeanne, alliée à Léonor d'Héricourt, puis à Charles d'Erqueri ; 4° trois filles.

11. — Louis d'Aumale, seigneur de Balastre, vicomte du Mont-Notre-Dame, épousa Madeleine du Clozel, par contrat du 9 octobre 1655. Il en eut : 1° Louis, qui suit ; 2° Charles, mort jeune ; 3° et trois filles mortes à marier.

12. — Louis d'Aumale, seigneur de Balastre, vicomte du Mont-Notre-Dame, capitaine de cavalerie au régiment de Furstemberg, épousa en premières noces Michelle-Élizabeth d'Harzillemont, et en deuxièmes noces, le 21 décembre 1689, Marie-Charlotte Doucet. D'eux sont issus beaucoup d'enfants, entre autres le suivant.

13. — Michel d'Aumale, seigneur de Brange, etc., vicomte du Mont-Notre-Dame, allié à Marie-Anne Oudan, par contrat du 13 juin 1718, laissa : Louis-Michel-François, qui suit, et deux filles sans alliance.

14. — Louis-Michel-François d'Aumale, vicomte du Mont-Notre-Dame, lieutenant au régiment de Vermandois.

BRANCHE

des Seigneurs de Buigny et d'Yvrencheux.

10. — Antoine d'Aumale, écuyer, seigneur de Buigny et de La Folie, lieutenant de roi de la ville de Ham, capitaine de 100 hommes de pied, épousa Vulgane de Bovelles par contrat du

24 juillet 1619. De ce mariage vinrent Claude, qui suit, et N..., femme de Louis de Betton.

11. — Claude D'AUMALE, seigneur d'Yvrencheux et de Buigny, allié à Jeanne Blondel, par contrat du 12 avril 1652, en eut cinq enfants, savoir : 1° Claude ; 2° André, qui suit ; 3° Louis, dit le chevalier d'Aumale, aide-major de la ville de Condé ; 4° Louise, alliée par contrat du 26 février 1677, à Charles Fournel, seigneur de Beauregard.

12. — André D'AUMALE, seigneur d'Yvrencheux et de Buigny, lieutenant au régiment de Sailly, puis capitaine au régiment de Vaucelles, s'allia à Marguerite Hémart, par contrat du 30 août 1692. Il fut maintenu dans sa noblesse le 31 janvier 1699, laissant une nombreuse postérité. Ses descendants habitent Abbeville.

BRANCHE
des Seigneurs de Haucourt.

7. — Charles D'AUMALE, seigneur de Haucourt et de Chignoles, homme d'armes dans la compagnie du comte de Dammartin, épousa Antoinette de Pardieu, de laquelle il eut : 1° Philippe, qui suit ; 2° Charlotte, alliée le 6 septembre 1539 à Antoine de Brouilly, premier écuyer du dauphin.

8. — Philippe D'AUMALE, seigneur de Haucourt, Rieu et Chignoles, tué au siége de Boulogne, avait épousé, le 13 mai 1545, Antoinette de Hangest. Ses enfants sont : 1° Nicolas, qui suit ; 2° Philippe, femme du seigneur de Moyencourt, puis de N... de la Porte, seigneur d'Outreville ; 3° Jeanne, femme de Claude de la Fayette, baron de St-Romain, puis de Lancelot du Lac, baron de Chémerolles.

9. — Nicolas D'AUMALE, écuyer, seigneur de Haucourt, Chignoles, Marcelcave, etc., gentilhomme ordinaire de la chambre du Roi, lieutenant des gendarmes du prince de Condé, gou-

verneur de ce prince et son premier chambellan. Il fut allié, par contrat du 14 mars 1570, à Charlotte Gaillard de Longjumeau qui lui donna beaucoup d'enfants : 1° Daniel, qui suit ; 2° Benjamin, auteur de la branche des seigneurs de la Horgne, qui suivra ; 3° Charles, seigneur de Courtemanche, capitaine au régiment de Châtillon ; 4° Philippe, seigneur de Congerville et Terrigny, premier écuyer du prince de Condé, épousa Madeleine de Jaucourt, dont Marie-Françoise, femme d'Antoine-François de Gentils ; 5° Charlotte, femme d'Antoine du Gard, seigneur de Méricourt, par contrat du 19 janvier 1591 ; 6° Élizabeth, alliée à François Du Four, sieur de Mez, général de la cavalerie en Hollande.

10. — Daniel d'Aumale, seigneur de Haucourt, premier chambellan du prince de Condé, avait épousé Françoise de St-Paul, par contrat du 12 mars 1607. D'eux sont issus : 1° Henry, tué au siége de Bois-le-Duc ; 2° Claude, mort jeune ; 3° Charles, seigeur de Haucourt, colonel d'infanterie au service de la Hollande ; 4° Philippe-Nicolas, qui suit ; 5° Charlotte, femme de Claude de la Vespierre ; 6° Jeanne, morte à marier ; 7° Suzanne, alliée à Frédéric, comte de Schomberg.

11. — Philippe-Nicolas d'Aumale, dit le marquis de Haucourt, était protestant et se retira en Hollande à cause de sa religion. Il y épousa Anne de Cuick-Mierop, et en eut des enfants.

BRANCHE

des Seigneurs de La Horgne.

10. — Benjamin d'Aumale, seigneur de La Horgne, épousa Edmée de Barizi, dont entre autres enfants : 1° Victor, gentilhomme de la chambre du prince d'Orange ; 2° Edmée, chanoinesse de Remiremont, et 3° Anne, alliée le 22 septembre 1640 à Robert de Lallier.

BRANCHE

des Seigneurs de Nampsel.

6. — Guillaume D'AUMALE, seigneur de Fontaine-Notre-Dame, Harcelaines et Bouillancourt, l'un des 100 gentilshommes de la maison du roi en 1497, épousa Louise de Villepeque, dame de Nampsel. Il n'en eut qu'un fils, qui suit.

7. — Jean D'AUMALE, seigneur de Nampsel, laissa de Florence de Blécourt, sa femme : 1° Charles, seigneur de Nampsel, mort sans postérité de son union avec Catherine de Conflans; 2° François, l'un des 100 gentilshommes de la maison du roi, n'eut pas d'enfants de Charlotte de l'Isle; 3° Michel, qui suit; 4° Antoine, chevalier de Malte; 5° Jean, mort jeune; 6° Françoise, femme de Nicolas de Grouches, seigneur de Morcourt; 7° Bonne, alliée à Charles de La Fontaine, seigneur de Wiarmes.

8. — Michel D'AUMALE, seigneur de Nampsel, épousa Anne de La Viefville. Il en eut : 1° Philippe, mort jeune; 2° Caterin, qui suit; 3° Louise, femme de Louis du Glas.

9. — Caterin D'AUMALE, capitaine-lieutenant des cent-suisses de la garde du roi, et gentilhomme ordinaire de sa chambre, épousa Louise Hotman. Ses enfants sont : 1° Robert, seigneur de Nampsel, tué devant Rumigny; 2° Jean; 3° Lucrèce, femme de Louis de Rivaude, gentilhomme de la chambre du roi; 4° Louise; 5° N..., religieuse.

AUXY.

Armes : *Échiqueté d'or et de gueules.*

Cette illustre maison avait pour auteur Hugues, sire et ber d'Auxy, qui donna en 1152 les dîmes et le patronage d'Auxy au prieuré de St-Pierre d'Abbeville. Elle n'était plus représentée au siècle dernier que par les deux branches de Monceaux et d'Hanvoiles. La Chesnaye-des-Bois a donné la généalogie des seigneurs d'Auxy, dans le tome 1ᵉʳ de son *Dictionnaire de la Noblesse*, fᵒˢ 571-597. On la trouve aussi dans le Père Anselme, vol. VIII, pages 104 et suivantes.

AVISSE.

Je n'ai jamais pu retrouver les armes de cette famille, qui a occupé une position honorable à Abbeville. Voici sa généalogie :

1. — Mahieu Avisse, né à Montreuil, vint s'établir, vers 1380, à Abbeville, où il épousa Catherine Catine, dont il eut : 1° Protain ; 2° Mahieu.

2. — Mahieu Avisse, seigneur de Franleu, fut allié à Jeanne de St-Pierre-Maisnil. De ce mariage naquit Jean, qui suit.

3. — Jean Avisse, écuyer, seigneur de Franleu en partie et du Maisnil, en 1445, laissa deux fils, Pierre et Colart.

4. — Pierre Avisse, écuyer, seigneur du Maisnil, Maisniel, Franleu et Andainville, en 1475. De sa femme, dont le nom est inconnu, il eut : 1° Mahieu, qui suit ; 2° Jean, écuyer, licencié-ès-lois, père de Jacques mort sans suite.

5. — Mahieu Avisse, écuyer, seigneur des lieux susdits, eut pour fils :

6. — Pierre Avisse, écuyer, seigneur du Maisnil, Franleu et Andainville. Il était capitaine du guet à Abbeville en 1556. De lui naquit :

7. — Jacques Avisse, écuyer, capitaine du guet ; il épousa Jeanne Briet, dame de Mautort ; il mourut en 1569, ne laissant qu'un fils.

8. — Claude Avisse, écuyer, capitaine du guet, ne se maria pas. Il vendit sa capitainerie à Nicolas Lourdel, et mourut en 1600.

B.

BACOUEL.

Armes : *d'or à 3 ancolies d'azur.*
Les anciennes armes étaient un *semé de croisettes à deux bars adossés sur le tout.* Supports et cimier : *trois lions.*

Le petit village de Bacouel, situé près d'Amiens, dans le canton de Conty, a probablement donné son nom à cette maison qui remplit dans le Ponthieu diverses fonctions importantes. Jouissant de la noblesse depuis un temps immémorial et sans aucun anoblissement connu, les seigneurs de Bacouel étaient véritablement *gentilshommes de nom et d'armes.* La filiation bien prouvée s'établit ainsi qu'il suit.

1. — Valeran de Bacouel, chevalier, sire dudit lieu, épousa en 1440 Bonne d'Auxy de Monceaux, dont il eut :
2. — Lancelot de Bacouel, écuyer, receveur pour le roi en Ponthieu. Sa femme, dont le nom est inconnu, lui donna :

1° Jean, qui suit ; 2° Lancelot, auteur de la deuxième branche rapportée ci-dessous ; 3° François, prêtre.

3. — Jean de Bacouel, écuyer, se maria deux fois. De sa première femme naquit Jean, qui suit ; de la deuxième, Jeanne Journe, il n'eut pas d'enfants.

4. — Jean de Bacouel, écuyer, épousa Nicole Le Vasseur de Sailly. Son fils fut :

5. — Nicolas de Bacouel, écuyer, seigneur de Saillybray et de Guébienfay, sénéchal de Ponthieu, fut allié à Anne de Boulainvillers. Il fut père de :

6. — Antoine de Bacouel, écuyer, seigneur de Saillybray et Guébienfay, vivant encore en 1573. Il n'eut qu'une fille.

7. — Jeanne de Bacouel, alliée 1° à François de Pinon, 2° à Philippe de Brouilly.

SECONDE BRANCHE.

3. — Lancelot de Bacouel, écuyer, seigneur de Béthencourt et d'Inval, fut maïeur d'Abbeville en 1524 et en 1533, et mourut échevin en charge, en 1535, laissant de Jeanne de Blondel, sa femme : 1° Philippe, qui suit ; 2° Marie, qui épousa en 1519 Louis Roussel, écuyer, seigneur de Miannay.

4. — Philippe de Bacouel, écuyer, seigneur d'Inval, receveur des tailles et aides en Ponthieu, épousa Françoise de Belloy-Saint-Léonard, qui lui donna quatre fils : 1° Lancelot, qui suit ; 2° Adrien, écuyer ; on ne lui connait point d'alliance ; 3° François, écuyer, seigneur de Lanchères, allié à Claude d'Estourmel, dont quelques enfants ; 4° Jean, mort à marier.

5. — Lancelot de Bacouel, écuyer, seigneur d'Inval, receveur du ban et arrière-ban en Ponthieu, s'allia à Claude de Rambures-Poireauville, dont il eut : 1° Antoine, qui suit ; 2° François, prêtre, doyen de Noyelles ; 3° Suzanne, morte à marier.

6. — Antoine de Bacouel, écuyer, seigneur d'Inval et de Saigneville, épousa Catherine de Belleval, dame de Saigneville et de Castelinval, par contrat du 15 janvier 1601. D'eux naquit un seul fils.

7. — César de Bacouel, écuyer, seigneur de Saigneville et d'Inval, épousa en 1624 Élisabeth de Frétin. Il fut tué en duel auprès de la porte d'Hocquet, à Abbeville. Il laissait plusieurs enfants : 1° Philippe, qui suit ; 2° Flour et François, morts jeunes ; 3° Élisabeth, alliée à Jean de La Houssoye, écuyer, seigneur de Maizicourt ; 4° N..., religieuse aux cordeliers d'Abbeville.

8. — Philippe de Bacouel, chevalier, vicomte de Saigneville et seigneur d'Inval, garde du roi, mourut sans avoir eu d'enfants de son mariage avec une demoiselle de Longueval de Manicamp.

BAILLEUL.

Armes : *D'hermine à l'écusson de gueules en cœur.*

Illustre maison dont le nom appartient à l'histoire. Elle donna deux rois à l'Écosse, Jean de Bailleul et Édouard, son fils. On voit encore dans le bois de Bailleul-en-Vimeu l'emplacement d'un château-fort qui appartenait aux deux souverains et où ils résidèrent. — Dix-sept villages en relevaient, dit-on.

BALLEN.

Famille originaire d'Abbeville, qui y parut assez et s'éteignit après une courte durée. Elle portait pour armes : *de gueules au chevron d'or accompagné de 3 trèfles de même.* Le plus ancien de ce nom que l'on trouve à Abbeville s'appelait Jean de Ballen et vivait en 1412. Il ne paraît pas avoir porté de qualification prouvant sa noblesse. Ce n'est pas d'ailleurs à lui qu'il faut remonter pour établir la généalogie suivie.

1. — Jean DE BALLEN, « si renommé en son temps et le maistre de la ville, » dit un généalogiste Picard, épousa une demoiselle de la maison de Wavrans, dont il eut deux fils : 1° Jean, qui suit ; 2° François, écuyer, seigneur du Titre en partie. Il eut deux fils : Jacques, possesseur d'un fief à Huppy en 1575 ; et Jean, dit du Titre, possesseur d'un fief à Menchecourt. De ce dernier naquit un fils, Louis, qui n'eut pas de postérité.

2. — Jean DE BALLEN, écuyer, seigneur du Titre, commença à paraître en 1508. Il fut successivement licencié-ès-lois, avocat, Procureur du Commandeur de Beauvoir, conseiller en la sénéchaussée de Ponthieu, garde du scel royal et plusieurs fois échevin. Il épousa Marie-Jeanne Briet, qui le rendit père de : 1° Jean, écuyer, licencié-ès-lois, mort à marier ; 2° Louis, qui suit.

3. — Louis DE BALLEN, écuyer, seigneur du Titre et de Gorenflos, vivant en 1594, épousa Antoinette de Blottefière, et en eut : 1° Jean, qui suit ; 2° Pierre, mort à marier.

4. — Jean DE BALLEN, écuyer, seigneur du Titre et de Gorenflos, n'eut pas d'enfants d'Isabeau du Maisniel-Longuemort, sa femme, et tous ses biens passèrent à Jean de Maupin, son cousin.

BAYNAST.

Cette famille, originaire du village de ce nom, situé dans le Vimeu, est de bonne noblesse. Elle est encore représentée en Picardie. — On dit que ses armes anciennes étaient : *d'argent à trois bouteilles ou gourdes de gueules*. Mais les armes qu'elle porte aujourd'hui et qu'elle portait lors de la maintenue de Bignon, sont : *d'or au chevron abaissé de gueules, surmonté de trois fasces de même.* Cimier : *un faucon.*

1. — Willaume DE BAYNAST tenait un fief du chatelain de Hangest, en janvier 1302. On lui donne pour fils :

2. — Pierre DE BAYNAST comparut au rang des nobles du Vimeu, lors de la convocation qui en fut faite par Philippe de Valois, le 9 septembre 1337. De lui est issu, à ce que l'on croit :

3. — Jacques DE BAYNAST, écuyer, vivant en 1370. Il eut pour fils :

4. — Lionnel DE BAYNAST, écuyer, demeurant à Abbeville en 1406. De sa femme, dont le nom est inconnu, il eut : 1° Jacques, qui suit ; 2° Henry, dit Henriot ; 3° Pierre, écuyer.

5. — Jacques DE BAYNAST, écuyer, mort après 1460. Il laissa Robert, qui suit.

6. — Robert DE BAYNAST, écuyer, seigneur des Mazures, avec qui commence la généalogie produite à l'Intendant de Picardie. Il avait épousé Jeanne Antiquet, dont : 1° Jean, qui suit ; 2° Robert, qu'on croit père d'Augustin de Baynast, seigneur de Becherel, allié en 1570 à Marie de Wavrin.

7. — Jean DE BAYNAST, écuyer, seigneur des Mazures, épousa Jeanne Le Prévost et vivait avec elle en 1513. Leurs enfants furent : 1° Léon, qui suit ; 2° Jean, écuyer, seigneur de Terraménil ; 3° Jacques, écuyer, seigneur d'Aubencheul, allié à Jacqueline de Croix de Drumez, dont Anne, mariée vers 1560, avec Jean de la Broy, seigneur d'Estiembourg et de Gondecourt ; 4° Claire, femme de Bernard d'Ault, écuyer, seigneur de Wardieu.

8. — Léon DE BAYNAST, écuyer, seigneur des Mazures et de Honnegœul, fut allié à Marguerite de Malfiance avant 1530, et mourut vers 1560, laissant : 1° Jean, qui suit ; 2° Jacques, auteur de la deuxième branche qui suivra.

9. — Jean DE BAYNAST, chevalier, seigneur des Mazures, Her-

leville, Houvigneul et Forest, chevalier de l'Ordre du roi. Il avait épousé Marie Le Prévost et en eut : 1° Flour, écuyer, mort sans alliance ; 2° François, qui suit.

10. — François DE BAYNAST, chevalier, seigneur de Sept-Fontaines, Frelinghen, Senlèques et de Pucelart, épousa par contrat du 18 novembre 1590 Jeanne Bourdel. D'elle il eut : 1° François, qui suit ; 2° Philippe, auteur de la troisième branche, qui suivra ; 3° Antoine, auteur de la quatrième branche, qui suivra ; 4° Bertrand, écuyer ; 5° Françoise ; 6° Hélène.

11. — François DE BAYNAST, chevalier, seigneur de Sept-Fontaines et de Forest, cornette de chevau-légers dans la compagnie de Créquy. Il fut allié à Antoinette Le Bel, dont il eut : 1° Claude-Charles, qui suit ; 2° Antoinette, alliée par contrat du 8 février 1653 à Charles de Bucy, chevalier, seigneur de Selonne ; elle fut maintenue dans sa noblesse, avec ses enfants mineurs, le 28 août 1666 ; 3° Christine, femme d'Antoine Favier, chevalier, seigneur de Grandbeausne ; 4° Françoise, seconde femme de Philippe-Charles-Barthélemy de Recourt, marquis de Licques.

12. — Claude-Charles DE BAYNAST, chevalier, seigneur de Sept-Fontaines, La Motte-Buleux, Vergy et Calaminois, maître des eaux et forêts du comté de Ponthieu, épousa Anne-Charlotte de Béthisy-Maizières. Ses descendants existent encore en Picardie et Artois.

SECONDE BRANCHE.

11. — Philippe DE BAYNAST, écuyer, seigneur de Senlèques, épousa par contrat du 27 mai 1638, Marguerite de Camoisson de la Mairie ; il en eut : 1° Bertrand, qui suit ; 2° Louise, alliée par contrat du 20 mai 1680 à Louis d'Escault, écuyer, seigneur de la Carnoye ; 3° Antoinette.

12. — Bertrand DE BAYNAST, écuyer, seigneur de Senlèques, né en 1646, épousa, par contrat passé le 18 mars 1679, Anne

Vasseur. Il fut maintenu dans sa noblesse par jugement de Bignon, Intendant de Picardie, du 17 février 1702. Il avait alors cinq fils : 1° Bertrand ; 2° Louis ; 3° Jacques ; 4° Oudart ; 5° Théodore.

TROISIÈME BRANCHE.

11. — Antoine DE BAYNAST, chevalier, seigneur de Faffemont et de Pucelart, épousa vers 1640 Françoise de Conteval. D'eux naquirent : 1° Bertrand, chevalier, seigneur de Pucelart, major d'infanterie, marié par contrat du 1ᵉʳ octobre 1693 à Madeleine de la Pasture, dont une fille ; 2° Antoine, qui suit ; 3° Regnault ; 4° Honoré ; 5° Françoise.

12. — Antoine DE BAYNAST, chevalier, seigneur de Faffemont, épousa Catherine Gédoyn. Il fut maintenu dans sa noblesse par Bignon, Intendant de Picardie, le 18 février 1702, avec ses deux enfants, Nicolas et Françoise.

QUATRIÈME BRANCHE.

9. — Jacques DE BAYNAST, écuyer, seigneur de Pommera et de Thiepval, homme d'armes des ordonnances du roi, épousa, par contrat du 9 novembre 1563, Marie de Lannoy, qui lui donna : 1° Antoine ; 2° Antoinette, alliée par contrat du 23 août 1589 à Baudrain de Verduzan, écuyer, seigneur dudit lieu et de Coulombel en Gascogne ; 3° Anne, alliée par contrat du 17 janvier 1592 à Jacques Favier, écuyer, seigneur du Boulay, conseiller du roi, commissaire des guerres et vicomte de Nogent-le-Roy.

10. — Antoine DE BAYNAST, écuyer, seigneur de Pommera, Thiepval et de Domart-sur-la-Luce, homme d'armes des ordonnances

du roi sous M. de Humières. Il épousa, par contrat du 21 juin 1587, Marie de Malbec. Il n'eut qu'un fils.

11. — Albert DE BAYNAST, chevalier, seigneur de Pommera, Quevauvillers, Domart et de Bellay, capitaine de 100 hommes de pied au régiment de Picquigny, avait épousé Florence de Milly, par contrat du 9 janvier 1628. On ne lui connait pas d'autre fils que le suivant.

12. — Albert DE BAYNAST, chevalier, seigneur de Pommera, Domart, capitaine au régiment de Bouillon infanterie, épousa par contrat du 12 octobre 1672 Marie Lignier. De cette union naquirent : 1° Albert-Philippe de Baynast, chevalier, seigneur de Domart, cornette au régiment d'Esclainvilliers, maintenu dans sa noblesse par jugement de Bignon, du 20 juin 1699 ; 2° Marie-Anne ; 3° Christine ; 4° Albertine.

BEAUCHAMP.

Armes : *Fascé de sinople et d'hermine de 6 pièces.*

Hugues, sire de Beauchamp, suivit Guillaume de Normandie à la conquête de l'Angleterre. En 1191, Roger de Beauchamp possédait la seigneurie de ce nom. Il eut pour successeur Bernard de Beauchamp. Après un long intervalle, on trouve Willame, sire de Beauchamp, vivant en 1317. On lui donne pour fils Jean, pour petit-fils Jacques et pour arrière-petit-fils Charles, seigneur de Beauchamp, Lambercourt, Namps, dont la fille unique épousa Hugues Bournel, chevalier, seigneur de Thiembronne.

BEAUVARLET.

Armes : *de sable à la fasce d'argent accompagnée de 3 étoiles d'or en chef et d'un croissant d'argent en pointe*, pour les seigneurs de Drucat. Les seigneurs de Bommicourt remplaçaient *la fasce* par *un chevron d'or*. Supports: *deux griffons d'or*. Cimier: *un chien naissant de sable avec un collier de gueules, bordé d'or*.

Le plus ancien que l'on connaisse en Ponthieu est Hue de Beauvarlet, qui avait beaucoup de biens à Waben, en 1330. La branche de Drucat obtint des lettres de noblesse en avril 1676. Dom Caffiaux (pap. de D. Grenier, à la Bibl. imp., vol. 45, f° 35) a dressé une généalogie très-détaillée de cette famille essentiellement Abbevilloise, puisqu'elle habita presque toujours Abbeville, et que la plupart de ses actes y sont passés. Elle est encore représentée en Ponthieu.

1. — Charles DE BEAUVARLET, écuyer, seigneur de Drucat, capitaine au régiment royal, obtint des lettres de noblesse, en avril 1676, pour services militaires. Il épousa Génevière Tillette et en eut : 1° Jean, qui suit; 2° Jacques, écuyer, maintenu avec son frère ; 3° Marie-Génevière.
2. — Jean DE BEAUVARLET, écuyer, seigneur de Drucat, n'était pas encore marié quand il fut maintenu dans sa noblesse, le 28 avril 1699.

BECQUET.

Armes : *D'argent fretté d'azur.*

Edmond Becquet, écuyer, possédait en 1400 les seigneuries d'Erveloy et de Martainneville. Ses descendants disaient que saint

Thomas Becket, archevêque de Cantorbéry, était de leur maison. Quoiqu'il en soit, cette famille, de bonne noblesse, est depuis longtemps disparue.

BELLANGREVILLE.

Cette maison, illustrée par Joachim de Bellangreville, chevalier, seigneur de Neuville, Gambetz, Mézy et Bouvincourt, conseiller du roi et chevalier de ses ordres, prévôt de l'hôtel et grand prévôt de France, gouverneur de Meulan et d'Ardres, portait pour armes: *d'azur à la croix d'or cantonnée de 4 molettes d'éperon de même.* Les uns la disent originaire du village de Bellangreville, près de Dieppe; d'autres, de Bourgogne; d'autres encore de Ponthieu, où on la trouve établie dès 1510, dans la personne de Guillaume de Bellangreville, écuyer, lieutenant d'Airaines et d'Arguel. Elle s'éteignit à la fin du siècle dernier. La famille dans laquelle elle s'était éteinte a obtenu d'en relever le nom et les armes.

BELLEVAL.

Originaire de Ponthieu, cette ancienne maison fut maintenue souvent dans sa noblesse, et pour la dernière fois en 1699 et 1701, sur preuves remontant jusqu'à Jean de Belleval, écuyer, vivant en 1514. Deux enquêtes faites le 10 octobre 1437, par les commissaires du roi et du duc de Bourgogne, et le 17 avril 1517, par les commissaires du roi, pour les francs-fiefs et nouveaux acquets, permettent de rétablir formellement la filiation suivie depuis le XIIe siècle. Dans les premières années du XVIe siècle, la famille de Belleval se divisa en dix-sept branches qui toutes sont éteintes, à l'exception de la branche aînée, fixée depuis deux siècles auprès d'Aumale, sur les limites de la Picardie et de la Normandie, et de la branche dite de Languedoc, représentée aujourd'hui par une seule personne. On croit que les anciennes armes de cette maison étaient : *de sable au chevron d'or chargé en chef d'une molette de sable*. Mais Jean de Belleval, écuyer, seigneur dudit lieu, ayant épousé vers 1340 Marie de Fricamps, et Jean de Belleval, son arrière-petit-fils, ayant épousé vers 1420 Jeanne de Fricamps, la dernière de cette grande et ancienne maison, ils changèrent leurs anciennes armes, à ce que l'on suppose, pour prendre celles des Fricamps, qui étaient du moins les mêmes que celles portées aujourd'hui par la famille de Belleval, c'est-à-dire : *de gueules à la bande d'or accompagnée de 7 croix recroisetées de même, 4 en chef, 3 en pointe*. Supports de la branche ainée : *deux anges*, et de toutes les branches cadettes : *deux lions au naturel et deux lions de gueules*. Cimier : *un cygne*. Devise : *A vaillans cuers riens impossible*. Cri de guerre : *Diex el volt*.

1. — Roger, sire DE BELLEVAL, chevalier, vivait en 1180 avec Gislebert, son frère. De lui sont issus : 1° Martin, qui suit ; 2° Hugues, chevalier, vivant en 1213 avec Gilette, sa femme ; 3° Béatrix, femme de Guy de Vadencourt, chevalier.

2. — Martin DE BELLEVAL, chevalier, sire de Belleval, ne laissa que deux fils : 1° Adam, qui suit ; 2° Guy, prieur de Cairon.

3. — Adam DE BELLEVAL, chevalier, sire de Belleval, épousa Marie Boutery et n'en eut que le seul

4. — Aléaume DE BELLEVAL, chevalier, seigneur de Belleval. De sa femme, dont le nom est inconnu, il eut Jean.

5. — Jean DE BELLEVAL, écuyer, seigneur de Belleval, eut cinq enfants de sa femme, Marie de Fricamps : 1° Jean, qui suit ; 2° Pierre, écuyer ; 3° Perceval, écuyer ; 4° Isabelle ; 5° N...., femme de Jean du Bos, écuyer.

6. — Jean DE BELLEVAL, écuyer, seigneur de Belleval, fut banni de France et ses biens confisqués au profit de l'abbaye de St.-Riquier, par lettres du roi Charles VI, du 15 octobre 1384. Il avait épousé Claude de Lisques. On ne lui connait pas d'autre fils que le suivant.

7. — Baudouin DE BELLEVAL, chevalier, chambellan du duc d'Orléans, fut tué à la bataille d'Azincourt, le 25 octobre 1415. De Maroie Carue, sa femme, naquirent trois fils et une fille : 1° Jean, qui suit ; 2° Hémon, écuyer, gouverneur général des finances en France et en Normandie, pour le roi d'Angleterre ; 3° Roch, écuyer, seigneur d'Esailler et de Bailleul en partie, écuyer d'écurie de Charles VII, capitaine de Gournay-sur-Aronde et lieutenant de Beauvais. Il épousa Jacqueline de Gourlay et n'en eut pas d'enfants ; 4° Mahault, femme de Jean de Croquoison, chevalier.

8. — Jean DE BELLEVAL, écuyer, seigneur de Belleval, Montfarville et Thibouville, racheta sa seigneurie de Belleval, par acte du 28 novembre 1416. Il épousa peu après Jeanne de Fricamps, dame de Montfarville, Thibouville et Fontaine-la-Sorel en Cotentin. D'eux sont issus : 1° Jean, qui suit ; 2° N..., dame de Bonvillé, alliée en 1449 à Jean de Mercastel, chevalier, seigneur dudit lieu et de Villers-Vermont.

9. — Jean DE BELLEVAL, écuyer, seigneur de Belleval, Montfarville et Thibouville, épousa Jeanne Le Vasseur de Sailly, par contrat passé le 13 mars 1450. En deuxièmes noces, il fut allié à Jeanne Lessopier. Ses enfants furent : 1° Gilles, écuyer, seigneur de Montfarville, Thibouville et Ramville, allié à Jeanne du Fou, dont une seule fille, Jeanne, femme de François de Crux, écuyer ; 2° Jean, qui suit ; 3° Mondin, écuyer, auteur de la branche des seigneurs de St.-Denis et de Martinvast, qui sera rapportée plus loin ; 4° Emond, écuyer, auteur de la branche des seigneurs de Floriville, qui suivra à son rang ; 5° Mathieu, écuyer, allié à Antoinette Le Comte ; 6° Étiennette, femme de Girard de Durescu, écuyer ; 7° Françoise, femme de Nicolas Bassan, écuyer, seigneur de Guatheville.

10. — Jean DE BELLEVAL, écuyer, seigneur de Belleval, Aigneville et Morival, homme d'armes des ordonnances du roi, épousa Marguerite Le Caron et en eut beaucoup d'enfants : 1° Paul, qui suit ; 2° Jean, auteur de la branche des seigneurs

de Camps-en-Amiénois et Castelinval qui suivra ; 3° Raoul, écuyer, allié à Périnne Nicolas, sans enfants ; 4° Pierre, écuyer, seigneur de S¹-Jean-lez-Rue, du Croquet et du Vard, archer des ordonnances du Roi, épousa Hélène d'Oresmieulx et en eut Jacques, écuyer, seigneur de Berville, mort à marier ; 5° Jacques, prêtre ; 6° Nicolas, auteur de la branche des seigneurs de Bonnelles et de Cauvigny, qui suivra ; 7° Jacques, écuyer, auteur de la branche des seigneurs de Rouvroy, qui suivra ; 8° Marie, alliée par contrat du 1ᵉʳ décembre 1536, à Louis de Bernard, écuyer, seigneur de Campsart ; 9° Michelle, alliée d'abord à Pierre Haudicquer, puis, par contrat du mois de décembre 1546, à Jean Douville, seigneur de Quincampoix (à Pont-Remy) ; 10° N., femme de N. Delattre, écuyer.

11. — Paul DE BELLEVAL, écuyer, seigneur de Belleval et de Morival, épousa Françoise du Moulin, par contrat du 21 mars 1549. D'eux sont issus : 1° Paul, qui suit ; 2° Jacques, mort à marier ; 3° Charles, mort à marier ; 4° Françoise, femme de Jacques de Cahon.

12. — Paul DE BELLEVAL, écuyer, seigneur de la Neufville, fut allié à Barbe du Hamel, par contrat du 24 janvier 1606. Il fut décapité en 1624, pour duel. Il laissait : 1° François, qui suit ; 2° Charles, auteur de la branche des seigneurs d'Aigneville et de Biencourt, qui suivra ; 3° André, mort à marier ; 4° Antoinette, alliée, par contrat du 2 août 1644, à Claude de Lamiré, chevalier, seigneur de Nouvion ; 5° Gabrielle et Louise.

13. — François DE BELLEVAL, écuyer, seigneur du Bois-Robin et de La Neufville, épousa Geneviève de La Rue, dame du Bois-Robin, par contrat passé le 18 janvier 1638. Il eut d'elle : 1° François qui suit ; 2° Charles, écuyer, seigneur de la Neufville et du Bois-Robin, mort sans enfants de ses deux femmes, Marguerite Le Vasseur de Neuilly, épousée le 8 février 1680, et Marie Delegorgue, épousée le 23 mars 1696. Il fut maintenu dans sa noblesse le 10 décembre 1701 ; 3° Geneviève, alliée, par contrat du 18 octobre 1672, à Charles de L'Espinay, écuyer.

14. — François de Belleval, chevalier, seigneur du Bois-Robin et de La Neufville, se maria trois fois, 1° avec Marie de Caullières, par contrat du 19 février 1662, 2° avec Marguerite de Gallye, par contrat du 23 juillet 1667, 3° avec Marie-Anne de La Rue. Il fut maintenu dans sa noblesse le 10 juillet 1697, par l'Intendant de Normandie commis à la recherche des faux-nobles. Il avait alors pour enfants : 1° François-Hector, qui continue la filiation et duquel descendent directement MM. de Belleval-Bois-Robin d'aujourd'hui ; 2° Marie, femme de François de St-Ouen, chevalier, seigneur de Rumesnil.

BRANCHE
des Seigneurs d'Aigneville, Camps-en-Amiénois et Castelinval.

11. — Jean de Belleval, écuyer, seigneur d'Aigneville, se maria deux fois. Le nom de sa première femme est inconnu. La seconde se nommait N..... Becquet. D'elle il eut : 1° Jean, mort sans alliance ; 2° Antoine, dont l'article suit ; 3° Catherine, femme de Louis de La Rue, écuyer ; 4° Marguerite ; 5° Louise, alliée à Charles Le Vasseur, écuyer, seigneur de Boismont.

12. — Antoine de Belleval, écuyer, seigneur d'Aigneville et de Camps-en-Amiénois, fut tué en duel en 1580 ; il avait épousé Charlotte Le Vasseur de laquelle il n'eut que des filles : 1° Catherine, dame d'Aigneville et de Castelinval, alliée par contrat du 4 novembre 1585 à Antoine de Monthomer, écuyer, seigneur d'Ecles et de Vieulaines ; puis, par contrat du 15 janvier 1601, à Antoine de Bacouel, écuyer, seigneur d'Inval ; 2° Claude, femme de Melchior de Damiette, écuyer, seigneur de Bonnières ; 3° Marie, religieuse à l'abbaye de Ste-Austreberthe de Montreuil ; 4° Hyppolyte et Michelle, mortes à marier.

BRANCHE
des Seigneurs de Rouvroy.

11. — Jacques DE BELLEVAL, écuyer, épousa Louise de Rémaisnil. D'elle naquirent : 1° François, qui suit ; 2° Antoine, auteur de la branche des seigneurs d'Angerville et Émonville, qui sera rapportée plus loin ; 3° Pierre, religieux Bénédictin à l'abbaye de St-Germer ; 4° Marie, femme de Gilles de Belleval, écuyer, puis de Jean de Lattre ; 5° Jeanne, morte sans alliance.

12. — François DE BELLEVAL, écuyer, seigneur de Rouvroy, homme d'armes, puis enseigne de 50 hommes d'armes des ordonnances du roi sous M. de Rubempré, fut allié à Françoise d'Outrempuis, dont vinrent : 1° Jacques, qui suit ; 2° Jean, chevalier, baron et seigneur-chatelain de Longvillers, chevalier de l'ordre du roi et gentilhomme de sa chambre, allié à Diane de Sourhonette du Halde, et mort laissant une fille unique, Marie-Ghilaine ; 3° Antoine, écuyer ; 4° Pierre, écuyer, conseiller et médecin du roi, professeur d'anatomie et de botanique, doyen de l'université de médecine de Montpellier ; 5° Jean-Richer, écuyer, auteur de la branche de Languedoc qui n'est plus représentée que par une seule personne ; 6° Barbe, morte sans alliance.

13. — Jacques DE BELLEVAL, écuyer, seigneur de Rouvroy, gentilhomme servant du cardinal de Bourbon (Charles X), épousa par contrat du 13 juin 1583, Geneviève Tillette, dame de Gourchon et de Val-Levret, dont : 1° François, mort jeune ; 2° Charles, qui suit ; 3° Raphaël, mort jeune ; 4° Géneviève, dame de Val-Levret (fief au faubourg de St-Gilles à Abbeville), alliée par contrat du 22 mai 1612, à Oudart de Polhoy, écuyer, seigneur de Ponthoïles ; 5° Marguerite, alliée par contrat du 9 mai 1622, à François Louvel, écuyer, seigneur de Fresnes, Gournay et Marconnelles.

14. — Charles DE BELLEVAL, écuyer, seigneur de Rouvroy, fut allié à Claire du Maisniel de Longuemort, par contrat passé le

28 mai 1619. Il fut père de : 1° Antoine, écuyer, seigneur de Rouvroy, mort à marier, le 24 mars 1657 ; 2° Bonne, dame de Rouvroy, épousa Jean Danzel, écuyer, seigneur de Beaulieu, par contrat passé le 27 décembre 1644 ; 3° Anne, morte sans alliance.

BRANCHE
des Seigneurs d'Angerville, Longuemort, Émonville, etc.

12. — Antoine DE BELLEVAL, écuyer, seigneur d'Angerville, Longuemort et Rémaisnil, se maria deux fois, 1° avec Isabeau du Maisniel-Longuemort, 2° avec Claude de Mailly, par contrat du 24 avril 1570. De lui naquirent : Pierre, qui suit, et Barbe, femme de Claude de Soulas, écuyer, seigneur du Maisnil-Allart.

13. — Pierre DE BELLEVAL, écuyer, seigneur d'Angerville et de Senarmont, fut marié deux fois. En premières noces, il épousa Françoise de La Haye, par contrat du 2 février 1585 ; en deuxièmes noces il s'allia à Anne Payen, par contrat du 5 août 1609. Ses enfants furent : 1° Louis, écuyer, mort jeune ; 2° Antoine, qui suit ; 3° Isabeau ; 4° Françoise, mariée en 1642, à Charles de Belleval, écuyer, seigneur d'Aigneville.

14. — Antoine DE BELLEVAL, chevalier, seigneur d'Angerville, Émonville, Raimesnil et Senarmont, se maria deux fois, avec Suzanne de Lignières, par contrat du 19 février 1619, et avec Catherine de Monchy, par contrat du 5 mars 1630. D'eux naquirent plusieurs enfants : 1° Pierre-Antoine, qui suit ; 2° Nicolas-Joachim, écuyer, seigneur d'Émonville, allié par contrat du 15 juin 1668, à Marie-Thérèse Le Roy de Valines, dont Louis-Joachim, mort à marier, Géneviève-Élisabeth, alliée en 1730, à Louis-Antoine de Belleval, chevalier, seigneur de Tœufles ; 3° Françoise-Thérèse, mariée par contrat du 11 mai 1674, à François du Castel, chevalier, seigneur de Berlimont.

15. — Pierre-Antoine DE BELLEVAL, chevalier, seigneur de Tœufles, Émonville et Franqueville, épousa Madeleine-Louise de Coppequesne, par contrat passé le 7 décembre 1680. On ne lui connait qu'un fils qui suit : Il fut maintenu dans sa noblesse, le 11 avril 1699.

16. — Louis-Antoine DE BELLEVAL, chevalier, seigneur de Tœufles, Angerville, Raimesnil, Franqueville, capitaine de cavalerie au régiment de Toulouse, épousa par contrat du 13 juin 1730, Géneviève-Élizabeth de Belleval, dame d'Émonville, sa cousine germaine. Ils moururent sans enfants.

BRANCHE
des Seigneurs de Bonnelles et de Cauvigny.

11. — Nicolas DE BELLEVAL, écuyer, seigneur de Bonnelles, épousa Périne Prounier et en eut Jacques, qui suit, et douze autres enfants, morts tous sans postérité.

12. — Jacques DE BELLEVAL, écuyer, seigneur de Cauvigny, épousa d'abord Marguerite de Mons, puis Marguerite du Quesnoy, et laissa François, qui suit, et Antoinette, dame de Cauvigny, alliée par contrat du 7 janvier 1647, à Antoine Le Vasseur, écuyer, seigneur de Neuilly.

13. — François DE BELLEVAL, chevalier, seigneur de Bonnelles, gouverneur de Mont-Hulin, mort sans alliance.

BRANCHE
des Seigneurs d'Aigneville et de Biencourt.

13. — Charles DE BELLEVAL, écuyer, seigneur d'Aigneville et de Biencourt, épousa Françoise de Belleval, par contrat du 27 juin 1642. Il eut d'elle : 1° Antoine, écuyer, seigneur de

Biencourt, alliée à Marie Fournier, dont Antoinette, morte enfant ; 2° Joachim, écuyer, seigneur d'Aigneville, marié le 16 février 1677 à Marie Le Vasseur de Neuilly, et mort sans postérité ; 3° François, écuyer, seigneur de la Côte, marié : 1° à Bonne du Maisniel-Longuemort, le 24 octobre 1678, 2° à Claude Le Vasseur de Neuilly ; 3° Charles, écuyer, allié à Madeleine de Theys ; 4° Élizabeth, demoiselle de St-Valery.

BRANCHE
des Seigneurs de St-Denis et de Martinvast.

10. — Mondin DE BELLEVAL, écuyer, fut père du suivant.
11. — Mathieu DE BELLEVAL, écuyer ; de sa femme, dont le nom est inconnu, il eut Jean, qui suit ;
12. — Jean DE BELLEVAL, écuyer, seigneur de St-Denis et de Martinvast, épousa Marie Morel et en eut Nicolas et Denise.
13. — Nicolas DE BELLEVAL, écuyer, seigneur de Martinvast, fut allié par contrat du 13 juillet 1595 à Marie de Boffle. D'eux naquirent : 1° Isabeau, mariée en 1631 à Charles Bertin, sieur de Rincourt ; 2° Jeanne, demoiselle de Martinvast.

BRANCHE
des Seigneurs de Floriville.

10. — Emond DE BELLEVAL, écuyer, lieutenant de Maisnières, laissa deux fils : Jean, qui suit ; Antoine, auteur de la branche des seigneurs de Courcelles, qui sera rapportée plus loin.
11. — Jean de BELLEVAL, écuyer, homme d'armes des ordonnances du roi. De sa femme, dont le nom est inconnu, il eut Hugues, qui suit, et Jacques, écuyer.

12. — Hugues DE BELLEVAL, écuyer, seigneur de Floriville, homme d'armes des ordonnances du roi sous M. de Rubempré, tué à la bataille de Jarnac, en 1566, épousa Colaye Prounier. De cette union naquirent : 1° Hugues, qui suit; 2° Jean, auteur de la branche des seconds seigneurs de Floriville; 3° Colaye; 4° Charlotte, femme de Claude de Dourlens.

13. — Hugues DE BELLEVAL, écuyer, seigneur de Floriville, homme d'armes des ordonnances du roi, fut allié par contrat du 1er avril 1578, à Marie Danzel de Boismont. D'eux sont issus : 1° Gédéon, qui suit; 2° François, prêtre; 3° Jeanne, mariée à Christophe de Caqueray, écuyer; 4° quatre filles.

14. — Gédéon DE BELLEVAL, écuyer, seigneur de Floriville, épousa Antoinette de Cacheleu, par contrat passé le 11 mai 1615.

BRANCHE

des seconds Seigneurs de Floriville.

13. — Jean DE BELLEVAL, écuyer, seigneur de Floriville, homme d'armes des ordonnances du roi sous M. de Humières, épousa Anne Payen, par contrat en date du 29 septembre 1594. Il eut pour enfants, Nicolas, qui suit, et Gédéon, écuyer, seigneur de Hazardville, mort à marier.

14. — Nicolas DE BELLEVAL, écuyer, seigneur de Floriville, a épousé Élizabeth de Coppequesne, par contrat du 30 septembre 1625 et eut d'elle : 1° François, qui suit; 2° Antoine, écuyer, seigneur de Hazardville, allié à Madeleine Danzel de Beaulieu, par contrat du 11 décembre 1669. Il mourut sans postérité; 3° Anne, mariée à Antoine du Quesnoy, écuyer, seigneur de Touffreville; 4° Marie, alliée par contrat du 29 décembre 1681 à Jean de L'Estoile, écuyer, seigneur de Belleval.

15. — François DE BELLEVAL, écuyer, seigneur de Floriville et de Hazardville, épousa Madeleine Louvel, par contrat du 7 mars

1666. D'elle naquirent : 1° François, qui suit ; 2° Antoine, écuyer, seigneur de Floriville ; 3° Anne, alliée par contrat du 16 octobre 1704 à François-Alexis de la Rue, écuyer, seigneur de l'Espinay. François fut maintenu dans sa noblesse, le 24 octobre 1699.

16. — François DE BELLEVAL, chevalier, seigneur de Floriville, épousa Antoinette-Catherine Moisnel, dont : 1° François, qui va suivre ; 2° Pierre-Nicolas, chevalier, chevau-léger de la garde du roi, vivant sans enfants de Camille d'Orillac du Chaussoy ; 3° Madeleine-Thérèse, alliée en juillet 1742 à Pierre-Aymard, comte de Fontaines ; 4° Marie-Antoinette, religieuse visitandine ; 5° Edmonde, femme de Pierre-Joseph Le Moisne de Blangermont, chevalier, seigneur des Essarts et Watteblairie, par contrat du 25 février 1732.

17. — François DE BELLEVAL, chevalier, seigneur de Floriville et Hazardville, chevau-léger de la garde du roi, chevalier de St.-Louis, épousa en 1737 Anne de Gueulluy de Rumigny et n'en eut pas d'enfants.

BRANCHE

des Seigneurs de Courcelles.

11. — Antoine DE BELLEVAL, écuyer, homme d'armes des ordonnances du roi sous M. de Rubempré, épousa Antoinette Le Fournier, dont vinrent : 1° Gilles, qui suit ; 2° Gilles, auteur de la branche des seigneurs de Tilloy ; 3° Nicolas, auteur de la branche issue des seigneurs de Courcelles ; 4° Antoine, auteur de la branche des seigneurs de Barbery.

12. — Gilles DE BELLEVAL, écuyer, seigneur de Courcelles, homme d'armes des ordonnances du roi sous M. de Sénarpont, épousa Isabeau Anquier, dont il eut : 1° Raoul, qui suit ; 2° Jacques, auteur de la branche des seigneurs des Granges, Fresnes, Bretel, etc. ; 3° Hélène et Françoise.

13. — Raoul de Belleval, écuyer, seigneur de Courcelles, lieutenant de la ville de Gien, fut allié à Jossine du Bus, et n'en eut qu'une fille : Élisabeth, dame de Courcelles, mariée 1°, par contrat du 6 mai 1595, à Jacques Picquet, écuyer, seigneur de Sains ; 2° à Antoine de Menautel, écuyer.

BRANCHE

des Seigneurs des Granges, Fresnes, Bretel, etc.

13. — Jacques de Belleval, écuyer, seigneur des Granges et de Gousseauville, épousa 1° Madeleine Bournel, par contrat du 1ᵉʳ avril 1574 ; 2° Jeanne Lourdel. De lui naquirent : 1° Nicolas, écuyer, seigneur d'Himmeville, tué en duel en 1623 par François de Frieucourt, écuyer, seigneur de l'Isle, St.-Hilaire et Tully ; il avait épousé Anne de Calonne et n'en eut pas d'enfants ; 2° Antoine, écuyer, seigneur de Fresnes, mort à marier ; 3° Gilles, qui suit ; 4° Catherine.

14. — Gilles de Belleval, écuyer, seigneur de Fresnes, fut allié à Marie de la Berquerie, par contrat passé le 15 février 1605, dont : 1° Joachim, qui suit ; 2° Anne, femme de Henry de Dampierre, écuyer, seigneur de Millencourt et Yzengremer.

15. — Joachim de Belleval, écuyer, seigneur de Bretel, d'Himmeville et de Fresnes, épousa, par contrat du 19 août 1657, Claude du Caron, dont il eut : 1° Joseph-Emmanuel, qui suit ; 2° Pierre-Antoine, chevalier, seigneur de Bretel, marié par contrat du 9 mars 1694 avec Jeanne-Marguerite de Neufville. Il fut maintenu dans sa noblesse avec son frère, et laissa un fils qui mourut jeune et deux filles ; 3° Anne.

16. — Joseph-Emmanuel de Belleval, chevalier, seigneur de Bretel et de Wallemets, lieutenant au régiment de Languedoc, puis major des garde-côtes et commandant le fort de St.-Martin de Mers, se maria deux fois. En premières noces, il épousa Madeleine de Camoisson, par contrat du 9 juillet 1695 ;

en secondes noces, il fut allié à Marie-Françoise de Dampierre. Il mourut sans enfants de ses deux femmes. Il avait été maintenu dans sa noblesse le 10 décembre 1701.

BRANCHE

des Seigneurs de Tilloy.

12. — Gilles DE BELLEVAL, écuyer, épousa Jeanne de Lignières, dont il eut dix enfants, tous morts sans postérité, sauf l'aîné qui suit.
13. — Philippe DE BELLEVAL, écuyer, fut allié à Antoinette Pain, par contrat du 7 février 1579. Il n'eut qu'un seul fils, qui suit.
14. — Nicolas DE BELLEVAL, écuyer, homme d'armes des ordonnances du roi sous M. de la Ferté, épousa, par contrat passé le 14 mai 1603, Antoinette Blondin, dont il eut entre autres enfants Arnoult, qui suit.
15. — Arnoult DE BELLEVAL, écuyer, seigneur de Tilloy, fut allié à Françoise Blondin. D'eux sont issus : 1° Antoine, qui suit; 2° Arnoult, écuyer, mort jeune ; 3° trois filles.
16. — Antoine DE BELLEVAL, écuyer, seigneur de Tilloy, épousa Marie de Belleval, par contrat du 29 avril 1681. Il fut maintenu dans sa noblesse le 10 décembre 1701 avec ses enfants, qui sont : 1° Antoine-Joseph, mort jeune ; 2° Marie-Louise ; 3° Anne-Charlotte, mariée par contrat du 14 juin 1714 à François-Joachim du Castel, écuyer, seigneur de Neuvillette.

BRANCHE

issue de celle des Seigneurs de Courcelles.

12. — Nicolas DE BELLEVAL, écuyer, archer des ordonnances du roi sous M. de la Meilleraye. De sa femme, dont le nom est inconnu, il eut entre autres enfants :

13. — Philippe DE BELLEVAL, écuyer. Il fut père du suivant.

14. — Pierre DE BELLEVAL, écuyer, épousa Françoise Le Fuzelier et mourut sans postérité.

BRANCHE

des Seigneurs de Barberie, Aigneville et Éraines.

12. — Antoine DE BELLEVAL, écuyer, seigneur d'Aigneville, épousa Jeanne Caulier, par contrat du 15 septembre 1600. Il eut d'elle : 1° Michel, qui va suivre ; 2° Nicolas, auteur de la branche des seigneurs de Barberie et de Belleperche ; 3° trois filles.

13. — Michel DE BELLEVAL, écuyer, capitaine des portes de la ville de Péronne, se maria deux fois : 1° le 12 février 1646 à Anne Le Dossu ; 2° par contrat du 1er janvier 1655 à Madeleine Le Vasseur. Du second lit il eut Antoine, qui suit. Il fut maintenu dans sa noblesse le 18 avril 1699.

14. — Antoine DE BELLEVAL, écuyer, seigneur d'Éraines et de Bailleul-le-Socq, capitaine au régiment de Montauban, épousa Louise-Françoise Plansson, dont il eut : 1° Antoine, qui suit ; 2° autre Antoine, chevalier, seigneur de Topin, du Mont et de Neuville-le-Roi, brigadier des gardes du corps et chevalier de St.-Louis. Il fut allié, par contrat du 7 juin 1769, à Marguerite-Thérèse Desprez de la Rezière, dont Marie-Louise-Antoinette, femme de N. Constant d'Yanville, et Antoinette-Gabrielle, alliée à N. Pommeret des Varennes ; 3° Pierre, chevalier, seigneur de la Salle, lieutenant-colonel du régiment de Bretagne, chevalier de St.-Louis. Il épousa Marie-Anne Hamelin, et n'en eut qu'une fille morte jeune ; 4° Marie-Françoise, alliée à Jacques-François de Bréda, écuyer, seigneur de Trossy ; 5° N..., femme de N. Isnel de Combles ; 6° deux filles religieuses.

15. — Antoine DE BELLEVAL, chevalier, seigneur d'Éraines, Bailleul et La Salle, gentilhomme du prince de Condé et capitaine de ses chasses, lieutenant de la capitainerie royale d'Halatte. Il se maria deux fois : 1° par contrat passé le 16 avril 1741 à Marie-Jeanne-Élisabeth Chastelain de Popincourt; 2° à Marie-Françoise Poulet de Sailly. Il ne laissa qu'une fille, alliée à Jean-François-Anselme de Pasquier, comte de Franclieu, maréchal de camp et aide de camp du prince de Condé.

BRANCHE

des Seigneurs de Barberie et de Belleperche.

13. — Nicolas DE BELLEVAL, écuyer, se maria en premières noces avec Sarah Buignet, par contrat du 27 novembre 1649; en deuxièmes noces avec Louise L'Yver, par contrat passé le 1ᵉʳ février 1657. De lui sont issus : 1° François-Joseph, qui va suivre; 2° Charles, écuyer, seigneur de Belleperche, capitaine au régiment de Montauban, mort sans alliance. Il fut maintenu dans sa noblesse avec son frère; 3° Marie, alliée par contrat du 29 juillet 1681, à Antoine de Belleval, écuyer, seigneur de Tilloy.

14. — François-Joseph DE BELLEVAL, écuyer, seigneur de Barberie, fut maintenu dans sa noblesse le 18 avril 1699. Il ne se maria pas.

BELLOY.

Armes : *D'argent à 3 fasces de gueules.* Supports : *deux sauvages.* Cimier : *un cerf naissant.* La branche des seigneurs d'Amy, Francières et Castillon, portait : *d'argent à 4 bandes de gueules;* et la branche des seigneurs de Morangles portait : *de gueules au lion d'or,* alias *à 7 macles d'or, 3, 3 et 1.*

La branche de Beauvoir fut maintenue le 24 mai 1698, et celle de Rogehan, le 27 avril 1709, sur preuves et filiation suivie depuis Jean de Belloy, écuyer, vivant en 1377. La Morlière a traité longuement de cette famille, dont la généalogie très-complète, dressée sur titres originaux et approuvée par Clairembault, a été publiée en 1747 (un vol. de 155 pages in-4°) par Claude-François-Marie, marquis de Belloy. Je crois donc superflu de m'arrêter plus longtemps sur cette grande et ancienne maison.

BERNARD.

Armes : *De gueules au sautoir d'argent accompagné en chef d'une molette de même.*

Famille éteinte, qui a presque toujours habité Abbeville où elle a rempli diverses fonctions honorables. Dans la production qu'ils firent pour leur maintenue de noblesse, le 21 décembre 1716, MM. de Bernard remontent à Antoine, écuyer, vivant en 1499. On connaît le père d'Antoine; il se nommait Jean; et était échevin d'Abbeville, ce qui donne un degré de plus.

1. — Jean BERNARD, écuyer, fut échevin d'Abbeville. De lui est né le suivant :

2. — Antoine BERNARD, écuyer, seigneur de Bazinval. Il fut allié à Jeanne du Moulin, dont naquirent : 1° Jacques, qui va

suivre ; 2° Louis, écuyer, seigneur de Campsart, archer des ordonnances du roi, allié à Françoise de Belleval, par contrat passé le 1ᵉʳ décembre 1536, et mort sans postérité.

3. — Jacques BERNARD, écuyer, seigneur de Brailly, lieutenant-général en Ponthieu, épousa Antoinette d'Oresmieulx et laissa plusieurs enfants : 1° Jacques, qui suit ; 2° Louis, écuyer, mort à marier ; 3° Philippe, auteur de la deuxième branche ; qui suivra ; 4° Gabrielle, alliée à Louis d'Arques, écuyer, seigneur de Neuville, par contrat du 20 mars 1579 ; 5° Marie, femme de Philippe de Monchy, écuyer, par contrat du 13 septembre 1610.

4. — Jacques BERNARD, écuyer, seigneur de Moismont, lieutenant-général en la sénéchaussée de Ponthieu, fut mayeur d'Abbeville en 1613. Il avait épousé Marie de Rely, par contrat passé le 20 mai 1597. Il fut père de Pierre, qui suit ;

5. — Pierre BERNARD, écuyer, seigneur de Moismont, fut allié à Anne de la Roque, par contrat passé le 14 février 1634. D'eux naquit Jacques.

6. — Jacques BERNARD, écuyer, seigneur de Moismont, épousa Catherine Descaules, par contrat du 6 février 1661. Il fut maintenu dans sa noblesse, le 31 décembre 1716, avec Gérard-Augustin et Dominique-François, ses deux fils.

SECONDE BRANCHE.

4. — Philippe BERNARD, écuyer, seigneur de Lesquipée, fut allié à Antoinette Lucas dont il eut : 1° Jacques, qui suit ; 2° Pierre écuyer, seigneur de Nuelmont.

5. — Jacques BERNARD, écuyer, seigneur de Lesquipée, épousa Marguerite Manessier par contrat du 12 avril 1627.

Cette famille est éteinte.

BERSACLES.

Armes : *D'azur à 3 molettes d'éperon d'or.*

Cette famille fut bientôt éteinte; mais elle était de bonne noblesse, bien alliée, et originaire de St-Riquier. A ce titre elle devait trouver place dans mon nobiliaire de Ponthieu.

1. — Jacques DE BERSACLES, né à St-Riquier, habitait Abbeville, en 1370, avec Agnès Petus, sa femme, Ils eurent :
2. — Wautier de BERSACLES, époux de Jeanne Le Vasseur, dont il eut Colart, qui suit, et Jean, garde du scel royal à Abbeville, en 1421.
3. — Colart DE BERSACLES, écuyer, seigneur de Gorenflos en partie, épousa Catherine de Boubers, dont vinrent : 1° Hugues, seigneur de Beaulieu (à Brucamps), prêtre et maître de l'Hôtel-Dieu à St-Riquier; 2° Jacques, qui va suivre; 3° Marguerite, femme d'Antoine de St-Souplis, écuyer.
4. — Jacques DE BERSACLES, écuyer, seigneur de Gorenflos, épousa Alix du Bos de Villers, dont il n'eut qu'une fille, Barbe, demoiselle de Gorenflos, alliée à Pierre de Blottefière, à qui elle apporta la terre de Gorenflos.

BIENCOURT.

Armes : *De sable au lion d'argent, armé, lampassé et couronné d'or.*

La Morlière et Le Carpentier prétendent que la maison de Biencourt est issue de celle de Rambures; mais ils n'énoncent à l'appui d'autre preuve que leur bonne foi très-contestable, et parole ne vaut pas titre. D'autres la font descendre des fondateurs du prieuré de Biencourt-sur-Authie, en 1090. Or, ces fondateurs nommés Anscher de St-Riquier, chevalier, et Liedselime, sa femme, étaient positivement l'un fils, l'autre bru de Gaultier Li Seniore, seigneur et châtelain de La Ferté-les-S¹-Riquier, descendant direct lui-même des comtes de Ponthieu de la première race. Tous les titres du nouveau prieuré, de l'abbaye de Marmoutiers et de celle de S¹-Riquier en font foi. Cette opinion n'a donc à mes yeux ni plus de valeur ni plus de fondement que celle de La Morlière et autres. Ce qui est certain, c'est que la famille de Biencourt avec son origine incertaine et se perdant dans la nuit des temps, est d'une grande noblesse incontestable, et comme telle digne de marcher de pair avec les meilleures et plus anciennes maisons du Ponthieu, telles que celles d'Aumale, de Boubers, de Belleval, d'Aigneville, de Rambures, de Rouault-Gamaches, etc..... Le meilleur travail qui ait été fait sur cette maison est une généalogie très-détaillée, dressée en 1778 par M. Clabault, archiviste et généalogiste, et publiée *in extenso* dans le tome III du *Supplément au Dictionnaire de la noblesse*, par Lachesnaye-Desbois. C'est à cette généalogie que j'emprunte la filiation suivante de la famille de Biencourt, encore actuellement existante. J'y renvoie le lecteur curieux de détails plus étendus.

1. — Ansel DE BIENCOURT, vivant en 1150, fut père de : 1° Amaury, qui suit ; 2° Robert ; 3° N., femme de Hugues Gourle.

2. — Amaury DE BIENCOURT ; de sa femme dont le nom est inconnu, il eut : 1° Hainfroy, qui suit ; 2° Guillaume ; 3° Jean.

3. — Hainfroy DE BIENCOURT, chevalier, fut allié à Mathilde de Fresnoy, qui mourut avant 1254, lui laissant Guillaume et Étienne.

4. — Guillaume de BIENCOURT, chevalier, eut entre autres enfants Robert, qui suit.

5. — Robert DE BIENCOURT, chevalier, eut pour enfants : 1° Mathieu, seigneur de Biencourt en 1312 ; 2° Jean, qui va suivre ; 3° Vautier.

6. — Jean DE BIENCOURT, écuyer ; on lui donne pour enfants : 1° Henry, écuyer ; 2° Colart, qui suit ; 3° Aléaume, écuyer ; 4° Jean, écuyer.

7. — Colart de Biencourt, écuyer, seigneur de Martainneville, Menchecourt et Neslette, bailly d'Abbeville. Il épousa N. de Haudrechies, et en eut : 1° Hugues, écuyer, seigneur de Biencourt, Menchecourt, Arry, Mayoc, etc., lieutenant du sénéchal de Ponthieu, et bailly d'Abbeville, de Crécy et de St-Valery. Il avait épousé Alix Clabault et mourut sans postérité; 2° Nicole.

8. — Nicole, dit Colart de Biencourt, écuyer, seigneur dudit lieu, Menchecourt et Poutrincourt, bailly de Waben, conseiller du roi, épousa vers 1390 Luce Gentien dont il eut: 1° Gérard, qui suit; 2° Jean, écuyer, seigneur d'Arry, auteur de la branche des seigneurs de Lescluse, dans la Marche; 3° Aelips, alliée en mai 1415 à Denis de Paillart; 4° Marguerite, alliée par contrat du 20 mai 1416 à Robert Le Cordelier, écuyer, seigneur de Chenevières; 5° Tassine, mariée le 24 décembre 1420 à André du Moulin, écuyer.

9. — Gérard de Biencourt, écuyer, seigneur dudit lieu, Poutrincourt, Menchecourt, épousa Jeannes de Lanchères dont il eut: 1° Gérard, qui suit; 2° Jean, dit Jeannet, tige de la branche des seigneurs de Poutrincourt, rapportée ci-après; 3° Miles, écuyer; 4° Marie, dame d'Arry, mariée d'abord à Josse de Waudricourt, écuyer, puis à Jean de May, écuyer; 5° N... femme de Guérard Boullain.

10. — Gérard de Biencourt, seigneur dudit lieu et de Menchecourt, mayeur d'Abbeville en 1476 et 1479 : il fut allié à Jeanne du Quesnoy et n'en eut que deux filles : 1° Marie, dame de Biencourt et Menchecourt, femme de Guillaume d'Abbeville, dit d'Yvregny; 2° Antoinette, alliée à Louis d'Abbeville, dit d'Yvregny, écuyer, seigneur d'Ercourt.

BRANCHE

des Seigneurs de Poutrincourt, St.-Maulvis, etc.

10. — Jean de Biencourt, dit Jeannet, écuyer, seigneur de Poutrincourt, Bachimont et Fleury, fut allié, vers 1466, à Antoinette Sarpe, dame de St.-Maulvis. D'eux naquirent : 1° Jacques, qui suit ; 2° Adrien, écuyer ; 3° Nicole, religieux à l'abbaye de St.-Riquier ; 4° Jeanne, mariée à Hugues de Veiniers, écuyer, puis à Nicolas de St.-Remy, écuyer, seigneur de Guigny.

11. — Jacques de Biencourt, écuyer, seigneur de Poutrincourt, St.-Maulvis et Épaumesnil, fut allié 1° à Jeanne de Blécourt, par contrat du 15 octobre 1496 ; 2° par contrat du 27 décembre 1504, à N... de Hondecoustre ; 3° par contrat du 5 septembre 1507, à Claire de Vaux. Ses enfants sont : 1° Florimond, qui suit ; 2° Antoine, prêtre ; 3° Jacques, reçu chevalier de Malte en 1545 ; 4° Jean, abbé de Ste-Marguerite.

12. — Florimont de Biencourt, chevalier, seigneur de Poutrincourt, St.-Maulvis, Fresneville, Épaumesnil, Rigauville, Marsilly et Guibermesnil, fut successivement l'un des 100 gentilshommes de l'hôtel du roi, conseiller et maitre d'hôtel ordinaire du duc de Bretagne, bailli de Vermandois, gouverneur du duché d'Aumale. Il épousa Jeanne de Salazar, dame de Marsilly-sur-Seine. De cette union naquirent : 1° Louis, page du roi Henry II, tué à la bataille de Dreux ; 2° Jacques, qui suit ; 3° Charles, tué à la bataille de Moncontour ; 4° Jean, auteur de la branche des seigneurs de Marsilly, Guibermesnil, établie en Champagne, et dont, pour cela, je ne m'occuperai pas ici ; 5° Claude, religieux ; 6° Antoinette, mariée à Jean d'Offignies, puis, par contrat du 21 décembre 1558, à Jean de Béthisy, seigneur de Mezières ; 7° Jeanne, demoiselle de la reine Marie Stuart ; 8° Anne, alliée par contrat du 19 septembre 1566 à Guillaume d'Ostove, écuyer ; 9° Françoise, alliée par contrat du 6 juin 1572, à Robert de Milleville, écuyer.

13. — Jacques de BIENCOURT, chevalier, seigneur de Poutrincourt, St.-Maulvis, Fresneville, Épaumesnil, Rigauville et Chauvincourt, chevalier de l'ordre du roi, gentilhomme de sa chambre et capitaine de 50 hommes d'armes, épousa Renée de Famechon par contrat du 11 septembre 1577. De cette union naquirent : 1° Philippe, qui suit ; 2° Charles, tige de la branche des seigneurs de Poutrincourt, qui suivra ; 3° Michel, chevalier de Malte, commandeur de Chanteraine et de Fieffes ; 4° Louise, alliée par contrat du 23 novembre 1604 à Theseus de Belloy, chevalier, gentilhomme ordinaire de la chambre du roi, capitaine de 100 hommes de pied au régiment de Navarre et gouverneur du Crotoy ; 5° Charlotte ; 6° Catherine, femme de Louis de Maquerel, chevalier, seigneur de Quémy, par contrat du 5 novembre 1633.

14. — Philippe de BIENCOURT, chevalier, seigneur de Poutrincourt, St.-Maulvis, Fresneville, Épaumesnil, Chauvincourt, Neuville, bailli d'Ardres et du comté de Guines, capitaine de cavalerie légère, fut allié à Françoise d'Ardres, par contrat du 1er décembre 1611. Il eut pour enfants : 1° Charles, mort enfant ; 2° Menelaus, qui suit ; 3° Philippe, mort à marier ; 4° Marguerite et Louise, mortes sans alliance.

15. — Menelaus de BIENCOURT, chevalier, seigneur de St.-Maulvis, fut maintenu dans sa noblesse, le 4 novembre 1666. De ses deux femmes, Catherine de Baudry et Françoise du Castel, il n'eut qu'une fille, Charlotte, dame de St.-Maulvis, alliée à André de St.-Souplix, seigneur de Croquoison.

BRANCHE

des Seigneurs de Poutrincourt, etc.

14. — Charles de BIENCOURT, chevalier, seigneur dudit lieu, Poutrincourt, Guibermesnil, Vercourt, Chauvincourt, La Roque,

etc., chevalier de l'ordre, conseiller, maître d'hôtel, et écuyer de la grande écurie du roi, avait épousé 1° par contrat du 14 août 1612, Marguerite d'Ardres, baronne de Cresecques; 2° par contrat du 25 juin 1635, Gabrielle de Pluvinel. De ses deux unions naquirent : 1° Antoine, baron de Crésecques, seigneur de Poutrincourt, Louches, Lincheux et Chauvincourt, grand bailli d'Ardres et de Guines, écuyer ordinaire du roi, allié par contrat du 28 avril 1645, à Marie d'Espinoy, dont vinrent N... mort jeune et Charlotte, dame de Chauvincourt, alliée le 8 janvier 1655 à François d'Orléans, comte de Rothelin; 2° Roger, archidiacre de Tours; 3° Marie, religieuse; 4° Charles, qui suit; 5° Marie, morte fille; 6° Angélique, mariée à Adrien de la Grandille, chevalier, seigneur de Doudeauville; 7° Anne, alliée à Camille de Savary, comte de Brêves.

15. — Charles de Biencourt, chevalier, seigneur de Poutrincourt et St.-Maulvis, grand bailli d'Ardres et de Guines, avait épousé par contrat du 2 avril 1677 Marie-Séraphique-Louise Chevalier, de laquelle il eut plusieurs enfants qui eurent une nombreuse postérité.

BLOTTEFIÈRE.

Armes : *Écartelé, au 1er et 4me d'or à 3 chevrons de sable ; au 2me et 3me, d'argent à 10 fusées de sable posées en bande.*

Cette maison s'est éteinte à la fin du siècle dernier, au moment de sa plus grande splendeur. On jugera de sa noblesse par l'exposé généalogique que je vais en donner.

1. — Enguerrand de Blottefière, écuyer, demeurait à Abbeville en 1320. De lui vint :

2. — Jean de Blottefière, écuyer, qui obtint en 1366 des lettres

de rémission pour un meurtre commis par lui. Il eut deux fils : Jean, qui suit, et Protain, auteur de la 2me branche.

3. — Jean de Blottefière, écuyer, auditeur du roi, puis procureur de la ville d'Abbeville, épousa Jeanne de Lattre, dont il eut un fils.

4. — Jean de Blottefière, écuyer, licencié-ès-loix, lieutenant-particulier du sénéchal de Ponthieu en 1515, épousa N... Le Vicomte, dont il écartela les armes (*d'argent à 10 fusées de sable en bande*) avec les siennes. Tous ses descendants les ont porté ainsi, sauf le dernier marquis de Vauchelles qui avait repris les pleines armes de Blottefière. De cette union naquirent : 1° Pierre, écuyer, allié à Barbe de Bersacles, dont peu d'enfants; 2° Jean, écuyer, mort en 1520, avait épousé N... Le Normant de Mérélessart, dont Jean, écuyer, seigneur d'Yonval et de Froyelles, marié deux fois, 1° à N... de Vaconssains, dont Antoine, mort enfant, et Jeanne, qui suit; 2° à Jeanne de Bonnelles, dont Pierre et Adrienne, morts enfants. La seule Jeanne survivante épousa Antoine d'Aigneville, écuyer, seigneur de Boiville. — Le troisième fils de Jean fut Christophe, qui suit.

5. — Christophe de Blottefière, écuyer, licencié-ès-loix, seigneur de la Haye, épousa Madeleine de Canus, dont :

6. — Maximilien de Blottefière, écuyer, seigneur de la Haye, vivant encore en 1583. Son fils et héritier fut :

7. — André de Blottefière, écuyer, fut allié à Anne Cornu et n'en eut, dit-on, qu'un seul fils.

8. — François de Blottefière, écuyer, seigneur de la Haye et Liercourt, ne laissa que des filles, et entre autres, Jeanne, femme d'un Sarcus, seigneur de Courcelles. Cette branche s'éteignit donc en lui.

SECONDE BRANCHE.

3. — Protain de BLOTTEFIÈRE, écuyer, vivant encore en 1407, eut un fils :
4. — Colart de BLOTTEFIÈRE, écuyer, demeurant à Brucamps. Son fils fut :
5. — Jean de BLOTTEFIÈRE, écuyer, seigneur de Villencourt, allié à Louise Le Moictier, mourut avant 1503, laissant :
6. — Pierre de BLOTTEFIÈRE, écuyer, seigneur de Villencourt, bailli de Brucamps en 1535, épousa Gillette Le Prévost, dont il eut un seul fils.
7. — Charles de BLOTTEFIÈRE, chevalier, seigneur de Villencourt, chevalier de l'ordre du roi et lieutenant de roi à Doullens, fut allié à Antoinette de Béthisy, par contrat du 21 décembre 1548. De cette union naquirent : 1° Jean, qui suit ; 2° Antoine, auteur de la 3me branche ; 3° Jacques ; 4° Jeanne, Marie et Antoinette.
8. — Jean de BLOTTEFIÈRE, chevalier, seigneur de Villencourt, capitaine de 30 lances des ordonnances du roi, eut un fils de sa femme dont le nom est inconnu.
9. — Jean de BLOTTEFIÈRE, chevalier, seigneur de Villencourt et de Brucamps, épousa Jeanne de Warluzel, dame de Dompierre et de Voyenne. Il eut :
10. — Gabriel de BLOTTEFIÈRE, chevalier, seigneur de Villencourt, fut allié à Charlotte Chevalier. De cette union naquirent : 1° Nicolas, qui, d'Henriette Le Petit, eut un fils mort sans postérité après une alliance obscure ; 2° François, écuyer, seigneur de Voyenne, auteur de la 4me branche ; 3° Pierre, allié à Louise-Éléonore de Fransures.

TROISIÈME BRANCHE.

8. — Antoine de BLOTTEFIÈRE, chevalier, seigneur de Morlencourt, Ablincourt, Courtemanche, Plainval, Vauchelles, gouverneur

de Doullens, fut allié à Marie de Montejan, par contrat passé le 30 juillet 1590. D'eux naquirent : 1° Henry, qui va suivre; 2° François, auteur de la 5me branche; 3° Hyppolite, dont j'ignore l'alliance.

9. — Henry de BLOTTEFIÈRE, chevalier, seigneur de Morlencourt, Ablincourt, Courtemanche, Plainval, etc., épousa le 6 février 1618 Madeleine Le Maistre, dont il eut : 1° Antoine, qui suit; 2° Nicolas, chevalier, seigneur d'Ablincourt, capitaine au régiment de Navarre, mort sans enfants; 3° Simonne, femme de Louis de la Viefville, chevalier, seigneur de Rouvillers.

10. — Antoine de BLOTTEFIÈRE, chevalier, seigneur de Plainval, Morlencourt, Levremont, Courtemanche, Villers-le-Vert, Ablincourt, Gomiécourt, fut maintenu dans sa noblesse avec son frère Nicolas, le 16 mai 1699. Il était âgé de 75 ans et sans alliance.

QUATRIÈME BRANCHE.

11. — François de BLOTTEFIÈRE, chevalier, seigneur de Courtemanche et de Voyenne, épousa Suzanne du Mesnil, et fut père de : 1° François, qui suit; 2° Pierre; 3° Géneviève, femme de Jacques-Antoine d'Inval, écuyer, seigneur de Frestoy.

12. — François de BLOTTEFIÈRE, chevalier, seigneur de Voyennes et Courtemanche, capitaine au régiment de Miromesnil et chevalier de St.-Louis, épousa Marie-Thérèse Le Féron, par contrat du 17 avril 1711. De ce mariage sont nés : 1° François-Joseph, qui suit; 2° Louis-Charles, mort enfant; 3° Christine-Thérèse, religieuse ursuline; 4° Isabelle-Thérèse, religieuse à Compiègne; 5° Marie-Catherine, alliée par contrat du 1er octobre 1755, à Théophile Levesque, écuyer, seigneur de Waranval.

13. — François-Joseph de BLOTTEFIÈRE, chevalier, seigneur de Courtemanche et Voyenne, capitaine des vaisseaux du roi et

chevalier de St.-Louis, fut allié à N... de la Croix de Castries. On ne lui connaît pas de postérité.

CINQUIÈME BRANCHE.

9. — François de BLOTTEFIÈRE, chevalier, seigneur de Vauchelles et de Courtemanche, épousa Madeleine de Lancry, dont il eut :
10. — César de BLOTTEFIÈRE, chevalier, marquis de Vauchelles, seigneur de Monflières, Bellestre, Courtemanche, Gransart, Morlencourt et Villers, lieutenant de roi en Picardie, se maria deux fois : 1° à Marie Parisot; 2° à Angélique de Gouffier de Heilly, dont il eut entre autres enfants :
11. — Nicolas de BLOTTEFIÈRE, chevalier, marquis de Vauchelles, seigneur de tous les lieux susdits, lieutenant de roi en Picardie et mestre-de-camp de cavalerie. Il eut une fille unique, Marguerite, qui épousa, le 8 janvier 1755, le marquis du Sauzay, major des gardes-françaises, et lui apporta la seigneurie et le beau château de Vauchelles-lès-Domart.

La maison de Blottefière est donc éteinte.

BOMMY.

Armes : *D'azur à la rose d'or en cœur cantonnée de 4 besants de même.* Supports, *deux chevaux.* Cimier, *une tête de cheval.*

Cette maison, de bonne noblesse, existe encore, dit-on. Son origine est incertaine et environnée de nuages. Les derniers membres de la famille se disaient originaires du village de Bommy, situé aujourd'hui dans l'arrondissement de St.-Omer, et venus se fixer à Abbeville à la suite des de Bruges de la Gruthuse, dans la maison desquels ils ont rempli en effet quelques charges honorifiques. Voici leur généalogie bien prouvée :

1. — Pierre de Bommy, écuyer, seigneur du Hamelet-près-Corbie, fut allié à Jeanne Le Sénéchal, dont :

2. — Pierre de Bommy, écuyer, seigneur du Hamelet, allié le 12 octobre 1494 à Isabeau d'Auxy. De ce mariage naquirent : 1° Mathieu, qui suit ; 2° Nicolas, mort sans alliance ; 3° Louis, religieux bénédictin à l'abbaye de Corbie ; 4° Pierre, tué au siége de Thérouenne ; 5° Marie, alliée à Pierre de Fosseux ; 6° Jeanne, femme de Nicolas de Ponchon, écuyer, seigneur du Maisnil.

3. — Mathieu de Bommy, écuyer, seigneur du Hamelet et de Vaux, fut maïeur d'Abbeville en 1551. Il épousa en 1res noces, le 9 janvier 1532, Marguerite Lenglacé ; en 2mes noces, Marguerite Pappin ; Du 1er mariage naquirent Hector, qui suit, Marie, femme de Nicolas de Cannesson, écuyer, seigneur de Bellifontaine.

4. — Hector de Bommy, écuyer, seigneur du Hamelet, Vaux et Williamville, épousa Jeanne de Lessau dont il eut : 1° Philippe, écuyer, allié à Madeleine Héron, sans suite ; 2° François, qui suit ; 3° Pierre, mort en 1604, sans enfants ; 4° Charles, écuyer.

5. — François de Bommy, écuyer, seigneur de Vaux et de Fontaine, s'allia à Mahaut du Chastelet de Moyencourt, dont : 1° Henry, écuyer, seigneur de Grébaumesnil, mort sans enfants ; 2° Anne, qui va suivre ; 3° Joachim, écuyer, seigneur de Danneval et Maricourt, dont deux fils, Jean-François, allié à Madeleine-Charlotte de Cintray, mort sans hoirs, et N... sans enfants de N... Danzel de Boffles ; 4° Marie, femme de Nicolas d'Aigneville, écuyer, seigneur de Boiville ; 5° Jeanne, femme de Louis de Cacheleu, écuyer ; 6° N..., demoiselle de Vaux, alliée à N... de Carvoisin.

6. — Anne de Bommy, écuyer, seigneur de Fontaines, Maisnil et Vaux, épousa Claire de Maillefeu, dame du Maisnil-lès-Domqueur. On dit que ses descendants habitent Blangy.

BOUBERS.

Armes : d'or à la croix de sable chargée de 5 coquilles d'argent, aliàs *d'argent à 3 écussons de gueules*. Les Boubers de St.-Riquier, qu'on dit avoir été une branche cadette, portaient: *de gueules à 3 bers ou berceaux d'or*, et aussi *d'or à 3 aigles éployées de sable, becqués et membrés de gueules*.

La maison de Boubers est incontestablement une des plus anciennes et des plus nobles de toute la Picardie, qu'elle soit ou ne soit pas issue des d'Abbeville qui descendaient authentiquement des comtes de Ponthieu. Les uns adoptent cette origine, d'autres la réfutent. Bien qu'il me paraisse y avoir de fortes présomptions en faveur des premiers, il ne m'appartient pas d'approfondir cette question, et je ne pourrais d'ailleurs le faire sans manquer à la réserve que je me suis imposé dans mon travail, réserve que chacun appréciera. J'ajouterai seulement que Jean de Boubers, seigneur de Bernâtre, homme d'armes dans la compagnie de Monseigneur de la Meilleraye, étant inquiété pour sa noblesse, en 1540, présenta une généalogie bien prouvée par titres, remontant à Jean de Boubers, chevalier, seigneur de la Motte-les-Auxy, époux de Mahault de Bernâtre, en 1320, et offrant de belles alliances à tous les degrés : ce qui constitue déjà plus que la noblesse la plus estimée depuis Louis XIV, celle qui ouvrait les carrosses du roi et les portes de Versailles.

1. — Jean DE BOUBERS, chevalier, seigneur de la Motte-les-Auxy, en 1320, épousa Mahault de Bernâtre, dont il eut : Pierre et Baudouin, dit Gadifer, auteur de la branche de Vaugenlieu, qui va suivre.

2. — Pierre DE BOUBERS, écuyer, seigneur de Bernâtre, Sénéchal de Domart-en-Ponthieu, fut allié à Jeanne de Neufmez, dame du dit lieu près Bernaville. Ils eurent entre autres enfants le suivant :

3. — Colart DE BOUBERS, écuyer, seigneur de Bernâtre, Tunc, la

Motte et Neufmez, en 1440, épousa Béatrix de Hardenthun. Son fils fut :

4. — Antoine DE BOUBERS, écuyer, seigneur de Bernâtre, se maria trois fois : 1° à Colette de Hénencourt ; 2° à Isabeau de Domqueur ; 3° Françoise de la Rosière, dame de Ribeaucourt. De la 1ʳᵉ il n'eut pas d'enfants ; de la 2ᵐᵉ, naquirent 1° Jean, qui suit ; 2° Jacques, écuyer, seigneur de la Motte et de Tunc, allié à Marguerite de Caulières, dont Jean, écuyer, seigneur des mêmes lieux ; de sa 3ᵐᵉ femme, Antoine eut encore : 3° Jean, écuyer, seigneur de Ribaucourt, allié à Marie de Caulaincourt, dont Jean, écuyer, époux de Jeanne de Senicourt, dont N... mort sans enfants, et N... demoiselle de Ribaucourt, femme d'Antoine Le Fournier, écuyer, seigneur de Wargemont ; 4° Adrien, écuyer, seigneur des Bouleaux, allié à Marie-Catherine de Brucamps, demoiselle de Houdancourt, dont suite.

5. — Jean DE BOUBERS, écuyer, seigneur de Bernâtre, homme d'armes dans la compagnie du sieur de la Meilleraye, fut allié à Marie de Mauvoisin, dont il eut : 1° Jean, qui suit ; 2° Marie, femme de Jean de La Houssoye, écuyer, seigneur de Maizicourt ; 3° Marguerite, alliée à Philbert Carpentin, écuyer, lieutenant-général en la sénéchaussée de Ponthieu.

6. — Jean DE BOUBERS, écuyer, seigneur de Bernâtre, homme d'armes dans la compagnie de la Meilleraye, épousa Nicole de Lisques, et en eut : 1° Jacques, qui suit ; 2° Adrien, écuyer, seigneur de Burelle.

7. — Jacques DE BOUBERS, écuyer, seigneur de Bernâtre, fut allié à Rachel de Longjumeau. De cette union naquit entre autres enfants : 1° Daniel, qui suit ; 2° Benjamin, écuyer, seigneur de Burelle ; 3° Louis, écuyer, seigneur de Gouy.

8. — Daniel DE BOUBERS, écuyer, seigneur de Bernâtre, Helliers et Monchaux, épousa Madeleine de Boubers par contrat passé le 22 janvier 1614. D'eux naquirent : 1° Daniel, qui suit ; 2° Rachel ; 3° Madeleine, femme de Gédéon de Boistel, chevalier, seigneur de Martinsart ; 4° Suzanne, alliée à Jean de

Houdetot, chevalier, seigneur d'Alimbu ; 5° Anne, Esther et Charlotte.

9. — Daniel DE BOUBERS, chevalier, seigneur et vicomte de Bernatre, seigneur de Boismont, capitaine de cavalerie au régiment d'Esquancourt, fut marié deux fois ; 1° à Suzanne Roussel de Miannay, par contrat du 28 janvier 1659 : 2° à Françoise Mention, par contrat passé le 14 septembre 1696. Il fut père de : 1° Daniel, retiré en Angleterre ; 2° Henry-Louis, qui suit ; 3° François.

10. — Henry-Louis DE BOUBERS, chevalier, seigneur de Miannay, capitaine au régiment Wallon de Solre, fut maintenu dans sa noblesse, le 17 octobre 1699, avec plusieurs enfants qu'il avait eus de Madeleine d'Orthe, épousée par contrat du 10 décembre 1691. — Cette branche est la seule qui subsiste encore.

SECONDE BRANCHE.

2. — Baudouin DE BOUBERS, dit Gadifer, écuyer, seigneur de Tunc, épousa Béatrix de la Ratte, dont :

3. — Jean DE BOUBERS, écuyer, seigneur de la Motte et de Tunc, fut père du suivant :

4. — Jean DE BOUBERS, écuyer, épousa Marguerite de Boufflers, et acheta la seigneurie de Vaugenlieu en Soissonnais. De lui naquit entre autres :

5. — Jean DE BOUBERS, écuyer, seigneur de Vaugenlieu. Il fut allié à Jeanne de Rigauville qui le rendit père de :

6. — Nicolas DE BOUBERS, écuyer, seigneur de Vaugenlieu, épousa Jeanne de Bilques qui lui apporta la seigneurie de Mélicocq. Son fils fut :

7. — François DE BOUBERS, chevalier, seigneur de Vaugenlieu et Mélicocq. De Géneviève de Sarville, il eut :

8. — François DE BOUBERS, chevalier, seigneur de Vaugenlieu et Mélicocq. Il épousa Madeleine Le Clerc dont naquirent Nicolas,

et François, ce dernier allié à Madeleine-Hélène de Maillefeu. Ils furent maintenus dans leur noblesse par arrêt du Conseil d'État, en 1668.

BOUFFLERS.

Armes : *d'argent à 3 molettes de gueules, accompagnées de 9 croix recroisetées de même, posées 3, 3 et 3.* La branche de Remiencourt avait adopté pour brisure *un lambel de gueules en chef*. Supports : *deux léopards*. Cimier : *une cigogne d'argent becquée et membrée de gueules.*

Le grand nobiliaire de Picardie donne une généalogie si complète de l'illustre maison de Boufflers que je n'ai pas besoin de la reproduire ici. — Cette maison est éteinte.

BOULOGNE.

Anciennes armes: *écartelé, au 1ᵉʳ et 4ᵐᵉ de gueules à l'épervier perché d'argent ; au 2ᵐᵉ et 3ᵐᵉ de gueules à la licorne d'argent.* Nouvelles armes, depuis 1700 : *d'argent à la bande de sable accompagnée de 3 lions de sinople, 2 en chef, 1 en pointe.*

Cette famille paraît avoir eu pour auteur Nicolas de Boulogne, vivant en 1540, ou du moins c'est avec lui que commence la filiation régulière et non interrompue. On trouve, il est vrai, dans les environs d'Abbeville, des de Boulogne beaucoup plus anciens, tels que Jean et Foulques de Boulogne en 1300, Colart de Boulogne au Crotoy en 1384, Jean de Boulogne, receveur de l'hôpital d'Abbeville en 1365, et plusieurs autres dans le courant du xvᵉ siècle, qui sont très probablement de la même famille ; mais, comme je viens de le dire, la filiation suivie ne commence qu'en 1540. Dans celle-ci on remarque de bonnes alliances, beaucoup de charges de magistrature, et la qualification d'écuyer bien avant les lettres de noblesse qu'obtint en 1700 Adrien de Boulogne, écuyer, seigneur de Beaurepaire, procureur du roi, conseiller au présidial et ancien mayeur d'Abbeville.

BOURDIN.

Armes : *d'azur à 3 têtes de daims d'or,* que les cadets brisent *d'un chevron.* Supports et cimier, *trois dragons.*

Le grand nobiliaire de Picardie, à propos de la maintenue des marquis de Villaines et comtes de Bourdin, porte que cette famille est originaire du Berry. Une note de 1708 que j'ai recueillie, affirme au contraire que les aînés se disaient originaires de Ponthieu et reconnaissaient pour parents les de Bourdin de Neux dont je vais établir la généalogie.

1. — Pierre BOURDIN fut député par le duc de Bourgogne pour traiter de la paix qui se fit entre Gravelines et Calais, en 1439. Il eut un fils.
2. — Jean BOURDIN, écuyer, possesseur d'un fief à Lheures en 1466; dont :
3. — Jean BOURDIN, écuyer, vivant encore en 1509, qui laissa :
4. — Jean BOURDIN, écuyer, déclaré noble au Conseil d'Artois, en 1517; dont naquirent : 1° Philippe; 2° Adrien, écuyer, capitaine d'une compagnie d'infanterie au service de la ligue catholique,
5. — Philippe BOURDIN, écuyer, seigneur de Neux, bailly de Maison-Ponthieu, mort en 1590. De sa femme qui est inconnue, il eut : 1° Jean, qui suit ; 2° Anne, abbesse des dames de St.-Michel de Doullens.
6. — Jean BOURDIN, écuyer, seigneur de Neux et de Montorgueil: fut allié à N. de Gargan, dont il eut :

7. — Claude BOURDIN, écuyer, seigneur de Neux et de Montorgueil : il épousa Antoinette Baude. De ce mariage naquirent : 1° Charles, qui suit ; 2° Claude, marié sans enfants ; 3° Antoinette, alliée d'abord à Nicolas le Bel, puis à François de Fontaines, chevalier.

8. — Charles BOURDIN, écuyer, seigneur de Neux et de Montorgueil, épousa Jeanne de Fontaines dont il eut Jacques, qui suit ; Jeanne, alliée à Joseph de Cacheleu, écuyer.

9. — Jacques BOURDIN, écuyer, seigneur de Neux et de Montorgueil, mort en 1700, sans alliance.

BOURNEL.

Armes : *d'argent à l'écu de gueules, à l'orle de 8 papegaux de sinople, becqués et membrés de gueules.*

On ne trouve la maison de Bournel en possession de ces armes que depuis 1416 ou environ. Auparavant, et les sceaux conservés dans la collection de Clairembault en font foi, l'écu des Bournel était *d'argent au chevron de sable*, et souvent brisé *d'une merlette de sable au canton dextre du chef*. Illustre maison dont une branche se fixa en Ponthieu dès le xv° siècle et y contracta des alliances avec presque toutes les familles du pays : c'est pourquoi je la rapporte ici. Elle est maintenant éteinte. — J'emprunte sa généalogie au P. Anselme.

1. — Jean BOURNEL, seigneur de Puisseux, vivant en 1330, épousa Jeanne, dame de Thiembronne dont il eut : 1° Pierre ; 2° Guillaume, écuyer ; 3° Jean, écuyer ; 4° Jeanne, femme de Gilles, seigneur de Nédonchel en 1330.

2. — Pierre BOURNEL, chevalier, seigneur de Thiembronne, et de Puisseux, bailli du comté de Clermont, vivant encore en 1383. D'Isabeau de Villiers, sa femme, il eut le suivant.

3. — Hue BOURNEL, chevalier, seigneur de Thiembronne, capitaine de la ville et du château de Rue, en 1391 et 1395. Il épousa Alips de Beauchamp, dame de Beauchamp, Lambercourt, Lambersart, Namps près Ardres, Montigny et Anceville. De ce mariage naquirent : 1° Charles, seigneur de Lambercourt; 2° Louis, qui suit; 3° Guichard, seigneur de Namps, auteur de la 2ᵐᵉ branche qui va suivre ; 4° Guillaume, chevalier, seigneur de Lambercourt, général, maître, visiteur et gouverneur de l'artillerie de France. Il vivait encore en 1474. Il eut, de sa femme qui est inconnue, un fils, Louis Bournel, panetier du roi, qui mourut avant lui et sans alliance.

4. — Louis BOURNEL, chevalier, seigneur de Thiembronne, Beauchamp et Lambersart, allié à Marie-Louise de Craon, eut d'elle: 1° Jean, qui suit ; 2° Antoine Bournel, seigneur de Habarcq, chevalier de Malte, commandeur d'Auxonne et de Villemoison, en 1482 ; 3° Jeanne Bournel, femme de Roland, seigneur de Disquemue ; 4° Marguerite Bournel, femme de Louis, seigneur de Bussu.

5. — Jean BOURNEL, chevalier, seigneur de Thiembronne, Beauchamp, Lambersart, conseiller et chambellan du roi, lieutenant des ville et château de Ste-Menehould ; il épousa Julienne de Monchy, dont vinrent : 1° Louis, qui suit; 2° Gille, femme de Louis, seigneur de Marle.

6. — Louis BOURNEL, chevalier, seigneur de Thiembronne, Beauchamp et Monchy, conseiller, chambellan et panetier du roi Louis XI, s'allia à Guillemette de Melun. Ses enfants furent: 1° Louis Bournel, baron de Thiembronne, seigneur de Beauchamp et d'Anceville, mort sans enfants de Marguerite d'Ailly, de Picquigny, sa femme ; 2° Julien Bournel, seigneur de Lambersart, gouverneur du château d'Auxy, mort sans enfants avant le 22 janvier 1549; 3° Gabriel, seigneur de Fasques, mort sans alliance avant 1549 ; 4° Marie Bournel, dame de Plouy, héritière de toutes les seigneuries de la famille par la mort de ses frères, les porta à son mari Jean de Soissons, seigneur de Moreuil et de Poix : 5° Jacqueline Bournel, chanoi-

nesse de Mons : puis alliée à François de Longueval, seigneur de Planques, d'Escoivre et d'Esquerchin.

DEUXIÈME BRANCHE.

4. — Guichard BOURNEL, fut apanagé des seigneuries de Namps et de Puisseux par sa mère, à la charge de porter les armes de Beauchamp. Cette branche des seigneurs de Namps a donc porté : *fascé d'hermines et de sinople de 6 pièces.* Guichard fut souverain bailli du comté de Guines, capitaine d'Ardres et du Crotoy, et lieutenant du comte d'Étampes en Picardie et en Artois. Il mourut vers 1465, laissant beaucoup d'enfants de Jeanne de Wissocq, dame de Mametz et d'Esteembecq, sa femme : 1° Guillaume, qui suit ; 2° Alardin Bournel, seigneur de Vesigneul et de Malmy, capitaine de Ste-Menehould, allié à Léonore Sacquespée, dame de Malmy, dont Claude Bournel, dame de Vesigneul, femme de Jean de Roucy, et Martine Bournel, femme de Jean de Guisselin, seigneur de Quessede ; 3° Jean Bournel, seigneur de Boncourt, Mametz, bailli de Guines et capitaine d'Ardres, mort le 22 mai 1522, laissant de Catherine de Sempy, sa femme, Roland Bournel, mort en juin 1537, allié d'abord à Antoinette de Cauroy, dont Nicole Bournel, femme de Jean de Créquy, seigneur de Rogy, et ensuite à Marguerite de Noyelles, dont Isabeau Bournel, mariée en 1533 à Jean de Noyelles, seigneur de Lorsignol ; 4° Julien Bournel, seigneur du Chevalart en Forez, conseiller et chambellan du roi, capitaine de 30 lances fournies des ordonnances, épousa Jeanne du Chevalart, dont vinrent N. Bournel, chanoine de St.-Lambert à Liége, Amé Bournel, seigneur du Chevalart mort aux guerres d'Italie, Pierre Bournel, abbé de St.-Romain, chanoine et comte de Lyon en 1523 ; 5° Antoine Bournel, mort sans alliance ; 6° Nicole Bournel, femme de Charles de Saveuse, seigneur de Souverain-Moulin, bailli et capitaine de St.-Omer et de Gravelines, et 7° 3 filles religieuses.

5. — Guillaume BOURNEL, chevalier, seigneur de Namps, Esteembecq et Exames, bailli de Guines et capitaine d'Ardres, allié à N. d'Ostove, en eut pour enfants : 1° Gautier, mort jeune. Il épousa en secondes noces Jeanne de Calonne : de cette union naquirent : 1° Antoine, mort sans alliance; 2° Flour, qui suit; 3° Julien, abbé de Ham près Lillers, mort en avril 1551 ; 4° Antoinette, religieuse aux sœurs-grises de St.-Omer, en 1538; 5° Marie, femme de Jean, seigneur de Noirthoud et du Quesnoy, maître d'hôtel du duc d'Arschot, et capitaine de Lillers.

6. — Flour BOURNEL, écuyer, seigneur de Namps, Esteembecq et Lambercourt, épousa par contrat du 13 septembre 1508 Catherine de Riencourt. D'elle naquirent : 1° Jean, qui suit ; 2° Gabriel, chanoine et prévôt de St.-Pierre de Liège ; 3° Hugues Bournel, seigneur d'Esteembecq, Escames et Lambercourt, gouverneur de Lille, Douay, Orchies et Bapaume, épousa d'abord Marie de Fleury, dont il eut Maximilien, mort sans alliance, et ensuite Marie Baudain de Mauville dont il n'eut pas d'enfants ; 4° Anne, femme de Jacques de Sains, écuyer, seigneur de Montigny, puis de Jacques de Bussy, seigneur du Plessier.

7. — Jean BOURNEL, chevalier, seigneur de Namps, mourut en 1559 laissant de Jeanne Le Vasseur, sa femme: 1° Gabriel, qui suit ; 2° François, chanoine de St.-Denis à Liège ; 3° Jean, seigneur de Fasques, allié à Gabrielle de Belloy, dont Julien, époux d'Antoinette de Saisseval qui le rendit père de Geoffroy, de Jean et de Marguerite, religieuse à Bertaucourt; 4° Jeanne, mariée le 7 mai 1567 à Jean de Sailly, écuyer ; 5° Adrienne, religieuse à Marquette.

8. — Gabriel BOURNEL, chevalier, baron de Monchy-Cayeu, vicomte de Lambercourt, seigneur de Namps, Fasques, Esteembecque, Thiembronne, Acheu, Beauchamp, épousa Marguerite d'Estrées, dont sont issus : 1° Gabriel, qui suit; 2° François-Annibal, vicomte de Lambercourt, mestre de camp d'infanterie, allié à Jeanne Le Roy d'Acquets, sans enfants ; 3° Angélique-Marguerite, abbesse de Bertaucourt.

9. — Gabriel Bournel, baron de Monchy, Cayeux, allié à Louise d'Hervilly, n'en eut que le seul Jean-Paul.
10. — Jean-Paul Bournel, chevalier, baron de Monchy, et de Cayeux, vicomte de Lambercourt, épousa Marguerite Bochard de Champigny. Ses enfants furent : 1° Jean-Charles, qui suit ; 2° Marie ; 3° Anne.
11. — Jean-Charles Bournel, chevalier, baron de Monchy et de Cayeux, vicomte de Lambercourt, page de la grande écurie du roi en janvier 1683, colonel du régiment de Lorraine, en décembre 1703, maréchal de camp, le 30 mars 1710, maître de la garde robe du duc de Berry et commandeur de St.-Louis en mai 1716. Il épousa Catherine Forcadel, en décembre 1712 dont il n'eut qu'un fils.
12. — Charles-Germain Bournel, chevalier, baron de Monchy et de Thiembronne, mestre de camp de cavalerie, avait épousé en 1740 N. Ménage et en eut un fils, qui ne laissa pas de postérité, à ce que je pense.

BOUSSART.

Armes : *De gueules à la fasce d'or accompagnée de 3 têtes de levrier aussi d'or, arrachées et accolées d'azur, aliàs 3 têtes de lion arrachées d'or.*

Sortie de l'ancienne bourgeoisie d'Abbeville, cette famille parvint insensiblement à la noblesse sans que cette transition ait été remarquée. Cette transition eut lieu d'abord à une époque telle (le commencement du xv° siècle), que la noblesse des Boussart est tout à fait respectable.

1. — Jacques Boussart, bourgeois d'Abbeville en 1320, fut père de :
2. — Jacques Boussart, bourgeois d'Abbeville, vivant encore en 1390, laissa deux fils : Jacques, qui va suivre ; Ricquier, allié à Adde de Biencourt, dont Ricquier, qui fut père de

Catherine, alliée en 1460 à Pierre Courtois, et Marie, femme de Jean de St.-Fuscien, puis de Robert Le Carbonier.

3. — Jacques Boussart, écuyer, seigneur de Martainneville, épousa Nicole de Martainneville, dont un fils, qui suit, et une fille, Catherine, qui apporta la seigneurie de Martainneville à Jean Journe, écuyer, son mari.

4. — Jacques Boussart, écuyer, épousa 1° Marguerite Brinon; 2° Jeanne de Benssérade. Il laissa :

5. — Jacques Boussart, écuyer, licencié-ès-lois, allié à Jeanne Quesnel, dont il eut :

6. — Jacques Boussart, écuyer; il épousa Jeanne Roussel de Miannay, et en eut quatre enfants : 1° Jacques, qui suit; 2° Nicolas, écuyer, seigneur de Préaulx, époux de Marguerite de Quehen, dont Nicolas, allié à Marie Le Hochart, dont des filles alliées aux Le Bel de Canchy, Prévost de Sanguines, et Picquet de Méricourt; 3° Isabeau, femme de Jacques de Monchy, écuyer, seigneur de Grébaumaisnil; 4° N... alliée à Louis d'Aigneville, écuyer, seigneur de Flamermont.

7. — Jacques Boussart, écuyer, seigneur de Villeroi, n'eut que deux filles de Jeanne de Lansseray: 1° N..., femme de N... Picquet; 2° Isabeau, femme de François Descorches, écuyer, seigneur de Villaincourt. Elle mourut le 18 août 1615.

BOUTERY.

Armes : *D'argent à 3 bouteilles ou gourdes d'azur.*

La maison de Boutery a occupé au moyen-âge un rang élevé dans la noblesse du Vimeu. Elle s'éteignit au xve siècle, alors qu'elle ne cessait de croître en renommée et en honneurs. Sa généalogie est donc courte, mais belle. On va en juger.

1. — Jean Boutery, chevalier, sire de Mareuil, en 1240, eut un fils :

2. — Henry Boutery, chevalier, vivant encore en 1270. Il fut père de Jean, qui suit, et de Marie, alliée à messire Adam de Belleval, chevalier, sire de Belleval.

3. — Jean Boutery, chevalier, seigneur de Huppy. De sa femme, dont le nom est inconnu, il eut : 1° Jean, qui suit ; 2° Esteule, écuyer, mort sans alliance.

4. — Jean Boutery, chevalier, seigneur de Huppy, épousa Marie de Crésecques. De cette union naquirent : 1° Jean, qui va suivre ; 2° Pierre, écuyer, seigneur de Grébaumaisnil, dont Jean, chevalier, qui de Jeanne de Cauberch n'eut qu'une fille, Jeanne, alliée à Robert de Baynast, écuyer, seigneur de la Houppilière et d'Applaincourt ; 3° N..., femme de Perceval de Belleval, écuyer.

5. — Jean Boutery, chevalier, seigneur de Huppy et de Grébaumaisnil, vicomte de Maisnières et de Cambet, fut allié à N... de Belleperche. Il mourut vers 1407, laissant Charles, qui suit, et Jeanne, qui suivra également.

6. — Charles Boutery, chevalier, seigneur de Huppy, vicomte de Maisnières et de Cambet, tué à la bataille d'Azincourt, le vendredi 25 octobre 1415. Il ne s'était pas marié et laissa tous ses biens à sa sœur.

7. — Jeanne Boutery, vicomtesse de Maisnières, épousa 1° Henry de Tilly, écuyer ; 2° Jean de Caumont, écuyer. Elle fut la dernière de sa race.

BRESDOUL.

Je crois que cette maison est éteinte. Elle était de bonne noblesse et toutes ses alliances furent irréprochables. Elle fut maintenue, le 24 décembre 1698, après avoir fourni des preuves comprenant six degrés y compris celui de l'inquiété, depuis 1524. Ses armes étaient : *D'azur au chevron d'argent accompagné de 3 têtes de lions arrachées d'or et lampassées de gueules*. Supports, *2 levriers*. Cimier, *une tête de lion*. Devise : *Spero in deum*.

1. — Hue de Bresdoul, écuyer, vivant en 1400, épousa Jeanne d'Auxy, dont il eut Baudouin et Huchon, écuyer, mort sans alliance, qui acheta, le 15 février 1432, de Toussaint du Mesge, le fief d'Hiermont.

2. — Baudouin de Bresdoul, écuyer, dit Baudin, releva, le 24 janvier 1449, le fief d'Hiermont tenu du roi, et qui lui appartenait depuis le décès de Jeanne d'Auxy, sa mère. Il fut père de :

3. — Jacques de Bresdoul, écuyer ; il releva, le 14 octobre 1473, le fief d'Hiermont, provenant de la succession de son père. Il mourut en 1505, laissant :

4. — Jean de Bresdoul, écuyer, seigneur de Neufvilette et du Pas d'Authie, épousa Antoinette de Gouy, dont il eut :

5. — Pierre de Bresdoul, chevalier, seigneur de Neufvilette et du Pas d'Authie, fut allié à Isabeau d'Aigneville, par contrat du 6 octobre 1545. Il fut père de : Philippe, écuyer, mort sans alliance, et Scipion, qui suit :

6. — Scipion de Bresdoul, écuyer, seigneur de Neufvilette, Neux et du Pas d'Authie, n'eut qu'un seul fils de Jeanne de Runes, sa femme.

7. — Louis de Bresdoul, chevalier, seigneur de Neufvilette, Neux, Routionville, Vercourt, vicomte du Temple, épousa Anne d'Aubert, dont il eut : 1° François, qui suit ; 2° Nicolas-Charles, écuyer ; 3° Louise et Marie.

8. — François de Bresdoul, chevalier, vicomte d'Authie, seigneur de Neufvilette, du Temple, Conchil, Neux et Vercourt, fut allié à Catherine de Maulde, par contrat passé le 7 septembre 1663. De cette union naquirent : 1° Gabriel-François, qui va suivre ; 2° Antoine, brigadier des gardes-marines à Brest ; 3° Henry-Louis, chevalier, seigneur d'Authie, lieutenant au régiment de Barentin ; 4° Catherine, Hélène, Marguerite et Louise.

9. — Gabriel-François de Bresdoul, chevalier, seigneur d'Authie, Conchil, le Temple et Vercourt, épousa, par contrat du 12

juillet 1695, Suzanne de Charlet, dont il avait trois filles, Catherine-Hélène, Angélique et Marie-Claire, quand il fut maintenu dans sa noblesse, le 24 décembre 1698.

BRESTEL.

Armes : *D'azur à 3 besants d'or.*

Cette maison se disait originaire de Normandie. Il y a tout lieu de croire que c'est une erreur. Dans une courte généalogie publiée par La Chesnaye-des-Bois, dans le 2e volume du supplément de son *Dictionnaire de la Noblesse*, celui-ci, en adoptant l'origine normande, rattache l'établissement de la famille en Ponthieu à Nicolas de Brestel, écuyer, vivant en 1516. Il y a là une seconde erreur, et, pour la démontrer, il suffit d'énumérer les quelques personnages suivants :

— Willame de Brestel, maïeur et échevin à Rue vers 1260.
— Jean de Brestel, homme-lige à Rue, en 1289.
— Jean de Brestel, sergent du roi à Abbeville, en 1367.
— Jean de Brestel, au Crotoy, en 1375.
— Jean de Brestel, écuyer à Abbeville, en 1400.
— Pierre de Brestel, écuyer, à Abbeville, en 1403.
— Colart de Brestel, à Abbeville, en 1408.
— Jean de Brestel, auditeur pour le roi à Abbeville, en 1423.
— Jean de Brestel, écuyer, seigneur de Chepy, en 1451.

Nicolas de Brestel, écuyer, vivant en 1516, par lequel on fait commencer la filiation, était lui-même fils de Raoul de Brestel, écuyer, demeurant à Bonnelles, avec Jeanne Brocquet de Ponthoiles, sa femme.

BRIET.

Armes anciennes : *De gueules à la croix d'argent chargée de 5 hermines de sable.* Devise : *Malo mori quam fœdari.* — Armes nouvelles, qui sont celles des Lourdel, par suite d'une alliance avec cette famille : *D'argent au sautoir de sable accompagné de 8 perroquets de sinople, becqués et membrés de gueules.* Cimier et supports : *3 lions.*

Lors de leur maintenue, le 22 avril 1705 et le 6 novembre 1717, les branches de Formanoir et de Famechon s'abstinrent de prouver au-delà de 1511, et la branche de St.-Elier et de Rainvillers prit des lettres de noblesse au commencement du siècle dernier. Cependant la généalogie de la famille de Briet peut et doit commencer ainsi qu'il suit :

1. — Jean BRIET, écuyer, seigneur de Domqueurel et du Festel, panetier de Mme de Guyenne, en 1407 ; duquel est issu entre autres :

2. — Guillaume BRIET, dit Férain, écuyer, seigneur de Domqueurel, qui avait épousé avant 1400 Marie d'Alliel, dont il eut :

3. — Jean BRIET, dit Domqueurel, écuyer, seigneur d'Alliel et de Domqueurel, né en 1436 et mort en 1516, avait épousé Marguerite de Blottefière. De cette union naquirent : 1° Jean, écuyer, maintenu dans sa noblesse le 28 janvier 1540, mort sans postérité ; 2° Waleran, qui suit.

4. Waleran BRIET, dit Domqueurel, écuyer, seigneur d'Alliel et de Domqueurel, fut allié à Charlotte de Fontaines, dont il eut François, qui suit, et Jean.

5. — François BRIET, écuyer, seigneur d'Alliel et Domqueurel, épousa Jeanne de Mons qui, après sa mort, se remaria à Jean de Fransures, écuyer, seigneur de Villers. D'eux naquit le suivant :

6. — Claude BRIET, écuyer, seigneur d'Alliel et de Domqueurel,

épousa Marguerite de Bernets, par contrat passé le 20 juin 1573. Il mourut en 1587, laissant François, qui suit, et trois filles, sans alliance.

7. — François Briet, écuyer, seigneur d'Alliel et de Domqueurel, épousa Marie Rumet, par contrat passé le 16 août 1622. De lui naquirent : 1° Charles, chevalier, seigneur d'Alliel, allié à Marie Le Blond, par contrat du 26 mai 1664, et mort sans postérité ; 2° Antoine, qui suit ; 3° trois filles.

8. — Antoine Briet, écuyer, épousa Marguerite Ducroquet, le 25 novembre 1663. De lui sont issus : 1° Nicolas, qui suit ; 2° Joseph-Jean-Baptiste, écuyer, seigneur de Rainvillers ; 3° Marguerite-Géneviève-Thérèse, femme de Gaspard de Ray, conseiller du roi.

9. — Nicolas Briet, écuyer, seigneur du Cimpre, Hallencourt et Rainvillers, fut allié, en 1698, à Charlotte de Dourlens. Il mourut en 1733. Il avait pris des lettres de noblesse tout au commencement du xviii° siècle, et on n'en voit pas la cause, puisque ses prédécesseurs avaient tous porté des qualifications nobles. C'est de lui que descendent directement MM. Briet de Rainvillers, seuls représentants de cette famille, qui eut de nombreuses branches.

BRISTEL.

Armes : *D'or à la fasce de gueules surmontée de 3 coqs de sable, becqués, membrés et crétés de gueules.*

Cette famille, de bonne noblesse, était, dit-on, originaire d'Abbeville. Elle est éteinte, et voici ce que je sais de sa généalogie.

1. — Jean de Bristel, allié à Marguerite de Vignacourt, dont, entre autres :

2. — Jacques de Bristel, écuyer, épousa Jeanne Journe. Son fils fut :

3. — Jean DE BRISTEL, écuyer, seigneur de Martainneville, en 1532, fut allié à Marie de Nouvillers, dont il eut : 1° Adrien, qui suit ; 2° Marguerite, alliée 1° à Adrien de Beuzin, 2° au seigneur des Mazures, 3° à Jules-César de Gouy, écuyer, seigneur de la Barre, homme d'armes des ordonnances du roi.

4. — Adrien DE BRISTEL, écuyer, seigneur de Martainneville, épousa N. de Wault et n'en eut qu'une seule fille :

5. — Jeanne DE BRISTEL, qui apporta la seigneurie de Martainneville à Maximilien de Milly, écuyer, seigneur de Monceaux.

BUIGNY.

Cette maison est éteinte. Elle portait pour armes : *d'or à la bande de gueules chargée de 3 lions rampants d'argent, et accompagnée de 2 buis de sinople.* Supports et cimier : 3 lions. — Elle avait été confirmée dans sa noblesse, le 16 janvier 1700, en prouvant jusqu'à Antoine de Buigny, écuyer, seigneur de Cornehotte, vivant en 1542. Or, Antoine était fils d'Obigny de Buigny, écuyer, époux de N. de Fontaines, lequel était lui-même fils de Guillaume de Buigny, écuyer, seigneur de Beauvaloir, qui devait avoir eu pour auteurs ou pour parents Willaume de Buigny, vivant à Abbeville en 1367, Jean de Buigny, sergent du roy en 1400, Baudouin de Buigny et Catherine, sa fille, demeurant à Crécy en 1380.

L'auteur des *Notices topographiques et archéologiques sur l'arrondissement d'Abbeville* [1] a publié, dans le premier volume de cet ouvrage et à propos de la forteresse d'Eaucourt-sur-Somme, un document très-important pour la famille de Buigny et très-intéressant au point de vue des mœurs nobiliaires, si je puis m'exprimer ainsi. A ce double titre il trouvera ici sa place, et je le reproduirai tout entier.

[1] M. E. Prarond.

Procès-verbal de foy et hommage dressé à la requeste de Claude de Buigny, escuyer, seigneur de Cornehote, pour constater que ledit seigneur de Buigny s'est rendu au château d'Eaucourt-sur-Somme.

« Arrivé là, a demandé ledit seigneur de Buigny si messire François de Soecourt, chevalier de l'ordre du Roy et seigneur dudit lieu, et dame Marie-Charlotte de Mailly, son épouse, dame dudit Eaucourt-sur-Somme, etaient audit lieu, parce qu'il estoit venu exprès audit lieu pour leur faire les foy et homage du fief des Mortiers, à lui échu par la mort de Jean de Buigny, son père, escuyer, seigneur de Cornehote, duquel il est héritier.

» Sur la réponse à luy faite par Marguerite de Vérité, veuve de Clément Broquet, receveur de ladite seigneurie, et par Jean Huré, lieutenant dudit village et seigneurie d'Eaucourt, trouvés pour lors en la cour dudit château dont les ponts-levis étoient abaissés, que lesdits seigneur et dame de Soycourt n'étoient pas dans le château : ledit seigneur de Buigny s'est approché dudit Huré, et lui a dit, la tête nue, heaume à ses pieds, qu'il venoit et offroit de faire pardevant luy foy, homage et serment de fidélité de par Dieu et monseigneur Saint-Denis, par rapport à son dit fief. Il a levé la main droite *hanté* de gantelet, tiré sa ceinture et son épée ainsi que ses éperons qu'il avoit à ses pieds ; lesquels avec ladite épée et ceinture les a présentés audit lieutenant Huré, ayant l'un des genoux fléchi jusqu'à terre, et a dit en ces termes, adressant la parole audit lieutenant : — Monsieur le lieutenant, qui représentez la personne de Monseigneur et dame d'Eaucourt, je fais aujourd'hui en toute humilité, comme vassal de mesdits seigneur et dame, les foy et homage à quoy je suis sujet et asservi par raison des fiefs que je tiens d'eux, et pour ce je vous présente mon épée, ma ceinture, mes éperons et mon heaume, la dextre haute, à faire le serment de fidélité par devant vous. — Que ledit Huré a refusé d'accepter, même de recevoir ce que ledit seigneur de Buigny lui avait offert à bourse déliée et deniers à découvert pour payer les droits par lui dus à ladite seigneurie. — Du 20 décembre 1571, par Vaultrique, notaire à Abbeville. »

1. — Guillaume DE BUIGNY, écuyer, seigneur de Beauvaloir. De sa femme, dont le nom est inconnu, il eut le suivant :
2. — Obigny DE BUIGNY, écuyer, fut allié à N. de Fontaines, qui le rendit père de :
3. — Antoine DE BUIGNY, écuyer, seigneur de Cornehotte, du Boisle-les-Airaines et du Boscrasoir, lieutenant du gouverneur de Ponthieu et lieutenant-général de l'amiral de France, épousa Marguerite de la Ruelle, dont il eut :
4. — Jean DE BUIGNY, écuyer, seigneur de Cornehotte et de St.-Délier, fut marié deux fois : 1° à Barbe de Mailly, par contrat du 6 mars 1542 ; 2° à Barbe de St.-Delis, par contrat passé le 30 août 1546. De la première est né Claude, qui suit.
5. — Claude DE BUIGNY, écuyer, seigneur de Cornehotte, Merliers, St.-Délier et du Breuil en partie, archer des ordonnances du roi sous la charge de M. de Piennes, fut allié à Marguerite de Fouilleux, par contrat du 5 avril 1579. De cette union naquirent entre autres François, qui suit.
6. — François DE BUIGNY, écuyer, seigneur de Cornehotte et de Merliers, épousa Renée de Conty, par contrat en date du 29 mars 1612. D'eux naquirent : 1° Claude, qui suit ; 2° Michel, chevalier, seigneur de Bellefontaine et Merliers, capitaine de 100 hommes de pied, aide de camp du comte d'Alais, sans suite.
7. — Claude DE BUIGNY, chevalier, seigneur de Cornehotte et de Brailly, épousa Marie de Louvencourt, par contrat passé le 19 décembre 1650. D'eux sont issus : 1° Guillaume, qui suit ; 2° Jean-Marie, chevalier, capitaine au régiment du Maine, maintenu avec son frère.
8. — Guillaume DE BUIGNY, chevalier, seigneur de Cornehotte, Brailly, Bellefontaine, etc., fut allié à Marie-Josèphe-Louise de Ponthieuvre de Berlacre, par contrat du 1er février 1698. Il fut maintenu dans sa noblesse le 16 janvier 1700.

BUS.

On croit que cette maison a emprunté son nom au fief du Bus-les-Martainneville. Elle est d'ailleurs très-ancienne et d'excellente noblesse, et Jean-François et Claude du Bus, frères, maintenus dans leur noblesse le 2 janvier 1700, pouvaient, comme on va le voir, faire remonter leurs preuves bien au delà du 1er octobre 1531. Aujourd'hui éteinte, à ce que je crois, la famille du Bus portait pour armes : *d'azur au chevron d'argent chargé de 3 trèfles de sable et accompagné de 3 molettes d'éperon d'or.*

1. — Willame DU BUS, chevalier, seigneur de Wailly, vivant encore en 1270, épousa Théophile de Croy, dont vinrent : 1° Jean, qui suit ; 2° Hugues, qui suivra également ; 3° Guillaume, écuyer, vivant en 1339.

2. — Jean DU BUS, écuyer, seigneur du Bus-les-Martainneville, fut allié à Catherine de Bruges, dame de Longvillers, dont il eut Arnoul, seigneur de Frossin, mort sans suite en 1354.

2 bis. — Hugues DU BUS, écuyer, seigneur du Bus et de Morival, épousa Marie de Moncheny, dont il n'eut que le suivant :

3. — Jean DU BUS, écuyer, seigneur du Bus, Morival, Vieux-Rouen, La Motte et Wailly. Il épousa en 1357 Béatrix de Belletourte, dont naquirent : 1° Jean, qui suit ; 2° autre Jean, seigneur de Morival, qui n'eut qu'une fille, Alix, alliée à Fremin d'Aigneville, chevalier.

4. — Jean DU BUS, écuyer, seigneur dudit lieu, laissa trois enfants de Jeanne de Mauvoisin, sa femme : 1° Jean, qui suit ; 2° Charles, écuyer, allié à Marguerite du Ponchel, dont une fille, Isabeau ; 3° Antoinette, morte à marier.

5. — Jean DU BUS, écuyer, seigneur du Bus et de Wailly, vivant en 1412, eut trois enfants de Marie de Tœuffles, sa femme : 1° Jean, qui suit ; 2° Antoine, seigneur d'Arleux ; 3° Charles, seigneur de Manicourt.

6. — Jean DU BUS, écuyer, seigneur du Bus et de Wailly, épousa

Jeanne de Béthencourt, dame de Friville et de Catigny, dont il eut beaucoup d'enfants : 1° Jean, qui suit ; 2° Pierre, abbé de Dommartin ; 3° Josse, mort à marier ; 4° Jacques, seigneur d'Arleux, allié à Barbe de Monchaux, puis à Marie d'Ostrel, dont Liévin, époux de Claude Le Prévost, et enfin à Claude Quiéret, dont Jeanne, femme de Guy de Wault ; 5° Jeanne, alliée à Jean de Buines ; 6° Adrienne, femme de Nicolas de Vaconssains ; 7° Marie, femme de Claude de Landres.

7. — Jean DU BUS, écuyer, seigneur du Bus, Wailly et Catigny, épousa en 1493 Jeanne de Poilly, demoiselle de Saucourt. Il en eut : 1° Nicolas, qui suit ; 2° François, seigneur de Monflières, allié à Jeanne de La Fontaine, dont suite ; 3° Isabeau, femme de Charles de Brestel, écuyer, seigneur d'Armencourt, maréchal-des-logis de la compagnie du maréchal du Biez.

8. — Nicolas DU BUS, écuyer, seigneur de Wailly et du Bus, fut allié à Péronne de Boufflers, par contrat passé le 1er octobre 1531. D'eux sont issus : 1° Jean, qui suit ; 2° André, moine à St.-Valery ; 3° Jean, écuyer, allié à Jeanne Gaillard des Alleux, dont naquirent Géneviève, femme de François de Créquy, vicomte de Langle, et Anne, femme de Maximilien du Bosquiel, écuyer. seigneur de Gadimez ; 4° Jossine, femme de Raoul de Belleval, écuyer, seigneur de Courcelles, lieutenant de la ville de Gien.

9. — Jean DU BUS, écuyer, seigneur du Bus et de Wailly, épousa Isabeau de Caux. De cette union naquirent : 1° René, qui suit ; 2° Philippe, allié à N. Descorches de Willancourt ; 3° Françoise, femme de Jean de Melvande, écuyer, seigneur de Fleurigny.

10. — René DU BUS, écuyer, seigneur et vicomte de Wailly, seigneur de Beaucamps, Beaucorroy, La Salle, le Bus, et Villette en partie, épousa Jacqueline de Flahault, par contrat passé le 11 octobre 1616, et en eut entre autres René, qui va suivre.

11. — René DU BUS, chevalier, seigneur et vicomte de Wailly, fut allié à Charlotte de Sarcus, par contrat du 3 décembre 1666.

De lui naquirent : 1° Jean-François, qui suit ; 2° Claude, écuyer, seigneur de la Salle, époux de Marguerite Wllart, maintenu avec son frère.

12. — Jean-François DU BUS, chevalier, seigneur, pair et vicomte de Wailly, lieutenant de dragons au régiment de dragons d'Artois. Il fut maintenu dans sa noblesse le 2 janvier 1700. Il n'avait alors qu'une fille, Agnès-Françoise, d'Agnès Tillette, sa femme, qu'il avait épousée par contrat du 11 juillet 1696.

C.

CACHELEU.

Cette famille, qui existe encore, était ancienne et justement estimée en Ponthieu. Elle a fait remonter ses preuves de noblesse à Walquin de Cacheleu, écuyer, seigneur de Loches, et Jacquette de la Garde, sa femme, vivant en 1495. Son véritable auteur est Jean de Cacheleu, demeurant à Abbeville en 1449 avec Simone Le Cordier, sa femme, et Ricquart de Cacheleu, son frère. Armes : *d'azur à 3 pattes de loup d'or*, que le comte de Thoiras écartelait de Truffier, qui est *de gueules à 3 molettes d'éperon d'or*. Supports : *deux lions*. Cimier : *une tête de léopard*.

1. — Jean DE CACHELEU, écuyer, allié à Simone Le Cordier, vivait à Abbeville en 1449, avec Ricquart, son frère. De lui est issu le suivant :

2. — Walquin DE CACHELEU, écuyer, seigneur de Loche, épousa Jacquette de La Garde, dont il eut :

3. — Pierre DE CACHELEU, écuyer, seigneur de Loches, fut allié à Jeanne de Morvilliers, par contrat passé le 15 janvier 1522. D'eux est issu Claude et N..., femme de Jean Mariotte.

4. — Claude DE CACHELEU, écuyer, seigneur de Loches, archer des ordonnances du roi ; il épousa Antoinette du Maisniel, par contrat passé le 6 octobre 1550. Il n'eurent qu'un seul fils.

5. — Claude DE CACHELEU, écuyer, seigneur de Loche et de Poupincourt, capitaine de St.-Riquier pour la Ligue, fut marié deux fois. En premières noces, il épousa Marie de Séricourt, par contrat passé le 13 novembre 1586 ; en deuxièmes noces, il épousa Antoinette Le Sage, par contrat du 10 décembre 1597. De ses deux unions naquirent : 1° Jacques, qui suit ; 2° Nicolas, auteur de la 4me branche ; 3° Louis, auteur de la 5me branche ; 4° Jean, écuyer, seigneur de Vauchelles ; 5° François ; 6° Charles ; 7° Marguerite et Marie.

6. — Jacques DE CACHELEU, écuyer, seigneur de Poupincourt et Bussu en partie, exempt des gardes du corps de Monseigneur, frère du roi, fut allié à Françoise de Maillefeu, par contrat du 4 novembre 1625. Il eut d'elle : 1° Nicolas, qui suit ; 2° Claude, auteur de la 2me branche ; 3° Robert, auteur de la 3me branche ; 4° trois filles, Catherine, Marie et Claire.

7. — Nicolas DE CACHELEU, chevalier, seigneur de Bouillancourt-sous-Miannay, Bussu, épousa Charlotte de Chéry, par contrat du 20 juin 1665. D'eux sont issus : 1° Charles, qui suit ; 2° Nicolas-Jérôme, écuyer, seigneur de Maillefeu, lieutenant au régiment dauphin, cavalerie ; 3° Nicolas-René, écuyer ; 4° Marie-Anne.

8. — Charles DE CACHELEU, chevalier, seigneur de Bouillancourt, fut allié à Jeanne-Henriette-Agathe de Louvencourt, par contrat passé le 4 avril 1711. Il avait deux enfants, Charles-François et Marie-Françoise-Agathe, quand il fut maintenu dans sa noblesse, le 6 décembre 1717.

DEUXIÈME BRANCHE.

7. — Claude DE CACHELEU, chevalier, seigneur de Thoiras, Poupincourt et St.-Léger, épousa Marie-Claire Truffier, par

contrat du 24 décembre 1677. De lui vinrent : 1° Claude, qui suit ; 2° Jean-Baptiste, chevalier, seigneur de St.-Léger, lieutenant aux gardes-françaises, maintenu avec son frère ; 3° Marie-Françoise, femme de François de Saisseval, écuyer, seigneur de Pissy.

8. — Claude DE CACHELEU, chevalier, comte de Thoiras, comte et pair de Villers, premier pair du comté de Ponthieu, controleur de la gendarmerie, seigneur de Houdanc, Ercourt, Framicourt, Arrest, Andainville. Il épousa Françoise de Manneville, par contrat passé le 23 mai 1714. Il fut maintenu dans sa noblesse le 6 décembre 1717.

TROISIÈME BRANCHE.

7. — Robert DE CACHELEU, écuyer, seigneur de Poupincourt, épousa Anne de Tilloloy, par contrat du 4 novembre 1673. Il fut maintenu dans sa noblesse le 3 janvier 1699, avec ses enfants, qui étaient : 1° Nicolas, capitaine au régiment d'Artois ; 2° Joseph ; 3° Marie-Louise ; 4° Marie-Anne.

QUATRIÈME BRANCHE.

6. — Nicolas DE CACHELEU, écuyer, seigneur du Titre, épousa Anne Le Febvre, par contrat passé le 23 juillet 1645. D'elle il eut : 1° Jean-Nicolas, qui suit ; 2° Charles, chevalier, seigneur du Titre, allié à Anne de Gomer, par contrat du 19 mai 1695, et maintenu avec son frère ; 3° Antoinette, femme de François de Belloy, chevalier, seigneur de Beauvoir.

7. — Jean-Nicolas DE CACHELEU, chevalier, seigneur de Vauchelles, s'allia à Marie-Catherine L'Yver, par contrat en date du 12 juin 1696. Il fut maintenu dans sa noblesse, le 30 janvier 1700.

CINQUIÈME BRANCHE.

6. — Louis DE CACHELEU, écuyer, seigneur de Bussuel, épousa Jeanne de Bomy, par contrat du 8 mars 1667, et eut d'elle : 1° Jean, mort jeune; 2° Charles-François, qui va suivre; 3° Marie-Madeleine; 4° Jeanne-Louise.

7. — Charles-François DE CACHELEU, écuyer, seigneur de Bussuel, encore à marier, quand il fut maintenu dans sa noblesse, le 30 janvier 1700.

CACHELEU.

L'origine de cette famille est assez difficile à déterminer. Ses membres, pour le XIV° et le XV° siècle, sont confondus avec ceux de l'autre famille de Cacheleu, et rien ne les distingue les uns des autres. Cependant on donne comme appartenant à ceux-ci, entre autres :

— Aliame DE CACHELEU, vivant en 1319, qui passait alors pour être le meilleur conseil du Ponthieu.
— Pierre DE CACHELEU, en 1344, l'un des juges commis par Jean Du Cange, gouverneur du Ponthieu.
— Wistache DE CACHELEU, très-renommé en Ponthieu en 1364.
— Nicolas DE CACHELEU, habitant Abbeville en 1407, et allié aux meilleures familles du Ponthieu.

Toutefois dès le milieu du XV° siècle la confusion n'est plus possible. Jean de Cacheleu, écuyer, mort avant 1495, à Villeroy qu'il habitait, est le premier de la généalogie fournie par ses descendants pour leur maintenue du 10 décembre 1701.

1. — Jean DE CACHELEU, écuyer, fut père de : 1° Jean, prêtre, maître-ès-arts; 2° Nicolas.

2. — Nicolas DE CACHELEU, écuyer, seigneur de Maisoncelles; de sa femme, dont le nom est inconnu, il eut : 1° Jean, qui suit; 2° Nicole, écuyer, chanoine d'Amiens, prieur de Rougecamps.

3. — Jean DE CACHELEU, écuyer, seigneur de Maisoncelles, épousa Antoinette de Poix, par contrat du 17 mars 1526, et eut d'elle : 1° Nicolas, qui suit; 2° Antoine, chanoine d'Abbeville; 3° Antoinette, femme de Jean Pappin, écuyer, seigneur de Cocquerel.

4. — Nicolas DE CACHELEU, écuyer, seigneur de Maisoncelles, lieutenant des eaux-et-forêts de Picardie, eut de sa maîtresse, Marie de Bout, un fils, Louis, qui fut légitimé par lettres-patentes de Henri III, du mois d'avril 1582.

5. — Louis DE CACHELEU, écuyer, seigneur de Maisoncelles, fut allié à Adrienne de la Coupelle, par contrat du 21 juillet 1590. De lui n'est provenu qu'un fils.

6. — Nicolas DE CACHELEU, écuyer, seigneur de Maisoncelles, épousa Madeleine Briet, par contrat passé le 8 mai 1617. De cette union naquirent : 1° Louis, qui suit; 2° Jean, écuyer, seigneur de Frévent, allié à Marguerite Pannelier, par contrat du 4 janvier 1680, et maintenu dans sa noblesse le 10 décembre 1701; n'a pas eu d'enfants; 3° Antoine, écuyer; 4° Charles, écuyer; 5° Marie-Antoinette, femme de Jean-Baptiste Louvel, écuyer; 6° Jeanne, femme de Michel Patoux, bourgeois d'Amiens.

7. — Louis DE CACHELEU, écuyer, seigneur de Maisoncelles, fut allié à Géneviève de Huppy, par contrat du 31 mars 1672. D'elle il eut : 1° Antoine, qui suit; 2° Louis, écuyer; 3° Marie-Catherine-Géneviève; 4° Marie-Madeleine.

8. — Antoine DE CACHELEU, écuyer, seigneur de Maisoncelles, épousa Élisabeth-Eude de Tourville, par contrat du 18 janvier 1703. Il fut maintenu dans sa noblesse, le 7 septembre 1715, avec ses enfants, Jacques, Antoine-Adrien, Élisabeth-Éléonor, et Catherine.

Je crois que cette famille est éteinte. Elle portait : *de gueules à 3 fasces d'or, au franc-quartier de sable chargé d'une bande d'argent surchargée de 3 coquilles de pourpre.*

CALONNE.

Armes : *D'argent au lion léopardé de gueules mis en chef.* Supports, 2 *lions.* Cimier, *un lion naissant dans un vol banneret.*

Cette famille fut maintenue dans sa noblesse, le 24 décembre 1698, sur preuves remontant jusqu'au 6 février 1532. Elle occupait un rang distingué en Vimeu, où elle possédait depuis le commencement du xvie siècle la terre et chatellenie d'Avesnes. Jean de Calonne, écuyer, seigneur d'Avesne, qui forme le 1er degré de la généalogie insérée au grand nobiliaire, était le fils ainé de Paul de Calonne, écuyer, demeurant à Abbeville, où il remplit des charges municipales, et de Marie-Jeanne Le Roy. La maison de Calonne dont il s'agit ici était entièrement étrangère à celle de Calonne-Courtebonne, originaire d'Artois, éteinte aujourd'hui dans toutes ses branches. Elle existe encore à Avesnes qu'elle n'a pas cessé de posséder.

1. — Paul DE CALONNE, écuyer, et Marie Le Roy, sa femme, eurent pour enfants : 1° Jean, qui suit ; 2° Pierre, écuyer ; 3° Colart, écuyer ; 4° Guillaume, écuyer ; 5° Marie, alliée à Henry Cornu, écuyer ; 6° Jeanne, femme de Nicolas de St.-Ouen.

2. — Jean DE CALONNE, écuyer, seigneur d'Avesnes, licencié, avocat et conseiller du roi, fut allié à Marie de Machy de Cocquerel, dont il eut : 1° Jean, qui suit ; 2° Nicolas, auteur de la seconde branche, qui suit ; 3° Isabeau, femme de Antoine de Vaudricourt, écuyer, seigneur d'Allenay.

3. — Jean DE CALONNE, écuyer, seigneur d'Avesnes, homme d'armes des ordonnances du roi sous M. de Humières, fut allié à Philippe Louvel de Glisy, par contrat du 8 février 1548. Il eut d'elle entre autres enfants Jean, qui suit.

4. — Jean DE CALONNE, écuyer, seigneur d'Avesnes, homme d'armes des ordonnances du roi sous M. d'Amerval, épousa

Françoise Cornu, par contrat passé le 4 février 1590. De ce mariage naquit Pierre.

5. — Pierre DE CALONNE, écuyer, seigneur d'Avesnes, Mesnil-Eudin, Condé, Pommereuil, épousa Françoise du Bos, par contrat du 20 février 1615. Il fut père de : 1° Oudart, qui suit ; 2° trois autres fils.

6. — Oudart DE CALONNE, chevalier, seigneur d'Avesnes, Condé, Mesnil-Eudin, Pommereuil, s'allia par contrat du 16 octobre 1663 à Madeleine Le Fournier de Wargemont, dont il eut : 1° François, qui suit ; 2° Adrien, seigneur de St.-Jean, garde du roi ; 3° Jean, seigneur du Mesnil, lieutenant au régiment de Solre-étranger ; 4° N..., religieuse à Abbeville.

7. — François DE CALONNE, chevalier, seigneur chatelain d'Avesnes, Fresneville, Chaussoy, Condé, Folie, le Mesnil et St.-Jean, épousa Marie-Louise d'Aumale, par contrat du 4 juin 1693. Il avait eu déjà 3 enfants, Louis-Édouard, Louise-Madeleine et Marie-Françoise, quand il fut maintenu dans sa noblesse, le 24 décembre 1698.

DEUXIÈME BRANCHE.

3. — Nicolas DE CALONNE, écuyer, seigneur de Barbasacq, épousa Marguerite Charlet, dont il eut : 1° François, mort jeune ; 2° Philippe, qui suit ; 3° André, écuyer ; 4° Daniel, écuyer ; 5° Antoinette.

4. — Philippe DE CALONNE, écuyer, seigneur de Barbasacq, fut allié à Gabrielle Rohaut, dont il eut : 1° Artus, qui suit ; 2° Daniel, écuyer.

5. — Artus DE CALONNE, écuyer, seigneur de Barbasacq et de Quend, capitaine d'infanterie au régiment de Montdejeux, épousa en 1652 Louise d'Amiens, qui lui donna : 1° Édouard, qui suit ; 2° Henry, écuyer, sans enfants de N... du Fay de Louvigny.

6. — Édouard de Calonne, écuyer, fut allié à Anne Vincent d'Hantecourt, et ne laissa que deux filles.

CANNESSON.

Armes : *d'azur à 3 couronnes d'or*. Supports : *2 lions*. Cimier : *un cygne essorant*. Devise : *spero in deum*.

On a prétendu que la maison de Cannesson était issue des rois de Suède, à cause de l'identité non seulement d'armes mais encore de devise. La conformité d'armoiries est trop fréquente chez les nombreuses familles nobles de France pour qu'on doive conclure à la communauté d'origine de toutes celles qui ont le même blason : Et, bien que la conformité de la devise soit beaucoup plus rare, en admettant qu'elle n'ait pas été provoquée, je n'hésite pas, quoique dise l'auteur de l'histoire généalogique de la maison de Mailly, à repousser cette origine suédoise comme erronée et impossible à prouver, et à proclamer que la maison de Cannesson a pris naissance à Abbeville ou dans les environs.

1. — Jean Cannesson, demeurant à Valines de 1374 à 1390, pourrait avoir été le père de Jean et de Pierre, procureur à Abbeville en 1416.
2. — Jean Cannesson, auditeur du roi à Oisemont, en 1431, eut pour fils.
3. — Jean Cannesson, dit le jeune, auditeur du roi à Oisemont en 1460, fut, à ce que l'on pense, père de Jean, qui suit, Andrieu et Arnoul.
4. — Jean Cannesson, écuyer, licencié-ès-loix, avocat, lieutenant du bailli de Ponthieu et 3 fois échevin, épousa Catherine Postel, demoiselle de Bellifontaine et de Grandsart, dont il eut le suivant.
5. — Nicolas de Cannesson, écuyer, seigneur de Bellifontaine, fut allié à Marie de Bommy, par contrat passé le 22 janvier 1550.

De cette union naquirent : 1° Jacques, qui suit ; 2° Claude ; 3° Jeanne, femme de Jacques Le Roy, écuyer, seigneur d'Acquest.

6. — Jacques de Cannesson, écuyer, seigneur de Bellifontaine, Bicourt et Estalmesnil, homme d'armes des ordonnances du roi allié par contrat du 29 janvier 1585, à Anne de St.-Blimond eut d'elle François, qui suit et six filles.

7. — François de Cannesson, écuyer, seigneur de Bellifontaine, Grandsart, Estalmaisnil, Bicourt, Quemcourt, Faveille, épousa Catherine de Halescourt, dame de Cany, par contrat passé le 30 janvier 1622. Il en eut : 1° Antoine, qui suit ; 2° Jean, auteur de la 2me branche.

8. — Antoine de Cannesson, chevalier, seigneur de Bellifontaine, Cany, Estalmaisnil, Faveille, Bicourt, vicomte de Grandsart, Bretel, etc, fut allié à Gabrielle de Mercastel, dont vint la seule :

9. — Françoise de Cannesson, dame de Bellifontaine et de Grandsart ; elle porta ces deux seigneuries à Antoine de Mailly, marquis de Haucourt, qu'elle épousa par contrat du 6 février 1673.

DEUXIÈME BRANCHE.

8. — Jean de Cannesson, chevalier, seigneur de Hanchy, Visquemont, et du Mortier, épousa Anne de Lattre, dont : 1° Robert, garde du corps du roi, sans postérité ; 2° Jean, dit M. du Mortier, mort à marier ; 3° Antoine, dit le chevalier de Cannesson, lieutenant dans les troupes boulonnaises, et 4°, trois filles, Françoise, Marie-Louise et Madeleine, dont je ne connais pas les alliances. Ils furent tous maintenus dans leur noblesse, le 28 février 1699.

CARPENTIN.

« Philippe Quiéret, épousa, vers 1340, une demoiselle du nom de Pentin. Il était cadet de famille, et elle riche héritière d'une maison noble des environs de Dreux. Il réunit alors son nom à celui de sa femme, ce qui produisit Kierpentin, plus tard Carpentin, mais il conserva les armes de Quiéret avec une brisure, c'est-à-dire qu'il remplaça le *champ d'hermines* par un *champ d'argent.* » Telle est l'origine absurde qu'on s'est plu à donner à la très noble et très ancienne famille de Carpentin. Elle ne vaut même pas la peine qu'on s'y arrête plus longtemps. — MM. de Carpentin furent maintenus dans leur noblesse le 23 juin 1698, sur preuves depuis le 20 juillet 1431; leur généalogie peut cependant s'étendre d'un siècle plus haut, comme on va le voir. Le dernier de ce nom est mort à Abbeville, il y a peu d'années. Armes: *d'argent à 3 fleurs de lys au pied nourri de gueules.* Supports: *deux sauvages, un homme et une femme.* Cimier: *une renommée tenant une banderolle où est écrite la devise* « *A tout.* »

1. — Philippe CARPENTIN, écuyer, vivant en 1340, est sinon le premier de sa maison, au moins celui par qui commence la filiation suivie. De lui vint:

2. — Robert CARPENTIN, écuyer. Il épousa, vers 1370, Bonne de Saisseval. Son fils et successeur fut:

3. — Jean CARPENTIN, écuyer, seigneur de Berlettes, allié à Jeanne Le Vasseur; il mourut à Bernaville en 1412, laissant beaucoup d'enfants: 1° Henry, qui suit; 2° Firmin; 3° Gilles, moine à l'abbaye de St.-Vaast d'Arras; 4° Jean; 5° Guillaume; 6° plusieurs filles.

4. — Henry CARPENTIN, écuyer, seigneur de Berlettes, sénéchal de Domart, épousa Jacqueline de La Chapelle, par contrat passé le 20 juillet 1431. De cette union sont issus: 1° Jean, qui va suivre; 2° Bonne, Marie, Jacqueline et Antoinette.

5. — Jean CARPENTIN, dit Galois, écuyer, seigneur de Berlettes et

de Berneuil, épousa Jacqueline Dausque, par contrat passé le 20 janvier 1461. Il fut père de : 1° Jean, qui suit ; 2° Gabrielle, femme de Philippe Breton, écuyer.

6. — Jean CARPENTIN, dit Galyot, écuyer, seigneur de Berlettes et de Bray, plusieurs fois échevin et maïeur d'Abbeville en 1535. Il fut allié à Jacqueline de la Warde par contrat du 30 mars 1499, et eut d'elle beaucoup d'enfants : 1° Galois, qui suit ; 2° André, prêtre, chanoine de St.-Wlfran ; 3° Jean, prêtre, doyen de St.-Wlfran ; 4° Claude, chanoine de Notre-Dame de Paris et abbé commendataire de St.-Fuscien ; 5° Simon, écuyer, seigneur de Maisnil-la-Haye, allié à Catherine de St.-Souplix, dont 1° Jean époux de Claire Bigant, père d'Artus mort sans suite ; 2° Jacques, écuyer, seigneur de Beaucourt ; 3° Louis, écuyer, seigneur du Maisnil-la-Haye, sans enfants d'Anne de Mercastel ; 4° Charles, mort jeune ; 5° Marguerite, femme de Jacques de Cocquet ; 6° Catherine, alliée à Antoinette Damiette, écuyer ; 7° Philibert, écuyer, seigneur de Bray, Barlettes, Lugermont, Quend, lieutenant-général en la sénéchaussée de Ponthieu, et maïeur d'Abbeville en 1543, allié à Marguerite de Boubers de Bernâtre, dont Jean, écuyer, capitaine huguenot, Thibault, écuyer, Guy, écuyer, capitaine huguenot, et Jeanne, femme de François Fournier, écuyer, seigneur de Wargemont.

7. — Galois CARPENTIN, écuyer, seigneur de Cumont, Berlettes, Hanchy, Le Ménage et Belloy, homme d'armes des ordonnances du roi sous le maréchal du Biez, capitaine de St-Riquier, épousa Jeanne Truffler, par contrat du 12 janvier 1547. D'eux naquirent : 1° Charles, écuyer, seigneur de Belloy, sans postérité ; 2° Jean, qui suit ; 3° Guy, écuyer, seigneur de Bray, sans alliance ; 4° François, chanoine de Notre-Dame de Paris ; 5° Jacqueline, femme d'Antoine Le Sénéchal, écuyer, seigneur de Rocquigny ; 6° Barbe, femme de Perceval de Grouchy, écuyer, seigneur de Mathonville ; 7° Françoise, alliée à N. Desmarets, écuyer, seigneur de Hasteville ; 8° Marguerite.

8. — Jean CARPENTIN, écuyer, seigneur de Cumont, Hanchy, Le

Ménage, Belloy, Trenquies, Allenay et Festel, fut allié à Marguerite Tillette de Mautort, par contrat en date du 30 janvier 1595. Il mourut le 22 janvier 1616, laissant : 1° Jacques, qui suit ; 2° Philippe, écuyer, seigneur du Ménage, sans alliance ; 3° Jeanne, alliée d'abord à Pierre de May, écuyer, seigneur de Seronville, puis à François Le Roy, écuyer, seigneur de Bézancourt.

9. — Jacques de Carpentin, écuyer, seigneur de Cumont, Hanchy, Le Ménage, Elcourt, fut marié deux fois, à Marguerite Le Bel, par contrat du 29 décembre 1622, et à Marie Tillette, par contrat passé le 25 février 1660. De celle-ci il eut : 1° Jacques, qui suit ; 2° Jean, écuyer, seigneur de Hanchy, allié par contrat du 5 février 1691 à Catherine de Lisques, dont François ; 3° Louis, écuyer, seigneur d'Elcourt, allié par contrat du 6 septembre 1692 à Blanche de Rambures-Poireauville, dont Charles, Suzanne et Catherine-Elisabeth. Tous deux furent maintenus dans leur noblesse avec leur frère.

10. — Jacques de Carpentin, chevalier, seigneur de Cumont, Hanchy, Le Ménage, etc., épousa Antoinette-Marguerite de Créquy, par contrat en date du 21 décembre 1686. Il fut maintenu dans sa noblesse le 23 juin 1698, avec ses enfants, Marc-Antoine, Jean-François, Charles, Marie-Marguerite, Marie-Madeleine et Louise.

CARUE.

Armes : *D'argent au sautoir de gueules cantonné de 4 hures de sanglier arrachées de sable.*

Cette famille, éteinte depuis les premières années du xvi° siècle, était de très-bonne et très-ancienne noblesse. On n'aura, pour s'en convaincre, qu'à lire le passage suivant, extrait de *Gamaches et ses seigneurs*, par M. Darsy, qui l'a lui-même emprunté au *Registre des Visites pastorales d'Eudes Rigaud, archevêque de Rouen*, pages 12 et 14 :

« Gautier Carue, chatelain de Gamaches, pendant l'absence de son seigneur parti pour la Croisade, avait ameuté cette commune et les nombreux vassaux du comte de Dreux, et s'était rué sur le manoir épiscopal d'Alihermont (24 septembre 1248). Un meurtre avait été commis ; des églises, des presbytères, des fermes avaient été pillés..... Gautier Carue, le chef de la bande, ayant remis sa demande aux mains du pontife, laissa pour otages Michel de Berneval, Hue d'Espinay, Jean de Dampierre et plusieurs autres gentilshommes. On prit quatre mois pour examiner l'affaire, et le 21 janvier 1249, le prélat rendait sa sentence au manoir d'Alihermont. Il condamna Gautier à prendre avec lui onze maïeurs ou gentilshommes des communes des environs de Gamaches, et à faire avec eux douze processions solennelles, nu-pieds, en chemise, la tête découverte, tenant des verges dans leurs mains, et à recevoir, à la fin de la procession, la discipline de la main des prêtres. Les lieux où devaient se faire ces processions étaient les cathédrales d'Evreux, Lisieux, Beauvais et d'Amiens ; les églises de Dreux, de Gamaches, de St.-Vaast d'Equiqueville, de St.-Aubin-le-Cauf, et les trois églises de l'Alihermont. » — (*Gamaches, etc.* F^{os} 82-83.)

Gautier Carue est donc le premier de cette famille que l'on connaisse. Sa noblesse ressort clairement et de la position qu'il occupait et du nom des otages qu'il remit à l'archevêque de Rouen. Mais la généalogie suivie de sa maison ne commence qu'au suivant :

1. — Jean CARUE, écuyer, possesseur d'un fief à Martainneville, en 1363, eut de sa femme, dont le nom est inconnu : 1° Jean, qui suit, 2° Maroie, alliée à Baudouin de Belleval, chevalier, qui fut tué à Azincourt en 1415.

2. — Jean CARUE, écuyer, fut allié en 1412 à Aélips de Maupin, dont il eut un fils, qui suit, et quatre filles : 1° Isabeau, sans alliance ; 2° Jeanne, femme de Jean Postel, écuyer, seigneur

de Bellifontaine ; 3° Marie, sans alliance connue ; 4° Mahiotte, alliée à Jean de St.-Delis, écuyer, seigneur de Haucourt.

3. — Jean CARUE, écuyer, seigneur d'Yzengremer, Menchecourt et Béhen, écuyer de cuisine du roi, épousa en 1442 Adde de Barbafust. Il fut maïeur d'Abbeville en 1470. De lui sont issus : 1° Jean, qui suit ; 2° Jean le jeune, dit Jeannet, sans alliance ; 3° Jacques, écuyer. On croit qu'il eut aussi un quatrième fils appelé Charles.

4. — Jean CARUE, écuyer, seigneur d'Yzengremer, Béhen et Menchecourt, allié à Philippote de Formanoir. Il fut maintenu dans sa noblesse en 1486 et vivait encore en 1506. De sa femme, dont le nom m'est inconnu, il n'eut qu'une fille unique :

5. — Jeanne CARUE, dame d'Yzengremer, Béhen et Menchecourt, épousa Charles Cornu, écuyer, seigneur de Beaucamp, le 30 août 1519.

Pendant le XVe et les premières années du XVIe siècle, on trouve d'autres Carue à Abbeville et dans les environs ; mais rien ne les rattache à ceux-ci.

CLABAULT.

Armes : *De sinople à l'escarboucle pommetée d'or.* Supports : *2 chiens de chasse, dits clabaults.* Cimier : *une tête de chien.* Devise donnée par Louis XI : *Mes fidèles sont mes Clabault.*

Cette maison est originaire d'Abbeville, dont fut le cinquième maïeur, en 1188, Gontier Clabault, le plus ancien que l'on connaisse. Le magnifique sceau équestre de celui-ci est conservé aux Archives de l'Empire. Gontier y est représenté à cheval, le casque en tête, vêtu d'une longue chemise de mailles qui tombe jusqu'à ses pieds. De la main droite il tient son épée, et de la main gauche un bouclier sur lequel se détache l'escarboucle. Autour du sceau est gravée cette legende : *Sigillum majoris communie abbatisville.* Il est impossible de trouver une plus belle preuve de noblesse. La branche aînée de la famille Clabault demeura assidûment à Abbeville, où elle s'éteignit dans la personne de Judith Clabault, nièce et héritière de Claude Clabault, alliée à Hugues de la Mothe-Fayet, dont la fille unique, Anne de la Mothe-Fayet, épousa Jean Manessier, seigneur d'Auxy et de Maison. Une autre branche s'établit à Amiens, où elle joua un rôle important. Pour se distinguer de leurs aînés, les Clabault d'Amiens avaient ajouté à leurs armes *un franc-quartier de sable à la croix ancrée d'argent.*

COPPEQUESNE.

Armes : *De gueules à 3 glands d'or.* Supports : *2 lions.* Cimier : *une branche de chêne de sinople garnie de glands d'or.*

Cette famille, aujourd'hui éteinte, fut maintenue le 6 décembre 1717, après avoir prouvé depuis le 30 mai 1546. Mes recherches pour faire remonter la généalogie au-delà de cette époque ont été infructueuses. Cependant la famille de Coppequesne a toujours été regardée comme de bonne noblesse, et ses alliances furent prises sans exception dans les maisons nobles de Ponthieu.

1. — Jean DE COPPEQUESNE, écuyer, seigneur de Friville et de Feuquières, homme d'armes des ordonnances du roi, fut allié à Jeanne Houart, dont il eut entre autres :

2. — Jean DE COPPEQUESNE, écuyer, seigneur de Feuquières et de Friville, homme d'armes des ordonnances du roi, époux de Claude de La Radde, en eut entre autres Gilles, qui suit.

3. — Gilles DE COPPEQUESNE, écuyer, seigneur de Besonville, Fressenneville, Friville, Feuquières et Monchaux en partie, épousa Anne Tillette, par contrat passé le 14 juillet 1588. D'elle sont issus : 1° Jacques, qui suit ; 2° Aloph, écuyer ; 3° Aloph-Louis, écuyer ; 4° Elisabeth, alliée à Nicolas de Belleval, par contrat du 30 septembre 1625.

4. — Jacques DE COPPEQUESNE, écuyer, seigneur de Friville, Fressenneville et Monchaux, capitaine au régiment de Lannoy, s'allia à Louise de Nointel, par contrat du 23 novembre 1620. D'eux naquirent : 1° Claude, qui va suivre ; 2° François, écuyer ; 3° Philbert, écuyer, seigneur de Besonville, baron de Frieres, chevau-léger ; 5° Françoise, femme de Jean de Chéry, chevalier, seigneur de Rivery.

5. — Claude DE COPPEQUESNE, chevalier, seigneur et vicomte de Fressenneville, Friville, Monchaux, etc., cornette de cavalerie, épousa Charlotte Godart, demoiselle de Millencourt. Il en eut : 1° Charles, qui suit ; 2° Madeleine, alliée à Pierre-Antoine de Belleval, chevalier, seigneur de Tœuffles, Emonville et Franqueville, par contrat du 1er décembre 1680.

6. — Charles DE COPPEQUESNE, chevalier, seigneur et vicomte de Fressenneville, Friville, et Woincourt en partie, capitaine au régiment Royal-Étranger, chevau-léger de la garde du roi, fut marié deux fois : 1° à Anne Sentier, 2° à Françoise Cornu, par contrat passé le 7 août 1696. De la première il eut : 1° Reine-Charlotte, femme du sieur de Runes de Baizieux ; 2° Marguerite-Anne. De sa deuxième femme naquirent : 3° Hiérôme-René de Coppequesne, chevalier, seigneur et vicomte de Fressenneville, seigneur de Friville, Monchaux, etc.; 4° Françoise. C'est avec tous ses enfants que Charles fut maintenu dans sa noblesse, le 6 décembre 1717.

CORDIER.

Je ne sais rien de cette famille, si ce n'est que Valery Cordier, habitant St.-Valery, fut anobli, sans payer de finance, par lettres patentes du mois de novembre 1387.

CORNU.

Armes : *De gueules à l'orle d'argent.* Supports : *2 lions.*
Cimier : *une tête de cerf de gueules.*

Maison d'excellente noblesse, qui a prouvé du 30 août 1519. Elle s'est éteinte au siècle dernier. Sa généalogie remonte bien plus loin que le XVI° siècle ; elle commence en effet avec :

1. — Henry Cornu, écuyer, dont :.

2. — Richard Cornu, écuyer. Il fut père d'Henry et de deux filles, dont je n'ai pu retrouver les alliances.

3. — Henry Cornu, écuyer, eut cinq enfants de sa femme, dont le nom est inconnu : 1° Henry, qui ne laissa qu'une fille ; 2° Jean, qui va suivre ; 3° Brillet, écuyer, allié à N. de Buleux, dont vint Jean, écuyer, sans suite, vivant encore en 1410 ; 4° Béatrix, femme de Claude L'Obligeois, conseiller au Parlement de Paris ; 5° N...., alliée à Baugeois de Popincourt, écuyer, seigneur dudit lieu.

4. — Jean Cornu, écuyer, épousa Jeanne Austine, dont il eut : 1° Henry, qui suit ; 2° Jeanne, femme de Jacques de Riencourt, écuyer.

5. — Henry Cornu, écuyer, épousa vers 1440 Isabeau Roussel. Ses enfants furent : 1° Henry, qui suit ; 2° Pierre, écuyer, allié à Colaye Malicorne, dont Henry, écuyer, demeurant à Longpré, qui eut de N. de Diée deux filles, Anne, femme d'Antoine de Monthomer, écuyer, et Jeanne, alliée à Antoine de Runes, écuyer ; 3° Marguerite, femme de Jacques d'Aoust, écuyer, seigneur de St.-Aubin.

6. — Henry Cornu, écuyer, seigneur de Beaucamp, maïeur d'Abbeville en 1493, fut marié deux fois : 1° à Jeanne Belliart, dame de Beaucamp, 2° à Jeanne de Calonne. De la première naquirent Antoine, qui suit, et Anne, femme d'Antoine des Groiselliers, écuyer ; de la deuxième vinrent Mar-

guerite, femme de Jacques Le Briois, et Madeleine, alliée à Jean de La Fresnoye, écuyer.

7. — Antoine Cornu, écuyer, seigneur de Beaucamp, prit des lettres de relief de noblesse en 1517. Il épousa Marguerite de Tilques, dont il eut Charles, qui suit, et le premier de la généalogie insérée au grand nobiliaire, et Marguerite.

8. — Charles Cornu, écuyer, seigneur de Beaucamp, fut allié à Jeanne Carue, par contrat passé le 30 août 1519. Il fut maïeur d'Abbeville en 1526. On prétend qu'il eut 17 enfants, dont l'aîné est le suivant.

9. — Jean Cornu, écuyer, seigneur de Beaucamp, Embreville, Béhen, Yzengremer et Belloy, mourut maïeur en charge, en 1552. D'Anne de Nouvillers, sa femme, il eut : 1° François, qui suit ; 2° Isabeau.

10. — François Cornu, écuyer, seigneur de Beaucamp, épousa Anne de Lauzeray, et en eut : 1° Oudart, écuyer, seigneur de Beaucamp, allié à une demoiselle de St.-Blimond-Ponthoiles, dont deux fils, morts sans suite ; 2° Lamoral, qui suit.

11. — Lamoral Cornu, écuyer, seigneur de Belloy, Hamicourt, épousa Marguerite Blondel, demoiselle de Bellinville. De cette union naquirent : 1° Henry, qui suit ; 2° Françoise, femme de François Pasté, écuyer, seigneur de La Grange ; 3° Jeanne, alliée à Alexandre Dernoux, écuyer, seigneur de Bonerville.

12. — Henry Cornu, chevalier, seigneur de Belloy, Hamicourt, Collines, fut allié à Françoise de Grouchet, par contrat passé le 8 janvier 1635. De lui sont issus : 1° François, qui va suivre ; 2° Pierre, chevalier, seigneur de Tilloy, chevau-léger de la garde du roi ; 3° Charles, chevalier, seigneur de Ribauville, lieutenant d'infanterie au régiment de la reine ; 4° Antoine, chevalier, seigneur de Cauchie ; 5° Jeanne, femme de Maurice Le Varlet, chevalier, seigneur de St.-Maurice ; 6° Anne ; 7° Françoise.

13. — François Cornu, chevalier, seigneur de Belloy, Collines, Hamicourt, Beaumont et Tronchoy, épousa Marguerite Le

Charpentier, par contrat du 23 juillet 1673. Il fut père de :
1° Charles, qui suit ; 2° Françoise, demoiselle de Tronchoy.

14. — Charles Cornu, chevalier, seigneur de Belloy, était âgé de 22 ans, et sans alliance, quand il fut maintenu dans sa noblesse, le 6 juillet 1701.

CROMONT.

Firmin de Cromont fut anobli par lettres patentes du 24 mars 1387, moyennant 100 francs d'or. — Voici tout ce que je sais sur cette famille.

𝔇.

DAMIETTE.

Armes : *D'argent au chevron de gueules accompagné, en pointe, d'une épée de même.*

L'origine de cette ancienne famille est très-obscure, et je ne crois pas qu'elle ait été encore éclaircie suffisamment. MM. de Damiette se disaient issus d'un seigneur de Doncœur qui se serait distingué à la prise de Damiette, et à qui, en récompense de sa valeur, le roi aurait accordé de changer son nom pour celui de Damiette, et le champ *d'or* de ses armes pour un champ *d'argent,* en ajoutant *au chevron de gueules une épée de même.* Or, cette concession royale remontant à l'époque de la prise de Damiette, c'est-à-dire au XIIIe siècle, il était difficile de représenter les lettres patentes qui l'établissaient. Pour les remplacer on fournit, en 1664, deux attestations, dont l'une était du 4 juillet 1517. Malheureusement l'histoire d'Abbeville et la généalogie de la maison de Doncœur détruisent impitoyablement ce système. Dans la première on trouve la preuve que le nom de Damiette existait à Abbeville 38 ans avant la prise de Damiette, puisqu'en 1211 Simon de Damiette y figure comme maïeur. Dans la seconde, on ne trouve aucune trace d'un changement de nom qui, très-honorable pour une branche de la famille et partant pour la famille entière, n'aurait pas été omis, s'il eut été réel et prouvé. Je suis donc fondé à croire que Damiette a toujours été le nom de cette maison, et que si, comme la maison de Doncœur, elle porte un *chevron de gueules* dans ses armes, cette coïncidence ne doit être attribuée qu'à l'effet du hasard. — Entre 1211 et le xv° siècle, on constate dans l'histoire de la famille de Damiette une longue lacune que je n'ai pu combler. On rencontre bien entre ces deux dates quelques personnages isolés, mais ne se rattachant pas les uns aux autres. Il faut donc, pour ne rien avancer d'inexact, s'arrêter à 1440, époque à laquelle vivait Rifflart de Damiette, écuyer, seigneur d'Agencourt, avec N. Lenglacé, sa femme. D'eux naquit Adrien de Damiette, qui s'allia à Jeannette du Maisniel de Longuemort. Ses descendants furent maintenus dans leur noblesse, en 1664, sur preuves remontant jusqu'à lui, en 1480. — Famille éteinte.

DANZEL.

Armes : *D'azur à un daim contourné, passant et ailé d'or.*
Supports : 2 *lions.* Cimier : *une tête de léopard dans un vol banneret palé d'or et d'azur.*

Cette famille est en possession de la noblesse, depuis que Nicolas Danzel, sieur de St.-Marc, fut anobli par Henri III en décembre 1576. Elle ne compte plus aujourd'hui qu'un seul représentant en Vimeu.

1. — Nicolas Danzel, écuyer, seigneur de St.-Marc, fut anobli par lettres patentes de décembre 1576, enregistrées le 11 janvier 1577. Il était allié à Françoise de Cahon, dont il eut : 1° Nicolas, qui suit ; 2° Jean, écuyer ; 3° Hugues, écuyer ;

4° Charles, auteur de la deuxième branche, qui suivra ;
5° Nicole.

2. — Nicolas Danzel, écuyer, seigneur de Boismont, homme d'armes des ordonnances du roi sous M. de Rubempré, épousa Jeanne Aux-Couteaux, par contrat passé le 24 février 1575. D'elle naquirent : 1° Nicolas, qui suit ; 2° François, écuyer, seigneur de Beaufort ; 3° Claire, alliée à Charles de Bures, écuyer ; 4° Gédéon, écuyer, seigneur d'Alincourt.

3. — Nicolas Danzel, écuyer, seigneur de Boismont et Brunville, capitaine et gouverneur de la vicomté de Maisnières, gendarme de la compagnie du prince de Joinville, fut allié à Marie Wiart, par contrat passé le 5 février 1614. De cette union naquirent : 1° Louis, qui va suivre ; 2° Marie, alliée à François de Charmolue, écuyer, seigneur de La Broye ; 3° Françoise, femme de Charles du Fay d'Athies, chevalier ; 4° Françoise, femme de Louis d'Olizy, écuyer, seigneur de Poplicourt ; 5° Lucrèce.

4. — Louis Danzel, chevalier, vicomte de Boismont, seigneur dudit lieu, Brunville, Vilbrun, Alicourt, épousa Anne du Quasnet, par contrat en date du 15 mai 1656. D'eux naquirent : 1° Louis, qui suit ; 2° Isabelle ; 3° Antoinette ; 4° Louise ; 5° Charlotte ; 6° Madeleine.

5. — Louis Danzel, chevalier, vicomte de Boismont, seigneur dudit lieu, Villebrun. Il s'allia à Marie-Marguerite de Boulogne, par contrat du 2 juillet 1682. Il en avait eu six fils, Louis-Jean, Adrien, François, Jean, Joseph, Antoine, quand il fut maintenu dans sa noblesse le 28 février 1699.

SECONDE BRANCHE.

2. — Charles Danzel, écuyer, seigneur de Braislicourt, fut allié à Jeanne Turpin, par contrat du 26 juillet 1608. De lui sont issus : 1° Antoine, qui suit ; 2° Marie, femme de François Le Fournier, écuyer.

3. — Antoine DANZEL, écuyer, seigneur de Lignières, épousa Marguerite de La Garde, par contrat passé le 27 décembre 1640. Il fut père de : 1° Charles, qui va suivre ; 2° François, écuyer, seigneur de Braislicourt, allié à Ursule Boulon, dont N....., âgé d'un an et demi, quand il fut maintenu avec son frère ; 3° Louis, auteur de la troisième branche ; 4° Hugues, écuyer ; 5° Marguerite, femme de Jean Le Gaucher, écuyer, seigneur dudit lieu ; 6° Marie-Anne.

4. — Charles DANZEL, écuyer, seigneur de Lignières et de Faucille, épousa Jacqueline du Maisniel d'Applaincourt, par contrat passé le 30 mars 1689. Il fut maintenu dans sa noblesse le 17 mars 1699, et avait alors pour enfants, Antoine, Pierre, Marie-Anne, Catherine, Marie-Thérèse et Marguerite.

TROISIÈME BRANCHE.

4. — Louis DANZEL, chevalier, seigneur de Lignières, Faucille, épousa Marie-Madeleine de Fay d'Athies, par contrat du 29 avril 1685. De cette union naquirent cinq fils, Gilles-Joseph, Charles-Louis, Louis-Joseph, Antoine-César, Charles-Auguste, avec lesquels Louis Danzel fut maintenu dans sa noblesse, le 7 mai 1705.

DANZEL.

Armes : *De gueules au lion d'or.* Cimier et supports : 3 *lions.*

Il est fort probable que tous les Danzel eurent une origine commune, puisque les plus anciens de l'une et l'autre famille dont on ait connaissance, habitaient le Vimeu, et presque les mêmes villages. Quoiqu'il en soit, la famille Danzel de Beaulieu et de Boffles, dont il s'agit ici, et qui existe encore, justifia très-facilement et sur bons titres de sa noblesse jusqu'en juillet 1543 et sans principe connu.

1. — Jean DANZEL, écuyer, seigneur de Beaulieu, fut père de :
2. — Nicolas DANZEL, écuyer, seigneur de Beaulieu, guidon de la compagnie du seigneur de Rambures, fut allié à Jeanne de Lignières, dont il eut Nicolas, qui suit.
3. — Nicolas DANZEL, écuyer, seigneur de Beaulieu, épousa Hélène d'Anvin de Hardenthun, dont il eut : 1° Antoine, qui suit ; 2° François, auteur de la deuxième branche ; 3° Nicolas, auteur de la troisième branche.
4. — Antoine DANZEL, écuyer, seigneur de Beaulieu, épousa Claude de Boffles, le 8 décembre 1609. Il fut père de : 1° Jean, qui suit ; 2° Charles, auteur de la quatrième branche.
5. — Jean DANZEL, écuyer, seigneur de Beaulieu, fut allié à Bonne de Belleval, par contrat passé le 17 décembre 1644. Il eut entre autres enfants le suivant :
6. — Antoine DANZEL, écuyer, seigneur de Beaulieu, Rouvroy et Bayard, chevalier des ordres de Notre-Dame du Mont-Carmel et de St.-Lazare, lieutenant-colonel. Il fut maintenu dans sa noblesse, le 31 décembre 1701, et n'eut pas d'enfants.

SECONDE BRANCHE.

4. — François DANZEL, écuyer, allié à Antoinette d'Ococh, en eut pour fils : 1° Nicolas, qui suit ; 2° Charles, auteur de la cinquième branche.
5. — Nicolas DANZEL, écuyer, seigneur de Bétreville, épousa Charlotte Vieille, par contrat du 11 mai 1648. D'elle naquit :
6. — Nicolas-Henry DANZEL, écuyer, seigneur de Busmenard. Il fut maintenu dans sa noblesse le 31 décembre 1701.

TROISIÈME BRANCHE.

4. — Nicolas DANZEL, écuyer, fut allié à Louise d'Amerval, par contrat du 26 février 1623. Il fut père de François.
5. — François DANZEL, écuyer, seigneur de Villedan, épousa Jeanne de La Garde, par contrat du 4 juillet 1658. Il eut d'elle : 1° François-Louis, écuyer, seigneur d'Anville, garde-du-corps du roi. De sa deuxième femme, Anne d'Anvin de Hardenthun, il eut encore : 2° Antoine, écuyer, seigneur de Villedan ; 3° François, écuyer, seigneur d'Achy ; 4° Marie-Anne ; 5° Louise-Antoinette. Il fut maintenu dans sa noblesse le 31 décembre 1701.

QUATRIÈME BRANCHE.

5. — Charles DANZEL, écuyer, seigneur de Hestruval, épousa Françoise de La Garde, par contrat du 25 février 1658. De cette union sont issus : 1° Antoine, qui va suivre ; 2° Jean, écuyer, seigneur d'Hallencourt ; 3° Charles, écuyer ; 4° François, écuyer.
6. — Antoine DANZEL, écuyer, seigneur de Boffle, fut allié à Françoise-Véronique de Scellier, par contrat en date du 6 mai 1686. Il était père de Antoine et de Marguerite-Véronique, quand il fut maintenu dans sa noblesse, le 31 décembre 1701.

CINQUIÈME BRANCHE.

5. — Charles DANZEL, écuyer, seigneur de Dancourt, lieutenant pour le roi et capitaine des ville et château de St.-Valery, épousa Catherine-Marie de Ponthieu, par contrat du 14 septembre 1659. Il fut maintenu dans sa noblesse, le 7 juillet 1701, avec ses fils : 1° Nicolas, écuyer, seigneur de Dancourt ;

2° Joachim, écuyer, seigneur de Trionville ; 3° Charles, curé de Cayeu ; 4° Joseph, écuyer, seigneur de Fontenelle.

DESCAULES.

Armes : *D'argent à la fasce de gueules chargée de 3 besants d'or.*

Le père Ignace, dans son *Histoire des Maïeurs d'Abbeville*, fait dire au seigneur de Rambures « qu'entre les nobles de ce pays, il trouvoit dans ses papiers que Messieurs les Descaules estoient des plus anciens en noblesse. » — Lui et un autre généalogiste avancent que l'ancien nom était *Descoueres*, d'où l'on aurait fait Descaules. Ils commencent la généalogie à Raoul Descoueres, dit Descaules, maïeur d'Abbeville en 1199, dont Gilles, vivant en 1206, père de Mathieu qui eut deux fils, Gilles et Mathieu, vivant à Ailly-le-Haut-Clocher en 1250 ; mais ils ne vont pas plus loin et ne savent fournir aucun degré pendant 140 ans. Ils n'énoncent aucune preuve du changement de Descoueres en Descaules, et, malgré leur allégation, je ne le crois pas admissible. Quant à la généalogie, ou pour mieux dire au fragment de généalogie, il doit être exact, puisque Gilles et Mathieu, vivant à Ailly-le-Haut-Clocher en 1250, sont suivis, après une très-vaste lacune, il est vrai, par Guillaume, écuyer, habitant le même village. Cette circonstance est décisive et sans réplique. Raoul, maïeur d'Abbeville, est donc, à mon avis, l'auteur de la famille Descaules ; mais, comme une généalogie ne peut être établie qu'autant que la filiation est bien suivie, elle commence en réalité et sans interruption à Guillaume Descaules, écuyer, à Ailly-le-Haut-Clocher, en 1390, avec Marie Austine, sa femme, veuve de Jean Cornu, écuyer. Pierre Descaules, seigneur de Ste-Marie, septième descendant dudit Guillaume, obtint des lettres de relief de noblesse en 1655. La famille Descaules est éteinte.

DONCŒUR.

Très-ancienne maison de Ponthieu, originaire du village du même nom et éteinte en 1711, deux ans après avoir été maintenue dans sa noblesse. On trouve un Simon de Doncœur, chevalier, en 1206, et un autre Simon, également chevalier, en 1347. Mais la plus grande illustration de cette famille fut Roland de Doncœur, chevalier, chambellan du duc de Bourgogne, créé grand panetier de France par lettres du roi, données à Troyes le 23 mai 1419. La généalogie insérée dans le grand nobiliaire commence seulement à l'année 1511, et de plus elle est tout à fait incomplète. La maison de Doncœur portait : *d'or au chevron de gueules.* Supports : *2 lévriers.*

DOURLENS.

Cette famille, éteinte au siècle dernier, portait autrefois pour armes : *d'argent au chevron de gueules surmonté d'une croisette issante du même, accompagnée en chef de 3 trèfles de sable et en pointe d'une tête de cerf de gueules.* Pierre de Dourlens, qui prit en août 1700 des lettres de confirmation de noblesse, portait : *d'azur au chevron d'or accompagné de 2 trèfles de même en chef et en pointe d'un lion passant d'argent, armé et lampassé d'or.* Dans ces lettres on rapporte que la famille de Dourlens est originaire du Cambrésis, qu'elle a toujours joui de la noblesse et été tenue pour noble tant en Ponthieu qu'en Cambrésis, et on y voit peintes les armes décrites ci-dessus, qui sont surmontées d'un casque de profil avec ses lambrequins or, argent et azur.

DRUCAT.

Les sires de Drucat étaient de grands seigneurs dès le xiie siècle. Au xvie siècle leur nom avait déjà disparu. Je ne puis qu'en citer quelques-uns, par ordre chronologique, qui devaient se tenir de près probablement, mais que rien ne rattache les uns aux autres, sinon les mêmes prénoms et la possession de terres dans les mêmes villages :

- Baudouin DE DRUCAT, chevalier, sire dudit lieu en 1172 et 1184.
- Regnierus DE DURKAT, miles, 1190.
- Ghérard DE DURKAT, 1192.
- Bauduin DE DURKAT, filius Godardi, 1219.
- Ernoul DE DURKAT, homme-lige à Rue, 1277 et 1300.
- Enguerran DE DURKAT, escuier, sire dudit lieu, sert un aveu au roi d'Angleterre, comme comte de Ponthieu, 1342.
- Guillaume DE DRUKAT, chevalier, donne passage aux Templiers, 1341.
- Enguerran, seigneur DE DRUCAT, écuyer, de 1380 à 1390.
- Guillaume DE DRUCAT, chevalier, en 1413.
- Jean DE DRUCAT, fils bâtard de Willame de Drucat, en 1420.

Messieurs de Maupin se disaient issus des sires de Drucat et portaient dans leurs armes un franc-quartier *d'azur fretté d'argent*, qui était en effet l'ancien écusson de Drucat. Je reviendrai sur ce sujet en parlant de la famille de Maupin.

F.

FAFFELIN.

Armes : *D'or à deux lions adossés de sable.*

Colard Faffelin, fils de feu Firmin Faffelin, fut anobli, sans payer finance, par lettres du 10 mars 1387. Je n'ai pu rétablir la généalogie de cette ancienne maison, mais je citerai du moins, par ordre chronologique, quelques-uns de ses membres qui ont marqué à Abbeville :

— Pierre FAFFELIN, maïeur d'Abbeville en 1223.
— Jean FAFFELIN, maïeur en 1243.
— Pierre FAFFELIN, maïeur en 1275, 1279, 1289.
— Jean FAFFELIN, fils du précédent, maïeur en 1306, 1315, 1319.
— Robert FAFFELIN, maïeur en 1364, 1370, 1374, 1377.
— Guérard FAFFELIN, maïeur en 1388, 139", 1400, 1405.
— Fremin FAFFELIN, grènetier de Ponthieu et garde du scel royal pour le duc de Bourgogne, comte de Ponthieu, en 1420.

Cette famille s'allia à celles de Clabault, du Maisnil, Journe, Belleval, des Oteux, etc. Le dernier du nom fut Adrien Faffelin, écuyer, licencié ès-lois, qui mourut vers 1530 en laissant tous ses biens à Jean Journe, frère ou cousin de sa mère.

FONTAINES.

La maison de Fontaines est issue, dit-on, des comtes de Ponthieu par les sires d'Abbeville. Elle aurait alors, suivant un usage général à cette époque, pris le nom de sa seigneurie de Fontaines-sur-Somme, et cela avant 1096. Ses pleines armes étaient : *d'or, à 3 écussons de vair*, que quelques branches cadettes ont brisé tantôt *d'une bordure*, tantôt *d'un lambel*, tantôt enfin *d'un croissant*, le tout *de gueules*. Supports : *deux lévriers accolés de gueules*. Cimier : *un lévrier naissant*. Beaucoup d'auteurs se sont déjà occupés de cette grande et illustre maison. La Morlière, le Père Ignace, Carpentier, et presque tous les chroniqueurs lui ont consacré qui, une page, qui, quelques lignes, qui, enfin, une mention constatant toujours son ancienne noblesse et la haute position qu'elle a constamment occupée en Ponthieu et en Picardie. La Chesnaye-des-Bois est celui qui a donné sur les de Fontaines le travail le plus complet et le plus consciencieux. Leur généalogie, qu'il a publiée dans le 6me volume de son *Dictionnaire de la Noblesse*, ne comprend pas moins de 16 pages in-4°. Je la reproduis ci-dessous, mais en la réduisant à des proportions plus en rapport avec le cadre de mon travail. Plusieurs branches de la maison de Fontaines furent maintenues sur preuves depuis le 14 juillet 1459. Elles sont toutes éteintes, et Mlle de Fontaines, morte à Vron il y a quelques années, était la dernière du nom de Fontaines.

1. — Guillaume DE FONTAINES, chevalier, sire dudit lieu en 1119, eut de Charlotte de Mailly, sa femme : 1° Enguerrand, qui suit ; 2° Raoul, seigneur d'Airaines ; 3° Marguerite, femme de Thierry de Ligne.

2. — Enguerrand, sire DE FONTAINES, chevalier, sénéchal de Ponthieu, fondateur de l'abbaye d'Épagne, laissa pour enfants : 1° Aléaume, qui suit ; 2° Raoul, seigneur d'Airaines ; 3° Jean, allié à Pétronille ; 4° Wautier, père de Mahaut, alliée à Baudouin d'Alsace ; 5° Nicolas, évêque de Cambray.

3. — Aléaume DE FONTAINES, chevalier, seigneur de Fontaines, Long, Longpré et la Neuville-au-Bois, maïeur d'Abbeville en 1185, se distingua en Palestine où il mourut en 1205, après avoir, conjointement avec Hugues III, duc de Bourgogne, et le sire de Joinville, commandé l'armée française. C'est à lui qu'on doit la fondation de la célèbre collégiale de Longpré-lès-Corps-Saints, ainsi nommée à cause des nombreuses reliques qu'il lui envoya de Terre-Sainte par son chapelain Wlbert. De Lorette de St.-Valery, sa femme, il eut : 1° Hugues, qui va suivre ; 2° Henry ; 3° Isambart, père de Wautier, seigneur de Hallencourt ; 4° Wautier ; 5° Azon ; 6° Marie ; 7° Isabelle ; 8° N..., femme de Hugues de Bailleul.

4. — Hugues DE FONTAINES, chevalier, seigneur et patron de Longpré, Long, La Neuville-au-Bois, etc., eut d'Enor de Bailleul, sa femme : 1° Aléaume, qui suit ; 2° Pierre, chevalier ; 3° Gérard, marié à Anne, dont Alix, femme de Hugues de Monsures, chevalier ; 4° Eustache, chanoine de St.-Vulfran d'Abbeville ; 5° Jean, chevalier, seigneur d'Arrest ; 6° Raoul, maïeur d'Abbeville en 1230 ; 7° Renaud, chevalier ; 8° Marguerite, femme de Wautier, sire de Ligne, en 1245.

5. — Aléaume DE FONTAINES, chevalier, seigneur dudit lieu, Long, Longpré, Tristrat, La Neuville, mort avant 1274, laissant six enfants de Marie-Nicole de Châtillon, sa femme : 1° Mathieu, chevalier, sans postérité ; 2° Jean, prêtre ; 3° Eustache, qui suit ; 4° Wautier, auteur de la branche des seigneurs de la Neufville-au-Bois ; 5° Witasse, doyen de la cathédrale d'Amiens ; 6° Robert, chevalier.

6. — Eustache DE FONTAINES, chevalier, seigneur de Fontaines, Long, Longpré, vendit en 1288 à Édouard Ier, roi d'Angleterre, la terre du Titre, près Abbeville, pour 1,125 livres.

De sa femme, dont le nom est inconnu, il eut : 1° Aléaume, seigneur de Fontaines en 1337, allié à Alix de Picquigny, dame de Fontaines, femme du seigneur de Crésèques ; 2° Jean, allié à Jeanne de Rouergue, sans enfants ; 3° Eustache, chanoine et préchantre d'Amiens, puis doyen d'Aire ; 4° Jeanne, dame de Long, Longpré, alliée à Jean de Crésèques, conseiller et chambellan du roi ; 5° Marie, morte à marier.

BRANCHE
des Seigneurs de la Neufville-au-Bois.

6. — Wautier DE FONTAINES, chevalier, seigneur de la Neufville-au-Bois, Etréjust et Selincourt, vivait en 1212 avec Ide de Saveuse, sa femme, dont il eut entre autres enfants : 1° Michel, qui suit ; 2° Raoul, chevalier.

7. — Michel DE FONTAINES, chevalier, seigneur de la Neufville en 1300, avec Nicole d'Argies, sa femme, qui le rendit père de : 1° Jean, qui suit ; 2° Frémin ; 3° Catherine, femme de Guillaume d'Agneaux ; 4° Marguerite, alliée à Jean de Sancerre, seigneur de Sagonne.

8. — Jean DE FONTAINES, chevalier, seigneur de la Neufville, allié à Jeanne de Morlenne, fut père de : 1° Enguerrand, chevalier, tué à la bataille d'Azincourt ; 2° Charles, qui suit ; 3° Renaud, évêque de Soissons ; 4° Marie, alliée vers 1380 à Henry de Lannoy, puis au seigneur d'Ococh.

9. — Charles DE FONTAINES, chevalier, seigneur de la Neufville, tué à la bataille d'Azincourt avec son frère, laissant de sa femme, dont on ignore le nom : 1° Renaud, chevalier, seigneur de la Neuville, capitaine de St.-Martin-le-Gaillard, puis gouverneur et bailli du duché de Valois, se distingua beaucoup dans les guerres contre les Anglais. Il ne se maria pas ; 2° Guérin, tué à la bataille de Beaugé ; 3° Renaud, chanoine de Cambray ; 4° Guillaume, qui suit.

10. — Guillaume DE FONTAINES, chevalier, seigneur de la Neuville, Etréjust et Arrest, capitaine du château de Caen, épousa Hélène de Longueval, qui lui donna : 1° Jean, qui suit ; 2° Isamhart, seigneur d'Arrest, père de Jeanne de Fontaines, alliée en 1405 à Guillaume de la Chaussée ; 3° Pierre, écuyer d'écurie du roi.

11. — Jean DE FONTAINES, chevalier, seigneur de la Neufville, Etréjust et Ramburelle, sénéchal de Saintonge et capitaine du Pont-de-Saintes, allié à Marie de Ramburelles, eut d'elle : 1° Gilles, qui suit ; 2° Jean, dit Aigneux, écuyer, seigneur d'Etréjust, allié à Antonie de Belloy ; 3° David, mort sans alliance ; 4° Jean, dit Lionnel, auteur de la branche des seigneurs de Mauconduit ; 5° Jeanne, femme de Jean de Ghistelles, chevalier.

12. — Gilles DE FONTAINES, écuyer, seigneur de la Neuville et de Ramburelles, mort avant 1462, laissant d'Antoinette de Sarcus, sa femme : 1° Baugeois, qui va suivre ; 2° Hue, époux de Catherine d'Ainval ; 3° Louis, auteur de la branche des seigneurs de Woincourt et de Cerisy ; 4° Jeanne, alliée à Charles de Poix, écuyer, seigneur de Camps-en-Amiénois ; 5° Charlotte, femme de Guillaume le Prévost ; 6° Antoinette, abbesse des chanoinesses de Maubeuges, en 1487.

13. — Baugeois DE FONTAINES, écuyer, seigneur de la Neuville, Ramburelles et Etréjust, mourut en 1493 ; sa femme, Michelle de Beucourt-les-Campeaux, lui avait donné pour enfants : 1° Jacques, qui suit ; 2° Bernard, écuyer, seigneur d'Etréjust ; 3° Françoise, femme de Baugeois de Tœuffles, écuyer, seigneur de Radepont ; 4° Jeannette, femme de Manaud de Montesquiou ; 5° Charlotte, alliée à Valeran Briet, écuyer, seigneur d'Alliel ; 6° Jeanneton, alliée à Regnier de Vendeuil, écuyer, seigneur d'Aubigny.

14. — Jacques DE FONTAINES, écuyer, seigneur de la Neuville, épousa 1° Isabelle de Matignon, 2° Guyonne de Belloy, par contrat du 30 mars 1508. De lui naquirent : 1° Nicolas, qui suit ; 2° Claude, écuyer, seigneur de Ramburelles, allié à

Jeanne de Wroilant, dont Françoise, femme d'Antoine de Créquy, et Marie, femme de Charles de Héricourt, écuyer, puis de François de Hénin-Liétard ; 3° Raoul, auteur de la branche des seigneurs de Ramburelles ; 4° Baugeois, chevalier de St.-Jean de Jérusalem en 1544 ; 5° Marie, femme, en 1530, de Thibaut d'Amfreville, écuyer, seigneur de Maizières.

15. — Nicolas DE FONTAINES, écuyer, seigneur de la Neuville, Tœuffles, Aumatre et Etréjust, épousa Françoise de Pas de Feuquières, dont il eut : 1° Nicolas, qui va suivre ; 2° Claude, allié à Marie de Faulq de Rochefort, dont Oudart, écuyer, seigneur d'Etréjust, qui, de Michelle de Montmorency, eut Nicolas-Bernard, écuyer, époux de Françoise de Raimbeaucourt et père de François, écuyer, mort sans enfants d'Antoinette de Jourdain ; 3° Baugeois, écuyer, seigneur de Marcelcave, Tœuffles et Etréjust, allié à Antoinette de Forceville, dont Claude, père de René. Celui-ci, allié à Marie du Bois, par contrat du 18 novembre 1632, laissa pour héritier Charles, chevalier, seigneur de Chignoles, qui fut maintenu dans sa noblesse le 29 mai 1699. De Marie de Parthenay qu'il avait épousée le 21 juillet 1693, il eut entre autres Adrien, auteur de la branche des seigneurs de Caix ; 4° Jean-Timoléon, allié à Thérèse de Boufflers, fut père du fameux comte de Fontaines qui, à la bataille de Rocroy, commandait toute l'infanterie espagnole. Il fut tué dans une chaise dans laquelle il se faisait porter à cause de la goutte.

16. — Nicolas DE FONTAINES, chevalier, seigneur de la Neuville, Tœuffles, Aumâtre, Wiry et Avesne, épousa Jeanne d'Estourmel, par contrat passé le 8 janvier 1575. Ses enfants furent : 1° Jacques, qui suit ; 2° Jean, chevalier de St.-Jean de Jérusalem en 1599 ; 3° Charles, écuyer, mort sans alliance ; 4° Claude, écuyer, allié à Marie de Montejan, dont Michelle, femme de René de Mailly, seigneur de Remogies ; 6° Geoffroy, écuyer, seigneur d'Aumâtre, allié à Anne Le Clerc, dont il eut Anne, mariée le 5 février 1637 à François de Frieucourt, Marie, alliée le 6 février 1639 à Alexandre de Joyeuse, che-

valier, seigneur de Montgobert, et Nicole, religieuse;
6° Marie, femme de Charles de Mondion, seigneur de Châtillon; 7° Anne, religieuse au monastère de Biache.

17. — Jacques DE FONTAINES, écuyer, seigneur de la Neuville, Wiry et Aumâtre, gentilhomme ordinaire de la chambre du roi, fut allié à Antoinette Roussel, par contrat passé le 23 août 1605. De ce mariage sont issus : 1° Nicolas, qui suit ; 2° Jacques, mort jeune ; 3° Marie, alliée à François de Runes, chevalier, seigneur du Heaulme, Vieux-Rouen, etc. ; 4° Jeanne, femme de Pierre de Tronville, écuyer, seigneur de Mérélessart ; 5° Michelle, religieuse dominicaine à Abbeville.

18. — Nicolas DE FONTAINES, chevalier, seigneur de la Neuville, Wiry, Aumâtre, fut maintenu dans sa noblesse le 5 septembre 1666. Il avait épousé Marie de Belloy, par contrat du 7 février 1630. D'elle naquirent : 1° Charles, qui suit ; 2° Isambart, chevalier, seigneur de Cormont, tué au siége de Valenciennes en 1656 ; 3° Claude, seigneur de Bazinghem, mort sans alliance ; 4° Louis, seigneur du Four et de Cormont, lieutenant de cavalerie au régiment dauphin, allié à Anne Tillette, le 7 février 1686 ; 5° Jean, seigneur de la Tour, cornette de cavalerie, allié le 27 novembre 1666 à Marie de la Warde; 6° Jean-Baptiste, seigneur de Many ; 7° Louis-Michel, seigneur de Hautembergue ; 8° Madeleine ; 9° Jeanne, femme de Charles de Sacquespée, chevalier, seigneur de Gorenflos ; 10° Anne-Françoise ; 11° Marie-Marguerite.

19. — Charles DE FONTAINES, chevalier, seigneur de la Neuville, Wiry, Vron, Hermancourt et Escaux, capitaine de cavalerie au régiment d'Elbeuf, épousa Marie de Bernes, le 11 novembre 1653, dont : 1° Nicolas, qui suit ; 2° François, chevalier, seigneur de la Neuville, capitaine au régiment de Provence, allié 1° à Marguerite de Montmorency, 2° par contrat du 13 janvier 1720 à Marie-Marguerite de Flahault ; 3° Charles, allié à Angélique Le Fournier ; 4° Claude-Aléaume, chevalier, seigneur de Vron, lieutenant-colonel au régiment de Conty, chevalier de St.-Louis, allié par contrat du 28 juillet

1713 à Marie-Octavie Moullart, dont François-Aléaume-Joseph, comte de Fontaines, sans suite, et Claude-Charlotte-Elizabeth, femme de René de Poilly ; 5° René-Alexandre, comte de Wiry, capitaine au régiment d'Aunis, mort sans enfants de N. de Tronville de Mérélessart ; 6° Marie-Claire-Isabelle, morte fille.

20. — Nicolas DE FONTAINES, chevalier, comte de Fontaines, seigneur de la Neuville, Bernes, Wiry, Vron, Hermancourt, Cormont, La Tour, maréchal des camps et armées du roi, avait épousé, par contrat du 2 juin 1687, Marie-Louise-Charlotte de Pellart, dont il eut : 1° Jean-Charles, qui suit ; 2° Georges-Marie, chevalier de Fontaines, capitaine de cavalerie, sans alliance ; 3° Charles et Georges-Mathieu, morts jeunes ; 4° René, chevalier de St.-Jean de Jérusalem ; 5° Anne, dame d'honneur de la princesse de Conty, alliée en 1730 à Jean-Pierre, marquis de Fontanges ; 6° Marguerite-Charlotte ; 7° Jacqueline, religieuse aux dames de St.-François d'Abbeville.

21. — Jean-Charles, chevalier, marquis DE FONTAINES, seigneur de la Neuville, Wiry et Vron, page de la duchesse de Bourgogne, puis capitaine de cavalerie au régiment de Royal-Piémont et chevalier de St.-Louis, mourut sans alliance.

BRANCHE
des Seigneurs de Ramburelles.

15. — Raoul DE FONTAINES, écuyer, seigneur de Ramburelles, fut allié à Françoise de Bacouel, par contrat passé le 16 février 1550. De lui sont issus : 1° Hector, moine à Corbie ; 2° Claude, Baugeois et Nicolas, morts jeunes ; 3° Jacques, qui suit ; 4° René, sans alliance, 5° Marguerite, successivement alliée à Jean de Valois, seigneur de Claville, à Jean Abraham, seigneur de Millencourt, à Scipion de Bresdoul, seigneur de

Neuvillette, et à Charles de Homblières, seigneur de Malvoisine ; 6° Jeanne, mariée 1° en 1566 à Jean du Gard, seigneur de Fresneville ; 2° à Pierre de Rogues, seigneur de Ville ; 7° Madeleine-Antoinette, femme de Louis de Cambray, seigneur de Maubuisson.

16. — Jacques DE FONTAINES, écuyer, seigneur de Ramburelles, Arondel, Nibat et Rimbehen, épousa en 1581 Gabrielle de la Radde. Ses enfants furent : 1° Pierre, tué en duel en 1626 ; 2° Nicolas, écuyer, seigneur de Ramburelles, mort garçon ; 3° Barbe, successivement femme de Louis de Moreuil, chevalier, seigneur de Fresnoy, Caumesnil, Béthencourt, Cayeu, Beaucamp, de Louis Gaillard, chevalier, seigneur du Fayet, et de Charles de Bacouel, chevalier, seigneur de Lauzières ; 4° Suzanne, religieuse aux sœurs blanches d'Abbeville ; 5° Marie, alliée en 1628 à Jean de Grouches, baron de Chepy.

BRANCHE
des Seigneurs de Caix.

17. — Adrien DE FONTAINES, écuyer, seigneur de Caix, épousa Marguerite de Gaillard, par contrat du 15 juin 1613. Il fut père de : 1° Charles, qui suit ; 2° Jacques, écuyer, capitaine de cavalerie au régiment du Buisson ; 3° Marguerite.

18. — Charles DE FONTAINES, chevalier, comte de Cambray, seigneur de Caix, Harcourt, Métigny, Wauvillers, maréchal des camps et armées du roi, fut maintenu dans sa noblesse le 5 décembre 1666. Il avait épousé Adrienne de Montejan, puis, par contrat du 4 décembre 1652, Marguerite de Cambray. Il eut du premier lit : 1° Charles, mort jeune ; 2° Philbert, qui suit ; 3° Claude.

19. — Philbert DE FONTAINES, chevalier, comte de Fontaines, seigneur de Caix et de Métigny, n'eut pas d'enfants de Marie-Louise de Blécourt, sa femme.

BRANCHE
des Seigneurs de Cerisy et de Woincourt.

13. — Louis DE FONTAINES, écuyer, seigneur de Cerisy, écuyer d'écurie du roi Charles VII, puis gentilhomme de Louis XI, fut allié 1° à Marie de Forceville, puis à Marguerite de Mauvoisin, par contrat du 15 avril 1484. De lui sont issus : 1° Pierre, qui suit ; 2° Guillemette, alliée par contrat du 1er juin 1505 à Jean de Bouberch, écuyer ; 3° Claude, chevalier de St.-Jean de Jérusalem ; 4° Guy, écuyer, allié à Catherine de Bourgogne ; 5° Antoinette, femme de Jacques d'Anisy.

14. — Pierre DE FONTAINES, écuyer, seigneur de Cerisy. De Blanche de Mannay, sa femme, il eut : 1° Antoine, qui suit ; 2° Antoine-Louis, chevalier de Malte ; 3° Isabeau, mariée à Nicolas de Fay, écuyer, seigneur de Fontaine-le-Sec ; 4° Anne, abbesse de Longchamps.

15. — Antoine DE FONTAINES, écuyer, seigneur de Cerisy et de Woincourt, épousa Michelle de Caumont, par contrat du 24 janvier 1552. D'elle naquirent : 1° Claude, qui suit : 2° Nicolas, allié à Marie Eudel, puis à Marie des Gardins ; 3° René, mort jeune ; 4° Jean, chevalier de l'ordre du roi ; 5° Jeanne, femme de Jean Le Vasseur, écuyer ; 6° Antoinette.

16. — Claude DE FONTAINES, écuyer, seigneur de Fontaines, Cerisy, Bulmont et Woincourt, épousa Geneviève Tardieu, par contrat du 21 juin 1581. Ses enfants furent : 1° Joachim, qui suit ; 2° Samuel, lieutenant au régiment de Piémont, tué en 1622 ; 3° Antoinette, morte fille ; 4° Marie, femme de Louis Le Prévost, écuyer, seigneur de Romerel.

17. — Joachim DE FONTAINES, écuyer, seigneur de Cerisy, Bulmont et Woincourt, fut allié par contrat du 4 février 1610 à Marie de Roussé d'Escarbotin, dont il eut : 1° Pierre, qui suit ; 2° Philippe ; 3° Joachim, capitaine au régiment d'Espagny, allié à Michelle de Lisques, le 11 mars 1652, puis à Anne

Tillette. Il fut maintenu dans sa noblesse, le 13 décembre 1667, et ne laissa pas de postérité ; 4° Robert et Nicolas.

18. — Pierre DE FONTAINES, écuyer, seigneur de Cerisy et Woincourt, allié le 18 décembre 1648 à Antoinette de l'Estoile, dont : 1° Jacques-François, écuyer, seigneur de Cerisy et Woincourt, allié à Hélène Bonnet, et maintenu dans sa noblesse le 12 septembre 1697 ; sans enfants ; 2° Nicolas-Joachim, qui va suivre ; 3° Pierre-Claude, chevalier, seigneur de Neslette, brigadier des armées du roi, époux de Marie Bonnet, qui le rendit père de Pierre-Hubert, chevalier de St.-Louis, mort sans enfants de N. de Frieucourt, de Nicolas-Aimard, comte de Fontaines allié le 17 novembre 1748 à Marie-Madeleine-Josephe-Louise de Lannoy, et mort sans enfants, et enfin de Marie-Louise, morte fille, et de Élisabeth, mariée en 1739, à Louis-Ferdinand de Beaurain, chevalier, seigneur de Bureuil ; 4° Hubert, chevalier, seigneur de Bocasselin, mestre-de-camp de cavalerie, chevalier de St.-Louis, marié le 31 décembre 1700 à Marie-Anne Bonnet, dont six enfants, Pierre-Aimard, chevalier, seigneur de Bocasselin, chevau-léger de la garde du roi, allié en 1742 à Madeleine-Thérèse de Belleval, Ambroise, prêtre, Jean-Claude et Aléaume morts tous deux chevau-légers et sans alliance, et trois filles ; 5° Antoinette, Marie et Charlotte, mortes sans alliance.

19. — Nicolas-Joachim DE FONTAINES, chevalier, seigneur de Bulmont, Cerisy et Woincourt, capitaine au régiment de Fontenilles, fut maintenu dans sa noblesse le 20 avril 1708. Il avait épousé, par contrat du 9 août 1715 Léonore-Françoise d'Amerval, dont il eut : 1° Nicolas-François, chevalier, seigneur de Woincourt et Cerisy, marié le 22 juillet 1743, à Madeleine-Angélique Gringore ; 2° Joseph, chevalier de Woincourt, chevau-léger de la garde du roi, tué à la bataille de Dettingen en 1743 ; 3° Charles-Louis, qui suit ; 4° Jacques, religieux capucin ; 5° François, mort au service ; 6° Pierre-Nicolas, chevalier, seigneur d'Imbleval, sans suite ; 7° Françoise-Louise-

Éléonore, morte à marier ; 8° Marie-Jeanne, mariée à Louis-Jacques Witasse, écuyer, seigneur de Vermandovillers.

20. — Charles-Louis DE FONTAINES, chevalier, seigneur de Cerisy, Woincourt, Bulment, Bocasselin, capitaine de cavalerie et chevalier de St.-Louis, s'allia à Madeleine Vincent d'Hantecourt, par contrat en date du 27 août 1727. De cette union naquirent : 1° Louis-Marie-Joachim, comte de Fontaines, chevau-léger de la garde du roi, allié par contrat du 12 mars 1758 à Marie-Marthe Sohier d'Intraville, et sans enfants ; 2° Louis-Aléaume, mort au berceau ; 3° Charles-Philippe-Aimard, qui suit.

21. — Charles-Philippe-Aimard DE FONTAINES, chevalier, marquis de Fontaines, baron de Moulins, seigneur de Cerisy, Woincourt, Bocasselin, Censy et la Faulle, exempt des gardes du corps du roi, mestre-de-camp de cavalerie et chevalier de St.-Louis, a épousé, par contrat du 13 mars 1764, Charlotte Goujon de Ris, dont il a eu : 1° Charles-François, mort enfant ; 2° Aléaume-René-François, chevalier de St.-Jean de Jérusalem ; 3° Charlotte-Bénigne-Aimardine.

BRANCHE

des Seigneurs de Maucondnit.

12. — Jean DE FONTAINES, dit Lionnel, écuyer, allié à Ide de Gourlay, avant 1445, eut d'elle : 1° Guy, prêtre ; 2° Jacques, qui suit ; 3° Pérette.

13. — Jacques DE FONTAINES, écuyer, seigneur de Guillemerville et des Érables, épousa le 16 mars 1462 Marguerite Poissons, dont : 1° Guy, qui suit ; 2° Adrien, auteur de la branche des seigneurs des Érables.

14. — Guy DE FONTAINES, écuyer, allié le 1er octobre 1486 à Jeanne de Béthencourt, dont le suivant :

15. — Guy DE FONTAINES, écuyer, épousa le 12 novembre 1518 Nicole de Belleperche, dame de Mauconduit. Il fut père de : 1°

Louis, qui va suivre ; 2° Gabriel, écuyer, seigneur de Mauconduit, marié en 1552 à Adrienne de Pellevert, dont René qui eut de Gabrielle Le Roux Nicolas allié en 1602 à Marie de la Berquerie mère d'Antoine, lequel de Marie de Lesperon eut François, marié en 1665 à Florence de Hottement, dont Madeleine alliée en deuxièmes noces, en 1714, à N. de Pastourel.

16. — Louis DE FONTAINES, écuyer, seigneur de Mauconduit, tué en 1545, en combattant les anglais. Il avait épousé le 19 octobre 1539 Jeanne de Pellevert. On ne lui connaît pas d'autre fils que le suivant :

17. — François DE FONTAINES, écuyer, seigneur de Mauconduit, Pellevert et Belleperche. Il épousa Jeanne de Tronville, par contrat passé le 5 mai 1563. Ses enfants furent : 1° Antoine, qui suit ; 2° René, écuyer, seigneur de Mauconduit.

18. — Antoine DE FONTAINES, écuyer, seigneur de Mauconduit, et Pellevert, allié à Hyppolite de St.-Blimond, eut d'elle : 1° François, seigneur de Pellevert, gentilhomme ordinaire du roi, mort garçon ; 2° Adrien, qui suit ; 3° Charles, abbé du Tréport, en 1636.

19. — Adrien DE FONTAINES, écuyer, seigneur de Pellevert, Mauconduit et Nibas, épousa, le 1ᵉʳ février 1634, Claude de Belleville, dont :

20. — Aimard-François DE FONTAINES, écuyer, seigneur de Mauconduit, marié à Barbe Daulphin, de laquelle vint :

21. — Nicolas DE FONTAINES, chevalier, seigneur de Mauconduit.

BRANCHE
des Seigneurs des Érables.

14. — Adrien DE FONTAINES, écuyer, seigneur des Érables, avait épousé, par contrat du 12 janvier 1499, Guillemette Le Fèvre, dont :

15. — François DE FONTAINES, écuyer, seigneur des Érables, fut allié à Marie Alorge, par contrat du 25 juin 1565. Il eut pour fils.

16. — Jean DE FONTAINES, écuyer, seigneur des Érables, Pierrepont et Montrobert, qui se maria le 31 décembre 1586, avec Madeleine Parent, dont : 1° Charles, écuyer, marié à Louise de Melleville ; 2° Timoléon, écuyer, allié à Jeanne Le Mercier ; 3° Nicolas, prêtre ; 4° Christophe, écuyer, mort garçon ; 5° Aimard, docteur en Sorbonne et grand-vicaire de Henry de Lorraine, archevêque de Reims ; 6° François, mort jeune ; 7° Jacques, tué à Carignan en 1691 ; 8° Laurent, enseigne au régiment de Vaubecourt, tué à Privas ; 9° Marie, alliée à N. Le Jeune ; 10° Marguerite, alliée à N. de la Berquerie ; 11° Michelle, femme de N. de Charny ; 12° Jeanne, religieuse à la Chaise-Dieu.

FORCEVILLE.

Ancienne maison du Vimeu, originaire du village dont elle porte le nom, et dont elle possède la seigneurie de temps immémorial. Il ne faut pas confondre les Forceville dont je m'occupe ici avec les seigneurs d'un autre village de Forceville, situé dans le canton d'Acheux. Ils n'ont jamais eu rien de commun avec ces derniers, et, quoiqu'on puisse dire, leur origine est absolument différente. — MM. de Forceville ont prouvé leur noblesse depuis l'an 1500 et ont été maintenus le 25 juin 1699, le 15 janvier 1700, et le 8 avril 1716. Les armes sont : *de gueules au sautoir d'argent accompagné de 4 merlettes de même.* Supports : 2 *licornes.* — La branche cadette des seigneurs de Merlimont et Groffliers avait adopté pour brisure *une bordure de sable* au sautoir, qui, au lieu d'être *accompagné de 4 merlettes d'argent* était *chargé de 4 merlettes de sable*. La famille de Forceville compte encore plusieurs représentants en Picardie.

1. — Jean DE FORCEVILLE, écuyer, seigneur dudit lieu, épousa

vers 1500 Marie Cornu, dont vint : 1° Jean, qui suit ; 2° Claude, auteur de la deuxième branche.

2. — Jean DE FORCEVILLE, écuyer, seigneur dudit lieu, fut allié à Marie de Riencourt. De lui sont issus : 1° Hugues, écuyer, seigneur de Forceville, capitaine de 50 hommes d'armes des ordonnances du roi, allié à Marie d'Alègre, et mort sans suite ; 2° Charles, qui suit ; 3° Jean, écuyer, seigneur d'Omiécourt ; 4° Antoinette, femme de Baugeois de Fontaines, écuyer.

3. — Charles DE FORCEVILLE, écuyer, seigneur de Caix et de Forceville, homme d'armes des ordonnances du roi sous la charge de M. de Humières, épousa, par contrat passé le 1er juin 1577, Marguerite du Hamel, dont il eut entre autres Hugues, qui suit, et Catherine, alliée à Louis Quiéret, écuyer, par contrat du 7 janvier 1612.

4. — Hugues DE FORCEVILLE, écuyer, seigneur dudit lieu, Fontaine-le-Sec et Woirel, gentilhomme servant de la maison du roi, allié à Hippolyte de Monthomer, par contrat passé le 5 juillet 1619, n'eut d'elle qu'un fils unique.

5. — Léonor-René DE FORCEVILLE, chevalier, seigneur dudit lieu et Woirel, épousa Elisabeth Giroult, par contrat du 7 août 1640. De lui sont nés : 1° François, qui suit ; 2° Charles, prêtre.

6. — François DE FORCEVILLE, chevalier, seigneur dudit lieu et de Woirel, épousa Marie de Riencourt, par contrat en date du 7 janvier 1667. Il fut maintenu dans sa noblesse, le 15 janvier 1700, avec ses huit enfants, savoir : 1° Charles-François ; 2° François, lieutenant au régiment de cavalerie de Bourbon ; 3° Ferdinand-Antoine ; 4° Alexandre-François ; 5° Joseph-Louis ; 6° Charlotte ; 7° Marguerite ; 8° Françoise-Marguerite.

DEUXIÈME BRANCHE.

2. — Claude DE FORCEVILLE, écuyer, seigneur d'Applaincourt, fut allié à Françoise de Feuquières, dont il eut : 1° Nicolas, qui

suit ; 2° Adrienne, alliée à Gilles de Cléré, écuyer, seigneur de Neuville-sous-Bresle, par contrat du 5 novembre 1543.

3. — Nicolas DE FORCEVILLE, écuyer, seigneur de Bézencourt et Applaincourt, épousa Gabrielle de la Rivière, par contrat passé le 18 février 1563. Il fut père de : 1° Adrien, écuyer, seigneur de Bézencourt, Applaincourt et Plainval, enseigne de la compagnie d'hommes d'armes du seigneur de Rambures, marié le 27 janvier 1605 avec Jeanne de Monthomer, et mort, à ce que l'on dit, sans postérité ; 2° Robert, qui suit.

4. — Robert DE FORCEVILLE, écuyer, seigneur et baron de Merlimont, lieutenant au régiment de Rambures, épousa Louise de Cossart d'Espiez, par contrat en date du 19 octobre 1624. De lui naquit entre autres Jean, qui suit, et Nicolas, auteur de la troisième branche.

5. — Jean DE FORCEVILLE, chevalier, vicomte de Merlimont, seigneur de Groffliers et de Bercq, capitaine de chevau-légers au régiment d'Espiez, allié à Marie de Lesquevin de Baconval, par contrat du 2 avril 1659. D'eux sont issus : 1° Jean-François, qui suit ; 2° Robert, chevalier, seigneur de Groffliers, marié par contrat du 2 juin 1702 à Marie-Anne Moucque, dont César-Louis, Marie-Anne, Marie-Louise, Honorée-Jeanne et autre Marie-Louise. Il fut maintenu dans sa noblesse le 8 avril 1716.

6. — Jean-François DE FORCEVILLE, chevalier, vicomte de Merlimont, maintenu dans sa noblesse le 25 Juin 1699.

TROISIÈME BRANCHE.

5. — Nicolas DE FORCEVILLE, chevalier, seigneur de Groffliers, capitaine au régiment d'Anjou, épousa Marie-Madeleine du Crocq, par contrat du 8 mai 1676. D'eux est issu Nicolas.

6. — Nicolas DE FORCEVILLE, chevalier, seigneur de Groffliers, fut maintenu dans sa noblesse le 8 avril 1716. Il n'avait pas en-

core d'enfants de Marie-Madeleine Le Volant qu'il avait épousée par contrat du 7 mai 1705.

FRIEUCOURT.

La maison de Frieucourt, aujourd'hui éteinte, portait pour armes : *d'argent au chevron de gueules, accompagné au canton dextre de 3 tourteaux de même, 2 et 1, au canton sénestre et en pointe de 3 billettes de sable, aussi 2 et 1 en chef et 1 et 2 en pointe. Support, 2 lévriers : Cimier, un levrier naissant.* — La généalogie insérée dans le grand nobiliaire pour la maintenue du 6 décembre 1717, ne s'étend que jusqu'au 15 avril 1478. Je vais la rétablir ici dans toute son intégrité.

Enguerran DE FRIEUCOURT, chevalier, habitant Abbeville en 1207, est le premier que l'on connaisse. Après lui vient immédiatement Gérard de FRIEUCOURT qui vivait en 1260. Mais la filiation suivie et régulière ne commence qu'avec le suivant.

1. — Jean DE FRIEUCOURT, dit Poulain, écuyer, seigneur dudit lieu de Frieucourt, en 1325, eut pour fils :
2. — Hue DE FRIEUCOURT, écuyer, seigneur dudit lieu, qui possédait en 1350 plusieurs fiefs à Drucat, Neuilly-L'Hopital et St-Riquier. De sa femme, Jeanne......, il eut : 1° Pierre, qui suit ; 2° Jean ; 3° Marie, qui possédait des biens à Vaux et s'en dessaisit en faveur de Hues de Weriffroy.
3. — Pierre de FRIEUCOURT, écuyer, seigneur dudit lieu, fut père de :
4. — Hues de FRIEUCOURT, écuyer, dit Hutin, seigneur dudit lieu : de lui est issu :
5. — Olivier DE FRIEUCOURT, écuyer, seigneur dudit lieu. Il épousa Mariette Le Moictier par contrat passé le 15 avril 1478. D'eux naquit entre autres Louis, qui suit.
6. — Louis DE FRIEUCOURT, écuyer, seigneur de Béhen en partie et de Lisle, fut allié à Jeanne de St-Ouen dont il eut Nicolas.

7. — Nicolas DE FRIEUCOURT, écuyer, seigneur dudit lieu ; de Yde de la Radde, sa femme, naquirent : 1° François, qui suit ; 2° Antoinette.

8. — François DE FRIEUCOURT, écuyer, seigneur de Lisle et de Tully, épousa Hélène de Louvencourt, par contrat en date du 3 septembre 1586. Celle-ci le rendit père de : 1° François, qui suit ; 2° Charles, écuyer ; 3° Hélène, alliée à Gédéon de la Motte, écuyer.

9. — François DE FRIEUCOURT, écuyer, seigneur de Lisle, Tully et St-Hilaire, fut allié à Marie Tillette d'Offinicourt par contrat passé le 17 avril 1627. Leur fils unique fut :

10. — Claude DE FRIEUCOURT, chevalier, seigneur de Lisle, Tully, St-Hilaire. Il épousa, par contrat du 30 mars 1653 Antoinette Fleurton, dont vinrent : 1° François, écuyer, seigneur de Tully, mort sans suite ; 2° Charles, qui suit ; 3° Barbe ; 4° Antoinette ; 5° Madeleine ; 6° Louise.

11. — Charles DE FRIEUCOURT, chevalier, seigneur de Tully, Lisle et St-Hilaire, lieutenant de cavalerie au régiment de Simiane, n'était pas encore marié quand il fut maintenu dans sa noblesse, le 6 décembre 1717.

G.

GAILLARD.

Maintenue le 31 décembre 1716, cette famille, dont presque tous les membres furent revêtus d'emplois considérables dans la magistrature de Ponthieu, prouva à cette occasion sa noblesse jusqu'en 1485, vivant Alexandre GAILLARD, écuyer, capitaine de gens de pied, et Jean, écuyer, seigneur de Laleu, son frère. Un généalogiste abbevillois a prétendu que les deux frères ne portaient alors pour armes qu'un *chevron d'argent en champ d'azur*, mais que l'aîné, ayant épousé Nicole Le Roy de St-Lau, ajouta au *chevron* de ses armes, *trois croix patées* qui se trouvaient dans celles de sa femme, en changeant leur couleur. Toujours est-il que les armes des Gaillard de Boencourt étaient : *d'azur au chevron d'argent accompagnées de 3 croix patées de même*. Supports et cimier : *trois levriers*.

1. — Jean GAILLARD, vivant en 1360, fut père, dit-on, de :
2. — Robert Gaillard. De celui-ci est issu le suivant :
3. — Jean GAILLARD, allié à Marie Le Cat, vivait encore en 1440. D'eux naquit :

4. — Robert GAILLARD, qui acheta, en 1470, à Jeannet Journe le moulin de Riquebourg sis à Abbeville. Il laissa pour enfants : 1° Alexandre, qui suit ; 2° Jean, écuyer, seigneur de Laleu.

5. — Alexandre GAILLARD, écuyer, seigneur de Ferré, capitaine d'une compagnie de gens de pied en garnison au château d'Abbeville, en 1485. Il avait épousé avant 1510 Nicole Le Roy de St.-Lau, dont il eut : 1° Jean, qui suit ; 2° Robert, auteur de la deuxième branche ; 3° Jean, chanoine de St.-Wlfran d'Abbeville ; 4° François, également chanoine de St.-Wlfran.

6. — Jean GAILLARD, écuyer, seigneur de Limeu et de Morival, fut fort souvent échevin d'Abbeville, et maïeur en 1544. De son mariage avec Jacqueline Langlois naquirent : 1° Jean, écuyer, seigneur des Alleux, Martainneville, Morival et Aumâtre, souvent échevin, et maïeur d'Abbeville en 1566, avait épousé Marguerite de Calonne, dont Marguerite, femme de Jean Hairon, écuyer, seigneur de Guimerville, Isabeau, femme de Jean du Bus, écuyer, et Géneviève, alliée à Pierre Tillette de Mautort ; 2° Claude, qui suit ; 3° Robert ; 4° François, curé du petit St.-Wlfran ; 5° Péronne, femme de Colart de Buigny, écuyer ; 6° Jeanne.

7. — Claude GAILLARD, écuyer, seigneur de Morival et de Limeu, conseiller-magistrat au siége présidial de Ponthieu, épousa Jacqueline Flamen, dont il eut : 1° Claude, qui suit ; 2° Charles ; 3° Jacques ; 4° Jeanne, femme de N. Matiffas, écuyer ; 5° Marie, alliée à Claude Rohault, écuyer.

8. — Claude GAILLARD, écuyer, seigneur de Morival, Limeu et Grébaumaisnil, conseiller-magistrat en la sénéchaussée de Ponthieu, fut maïeur d'Abbeville en 1596. Il épousa Marie L'Yver et laissa pour enfants : 1° Pierre, écuyer, seigneur de Grébaumesnil, maître-d'hôtel du roi, ne laissa qu'un fils de ses deux femmes ; 2° Jacques, qui suit ; 3° Charles, avocat, sans suite ; 4° Marguerite, femme de Jacques de La Garde ; 5° Anne, femme de François Le Duc.

9. — Jacques GAILLARD, écuyer, seigneur d'Aumâtre et de Mo-

rival, conseiller du roi, président en l'élection de Ponthieu, fut allié à Anne Vincent d'Hantecourt, par contrat passé le 11 février 1640. De lui est issu Louis, qui suit.

10. — Louis Gaillard, écuyer, seigneur de Boencourt, Aumâtre et Morival, président en l'élection de Ponthieu, allié à Louise-Gabrielle Duché, en eut : 1° Joseph-André, qui suit ; 2° Anne-Marie-Louise, femme de Jean-Hubert Le Ver, chevalier, seigneur de Caux.

11. — Joseph-André Gaillard, chevalier, seigneur de Boencourt et Morival, épousa Marie-Élisabeth Creton, par contrat passé le 27 mars 1708. Il fut maintenu dans sa noblesse le 31 décembre 1716, avec ses enfants, savoir : 1° Louis-Joseph ; 2° Jean-Baptiste-André ; 3° Adrien ; 4° Marie-Claire-Françoise.

SECONDE BRANCHE.

6. — Robert Gaillard, écuyer, seigneur de Larcheville, Ochencourt et Belloy, receveur des aides en Ponthieu. De Isabelle Mourette, sa femme, il eut : 1° Robert, qui suit ; 2° Jean, seigneur d'Ochencourt, dont un fils et une fille ; 3° François, sieur du Fayel.

7. — Robert Gaillard, écuyer, seigneur de Larcheville et Belloy, vicomte de Menchecourt, receveur des aides en Ponthieu, épousa Marguerite Rohault, dont le suivant :

8. — François Gaillard, écuyer, seigneur de Senonville, receveur des aides en Ponthieu, fut allié à Marie Bœullet, par contrat du 14 mai 1603. Il fut père de : 1° Jacques, qui suit ; 2° Philippe, écuyer, seigneur de Roquelieu ; 3° Antoine, écuyer, seigneur de Valeur.

9. — Jacques Gaillard, écuyer, seigneur de Senonville et de Courcelles, seigneur-vicomte et haut-justicier de Gapennes, épousa Catherine Le Febvre. De cette union naquirent : 1° Charles, qui suit ; 2° François, écuyer, seigneur de Cour-

celles ; 3° Jean-Henry, écuyer, seigneur de Senonville ; 4° Marie-Madeleine, femme de Henry de L'Espinay, écuyer, seigneur de Neuville ; 5° Jeanne.

10. — Charles GAILLARD, écuyer, seigneur de Gapennes, conseiller du roi en la sénéchaussée de Ponthieu et garde du scel de ladite sénéchaussée, épousa Marie-Anne Sanson de Haut-Maisnil, par contrat passé le 2 juin 1709. Il en avait eu Louis et Anne-Catherine, quand il fut maintenu dans sa noblesse le 31 décembre 1716.

GAUDE.

Armes : *D'or à un amphistère ou pallefeu, le vol ouvert, de sable, armé et lampassé de gueules.* Supports : *2 lions.* Cimier : *une sirène se peignant et tenant un miroir d'argent.* Devise : *C'est mon plaisir.*

La maison de Gaude, éteinte au siècle dernier, est une de celles qui ont le plus marqué à Abbeville et en Ponthieu, dont elle est originaire. Sa noblesse est immémoriale. On en jugera par l'exposé généalogique qui suit.

1. — Adam GAUDE, chevalier, fut échevin d'Abbeville en 1197. Ses descendants disaient qu'il avait épousé une fille d'Aléaume de Fontaines. Il en aurait eu :

2. — Clément GAUDE, chevalier, vivant encore en 1250 avec N. Le Carbonier, sa femme, dont :

3. — Clément GAUDE, écuyer. Il épousa Maroie Roussel. Celle-ci vivait veuve, en 1324, avec son fils, qui suit.

4. — Mathieu GAUDE, écuyer, seigneur de Halloy, Caux et Cauroy, bailli d'Abbeville et de Picquigny, sénéchal de St.-Pol, fut maïeur d'Abbeville en 1316. De N. de Limeu, sa femme, il eut :

5. — Mathieu GAUDE, écuyer, vivant en 1371 avec N. Au-Costé, sa femme, dont vint :

6. — Pierre GAUDE, écuyer, garde du scel royal. De sa femme, dont le nom est inconnu, il eut :

7. — Mathieu GAUDE, écuyer. Il épousa Jeanne Despos et fut père de : 1° Mathieu, mort sans postérité ; 2° Pierre, qui suit ; 3° N..., alliée à Jean Catine.

8. — Pierre GAUDE, écuyer, licencié ès-lois, avocat du roi en Ponthieu, épousa Marguerite de Brucamp. De ce mariage naquirent : 1° Jean, qui suit ; 2° Catherine, alliée à Hues de Cannesson ; 3° Marie, femme de Jacques Fouache, écuyer.

9. — Jean GAUDE, écuyer, maïeur d'Abbeville en 1512, 1514, 1516, 1519, 1522 et 1529, fut allié à Catherine Clabault, dont il eut :

10. — Jean GAUDE, écuyer, licencié ès-lois, seigneur de St.-Elier, fut aussi maïeur d'Abbeville. Il avait épousé Marie des Groiseliers, dont est issu :

11. — Jean GAUDE, écuyer, seigneur de St.-Elier, licencié ès-lois. Il épousa, par contrat du 2 mai 1562, Isabeau de Beuzin. On ne lui connait pas d'autre fils que le suivant.

12. — Adrien GAUDE, écuyer, seigneur de St.-Elier et de Martainneville, licencié ès-lois, 1er conseiller de la ville d'Abbeville. D'Antoinette de Buissy, sa femme, est issu le seul

13. — Jean DE GAUDE, chevalier, seigneur de Martainneville-les-Butz et de St.-Elier, capitaine au régiment de Soyecourt. Il fut allié, par contrat du 26 février 1636, à Marguerite de Croze, et eut d'elle : 1° Jean-François, qui suit ; 2° Claude, chevalier, capitaine au régiment de St.-Valery ; 3° Charles, chevalier, lieutenant au même régiment ; 4° autre Charles, chevalier, seigneur de Houdancourt, garde du roi ; 5° trois filles.

14. — Jean-François DE GAUDE, chevalier, seigneur de Martainneville, Houdancourt, Franqueville, grand et petit Caurroy, Grand-Bus, etc., épousa Marguerite de Mallvande, par contrat du 1er juillet 1685. Il fut maintenu dans sa noblesse le 6 fé-

vrier 1700 avec ses enfants, savoir : 1° François-Léonor, qui suit ; 2° Charles-Antoine, chevalier, mort sans postérité, et 3° deux filles.

5. — François-Léonor DE GAUDE, chevalier, seigneur et comte de Martainneville, mestre de camp de cavalerie, exempt des gardes du corps du roi, et chevalier de St.-Louis. Il fut allié à Marie-Anne de Malortie de Boudeville, comtesse de Hombourg, baronne d'Ecotigny. De cette union naquit une fille unique, Marie-Thérèse, qui épousa, par contrat du 23 juillet 1749, Philippe-Charles, comte de Hunolstein, chambellan du duc Léopold et du roi de Pologne, capitaine de cavalerie au régiment Royal-Allemand.

GODART.

C'est une famille que je crois originaire de Vauchelles, près Domart, car le plus ancien que l'on connaisse était seigneur de plusieurs fiefs audit Vauchelles, et y fonda plusieurs obits ainsi qu'à Surcamps. La généalogie commence avec Raoul Godart, seigneur de Vauchelles, allié avant 1400 à N. Cornet, dont Jean Godart, seigneur de Vauchelles, qui épousa en 1420 Alix Lourdel. On y remarque des alliances avec les familles Lourdel, Le Caron, Danzel, Boufflers, Le Vasseur, Le Moictier, Belleval, Le Fuzelier, Buissy, Blin de Bourdon, Fouquesolles, etc. Je pense que cette famille est éteinte. Elle portait : *d'azur au cor de chasse d'or, lié de gueules, accompagné de 3 étoiles d'or, à la bordure de même.*

GOURGUECHON.

Il n'existe que fort peu de documents sur cette famille, qui s'éteignit en 1480 dans la personne de Jeanne de Gourguechon, demoiselle dudit lieu, qui épousa Baudouin de Gueschart, écuyer. On sait qu'elle avait à Gueschart le fief de Gourguechon, à qui elle donna son nom ou de qui elle l'emprunta, et que ses armes étaient : *d'argent à 3 épées de gueules, mises en bande*. Voici les noms de quelques-uns de ses membres que j'ai pu recueillir, mais entre lesquels il est impossible d'établir de filiation :

— Jean GOURGUECHON, à Rue, en 1326.
— Obit au Saint-Sépulcre d'Abbeville, pour Thiéphaine DE GOURGUECHON, veuve de Guillaume du Pont, 1400.
— Obit au Saint-Sépulcre pour Isabelle DE GOURGUECHON, veuve de Jean Le Mercier, 1400.
— Obit au Saint-Sépulcre pour Jean GOURGUECHON, en 1400.
— Colart DE GOURGUECHON, chanoine de St.-Wlfran, 1409.
— Jean DE GOURGUECHON, écuyer, à Abbeville, de 1410 à 1437.
— Renault DE GOURGUECHON, à Abbeville, en 1415.

GOURLAY.

La Morlière dit qu'Hugues de Gourlay, chevalier anglais, à la suite d'une querelle avec le comte de Derby, se retira en Ponthieu en 1397, et qu'il y devint la tige de la maison de ce nom. Cette origine est de tous points erronée et inadmissible. Messire Jean Gourle (on trouve ce nom écrit ainsi, quelquefois même Goulle, au XIVe et au XVe siècle, d'où est venu Gourlé, puis Gourlay, au XVIe siècle seulement) chevalier, possesseur de fiefs à Martainneville, servit d'abord avec Hues de Chatillon en 1372 ; puis en 1376 avec trois écuyers, sous Loys de Sainte, maréchal de France. Aucun des documents qui le concernent ne fait mention de sa prétendue origine anglaise. Au contraire, il était bon Français, puisqu'il servait contre les Anglais dans les rangs de l'armée de Charles V. — Je prétends donc que Jean était fils de Willame

Gourle, écuyer, seigneur de Gouy-les-Cahon, en 1325, et que tous deux reconnaissaient comme le premier auteur de leur famille Hugues Gorle (sic), qui fut allié à une demoiselle de Biencourt et qui figure avec ses parents, de l'an 1190 à l'an 1200, comme témoin ou comme partie intéressée dans plusieurs chartes de l'abbaye de Séry, ventes et donations faites à ladite abbaye. Sa généalogie doit donc être dressée comme ci-dessous. — La maison de Gourlay, éteinte depuis très-longtemps, portait : *d'argent à la croix ancrée de sable.*

1. — Willame GOURLE, écuyer, seigneur de Gouy-les-Cahon, en 1325, fut père de :

2. — Jean GOURLE, chevalier. Celui-ci aurait laissé deux fils : 1° Guy, qui suit ; 2° Jean, tué à Azincourt.

3. — Guy GOURLE, dit Guiot, écuyer, premier écuyer tranchant du duc d'Orléans, fut tué à la bataille d'Azincourt. Il eut pour enfants : 1° Nicolas, qui suit ; 2° Guy, capitaine d'Abbeville ; 3° Jacqueline, femme de Rogues de Belleval, écuyer d'écurie du roi, gouverneur de Gournay-sur-Aronde et lieutenant de Beauvais.

4. — Nicolas GOURLE, dit Colart, écuyer, capitaine d'Amiens en 1460, fut allié à Marie Broullard, dame de Pendé, dont vinrent : 1° Nicolas, qui suit ; 2° Josse, écuyer, allié à Anne de Sarcus, dont une fille unique, Jeanne, femme d'Adrien de Tierselin, seigneur de Brosses ; 3° François, auteur de la troisième branche.

5. — Nicolas GOURLE, dit Colinet, écuyer, châtelain, pour le roi, du Gard et du Titre, ne laissa qu'un fils.

6. — Oudart DE GOURLAY, écuyer, seigneur de Hanchies, châtelain de la forêt de Crécy, capitaine de Rue, homme d'armes sous le maréchal du Biez, fut allié à N. de Boufflers, dont il n'eut qu'une fille, Marie, demoiselle de Vercourt, de St.-Martin et de Hanchies, qui épousa Hugues de Belloy, écuyer, seigneur de Rogehan.

DEUXIÈME BRANCHE.

4. — François DE GOURLAY, écuyer, seigneur de Pendé, épousa Françoise d'Azincourt, dont il eut :
5. — Quentin DE GOURLAY, écuyer, seigneur d'Azincourt et de Wargnies, allié à Jacqueline de Montmorency de Bours, fut père, entre autres, du suivant.
6. — Louis DE GOURLAY, écuyer, seigneur d'Azincourt et de Wargnies, épousa Michelle d'Applaincourt, dont il eut : 1° Samson, qui suit ; 2° Antoine, écuyer, seigneur de Berlettes, époux de N. de Vignacourt ; 3° Louise, femme de Louis Truffier, écuyer, seigneur d'Allenay ; 4° Marie, femme d'Antoines de Runes, écuyer, seigneur de Baisieux, capitaine d'Amiens.
7. — Samson DE GOURLAY, chevalier, seigneur de Wargnies, Azincourt, Yvregny, vicomte de Domart, épousa Françoise de Pisseleu, dont il n'eut pas d'enfants.

GRAMBUS.

On chercherait en vain le nom de cette famille dans les maintenues publiées à la fin du xvii° et au commencement du xviii° siècle. Il y avait un siècle qu'elle était éteinte, lorsque messire Hierosme Bignon vint, au nom du roi, faire ces célèbres recherches dont le résultat devait être de tromper beaucoup de familles sur leur valeur réelle et leur ancienneté, en leur assignant à toutes le xvi° siècle pour point de départ. La maison de Grambus portait pour armes : *d'argent à la fasce de gueules surmontée d'une vivre de même.* Elle possédait à Crécy le fief de Grambus.

1. — Guillaume DE GRAMBUS, chevalier, seigneur dudit lieu vers 1340, eut deux fils, Robert, qui suit, et Guillaume, écuyer.

2. — Robert DE GRAMBUS, chevalier, seigneur dudit lieu en 1384. Il laissa pour fils et successeur :

3. — Guillaume DE GRAMBUS, écuyer, seigneur dudit lieu. On lui donne pour fils le suivant.

4. — Jean DE GRAMBUS, écuyer, vivant encore à Crécy en 1480. Il fut père de Jean, qui suit, et de Madeleine, femme de Jean du Festel.

5. — Jean DE GRAMBUS, écuyer, seigneur d'Yvrencheux, épousa Adrienne de Mauvoisin, dont : 1° Jacques, écuyer, seigneur de Bonnières, maître d'hôtel du vidame d'Amiens, demeurant à Picquigny en 1544, sans enfants d'Antoinette de Damiette, sa femme : 2° Jean qui suit.

6. — Jean DE GRAMBUS, écuyer, seigneur d'Yvrencheux, épousa Jacqueline de Hesdin, dont naquit :

7. — Thibaut DE GRAMBUS, écuyer, seigneur d'Yvrencheux. Il épousa Marguerite Cornu et laissa pour enfants, savoir : 1° Charles, qui suit ; 2° Pierre, chevalier de St-Jean de Jérusalem, en 1583 ; 3° Anne, alliée au sieur de la Caurie ; 4° Jeanne, femme de N. de Blondel de Fresnes.

8. — Charles DE GRAMBUS, écuyer, seigneur d'Yvrencheux, épousa Françoise de St-Simon. Ils eurent deux enfants, Valeran, mort à marier, et Marie, alliée d'abord à François Mourette, avocat du roi, puis à Antoine de St-Quentin, écuyer.

GRIBAUVAL.

Armes : *De sable à 3 mollettes d'éperon d'argent.*

Cette maison n'est pas de Ponthieu, mais une de ses branches s'est fixée à Abbeville, y a rempli des fonctions municipales et enfin s'y est éteinte en laissant tous ses biens aux Le Briois qui étaient Abbevillois. Je ne crois donc pas m'écarter de mon sujet en donnant ici la généalogie de cette branche.

1. — Enguerran DE GRIBAUVAL, chevalier, fut fait prisonnier à l'attaque du fort de St-Martin de Laon, et tué ensuite, en 1431. Voici ce qu'en dit Monstrelet : « lequel Enguerran offrant grant finance pour sa rançon, ne fut à ce receu, et pour ce que lesdictes comunes avoient sur lui grand haine, pour la diverse et désordonnée guerre qu'il leur avoit longtemps paravent faicte : » il eut pour fils :
2. — Avieux DE GRIBAUVAL, écuyer, cité par Monstrelet. Il épousa N. Le Moictier et eut d'elle : 1° Jean, qui suit ; 2° Agnès, femme de Jean Le Moictier.
3. — Jean DE GRIBAUVAL, dit Gauvain, écuyer, allié à N. de Doncœur, fut reçu lieutenant du château d'Abbeville, aux gages de 35 livres, en 1450. Il ne laissa qu'un fils.
4. — Charles DE GRIBAUVAL, écuyer, seigneur de Domqueur et de Guignemicourt, fut maïeur d'Abbeville en 1494, 1495, 1496 et 1500. Il épousa Jeanne Mention, veuve de Ricquier le Briois et n'en eut pas d'enfants. Il laissa alors tout son bien à Jacques le Briois, fils de Ricquier.

GROISELIERS (DES).

Je crois que cette famille existe encore en Artois dont on l'a dit quelquefois originaire. Il est vrai que l'on trouve en Artois une famille du même nom, qui porte : *d'or au groselier arraché de sinople ;* mais elle aura été probablement confondue avec les des Groiseliers de Ponthieu qui ont toujours porté pour armes : *de sable à la croix ancrée d'argent :* supports, *deux sauvages :* cimier, *un levrier naissant.* — Lors de leur maintenue, le 9 mai 1699, où ils produisirent des preuves depuis le 20 novembre 1539, MM. des Groiseliers se dirent du moins originaires du Ponthieu, et la généalogie qui va suivre vient à l'appui de cette assertion.

Adam DES GROISELIERS vivant à Rue en 1308 est le plus ancien que je trouve en Ponthieu. Il eut pour fils Pierre, vivant également à

Rue en 1314. Tous deux étaient certainement ancêtres directs de Jacques, qui habitait Crécy en 1370, et fut peut-être père de Baudouin avec qui commence la filiation suivie.

1. — Baudouin DES GROISELIERS, écuyer, vivant en 1430, dont Guillaume, qui suit, et Catherine, femme de Oudart de Campdaveine, écuyer, mort en 1499.

2. — Guillaume DES GROISELIERS, allié à Philippote de May, vers 1465, laissa :

3. — Antoine DES GROISELIERS, écuyer, vivant encore en 1506. Il épousa 1° Jeanne Cornu, dont il eut Jacques, qui suit, et Antoinette alliée à Antoine d'Oresmieulx ; 2° Claire d'Alongeville, qui ne lui donna pas d'enfants.

4. — Jacques DES GROISELIERS, écuyer, seigneur de Popincourt, Chausson, St-Léger-les-Domart et de Domesmont, licencié-ès-lois, lieutenant-général civil et criminel en la sénéchaussée de Ponthieu, bailly de Long pour le duc de Vendôme, et maïeur d'Abbeville en 1521. Il épousa Jeanne Le Briois dont il eut : 1° Jean, qui suit ; 2° Jacques, auteur de la deuxième branche ; 3° Marie, femme de Jean Gaude, écuyer, seigneur de St-Elier ; 4° Antoinette, alliée à N. Gaillard ; 5° Catherine, femme de Nicolas Mourette.

5. — Jean DES GROISELIERS, écuyer, licencié-ès-lois, bailly de Boubers, seigneur de Domesmont, fut allié à Antoinette Descault qui lui donna :

6. — Jacques DES GROISELIERS, écuyer, seigneur de Domesmont, homme d'armes dans la compagnie du seigneur de Créquy. Il épousa Isabeau de la Fosse, et n'en eut qu'une fille, Antoinette, alliée 1° à François Le Ver, écuyer, 2° à Philippe de Sacquespée, écuyer, seigneur de Thésy.

SECONDE BRANCHE.

5. — Jacques DES GROISELIERS, écuyer, seigneur de St-Léger, li-

cencié-ès-lois, conseiller du roi, lieutenant-général du sénéchal de Ponthieu, épousa Jeanne Roussel dont il eut le suivant :

6. — Jacques des Groiseliers, écuyer, seigneur de St-Léger, épousa par contrat du 18 août 1579, Antoinette de Folleville. D'eux naquit.

7. — François des Groiseliers, écuyer, seigneur de St-Léger et de Neuvireulle, grand-maître des eaux et forêts de Picardie, gentilhomme servant du roi : il s'allia, par contrat du 28 janvier 1599, à Jeanne de Vaconssins, dont : 1° Jacques, qui suit ; 2° Pierre, auteur de la troisième branche.

8. — Jacques des Groiseliers, écuyer, seigneur de St-Léger, maître des eaux et forêts de Picardie, épousa Françoise L'Yver, et fut père de :

9. — François des Groiseliers, chevalier, seigneur de St-Léger. Il épousa Marie Accary, par contrat du 2 juin 1652, et fut maintenu dans sa noblesse, le 9 mai 1699. Son fils unique fut :

10. — Jean des Groiseliers, chevalier, seigneur de St-Léger, garde du corps du roi.

TROISIÈME BRANCHE.

8. — Pierre des Groiseliers, écuyer, seigneur de Neuvireulle, allié par contrat du 28 octobre 1640 à Marie de Pelletot, en eut : 1° Léonor, qui suit ; 2° Nicolas, écuyer, 3° Catherine.

9. — Léonor des Groiseliers, chevalier, seigneur de Neuvireulle, Villeroy et Erveloy, épousa Marguerite du Fresne de Fredeval, par contrat passé le 4 septembre 1683. Il fut maintenu dans sa noblesse, le 9 mai 1699, avec ses enfants, savoir : 1° Adrien-Joseph ; 2° Alexandre-François ; 3° Marie-Marguerite ; 4° Marie-Suzanne ; 5° Catherine-Françoise.

GROUCHES.

Armes : *D'or à 3 fasces de gueules.* Supports : *deux sauvages au naturel, ceints de sinople, tenant chacun une massue abaissée.* Cimier : *un demi-corps de femme échevelée au naturel.*

La maison de Grouches n'est pas de Ponthieu, et elle ne s'y est établie qu'en 1586, lorsque Robert de Grouches épousa Anne de la Rivière, qui lui apporta les seigneuries de Chepy, Huppy, St.-Maxent, Villers-Campsart, etc. Mais comme, depuis cette époque, elle occupa un rang distingué dans la noblesse du Vimeu et y posséda un nombre considérable de seigneuries et de fiefs, je n'ai pas cru pouvoir la passer sous silence. — Elle tire son nom du village de Grouches, près Doullens, qui fut le berceau de sa famille et dont Thierry de Grouches était seigneur en 1290. La généalogie de la maison de Grouches, où l'on trouve les plus belles alliances, commence à ce Thierry. Elle fut publiée à Paris, en 1778, par Clabault, archiviste et généalogiste, et reproduite toute entière par La Chesnaye-des-Bois, dans son *Dictionnaire de la Noblesse*, tome II du supplément, pages 288-307.

GUESCHARD.

Ce nom est très-ancien en Ponthieu. On trouve Bernard de Gaissard (on écrivait jadis indistinctement Gaissard, Guessard ou Gueschard, mais cette dernière orthographe a prévalu) en 1240 ; Gauthier de Guessard, 44me abbé de St.-Riquier, nommé en 1248, mort le 14 août 1257 ; Baudouin de Gaissard, 46me abbé de St.-Riquier, de 1312 à 1333 ; Jean de Gueschard et Ève de Lannoy, sa femme, qui servent un aveu au comte de Ponthieu, en 1275 ; Hugues de Gaissard, maître de l'Hôtel-Dieu d'Abbeville et de celui de St.-Riquier, en 1323 ; Simon de Guessard, seigneur de Brailly, de 1350 à 1384 ; Renault de Guessard, possesseur d'un fief à Neuilly-l'Hôpital, en 1379, etc. — Tous ces personnages appartiennent incontestablement à la maison de Gueschard, originaire du village de ce nom, situé dans le canton de Crécy-en-Ponthieu. Si le temps qui les sépare les uns des autres ne permet pas d'établir entre eux une filiation régulière, ils sont au moins de bons témoignages de l'antique noblesse des seigneurs de Gueschard.

1. — Baudouin DE GUESCHARD, écuyer, épousa vers 1480 Jeanne de Gourguechon, dame dudit lieu, de laquelle il eut : 1° Huon, qui suit ; 2° Arnoul, mort sans alliance ; 3° Pierre, seigneur de Namur, sans postérité ; 4° Marie, femme de Hues de Rely, chevalier, seigneur de la Fosse.

2. — Huon DE GUESCHARD, écuyer, seigneur dudit lieu, Gourguechon et Franclieu, eut entre autres enfants :

3. — Jean DE GUESCHARD, écuyer, seigneur de Gourguechon et d'Ecles. Il épousa Antoinette de Monthomer, dame d'Ecles. D'eux naquit :

4. — Oudart DE GUESCHARD, écuyer, seigneur d'Ecles et de Tronchoy, homme d'armes dans la compagnie de la reine. Il fut allié à Louise de Runes. Il vivait encore en 1613. Il fut père du suivant.

5. — Oudart DE GUESCHARD, chevalier, seigneur d'Ecles et de Tronchoy, vivant encore en 1655. Il fut allié à Louise de Créquy de Langle et en eut Oudart, qui suit.

6. — Oudart DE GUESCHARD, chevalier, seigneur d'Ecles et de Tronchoy, épousa N. de Morin de Pardaillan. De ce mariage naquirent : 1° François, qui suit ; 2° Catherine, femme de Louis de Carbonnel, écuyer, seigneur de Baudricourt.

7. — François DE GUESCHARD, écuyer, seigneur d'Ecles et de Brétencourt, eut de Marie du Mesnil, sa femme, Jacques, mort sans alliance, et Charles.

8. — Charles DE GUESCHARD, chevalier, seigneur d'Ecles et de Brétencourt, chevalier de St-Louis, brigadier des chevau-lé-

gers de la garde du Roi. Il épousa Louise de Caullières, et en eut Jacques-Léonard, qui suit, et Charlotte-Marthe-Jérémine.

9. — Jacques-Léonard DE GUESCHARD, chevalier, seigneur d'Ecles et de Brétencourt, chevalier de St-Louis, capitaine de dragons au régiment de Languedoc. Il ne se maria pas et vendit sa terre et seigneurie d'Ecles, le 11 août 1751, à Joseph-Bazile de Brossard, écuyer, seigneur de Runeval, qui la revendit, le 3 décembre 1773, à Louis-Réné de Belleval, chevalier, marquis de Bois-Robin.

Cette famille comptait encore d'autres branches qui s'éteignirent après très-peu de durée. Il était difficile de les rattacher à la branche principale, et je n'ai pas cru nécessaire de les rapporter ici. L'une d'elles, entre autres, s'éteignit dans la famille de Carpentin. — Les armes des de Gueschard étaient : *d'argent à 3 chevrons de gueules.*

HALLWIN.

Dans le grand nobiliaire de Picardie, on lit que la maison de Hallwin est originaire de Ponthieu. C'est une erreur. Elle tire son origine de la ville de Hallwin en Flandres, et les auteurs qui ont rapporté tout ou partie de sa généalogie, Moréri, le Père Anselme, Jean Scohier, La Morlière et bien d'autres encore, s'accordent à le reconnaître. Il fallait dire que deux branches de la maison d'Hallwin s'étaient fixées en Ponthieu au commencement du xvi° siècle et y demeurèrent assidûment jusqu'au xviii° siècle, pendant lequel elles s'éteignirent. Il fallait aussi, en blasonnant l'écu de ces deux branches, *d'or à 3 lions de sable*, ajouter que les pleines armes des seigneurs de Hallwin étaient *d'argent à 3 lions de sable, armés, lampassés et couronnés d'or,* et que les branches d'Arry et de Souteauville avaient substitué *le champ d'or au champ d'argent,* pour brisure.

Il est inutile de reproduire ici toute la généalogie de la maison de Hallwin, depuis Vautier, sire de Hallwin, en 1190, avec qui commence la filiation suivie. Je ne donnerai ici que les deux branches dont l'histoire rentre dans le cadre de mon livre, et qui furent maintenues le 29 novembre 1697, et le 23 septembre 1715, après avoir prouvé depuis le 18 janvier 1530.

8. — Jean DE HALLWIN, 8ᵉ descendant de Vautier qui vivait en 1190, mourut le 21 novembre 1440. Il avait épousé, le 21 décembre 1415, Jacqueline de Ghistelles. Il eut d'elle, entre autres enfants, Gauthier, qui suit.

9. — Gauthier DE HALLWIN, écuyer, fut allié à Jacqueline de Witsch, dame de la Chapelle. D'eux est issu :

10. — Antoine DE HALLWIN, écuyer, seigneur de la Chapelle ; de sa femme, dont le nom est inconnu, il laissa :

11. — Louis DE HALLWIN, écuyer, seigneur de la Chapelle. Celui-ci s'allia à Antoinette Maillard. D'eux naquit César, qui suit.

12. — César DE HALLWIN, écuyer, seigneur de la Chapelle, épousa par contrat du 18 janvier 1530, Marie du Hamel, dont il eut le suivant.

13. — François DE HALLWIN, écuyer, seigneur de la Chapelle, fut allié à Claude de Bécourt, par contrat du 10 février 1560. Il fut père de :

14. — César DE HALLWIN, écuyer, seigneur de Noirbois, qui épousa Marie Roze, par contrat en date du 11 juin 1597. Il eut pour fils et successeur :

15. — Claude DE HALLWIN, écuyer, seigneur de Bois-Bernard. Il épousa Marguerite de Mesghen, par contrat du 16 juillet 1624. De cette union naquirent : 1° Alexandre, qui va suivre ; 2° Jean, écuyer, seigneur de Souteauville, lieutenant au régiment de Rambures, allié par contrat du 5 juin 1663 à Marie de Campagne, maintenu dans sa noblesse le 29 novembre 1697, et mort sans enfants.

16. — Alexandre DE HALLWIN, écuyer, seigneur d'Arry, fut allié à Antoinette Monet, par contrat passé le 27 décembre 1660. D'eux sont issus : 1° François, écuyer, seigneur de Bois-Bernard, allié par contrat du 12 août 1696 à Marguerite de Fresnoy, et maintenu dans sa noblesse, le 29 novembre 1697;

2° Charles, qui suit ; 3° Jean-Alexandre, prêtre, curé de Neuville; 4° Antoine-Jean, écuyer, seigneur de Noirbois, lieutenant au régiment de Forez ; 5° Ursule-Antoinette et 6° Catherine-Jeanne.

17. — Charles DE HALLWIN, écuyer, seigneur d'Arry, épousa Françoise de Bracque, par contrat du 31 juillet 1702. Il fut maintenu dans sa noblesse le 23 septembre 1715, laissant pour enfants : 1° Charles-François, mort à marier ; 2° Marie-Thérèse, sans alliance, et 3° Catherine-Françoise, qui épousa, par contrat du 11 juin 1725, Daniel-Antoine de Courteville, chevalier, seigneur de Hodicq, la Houssaye, Beauval, et à cause d'elle seigneur d'Arry.

HAMEL (DU).

Cette famille s'éteignit au siècle dernier. Si elle ne doit pas être comptée au nombre des plus anciennes maisons de Ponthieu, ses membres, du moins, choisirent leurs alliances parmi la noblesse d'Abbeville et des environs. Il ne faut pas confondre les du Hamel de Canchy et de Marcheville, avec les du Hamel de Bellenglise, seigneurs du Hamel, près Corbie. Les premiers, les seuls qui m'occupent, portaient pour armes : *d'azur à la bande d'or chargée de 3 roses de gueules.* Supports et cimier, 3 *griffons.* Ils étaient, comme on va le voir, originaires d'Abbeville, et issus de l'ancienne bourgeoisie de cette ville. Leur maintenue est du 6 février 1706, sur preuves du 18 février 1528.

1. — Jean DU HAMEL, l'aîné, vivant à Abbeville en 1380, eut pour fils :

2. — Jean DU HAMEL, vivant encore en 1430, qui fut père de :

3. — Jean DU HAMEL, très riche bourgeois d'Abbeville qui a beaucoup paru de 1480 à 1500. De sa femme, dont le nom est inconnu, il eut :

4. — Antoine du Hamel, écuyer, seigneur du Mesnil-Eudin, qui épousa Marie Carpentin, dont il eut : 1° Nicolas, qui suit ; 2° Guillaume, prêtre ; 3° Jeanne, femme de Jean Le Fuzelier.

5. — Nicolas du Hamel, écuyer, seigneur du Mesnil-Eudin, Canchy, Wailly et Marcheville, fut allié à Marie Sanson, par contrat passé le 18 février 1528. Il eut d'elle : 1° Nicolas, écuyer, seigneur de Canchy et de Wailly, mort sans postérité ; 2° Antoine, qui suit ; 3° Jeanne, alliée en 1555 à Jean Lescuyer, contrôleur des deniers, dons et octrois d'Abbeville, et par contrat du 24 octobre 1561 à Octavien de Bosse, valet de chambre du roi et lieutenant-général de l'artillerie en Picardie ; 4° Marguerite, religieuse aux sœurs grises d'Abbeville ; 5° Anne, femme de Daniel Briet ; 6° Gabrielle, alliée le 19 février 1555, à Pierre de Lavernot, vicomte de Rue, receveur du comté de Ponthieu ; 7° Marie, mariée par contrat du 13 février 1565, à Raoul de Poucques, écuyer, seigneur d'Alincthun.

6. — Antoine du Hamel, écuyer, seigneur de Marcheville, Mesnil-Eudin, Canchy, Wailly et Bus-Esselin, gentilhomme du duc d'Alençon, homme d'armes dans la compagnie du seigneur d'Estrées, et châtelain de la forêt de Crécy, épousa Louise de Lamiré, par contrat du 20 septembre 1567. De ce mariage naquirent : 1° Oudart, qui suit ; 2° Anne, mariée par contrat du 30 juillet 1580 avec Antoine L'Orfèvre ; 3° Barbe, alliée par contrat du 30 juillet 1580 à Paul de Belleval, écuyer, seigneur de la Neufville ; 4° Gabrielle, femme de Louis de St.-Souplix, écuyer, seigneur de Sorel et Wanel, gentilhomme ordinaire de la duchesse d'Angoulême.

7. — Oudart du Hamel, écuyer, seigneur de Marcheville et de Canchy, lieutenant au régiment de Picardie, épousa, par contrat du 7 juin 1605, Antoinette de Boubers qui lui donna Joachim, qui suit, et Oudart, écuyer, mort sans alliance.

8. — Joachim du Hamel, écuyer, seigneur de Canchy, du Hamel et de Marcheville, fut allié à Marie Gallet, par contrat du 4 janvier 1644. Ses enfants furent : 1° Guillaume, qui suit ; 2°

Oudart, écuyer, seigneur d'Yvrench, mort à marier ; 3° Louis, écuyer, seigneur de Marcheville, sans suite ; 4° Charles, prêtre.

9. — Guillaume DU HAMEL, chevalier, seigneur de Canchy, du Mesnil, du Hamel et de Marcheville, capitaine de cavalerie au régiment de Mérillacq, fut maintenu dans sa noblesse, le 16 février 1706. Il avait épousé, par contrat du 1er février 1686, Marie-Françoise Rumet de Beaucorroy, dont il n'eut pas d'enfants ; en deuxièmes noces il épousa Madeleine du Plessier, de laquelle vinrent : 1° François, qui suit ; 2° Louis, chevalier, seigneur de Marcheville, chevalier de St.-Louis, mort à marier ; 3° Élisabeth, religieuse ; 4° Madeleine, alliée 1° par contrat du 5 juin 1720 à Pierre de Dourlens, écuyer, seigneur de Serival, 2° à Jean-François, comte de Sorcy, commandant de la vénerie à Versailles ; 5° Louise, alliée par contrat du 14 décembre 1739, à François Acary, chevalier, seigneur de la Suze.

10. — François DU HAMEL, chevalier, seigneur du Hamel, Canchy, Marcheville et Petit Cauroy, capitaine au régiment de Lorraine, épousa N, de Vilman, dont :

11. — François-Louis-Théoneste DU HAMEL, chevalier, seigneur de Canchy, le Hamel et Valines, capitaine de cavalerie, chevalier de St.-Louis, vendit sa terre de Canchy aux du Maisniel d'Applaincourt, et se retira à Thane, où il mourut le 24 juin 1785, laissant plusieurs enfants qui n'eurent pas de postérité.

HARDENTHUN (ANVIN DE).

La maison d'Anvin de Hardenthun est une des plus anciennes du Boulonnais où elle possédait le château-fort de Hardenthun. Sa noblesse est immémoriale, et, dès le commencement du xiie siècle on trouve des d'Anvin, sires de Hardenthun, revêtus de charges importantes et figurant, en qualité de pairs et barons du Boulonnais, parmi les plus grands seigneurs du nord de la France. Cette famille s'établit à Ochancourt-en-Vimeu, à la fin du xv⁰ siècle, et fut maintenue dans sa noblesse, le 12 décembre 1699, sur preuves remontant à Pierre d'Anvin de Hardenthun, seigneur d'Ochancourt, en 1494.

La maison d'Anvin de Hardenthun, encore actuellement existante, porte : *de sable à la bande d'or chargée d'une molette de sable et accompagnée de 8 billettes d'or mises en orle.* Supports : *2 lions.* Cimier : *un lion naissant.*

1. — Philippe d'Anvin, chevalier, seigneur de Hardenthun et de Sarriquier, maître fauconnier du roi, de 1338 à 1353, et prévôt de Montreuil, eut pour fils :

2. — Morlet d'Anvin de Hardenthun, chevalier, seigneur du dit lieu et de Chauverny, lieutenant pour le roi en Picardie, épousa Jeanne de Heuchin, dame de Tours-en-Vimeu, dont il eut : 1° Pierre, qui suit ; 2° Guillaume, seigneur de Maison-Ponthieu, qui d'Yolande d'Auxy eut : 1° Enguerran, chevalier, allié à Hélène de la Folie, dont Béatrix, femme de Colart de Boubers, seigneur de Bernatre, et Marie, femme de Jacques de Marle, 2° Oranglois, chevalier, tué à Azincourt, laissant deux filles dont l'aînée épousa Enguerrand de Longueval, qui devint à cause d'elle seigneur de Maison-Ponthieu ; 3° Jean, chevalier, tué à Azincourt.

3. — Pierre d'Anvin de Hardenthun, chevalier, seigneur du dit lieu, marié à Marie de Ste-Aldegonde. De cette union naquirent : 1° Christophe, époux de Jacqueline de Saveuse, dont Jeanne : 2° Jean, qui suit ; 3° N... femme de Nicaise d'Aboval, écuyer, seigneur de Beauchamp ; 4° Marguerite, alliée à Jean III, vicomte d'Eu, seigneur de la Chaussée et d'Arrest ; 5° Nicole, femme de Jean de St.-Remy, seigneur de Grigny.

4. — Jean d'Anvin de Hardenthun, écuyer, seigneur d'Ochancourt, laissa Pierre, qui suit, et Marguerite alliée vers 1490 à Nicolas de la Rocque.

5. — Pierre d'Anvin de Hardenthun, écuyer, seigneur d'Ochan-

court, épousa le 17 janvier 1494, Madeleine de Framazelles, de laquelle il eut :

6. — Antoine d'Anvin de Hardenthun, écuyer, seigneur d'Ochancourt, fut allié à Marie de la Motte par contrat du 20 mars 1550. Il laissa :

7. — Pierre d'Anvin de Hardenthun, écuyer, seigneur du dit lieu, épousa Antoinette Baude, par contrat du 25 juin 1598. D'eux est issu le suivant :

8. — Antoine d'Anvin de Hardenthun, écuyer, seigneur du dit lieu, épousa Antoinette de St.-Germain, par contrat en date du 25 juillet 1637. Son fils fut :

9. — Antoine d'Anvin de Hardenthun, écuyer, seigneur du dit lieu, qui épousa Françoise du Mat, par contrat du 25 juin 1684. Il fut maintenu dans sa noblesse, le 12 décembre 1699. Il avait alors 2 fils, Jean-Antoine et François-Nicolas, et 5 filles.

HESDIN.

Très ancienne famille qui paraît originaire d'Abbeville ou de St.-Riquier. Les armes étaient, je crois : *de gueules à 3 croissants d'or surmontés chacun d'un trèfle de même*. Elle est depuis longtemps éteinte. — On a prétendu que les de Hesdin du Ponthieu étaient issus des premiers comtes de Hesdin : cela n'est pas impossible, mais cela n'est pas prouvé, et il me semble que l'on aurait pu se contenter de la généalogie telle que je la comprends et que je vais l'établir.

1. — Willame de Hesdin, écuyer, vivait à St.-Riquier et à Abbeville, en 1280. On lui donne pour fils :

2. — Jean de Hesdin, écuyer, seigneur de Mautort. Il épousa Jeanne de Mautort et mourut en 1325. Son fils et successeur fut :

3. — Colart de Hesdin, écuyer, seigneur de Bésancourt, en 1340. Il s'allia à Jeanne de Rencaulmont ou Réaulmont, dont il eut :

1° Jean, écuyer, huissier d'armes du roi, sans enfants d'Isabeau Le Ver ; 2° Guillaume, qui suit :

4. — Guillaume DE HESDIN, écuyer, seigneur de Bésancourt, élu du roi en Ponthieu, épousa Catherine Lenganeur, dont vinrent : 1° Hugues, qui suit ; 2° Guillaume, chanoine de St.-Wlfran d'Abbeville ; 3° Catherine, femme de Jean de Bernamont.

5. — Hugues DE HESDIN, écuyer, seigneur de Bésancourt, allié à Péronne de Warnes, laissa pour enfants : 1° Jean, qui va suivre ; 2° Jean, prêtre, docteur en théologie ; 3° N... moine.

6. — Jean DE HESDIN, écuyer, seigneur de Bésancourt, épousa Jeanne Le Prestre. D'eux naquirent : 1° Roland ; 2° Jean, mort à marier ; 3° Antoine, qui suit ; 4° Adrienne, femme de Jean de St.-Souplix ; 5° Jacqueline, femme de Jean de Grambus.

7. — Antoine DE HESDIN, écuyer, seigneur de Bésancourt, fut allié à Marie de la Berquerie, qui lui donna : 1° Roland, mort à marier ; 2° Thibaut, qui suit ; 3° Catherine, femme de Nicolas de St.-Blimond, puis de Jean de Boubers ; 4° Antoinette, femme de Nicolas Le Roy, écuyer, seigneur de Moyenneville.

8. — Thibaut DE HESDIN, écuyer, seigneur de Bésancourt, épousa Marie de Boubers. Il n'en eut pas d'enfants ; et ses biens retournèrent à ses sœurs.

Il y a encore eu à Abbeville plusieurs courtes branches que je n'ai pas jugé nécessaire de rapporter ici.

HEUDAIN.

Armes : *d'or à trois daims de sable.*

Jean Heudain et Jacqueline, sa femme, habitants de St.-Riquier, furent anoblis, eux et leur postérité, par lettres du roi de juillet 1412, moyennant 98 livres parisis.

J.

JOURNE.

Armes : *de gueules à l'orle d'argent.* Cimier : *un lion naissant.*
Supports : *deux griffons.* Devise : *Dieu soit loué de tout.*

Ancienne famille originaire d'Abbeville, qui y a toujours occupé une haute position, et y a toujours été comptée parmi les meilleures de la ville. Elle est depuis longtemps éteinte. Elle avait été anoblie, par lettres du 10 juillet 1385, sans payer de finance.

1. — Jean Journe, vivant à Abbeville, en 1340 ; c'est à lui et son frère, qui s'appelait aussi Jean, que furent données, à ce que je crois, des lettres de noblesse, le 10 juillet 1385, pour eux et toute leur postérité. De lui vint :

2. — Pierre Journe, qui épousa avant 1389 Maroie Lenganeur. Il mourut vers 1414, laissant Jean, qui suit, et Pierre, auteur de la deuxième branche.

3. — Jean Journe, dit l'aîné, écuyer, seigneur de Martainneville, fut maïeur d'Abbeville en 1418, 1430 et 1431. Il mourut en 1457, laissant deux enfants de Catherine Boussart, sa femme : 1° Jacques, qui suit ; 2° Marie, femme de Pierre Catine.

4. — Jacques Journe, écuyer, seigneur de Martainneville, maïeur d'Abbeville en 1469, fut allié à Marie Le Sergeant dont il eut :

5. — Jean Journe dit Jeannet, écuyer, seigneur de Martainneville. Il épousa Jeanne Le Vasseur et fut inhumé avec elle dans l'église de St.-Wlfran d'Abbeville. Sur son tombeau il était représenté en armure complète, avec une cotte d'armes, les pieds appuyés sur un lévrier, et son casque à côté du levrier. Il eut beaucoup d'enfants : 1° Jean, qui suit ; 2° Pierre, sans postérité ; 3° Nicole, écuyer, licencié-ès-lois, sans enfants de Jeanne Belle, sa femme ; 4° Thierry, écuyer, sans alliance ; 5° Jeanne, alliée à Jean de Bristel, écuyer, puis à Jean de Bacouel, écuyer ; 6° N... femme de Pierre Faffelin ; 7° N... alliée au sieur de Boncourt.

6. — Jean Journe, écuyer, seigneur de Martainneville, maïeur d'Abbeville en 1488, 1490, 1491 et 1492, se maria deux fois, 1° à Marie Hurdel, 2° à Marie Pappin. Il mourut sans enfants.

DEUXIÈME BRANCHE.

3. — Pierre Journe, écuyer, maïeur d'Abbeville en 1421, fut allié à Tiéphaine Le Moictier, dont vinrent : 1° Nicolas, qui suit ; 2° Jean, maïeur d'Abbeville en 1444 et 1445, mort sans enfants de Jeanne de Ciconne, sa femme.

4. — Nicolas Journe, écuyer, capitaine d'Abbeville et maïeur en 1454, épousa Jeanne de May. De cette union naquirent : 1° Nicolas, qui suit ; 2° Colaye, femme de Jean de Manssel, procureur-général d'Artois.

5. — Nicolas Journe, écuyer, maïeur d'Abbeville en 1469, seigneur de Friaucourt et d'Ercourt, mourut pendant son année de mairie. Marie d'Abbeville, sa femme, se remaria à Drieu de Humières, écuyer, seigneur de Becquincourt, et tous ses biens, comme il n'avait pas d'enfants, passèrent à sa sœur Colaye.

L.

LA FRESNOYE.

Il ne faut pas confondre cette famille avec celles de Fresnoy, seigneurs de Moyecque en Boulonnais, et des marquis de Fresnoy en Beauvoisis. Les la Fresnoye dont il s'agit ici étaient originaires d'Abbeville, et de bonne noblesse. Voici ce que je sais de leur généalogie.

1. — Jean DE LA FRESNOYE, écuyer, vivait à Crécy en 1390 avec Périne Laverne, sa femme. Il en eut :

2. — Jean DE LA FRESNOYE, écuyer, bailli d'Hallencourt en 1430, qui, de sa femme dont le nom est inconnu ne laissa que le suivant :

3. — Nicolas DE LA FRESNOYE, dit Colart, écuyer, bailli d'Hallencourt, procureur-général de la ville d'Abbeville, fut allié à Jeanne Accart, dont vint :

4. — Jean DE LA FRESNOYE, écuyer, seigneur de Rainvillers et d'Étallonde (fiefs situés à Hallencourt). Il épousa Madeleine

Cornu qui lui donna deux fils, Louis, qui suit ; et Jean, prêtre, curé de Beaucamp.

5. — Louis DE LA FRESNOYE, écuyer, seigneur de Rainvillers, fut maïeur d'Abbeville en 1539. Il avait épousé N. Postel de Bellifontaines dont vint :

6. — Pierre DE LA FRESNOYE, écuyer, seigneur du d^{it} lieu et de Rainvillers, allié à N. Hérichon, n'eut qu'une fille, Marie, alliée à ce que l'on croit, à Jean Boussart, écuyer.

Les armes de la famille de La Fresnoye étaient : *écartelé, au 1er et 4me d'or au chevron de sable accompagné de 3 merlettes de même, au 2me et 3me, fascé d'or et de sable de 6 pièces, aliàs d'or à 3 fasces de gueules.*

LA HOUSSOYE.

Cette famille, d'ancienne noblesse, se divisa en deux branches qui toutes deux furent maintenues dans leur noblesse, la branche aînée, dite de Maizicourt, le 17 décembre 1701, et la branche cadette, dite de Neuvillette, le 28 novembre 1716. Elles firent à cette occasion remonter leurs preuves jusqu'au 23 mars 1484, et fournirent une généalogie appuyée de bonnes pièces et offrant de belles alliances sur tous les degrés. Armes : *d'argent coupé d'azur, aliàs d'argent au chef de sinople, et sur le tout un lion passant de gueules, lampassé et couronné d'or.* Supports : *2 lions.* Cimier : *un lion naissant.*

1. — Adrien DE LA HOUSSOYE, écuyer, seigneur de Maizicourt, *gentilhomme ordinaire servant à la bouche du roi,* épousa Marguerite de Rubempré, de laquelle il eut : 1° Jean, qui suit ; 2° autre Jean, prêtre, chanoine de Picquigny.

2. — Jean DE LA HOUSSOYE, écuyer, seigneur de Maizicourt, laissa pour fils et successeur François, qui suit ;

3. — François DE LA HOUSSOYE, écuyer, seigneur de Maizicourt,

épousa Claire de Séchelles. Il en eut plusieurs enfants : 1° Jean, qui suit ; 2° Ferry, écuyer, seigneur de la Motte et de la Mairie de Boisbergue, allié à N. de Calonne de Coquerel, dont une fille morte à marier ; 3° Adrienne, femme de Jean de Nourriquier, écuyer ; 4° Marguerite, religieuse à Hesdin ; 5° Jeanne, femme de Jean de Mailloc, écuyer.

4. — Jean DE LA HOUSSOYE, écuyer, seigneur de Maizicourt, épousa par contrat du 26 juin 1545, Marie de Boubers-Bernatre, dont : 1° Louis, qui suit ; 2° Jean, mort à marier ; 3° Marie, femme de Nicolas Louvel, écuyer, seigneur de Fontaine-au-Val.

5. — Louis DE LA HOUSSOYE, écuyer, seigneur de Maizicourt, épousa Barbe de Boffles, demoiselle de Neuvillette. De ce mariage est issu :

6. — Jean DE LA HOUSSOYE, écuyer, seigneur de Maizicourt et de Neuvillette. Il épousa, par contrat du 18 mai 1615 Marie de St.-Blimond-Souplicourt. Il fut père de Jean, qui suit, et d'Antoine, auteur de la deuxième branche.

7. — Jean DE LA HOUSSOYE, chevalier, seigneur et vicomte de Maizicourt, allié à Élisabeth de Bacouel par contrat du 18 décembre 1649, fut maintenu dans sa noblesse le 17 décembre 1704. Il avait alors trois fils et une fille : 1° Nicolas, capitaine de carabiniers, tué à la bataille de Nerwinde ; 2° N..., mort sans alliance ; 3° Jean-Michel-Daniel, tué à Hochstet ; 4° Marie, femme de Claude Langlois, chevalier, seigneur de Beaufresne près Aumale.

DEUXIÈME BRANCHE.

7. — Antoine DE LA HOUSSOYE, écuyer, seigneur de Neuvillette, lieutenant d'infanterie, épousa par contrat du 30 juin 1543 Marie-Françoise de Boubers, dont il eut : 1° Louis-François, qui suit ; 2° Charles, écuyer, major de cavalerie, mort à

marier ; 3° François, écuyer, seigneur du Chesnoy, lieutenant de cavalerie au régiment Dauphin ; 4° deux filles.

8. — Louis-François DE LA HOUSSOYE, écuyer, seigneur de Neuvillette et de Gouy, capitaine de cavalerie au régiment Dauphin, chevalier de St.-Louis, fut maintenu dans sa noblesse, le 17 décembre 1701, et mourut en 1714. Il avait épousé Françoise-Louise Chabot qui lui donna : 1° Louis-François, page du roi dans sa grande écurie ; 2° Nicolas, écuyer ; 3° Louise-Françoise-Angélique, alliée le 26 juin 1719 à Antoine-François de la Houssoye, seigneur d'Avaux ; 4° Françoise-Marie-Madeleine.

LAMIRÉ.

Maison éteinte, d'une très bonne noblesse, qui a beaucoup paru à Abbeville et en Ponthieu, et s'y est alliée aux meilleures et plus anciennes familles. Elle portait pour armes : *d'argent à la bande de sable accompagnée de 6 billettes de même, 3 en chef, 3 en pointe.* Supports : *2 lions.* Devise : *Virtutis regula Myrrhoe.*

1. — Gilles LAMIRÉ, écuyer, seigneur de Caumont en 1440, avait épousé une anglaise d'une noble famille, Colaye Pinton. Il eut pour fils, Firmin, qui suit, et pour sœur, Jeanne, mariée à Balthasar Sanson.

2. — Firmin LAMIRÉ, écuyer, seigneur de Caumont ; de sa femme dont le nom est inconnu, il eut le suivant :

3. — Gilles LAMIRÉ, écuyer, seigneur de Caumont, maïeur d'Abbeville en 1532, épousa Nicole de la Garde, dont il eut : 1° Jean, qui suit ; 2° autre Jean, écuyer, seigneur de Bachimont, conseiller du roi, lieutenant-criminel, maïeur d'Abbeville en 1563, mort sans enfants de Marie du Bos ; 4° Georges, prêtre.

4. — Jean DE LAMIRÉ, écuyer, seigneur de Nouvion, Caumont, Bachimont, Achery et Ribeauville, fut maïeur d'Abbeville en

1571. Il épousa en premières noces N. de la Radde dont il n'eut pas d'enfants ; en secondes noces il s'allia à Barbe L'Yver qui lui donna : 1° Gilles, qui suit ; 2° Charles, auteur de la deuxième branche, qui suivra ; 3° Jean, auteur de la troisième branche qui suivra également ; 4° Louis et Antoine, tués au siége d'Anvers ; 5° Marguerite, alliée par contrat du 3 juillet 1584 à Baudran de Trion, écuyer.

5. — Gilles DE LAMIRÉ, chevalier, seigneur de Nouvion, le Maigne, Grigneuseville, Bourseville, chevalier de l'ordre du roi, enseigne de cinquante hommes d'armes, fut tué à la bataille d'Yvry. Il avait épousé Christine L'Anglois, fille de Simon L'Anglois, vicomte de Gournay et de la Ferté, et eut d'elle : 1° André, qui suit ; 2° Simon, chevalier, seigneur de Bachimont, allié à Bonne de Collen, dont quatre fils et deux filles, savoir : 1° André-Simon, moine ; 2° Philippe ; 3° Robert, chevalier de Malte ; 4° Henry-Ignace, tué à la guerre, sans alliance ; 5° Bonne, religieuse ; 6° N..., alliée à un Belloy.

6. — André DE LAMIRÉ, chevalier, seigneur de Nouvion, gentilhomme ordinaire de la chambre du roi, épousa Marie Langlois de Beauport et en eut beaucoup d'enfants : 1° Charles, seigneur de Marcoignère, mestre de camp du comte de Brancas et colonel du régiment de cavalerie de Gaston, duc d'Orléans, tué à la bataille de Réthel en 1650, sans alliance ; 2° Nicolas, seigneur de Lisle, capitaine de chevau-légers, tué à l'attaque de la porte St.-Antoine, à Paris ; 3° Claude, qui suit ; 4° N..., seigneur de Montblin, tué au siège d'Arras ; 5° N..., chevalier de Lamiré, tué aussi au service du roi ; 6° Madeleine, femme de Honoré de Baynast, écuyer, seigneur de Sept-Fontaines et de la Motte.

7. — Claude DE LAMIRÉ, chevalier, seigneur de Nouvion, épousa par contrat du 2 août 1644 Antoinette de Belleval, fille de Paul de Belleval, écuyer, seigneur de la Neufville et de Barbe du Hamel de Marcheville. Il n'eut pas d'enfants et fut le dernier de sa branche.

DEUXIÈME BRANCHE.

5. — Charles DE LAMIRÉ, écuyer, seigneur de Caumont, épousa par contrat du 21 février 1576 Marie Le Roy : il avait acheté la terre de La Retz et sa veuve la recéda à Jean, son beau-frère. Il laissa deux fils : 1° Charles, mort sans alliance, et 2° Philippe. — Marie Le Roy se remaria avec Nicolas de Nibat, écuyer, seigneur de Belleville.

6. — Philippe DE LAMIRÉ, écuyer, seigneur de Caumont, gouverneur de Pont-Remy, s'allia par contrat du 10 juillet 1609 à Marie Pingré, de laquelle il n'eut qu'un fils, qui suit, et une fille religieuse nommée Gilberte.

7. — Jean DE LAMIRÉ, chevalier, seigneur de Caumont, Épagne, Royan et Ribauville, épousa par contrat du 25 juin 1676 Geneviève de Farsy. Il fut maintenu dans sa noblesse le 16 mai 1699. Il mourut le 18 octobre 1703 et fut inhumé dans l'église de St.-Wlfran d'Abbeville : il laissait : 1° Jean, qui suit ; 2° trois filles.

8. — Jean DE LAMIRÉ, chevalier, seigneur de Caumont, Épagne, Royan et Ribauville, mousquetaire du roi, fut maïeur d'Abbeville de 1733 à 1736. Il ne laissa que des filles, dont l'une, Louise-Charlotte, épousa par contrat du 23 novembre 1764 Jean-Baptiste du Passage, chevalier, seigneur de Ste-Segrée.

TROISIÈME BRANCHE.

5. — Jean DE LAMIRÉ, écuyer, seigneur de la Thulotte et de la Retz, homme d'armes des ordonnances du roi, épousa par contrat du 5 février 1594 Marguerite Le Charpentier, dont il eut le seul Jean qui suit :

6. — Jean DE LAMIRÉ, écuyer, seigneur de La Retz, épousa par contrat du 24 mai 1608 Bienvenue de Gomer. D'eux naquit :

7. — François de Lamiré, écuyer, seigneur de La Retz, allié par contrat du 3 mars 1647 à Marguerite de Flahault, dont : 1° Charles, qui suit ; 2° Nicolas, mort sans alliance ; 3° Jean, moine à Valoires ; 4° Joseph, moine à Blangy ; 5° Claude, allié à Marie-Charlotte de Grouches de Chepy, dont Auguste-Antoine, mort enfant, et Marie-Charlotte, morte sans alliance.

8. — Charles de Lamiré, chevalier, seigneur de la Retz, épousa par contrat du 10 décembre 1694, Marie-Madeleine de Calonne-Cocquerel dont il eut un fils et quatre filles. En secondes noces il épousa N. de Montmorency qui ne lui donna pas d'enfants. Il fut maintenu dans sa noblesse, le 16 mai 1699. — Cette branche s'éteignit peu après.

LAUDÉE.

Armes : *de sable à 3 bandes d'or, le sable semé de trèfles d'or.*

Je n'ai pu rétablir la généalogie de cette ancienne famille qui a beaucoup paru à Abbeville ; je citerai ceux de ses membres qui y ont rempli des fonctions importantes.

— Jean Laudée, huissier d'armes du roi et garde du scel royal de Ponthieu, en 1373.
— Jean Laudée, maïeur d'Abbeville, en 1355.
— Jean Laudée, maïeur d'Abbeville, en 1384, 1387, 1391, 1396 et 1399.
— Jean Laudée, lieutenant du sénéchal de Ponthieu en 1465.
— Pierre Laudée, maïeur d'Abbeville en 1433 et 1437.
— Jean Laudée, maïeur d'Abbeville en 1451, 1452, 1456, 1467 et 1468.
— Dom Pierre Laudée, chanoine chantre à St.-Pierre d'Abbeville en 1450.
— Dom Pierre Laudée, chanoine chantre à St.-Wlfran en 1350.
— Jean Laudée, garde du scel royal de Ponthieu en 1453.

La famille Laudée, dont beaucoup de membres furent qualifiés *écuyers* et regardés comme nobles au xiv° et au xv° siècles, s'allia entre autres avec celles de Catine, Despos, Martainneville, Postel, d'Amerval, du Four, Maupin, Fontaines, Hestrus, Haucourt, etc...

LAVERNOT.

Armes : *d'azur à 2 fasces d'argent, accompagnées de deux croissants de même, un en chef et un en pointe.*

Famille d'ancienne bourgeoisie d'Abbeville dont une branche acquit la noblesse par des charges de magistrature et surtout et plutôt par adoption, comme je le rapporterai en son temps. Il y avait donc à Abbeville et aux alentours beaucoup d'autres Lavernot, parents de ceux-ci, qui n'étaient pas nobles et étaient restés bourgeois. Je ne déduirai pas la filiation depuis Henry Lavernot, vivant en 1407, qui paraît avoir été le premier connu de ce nom, mais avec Jean qui conquit un rang supérieur à celui qu'occupaient ses aïeux.

1. — Jean DE LAVERNOT, seigneur de Feuquières-en-Vimeu, fut plusieurs fois échevin et enfin maïeur d'Abbeville en 1549. Il avait épousé N. de Vismes dont il eut : 1° Claude, qui suit ; 2° Pierre, vicomte de Rue, receveur du roi en Ponthieu, allié à Gabrielle du Hamel ; 3° Nicolas, qui n'eut qu'une fille, femme d'Antoine de Beauvarlet ; 4° trois filles.

2. — Claude DE LAVERNOT, seigneur de Feuquières, receveur du roi en Ponthieu, épousa Marguerite Manessier, qui lui donna un fils et se remaria à Charles Paschal, chevalier, seigneur et vicomte de la Queute, la Barre, Dargny, et Cornehotte, chevalier de l'ordre du roi, conseiller d'État, ancien ambassadeur. Celui-ci, piémontais d'origine, adopta le fils du premier mari de sa femme, Philippe de Lavernot, et lui donna son nom et

ses armes qui étaient : *d'or à la bande d'azur chargée d'une fleur de lys d'or*, (par concession royale d'avril 1578).

3. — Philippe-Paschal DE LAVERNOT, écuyer, seigneur de Feuquières, Épagne, la Queute, Francières, et Argnies, président à Abbeville, conseiller d'État, épousa Claudia Diovaio, italienne. Il en eut : 1° François, qui suit ; 2° Marguerite, femme de Jean de Sacquespée, écuyer, seigneur de Selincourt.

4. — François DE LAVERNOT, chevalier, seigneur de Feuquières, Épagne, la Queute, Francières et Argnies. Il épousa Suzanne de Monchy de Vismes. Il laissa deux fils, Philippe et Louis, qui n'eurent pas d'enfants, et trois filles.

LE BEL.

Armes : *D'azur au chevron d'or chargé de 3 roses de gueules et accompagné de 3 molettes d'éperon d'or.* Supports : *deux lévriers.* Cimier : *un lévrier naissant.* Devise : *Je serai toujours le Bel.*

Une généalogie manuscrite porte que les véritables armes des Lebel étaient : *de gueules au chevron d'or accompagné de 3 molettes d'éperon de même*, et que la branche aînée les portait toujours ainsi. Je n'ai vu nulle part la confirmation de cette assertion, et je me contente de l'enregistrer sans la partager, bien que l'on trouve cependant beaucoup d'exemples analogues de ce fait parmi les familles picardes. — La famille de Le Bel se partagea en trois branches qui toutes sont éteintes depuis longtemps.

1. — François LE BEL, habitait à Canchy en 1440. De lui naquit :

2. — Jean LE BEL, receveur de la seigneurie de Canchy. Il fut père de : 1° Jean, qui suit ; 2° autre Jean, auteur de la deuxième branche, qui suivra.

3. — Jean LE BEL, écuyer, seigneur de Canchy et de La Motte-Buleux, homme d'armes des ordonnances du roi, aurait été

anobli, dit-on; cependant on ne trouve nulle part trace des lettres patentes. Il est certain, du moins, que dans tous ses actes il a pris la qualification d'*écuyer*. De Marguerite Dantin ou Dautin, sa femme, il eut : 1° Nicolas, qui suit ; 2° Florence, alliée d'abord à Jean Lescuyer, puis à N. Anquier; 3° Jeanne, femme de Thibault de Lessau, écuyer, seigneur de la Barre.

4. — Nicolas LE BEL, écuyer, seigneur de Canchy, Noiron, La Motte-Buleux et Bournel, allié à Marguerite Boussart, mourut en 1585, laissant : 1° François, qui suit ; 2° Oudart, écuyer, seigneur de Bournel, qui n'eut qu'une fille, Françoise, femme de François de Gedoyn de Carnetin.

5. — François LE BEL, chevalier, seigneur de Canchy, Noiron, La Motte-Buleux, maître des eaux et forêts, épousa N. Le Grand des Masures, qui lui donna une seule fille.

6. — Antoinette LE BEL, alliée 1° à François de Baynast, chevalier, seigneur de Sept-Fontaines, 2° à Charles de Warluzel, écuyer. En elle s'éteignit la branche ainée de cette maison.

DEUXIÈME BRANCHE.

3. — Jean LE BEL, dit le Jeune, écuyer, plusieurs fois échevin d'Abbeville. Il épousa Barbe Sanson, dont il eut : 1° Jean, qui suit ; 2° Charles, mort jeune ; 3° Nicolas, auteur de la troisième branche, qui suivra.

4. — Jean LE BEL, écuyer, seigneur du Maisnil et d'Huchenneville, maïeur d'Abbeville en 1573, avait épousé Jacqueline Sanson. Il mourut le 19 octobre 1586, laissant un fils.

5. — Jean LE BEL, écuyer, seigneur du Maisnil et d'Huchenneville, allié à Marie Manessier, en eut : 1° Philippe, qui suit ; 2° Charlotte, femme de Jean Vaillant, écuyer, seigneur de Caumondel ; 3° Barbe, femme de Claude Tillette, écuyer, seigneur d'Offinicourt. Il mourut en 1595.

6. — Philippe LE BEL, écuyer, seigneur d'Huchenneville, conseiller du roi, fut quatre fois maïeur d'Abbeville, en 1623, 1624, 1634 et 1635. De Géneviève Vaillant, sa femme, il eut : 1° Philippe, mort sans enfants ; 2° Nicolas, qui suit ; 3° deux filles.

7. — Nicolas LE BEL, écuyer, seigneur d'Huchenneville et du Maisnil, contrôleur général des finances au bureau des trésoriers de France, mort le 17 juin 1704, avait épousé Marie du Bos de Tasserville. Il eut d'elle : 1° Jacques, qui suit ; 2° Nicolas, mort jeune ; 3° Philippe, seigneur de Tasserville, capitaine ; 4° Jean, seigneur d'Inval, aussi capitaine, tous deux sans enfants ; 5° Marie-Anne, femme de Claude Tillette, écuyer. seigneur d'Offinicourt ; 6° N..., religieuse visitandine.

8. — Jacques LE BEL, écuyer, seigneur d'Huchenneville, lieutenant-général en Ponthieu, fut allié à Catherine Foucques. De cette union naquirent plusieurs enfants, qui moururent sans alliance ; l'ainée des filles, Marie-Marguerite, épousa François-Joseph de Buissy, vicomte du Mesnil, seigneur d'Yvrench, Acquet, Mons et Béalcourt, et lui apporta Huchenneville.

TROISIÈME BRANCHE.

4. — Nicolas LE BEL, greffier de l'hôtel-de-ville d'Abbeville, bailli de Liomer et de Brocourt, épousa N. Waignart, dont vinrent : 1° Nicolas, qui suit ; 2° Louise, femme de Paul de Canteleu ; 3° Marguerite, femme de Charles Maillard, seigneur de Houdenc, puis de Jacques de Carpentin, écuyer.

5. — Nicolas LE BEL, écuyer, seigneur de Béalcourt, Williamville et Villers-l'Hopital, président-trésorier en Picardie, épousa N. Vaillant, qui lui donna :

6. — Nicolas LE BEL, écuyer, seigneur de Williamville et Béalcourt. De N. Cressen, sa femme, il n'eut que le suivant.

7. — Louis Le Bel, écuyer, seigneur de Williamville et Béalcourt, mort jeune et sans alliance.

LE BLOND.

Armes : *D'azur au chevron d'or accompagné de trois roses de même.*

Cette famille, qui s'était divisée pendant les deux derniers siècles en plusieurs branches, n'en compte plus qu'une seule actuellement existante, celle du Plouy. Elle posséda les seigneuries d'Acquest, Brimeu, Favières, Marsy, Métigny, Béthencourt, Le Mesnil, La Motte, Le Plouy, Acheux, Achery, Condé et Heudelimont, et fut maintenue dans sa noblesse le 30 juillet 1717. La famille Le Blond s'allia à celles de Boullard, Le Messier, Le Vasseur de Neuilly, Belle, Manessier, Le Roy de St.-Lau, Tillette, Buissy, Becquin, L'Esperon, Liault, Nacart, de Tutel. — Charles-François-Antoine-Marie Le Blond du Plouy, lieutenant-colonel au régiment de Bourgogne, cavalerie, et chevalier de St.-Louis, fut nommé maréchal de camp par brevet du 20 février 1761.

LE BOUCHER.

Noble et ancienne maison du Ponthieu, qui existe encore. Elle portait pour armes : *D'or au sautoir engrêlé de sable, accompagné de quatre aiglettes du même, becquées et armées de gueules.* Supports : *deux lévriers d'argent.* Cimier : *un lévrier naissant.* — Cette famille fut maintenue dans sa noblesse par M. de Bernage, le 7 septembre 1716, sur preuves depuis le 9 janvier 1591 ; mais sa généalogie bien prouvée et authentique remonte beaucoup plus haut, comme on va le voir. La Chesnaye-des-Bois a publié dans le premier volume du supplément de son *Dictionnaire de la Noblesse*, page 449, cette généalogie détaillée qui concorde parfaitement avec celle que j'ai dressée moi-même.

1. — Jean Le Boucher, écuyer, seigneur de Monsval, vivant en 1408 avec Bellotte d'Acarville, sa femme, laissa un fils.

2. — Simon Le Boucher, écuyer, seigneur de Monsval et de Frireulles, vivant en 1450, épousa Colaye de Bailleul, dont il eut :

3. — Jean Le Boucher, dit Ramburot, écuyer, seigneur de Monsval et de Frireulles ; il épousa Marie d'Amiens et mourut vers 1531, laissant le suivant.

4. — Jean Le Boucher, écuyer, seigneur de Monsval et de Frireulles, épousa Catherine de St.-Blimond, dame de Caveron et de Cayeux en partie. De cette union naquirent : 1° Simon, qui suit; 2° Nicolas, écuyer, seigneur de la Motte, allié à Nicole Le Fevre, dont Jeanne Le Boucher, qui épousa, par contrat du 5 mars 1598, Oudart Lescuyer, archer des ordonnances du roi sous Mgr le Connétable.

5. — Simon Le Boucher, écuyer, seigneur de Monsval et de Frireulles, le devint aussi d'Ailly-le-Haut-Clocher et de Bouillancourt-sous-Miannay, par son mariage avec Marie Le Blond, dame des lieux susdits. Il mourut le 12 février 1558, laissant : 1° Jacques, qui suit; 2° Isabeau, alliée à Antoine Waignart, procureur du roi à Abbeville ; 3° Jossine, femme de Thiébaut Mourette, sieur de St.-Éloy.

6. — Jacques Le Boucher, écuyer, seigneur d'Ailly-le-Haut-Clocher, du Mesnil-les-Franleu, la Neuve-Rue, Quinquembeuf, Bouillancourt-sous-Miannay, Monsval et Frireulles, procureur du roi en Ponthieu, conseiller au Présidial d'Abbeville et maïeur en 1597. C'est par lui que l'on a fait commencer la généalogie publiée dans le grand nobiliaire de Picardie. Il épousa, par contrat passé le 22 août 1584, Françoise Mallet, dame de Richemont, Cumont-les-Villeroy, Huval et du Castelet. Il mourut le 25 janvier 1648 et fut inhumé avec ses ancêtres dans l'église de St.-Gilles d'Abbeville. Ses enfants

furent : 1° François, écuyer, seigneur de Cumont, licencié ès-lois, mort sans alliance ; 2° Nicolas, qui suit ; 3° Jacques et Louis, morts enfants.

7. — Nicolas Le Boucher, écuyer, seigneur d'Ailly-le-Haut-Clocher, Maisnil, Cumont, Huval, Bouillancourt-sous-Miannay, Frireulles et Monsval, conseiller du roi, trésorier et général des finances en Picardie, Artois, Boulonnais et pays reconquis, mort en 1671. Il avait épousé, par contrat du 13 janvier 1627, Jeanne Thierry, dont il eut : 1° Louis, qui suit ; 2° François, auteur de la deuxième branche, qui suivra ; 3° Nicolas, seigneur d'Huval, mort sans alliance le 31 décembre 1685, âgé de quarante-cinq ans ; 4° Jacques-Henri, prêtre ; 5° Joseph-Gilles, auteur de la troisième branche, qui suivra ; 6° Jean, lieutenant-colonel de la brigade de carabiniers de Rouvray, chevalier de St.-Louis, allié à Anne de Beauvarlet et mort sans enfants ; 7° Charles, mort sans alliance ; 8° Jeanne-Colette, alliée par contrat du 21 avril 1659 à Adrien Morel, écuyer, seigneur de Bécordel ; 9° Françoise, alliée par contrat du 28 janvier 1673 à Jacques L'Esperon, écuyer, seigneur de Belloy, président en l'élection de Ponthieu ; 10° Marguerite, alliée par contrat du 12 novembre 1679 à Pierre d'Oresmieulx, écuyer, seigneur de Neuville, conseiller au Présidial d'Abbeville.

8. — Louis Le Boucher, écuyer, seigneur d'Ailly-le-Haut-Clocher, Famechon et Cumont, conseiller du roi, lieutenant particulier et assesseur criminel en la sénéchaussée de Ponthieu, né le 10 septembre 1638, mourut le 17 décembre 1716. Il avait épousé Marie-Gabrielle de Sachy, par contrat du 28 août 1666. D'eux naquirent beaucoup d'enfants : 1° Nicolas-Joseph, chevalier, seigneur d'Ailly-le-Haut-Clocher, Famechon, Cumont et Vertbois, capitaine commandant le 2me bataillon du régiment de St.-Vallier, mort à Ailly le 2 mars 1736 et enterré dans le chœur de l'église. Il n'avait pas eu d'enfants de Geneviève de Huppy, qu'il avait épousée par contrat du 8 décembre 1727 ; 2° Gabriel, chevalier, seigneur d'Ailly et de Famechon,

conseiller du roi, lieutenant particulier, assesseur au bailliage d'Amiens, allié à N. Mouret, dont un fils mort en naissant ; 3° Louis-François, chanoine de l'abbaye de Selincourt, y mourut le 1er juin 1692 ; 4° Jean-Baptiste-Firmin, prêtre ; 5° Jean, mort jeune ; 6° Joseph, qui suit ; 7° Jacques-Augustin, mort jeune ; 8° Géneviève-Élisabeth, alliée par contrat du 24 juillet 1694 à Adrien Picquet, écuyer, seigneur de Dourier ; 9° Marie-Gabrielle, morte sans alliance ; 10° Jeanne-Colette, alliée par contrat du mois de janvier 1722 à Pierre-Paul d'Arrest, écuyer, seigneur de Sailly-Bray.

9. — Joseph Le Boucher d'Ailly, chevalier, seigneur d'Ailly-le-Haut-Clocher, Famechon et Cumont, lieutenant de roi à Amiens, lieutenant-colonel du régiment de la reine, infanterie, et chevalier de St.-Louis. Il épousa, par contrat du 8 février 1741, Marie-Catherine Le Boucher du Maisnil, sa parente, et mourut sans enfants le 1er avril 1754.

DEUXIÈME BRANCHE.

8. — François Le Boucher d'Ailly, écuyer, seigneur du Maisnil, Quinquembeuf et la Neuve-Rue, né le 13 décembre 1639, mort le 11 janvier 1694, avait épousé, par contrat du 19 novembre 1667, Marie-Catherine de Sachy, dont il eut : 1° Nicolas, qui suit ; 2° Jean-François, chanoine d'Amiens.

9. — Nicolas Le Boucher, chevalier, seigneur du Maisnil-les-Franleux, Frémontier et Uzaineville, épousa, par contrat du 22 août 1701, Françoise Morgan. De cette union naquirent : 1° Pierre-Nicolas, mort sans alliance ; 3° Paul-François, qui suit ; 3° Marie-Catherine, dame de Gomiecourt et d'Englebelmer, alliée par contrat du 9 septembre 1726 à Jean-Baptiste-François de Villers, écuyer, seigneur de Ligny, président-trésorier de France à Amiens, puis, par contrat du 8 février 1741, à Joseph Le Boucher, chevalier, seigneur d'Ailly-le-

Haut-Clocher, son parent ; 4° Marie-Françoise, religieuse à la Visitation d'Amiens ; 5° Marie-Anne, alliée par contrat du 20 mars 1743 à Charles-Louis Picquet, chevalier, seigneur de Bonainvilliers, Noyelles-en-Chaussée et Crécy.

10. — Paul-François Le Boucher, chevalier, seigneur du Maisnil-les-Franleux, Frémontier, Uzaineville et Cumonville, mousquetaire du roi. Il épousa, par contrat du 25 juillet 1744, Marie-Madeleine du Fay, dame de Dreuil ; d'elle il n'eut que deux filles : 1° Marie-Madeleine-Françoise, dame de Dreuil ; 2° Françoise-Gabrielle-Josèphe-Pauline, alliée par contrat du 11 mai 1772 à Jacques-Gabriel-François de Paule Roussel, chevalier, seigneur de Belloy-St.-Léonard et d'Hallivillers.

TROISIÈME BRANCHE.

8. — Joseph-Gilles Le Boucher, écuyer, seigneur d'Huval, du Castelet et de Richemont, conseiller du roi, magistrat en la sénéchaussée de Ponthieu, épousa, par contrat du 10 janvier 1694, Barbe du Ponchel. Il fut maintenu dans sa noblesse par M. de Bernage, le 7 septembre 1716, avec ses sept enfants.

Cette branche est la seule qui subsiste encore.

LE BOUCHER.

Armes : *D'azur à la fasce d'or accompagnée en chef de deux roses d'argent et en pointe d'une épine de même.* Supports : *deux lévriers.* Cimier : *un lévrier naissant.*

Cette famille, originaire d'Abbeville comme la précédente, est moins ancienne qu'elle ; au delà du xvie siècle on ne trouve rien sur ces Le Boucher qui mérite d'être rapporté. Ils furent maintenus dans leur noblesse, par ordonnance de Bignon, intendant de Picardie, du 30 janvier 1699, sur preuves depuis l'an 1547.

1. — Jean LE BOUCHER, dit Boucherat, quelquefois qualifié écuyer, sergent royal en 1547, épousa Françoise de Haudrechies, dont il eut le suivant.

2. — François LE BOUCHER, écuyer, procureur et auditeur pour le roi à Abbeville, épousa N. Le Prévost, de laquelle il eut un fils.

3. — Pierre LE BOUCHER, écuyer, seigneur du Castelet, maïeur d'Abbeville en 1576 et 1577, lieutenant-général criminel en la sénéchaussée de Ponthieu. Il mourut en 1595, laissant d'Antoinette Billard, sa femme, Pierre, qui suit.

4. — Pierre LE BOUCHER, écuyer, seigneur du Castelet, licencié ès-lois, maïeur d'Abbeville en 1602, lieutenant criminel en Ponthieu, se maria deux fois : avec N. Gaude, puis avec Nicole de Bernard. Ses enfants furent : 1° Pierre, qui suit ; 2° Guillaume, auteur de la deuxième branche qui suivra.

5. — Pierre LE BOUCHER, écuyer, seigneur du Castelet, conseiller du roi, lieutenant criminel en la sénéchaussée de Ponthieu, épousa Françoise Groult, dont il eut un fils et plusieurs filles.

6. — Pierre LE BOUCHER, écuyer, seigneur du Castelet, vicomte de Biencourt, seigneur de St.-Valery et du Plouy, épousa, par contrat du 11 octobre 1668, Jeanne Gaillard d'Ambreville, qui lui donna : 1° Pierre, qui suit ; 2° Vulfran, prêtre ; 3° Dominique-André, écuyer, seigneur de St.-Valery, lieutenant au régiment d'infanterie de Nettancourt, tué à la bataille d'Hochstet ; 4° Joseph, écuyer, seigneur du Plouy, écuyer de Mgr le duc de Chartres ; 5° Marie Françoise, morte fille. — Pierre fut maintenu dans sa noblesse le 30 janvier 1699.

7. — Pierre LE BOUCHER, écuyer, seigneur du Castelet et de Biencourt, épousa N. de Ponthieu et en eut des enfants.

SECONDE BRANCHE.

5. — Guillaume Le Boucher, écuyer, seigneur de Valmontier, allié par contrat du 10 juin 1624 à Marie Moreau, en eut un fils.
6. — Jean Le Boucher, écuyer, seigneur de Corbiere; épousa, par contrat du 24 octobre 1667, Marie Godemont. Il fut maintenu dans sa noblesse par ordonnance de Bignon, intendant de Picardie, du 30 janvier 1699. Il laissa Pierre, qui suit, et Antoinette.
7. — Pierre Le Boucher, écuyer, seigneur du Fay, lieutenant au régiment d'Orléanais, infanterie.

LE BRIOIS.

Ancienne famille qui a donné des maïeurs et des magistrats à Abbeville et qui a acquis la noblesse par les charges qu'elle y posséda. Elle est depuis longtemps éteinte. Ses armes étaient : *d'azur au chevron d'or accompagné de trois besants d'argent*. — Le père Ignace, dans son *Histoire des Maïeurs d'Abbeville* (p. 607), prétend que cette famille est issue des Briois d'Artois. Cette assertion est complètement erronée. La famille de Briois, d'Artois, qui porte d'autres armes, n'a jamais eu non-seulement une origine commune, mais même le moindre lien de parenté avec celle-ci, dont voici la généalogie :

1. — Hugues Le Briois, fieffé à Agenvillers, en 1331, dont :
2. — Colart Le Briois, sergent du prévôt de St.-Valery en 1380, dont :
3. — Gilles Le Briois, qui se maria deux fois : 1° avec Barbe de Mautort, dont il eut Bernard Le Briois, procureur du roi en 1440, allié à Frémine de Cramaisnil, sans enfants ; 2° avec N. Boussart, dont il eut le suivant.

4. — Riquier LE BRIOIS, seigneur d'Omesmont, licencié ès-lois, procureur du roi en Ponthieu. Il mourut en 1482, laissant plusieurs enfants de Jeanne Mention, sa femme, qui se remaria en 1483 avec Charles de Griboval, écuyer : 1° Bernard, écuyer, seigneur d'Omesmont, maïeur d'Abbeville en 1503, mort en 1511, ne laissant de Claire-Jeanne d'Ostrel, sa femme, que deux filles, Jeanne, demoiselle d'Omesmont, femme de Jacques des Groiseliers, écuyer, et Catherine, femme de Jacques Abraham, écuyer, seigneur de Millencourt ; 2° Jacques, qui suit.

5. — Jacques LE BRIOIS, écuyer, seigneur du Maisnil et de La Pasture, licencié ès-lois, maïeur d'Abbeville en 1501, épousa Marguerite Cornu, de laquelle naquirent : 1° Jacques, prêtre ; 2° Nicolas, allié à Antoinette du Quesnoy, dont des filles ; 3° François, qui suit ; 4° Jean, écuyer, seigneur de La Pasture, allié à Jeanne d'Ostrel, dont Jean, Jacques, Isabeau, femme de Firmin de Ribeaucourt, et Jeanne, femme de Philippe de Wierre, écuyer, seigneur de Maisons ; 5° Gilette, femme de Jacques Gargan de Rollepot ; 6° Marie, alliée à François Rumet, écuyer.

6. — François LE BRIOIS, écuyer, seigneur de La Pasture, vivant encore en 1570, avait épousé Marie Huardel, dont vint :

7. — Nicolas LE BRIOIS, écuyer, seigneur de La Pasture. Celui-ci eut pour fils le suivant.

8. — Nicolas LE BRIOIS, écuyer, seigneur de La Pasture. On croit qu'il n'eut pas d'enfants et fut le dernier de cette famille qui ait paru en Ponthieu.

LE CAUCHETEUR.

Armes : *Tranché d'or et d'azur au lion de l'un en l'autre, œilleté, armé et lampassé de gueules.*

Colard Le Caucheteur, sa femme et ses enfants, furent anoblis par lettres patentes du mois de mars 1356. — Jean Le Caucheteur fut maïeur d'Abbeville en 1394. Il fut maintenu dans sa noblesse le 10 mars 1376 et offrit à cette occasion de la prouver par témoins. — Voici tout ce que je sais sur cette famille éteinte au moyen-âge.

LE FÈVRE DE CAUMARTIN.

Armes : *D'azur à cinq trangles d'argent.*

Famille célèbre, originaire du Ponthieu. Le Père Anselme (tome 6, pages 543 et suiv.) et d'après lui La Chesnaye-des-Bois (tome 6, pages 368-373) et le chevalier de Courcelles en ont donné une généalogie si complète que je ne puis mieux faire que d'y renvoyer le lecteur.

LE FLAMENG.

Armes : *De sable au croissant d'or surmonté d'une flamme de gueules, au lambel d'or en chef.*

Firmin LE FLAMENG, (Firminus Flamengi), d'Abbeville, sa femme et ses enfants furent anoblis, moyennant 200 livres, par lettres patentes de février 1387.

LE MOICTIER.

Armes : *De gueules au chevron d'or accompagné de trois gerbes de blé de même.* Supports : *deux levriers.* Cimier : *Un levrier naissant.*

Fort ancienne maison du Ponthieu. A la fin du xviie siècle elle était divisée en trois branches, celles de Tumberel, de Willotran et de Bichecourt. Je ne rapporterai que la dernière qui était la branche aînée et fut maintenue dans sa noblesse par jugement de Bignon, intendant de Picardie, du 21 mars 1699, sur preuves depuis le 21 octobre 1555, au lieu de remonter jusqu'au xive siècle comme elle le pouvait et comme je vais l'établir.

Laurent LE MOICTIER, maïeur d'Abbeville en 1203, est l'auteur de toute la famille dont la filiation prouvée commence avec le suivant :

1. — Mahieu LE MOICTIER, vivant à Abbeville en 1366, dont vint :

2. — Mahieu LE MOICTIER, souvent échevin d'Abbeville jusqu'en 1424. Il avait épousé Jeanne de Cacheleu dont il eut :

3. — Mahieu LE MOICTIER, écuyer, allié à Marie de Queux, fut père du suivant.

4. — Mahieu LE MOICTIER, écuyer. Il épousa Agnès de Griboval, dont il eut :

5. — Adrien LE MOICTIER, écuyer, seigneur de Neuilly-L'Hôpital. De sa femme, dont le nom est inconnu, il eut : 1º Eustache, qui suit ; 2º Oudart ; 3º Henri, auteur, je le pense, de la branche de Tumberel.

6. — Eustache LE MOICTIER, écuyer, seigneur de Neuilly-L'Hôpital, est le premier de la généalogie insérée dans le grand nobiliaire de Picardie. Il fut père de Jean, qui suit.

7. — Jean LE MOICTIER, écuyer, seigneur de Neuilly-L'Hôpital, se maria deux fois. En premières noces il épousa, par contrat du 21 octobre 1555, Marguerite de Villefroy ; en secondes noces il épousa, par contrat du 30 mai 1575, Philippe de la Poterie. Il laissa un fils qui suit.

8. — Adrien LE MOICTIER, écuyer, seigneur de Bichecourt, fut allié par contrat du 31 décembre 1604 à Isabeau Le Caron, dont il eut entre autres enfants : 1° Antoine-Adrien, qui suit; 2° Anne, alliée par contrat du 17 avril 1644 à Antoine Cardon, écuyer, seigneur de la Hétroie, premier président en l'élection de Doullens.

9. — Antoine-Adrien LE MOICTIER, écuyer, seigneur de Bichecourt, avocat en Parlement, épousa, par contrat du 6 novembre 1643, Madeleine de Sachy qui le rendit père du suivant.

10. — Jean-Baptiste-Olivier LE MOICTIER, écuyer, seigneur de Bichecourt, allié par contrat du 3 septembre 1679 à Agnès Pingré. Il fut maintenu dans sa noblesse le 21 mars 1699. Il avait alors pour enfants : 1° Antoine-Adrien; 2° Auguste-Firmin ; 3° Marie-Madeleine.

LENGANEUR.

Armes : *D'argent à la croix ancrée de gueules accompagnée de quatre étoiles de même.*

Pierre LENGANEUR, d'Abbeville, fut anobli avec toute sa famille par lettres d'août 1389, moyennant 100 francs d'or. La filiation de cette ancienne famille, fort incomplète, du reste, pourrait s'établir ainsi qu'il suit.

1. — Robert LENGANEUR, bourgeois d'Abbeville en 1197. Il fut père de :

2. — Guy LENGANEUR, qui vivait à Abbeville en 1240. De lui est issu :

3. — Guy LENGANEUR, dit le jeune : il fut maïeur d'Abbeville en 1257 et 1265. Il fut père du suivant.

4. — Mahieu LENGANEUR, maïeur d'Abbeville en 1290, 1292, 1302 et 1304. De lui naquit Pierre.

5. — Pierre Lenganeur, vivant en 1316. De lui est issu Pierre, qui suit.

6. — Pierre Lenganeur, dit le jeune, maïeur d'Abbeville en 1352, 1356, 1359, 1362, 1365, 1368 et 1373. Il eut trois fils : 1° Pierre, qui suit ; 2° Colart ; 3° Guy.

7. — Pierre Lenganeur, écuyer, seigneur de Caux et de Tofflet, huissier d'armes du roi, lieutenant du capitaine d'Abbeville, fut anobli en août 1389. Il fut maïeur d'Abbeville en 1390, 1395, 1398, 1402 et 1403. Il se maria deux fois, d'abord avec Thiéphaine Le Ver, puis avec Jeanne de Rue ou de La Rue. De ces deux unions, il n'eut que des filles. L'aînée, Agnès, épousa par contrat du 7 décembre 1391 Thomas Le Ver, écuyer, seigneur de Halloy, et à cause d'elle, seigneur de Tofflet ; la cadette se maria trois fois, 1° avec Jean Journe, écuyer, 2° avec Jacques Carbonier et 3° avec Jean de Broutelles, vers 1400.

LENGLACÉ.

Armes : *De gueules à trois bandes d'or, au chef d'argent chargé de trois roses de gueules.*

Ancienne famille depuis longtemps éteinte. Voici ce que je sais d'elle.

1. — Ancel Lenglacé, possesseur d'un fief à Vismes vers 1330, eut, dit-on, pour fils et successeur :

2. — Jean Lenglacé, possesseur du même fief en 1384, dont vint :

3. — Ancel Lenglacé, écuyer, allié à Jeanne de St-Blimond. D'eux naquit le suivant.

4. — Ancel Lenglacé, écuyer, seigneur d'Offouel et de Vaux-les-Yonval, épousa Marguerite Le Vilain, et fut père de Jacques.

5. — Jacques LENGLACÉ, écuyer, seigneur de Vaux et d'Offouel, fut allié à Agnès Cornu. De cette union naquirent : 1° Louis, qui suit ; 2° Jean, écuyer, seigneur de Vaux, greffier de l'hôtel-de-ville d'Abbeville, allié à Barbe de Fontaines, dame de Wiameville, dont une seule fille, Marguerite, dame de Vaux et de Wiameville, femme de Mathieu de Bomy, écuyer, seigneur du Hamelet ; 3° Ancel.

6. — Louis LENGLACÉ, écuyer, seigneur d'Offouel, allié à N. de La Felie, en eut le suivant.

7. — Jacques LENGLACÉ, écuyer, seigneur d'Offouel, épousa N. Malicorne dont il eut deux fils : 1° Jean, écuyer : il n'eut qu'une fille, Marguerite, femme de Jean Le Fuzelier, écuyer, 2° Ancel, qui suit.

8. — Ancel LENGLACÉ, écuyer, seigneur d'Offouel et du Sart, maïeur d'Abbeville en 1570, allié 1° à N. de Farsy, 2° à Catherine de Coquerel. De cette dernière il eut un fils et des filles.

9. — Gilles LENGLACÉ, écuyer, procureur du roi à Abbeville, n'eut qu'une fille, Marie, de Marie Le Carbonier, sa femme.

LE PRÉVOST.

Armes : *Ecartelé au 1er et 4e d'argent à trois bandes d'azur, au 2e et 3e de sable à la bande d'argent chargée de trois hermines de sable, et sur le tout d'argent au lion de gueules à la bordure de même.* Supports : *deux licornes.* Cimier : *une licorne naissante.*

Cette maison fut maintenue dans sa noblesse, le 27 mars 1700, sur preuves remontant jusqu'au 24 janvier 1544. Mais la noblesse y date de plus loin. L'auteur de toute la famille reçut des lettres de noblesse le 20 juin 1388, et celles-ci furent enregistrées à la chambre des comptes le 13 juillet suivant.

1. — Pierre LE PRÉVOST, écuyer, seigneur de Himmeville, en 1400, dont :

2. — Pierre Le Prévost, écuyer, seigneur de Himmeville. Il eut pour fils :

3. — Robert Le Prévost, écuyer, seigneur de Himmeville. De Robine Cochet, sa femme, il eut pour fils et successeur Nicolas avec qui commencent les preuves pour la maintenue de 1700.

4. — Nicolas Le Prévost, écuyer, seigneur de Pendé, épousa Marie de Noyelles, de laquelle il eut : 1° Nicolas, qui suit ; 2° Catherine, alliée par contrat du 24 janvier 1544 à Charles de La Haye, écuyer, seigneur de Follemprise.

5. — Nicolas Le Prévost, écuyer, seigneur de Pendé, de Ribeauville et de Sallenelles, bailly de St-Valery. Il épousa, par contrat du 11 juillet 1547, Catherine de Damiette. Il en eut les suivants : 1° Antoine, écuyer, seigneur de Sallenelles, allié à Florimonde Soret ; 2° Philippe, qui suit ; 3° Claude ; 4° Nicolas ; 5° Rachel.

6. — Philippe Le Prévost, écuyer, seigneur de Pendé, Ribauville, se maria deux fois, 1° avec Antoinette de Fontaines, 2° par contrat du 30 janvier 1607, Suzanne de Boilleau, de laquelle est issu le suivant.

7. — François Le Prévost, écuyer, seigneur de Glimont, Guiberberville, Saleux et Martinot. Il épousa, par contrat du 15 novembre 1633, Anne de Lisques. De cette union est né Pierre-Maximilien, qui suit.

8. — Pierre-Maximilien Le Prévost, chevalier, seigneur de Glimont, Berteville, Guiberville, Saleux et Tours-en-Vimeu, fut allié par contrat du 30 avril 1669 à Antoinette de St-Souplix, dont il eut : 1° François, qui suit ; 2° Albert-Louis, cordelier à St-Quentin ; 3° Charlotte-Antoinette ; 4° Marie-Anne.

9. — François Le Prévost, chevalier, seigneur de Glimont, Ribauville et Tours-en-Vimeu, âgé de vingt-neuf ans et encore à marier quand il fut maintenu dans sa noblesse, le 27 mars 1700.

LE QUIEU.

Armes : *D'azur au chevron d'or accompagné de trois gerbes de blé de même, liées de gueules.*

Philippe Le Quieu, bailli d'Abbeville, et Jacquette, sa femme, furent anoblis par lettres-patentes du mois d'août 1387, moyennant quatre-vingt francs d'or. Cette famille, maintenant éteinte, fut maintenue dans sa noblesse en 1664 et présenta la généalogie suivante, moins le premier degré que j'ai rétabli.

1. — Guérard Le Quieu, écuyer, descendant de Philippe, anobli en 1387, fut père de : 1° David, qui suit ; 2° Eustache, abbé de St-Riquier ; 3° Marie, veuve, en 1483, de Bernard de Buigny, écuyer.

2. — David Le Quieu, écuyer, seigneur de Villers-L'Hôpital, bailli de l'église de St-Riquier, l'un des cent gentilshommes du roi Louis XI, en 1476. Il fut père de :

3. — Antoine Le Quieu, écuyer, seigneur de Villers-L'Hôpital et de Moyenneville. Il épousa Marie Louvel de Glizy et eut d'elle : 1° Jean, qui suit ; 2° Madeleine, femme de Vincent Le Roy, président au présidial d'Amiens.

4. — Jean Le Quieu, écuyer, seigneur de Villers-L'Hôpital et de Moyenneville, avocat du roi, puis président et lieutenant-général au siége présidial d'Amiens, fut allié à Marie de Saisseval. D'eux naquit un fils.

5. — Antoine Le Quieu, écuyer, seigneur de Villers-L'Hôpital et de Moyenneville, président puis lieutenant-général au présidial d'Amiens, y devint enfin trésorier de France. Il épousa Isabeau Pingré dont il eut le suivant.

6. — Jean Le Quieu, écuyer, seigneur de Moyenneville, trésorier de France à Amiens. De Marguerite de Sacquéspée de Selincourt, sa femme, sont nés : 1° François, qui suit ; 2° Marc-Antoine, écuyer, seigneur d'Amboiseville, lieutenant de cavalerie.

7. — François Le Quieu, écuyer, seigneur de Moyenneville et de la Vallée-les-Amiens, trésorier de France à Amiens et intendant des fortifications de Calais et pays reconquis. Il était allié à Antoinette Galland, et en avait trois fils et une fille quand il fut maintenu dans sa noblesse en 1666.

LE ROY.

Il y eut plusieurs familles de ce nom en Picardie ; le Ponthieu seul en comptait deux pour sa part, celle-ci et celle des Le Roy de Moyenneville et de Valanglart. Il serait permis de croire qu'à une époque très-reculée ces deux familles n'en faisaient peut-être qu'une, ou que du moins elles eurent une origine commune. Rien ne le prouve cependant, et ce que j'avance ici ne reposant que sur la similitude de nom, l'habitation dans le même pays et la difficulté de bien établir, sans les confondre, les premiers degrés de la généalogie de chacune, on doit considérer comme complètement étrangers les uns aux autres les Le Roy de Saint-Lau et de Valines, éteints à la fin du siècle dernier dans la personne de Charles-François-Joseph Le Roy, écuyer, seigneur de Valines, roué vif à Abbeville le 6 septembre 1764, et les Le Roy de Valanglart qui comptent encore de nombreux représentants en Ponthieu. La maison dont je m'occupe ici portait : *d'azur à trois écussons d'argent chargés chacun d'une croix patée et alaisée de gueules.* Supports : *deux lions.* Cimier : *un lion naissant.* Elle se divisa en trois branches qui furent maintenues dans leur noblesse par jugement de Bignon, des 29 mai 1699 et 30 avril 1704, et par jugement de Bernage, du 6 décembre 1717, sur preuves remontant au 7 octobre 1548. Mes recherches me permettent d'ajouter, avec les preuves à l'appui, quatre degrés de plus à la filiation, ce qui nous reporte alors aux premières années du xve siècle. On ne peut en conséquence s'expliquer pourquoi Jacques Le Roy, qui forme le septième degré de la généalogie, prit des lettres de noblesse en août 1587; puisque tous ses ascendants portaient les qualifications de la noblesse de race.

1. — Colart Le Roy, vivant à Abbeville en 1400, fut père du suivant.

2. — Nicolas Le Roy, mort avant 1448. De lui est issu Jean.

3. — Jean Le Roy eut un fils, nommé Pierre, de Marie La Royne, sa femme. (On sait qu'à cette époque il était d'un usage assez fréquent de donner aux femmes le nom patronymique de leurs maris en le féminisant; c'est ainsi qu'on trouve à Abbeville, au xive et au xve siècles, des Le Veresse, femme des Le Ver, des Boussarde, femme des Boussard, des Maupine, femmes des Maupin, des Le Caucheteresse, femme des Le Caucheteur, etc.)

4. — Pierre Le Roy, mort vers 1480, n'eut qu'un seul fils.

5. — Nicolas Le Roy, écuyer, allié à Martine Langlois, descendante des anciens maïeurs d'Abbeville du même nom, eut d'elle cinq enfants : 1° Guillaume, qui suit ; 2° Pierre, religieux bénédictin ; 3° Anne, femme de N. Hocquet ; 4° Péronne, alliée à Henry Poiret ; 5° Marguerite.

6. — Guillaume Le Roy, écuyer, seigneur d'Acquest, épousa Marguerite du Quesnoy. Il testa le 7 octobre 1548. Il laissa : 1° Jacques, qui suit ; 2° Pierre ; 3° Nicolas ; 4° Françoise ; 5° Anne ; 6° Claude.

7. — Jacques Le Roy, écuyer, seigneur d'Acquest, de Saint-Lau, Valines et Genvillers, conseiller du roi, maïeur d'Abbeville en 1570, 1574, 1575 et 1577, obtint des lettres de noblesse en août 1587. Il épousa Antoinette Sanson en 1559. Ils eurent neuf enfants : 1° Maximilien, qui suit ; 2° Jacques, auteur de la deuxième branche qui suivra ; 3° Jean, auteur de la troisième branche qui suivra ; 4° Pierre, seigneur de la Hestroye, chanoine de St-Wlfran, curé de Notre-Dame du Chatel ; 5° Nicolas, bénédictin ; 6° Florence, femme de Claude Bruslé, bailli d'Abbeville ; 7° Marie, religieuse à Longchamp ; 8° Anne, femme de François Cardon ; 9° Marguerite, alliée à Claude Herment, conseiller au siége présidial d'Abbeville.

8. — Maximilien Le Roy, écuyer, seigneur de Saint-Lau, conseiller du roi, lieutenant-général en la sénéchaussée et siége

présidial de Ponthieu, épousa Marguerite de l'Estoile, de laquelle sont issus : 1° Jacques, qui suit ; 2° Claude, écuyer, seigneur de Genvillers, conseiller du roi, grénetier du grenier au sel d'Abbeville, allié à Marie Groult, dont Claude, seigneur d'Aboval, allié à Françoise Pingré, et maintenu dans sa noblesse le 30 avril 1704 avec ses deux fils, Antoine et Jacques ; 3° Catherine, femme de Mathieu de Huppy, médecin ; 4° Marguerite, femme de Jean de Campagne, écuyer, seigneur de Cottebrune ; 5° Marie, alliée à Charles Maillard, vicomte de Cambet à Menchecourt ; 6° Jeanne, alliée à Nicolas Le Roy, écuyer, seigneur de Condé.

9. — Jacques Le Roy, écuyer, seigneur de Saint-Lau, Acquest et Le Caurel, conseiller et magistrat au présidial de Ponthieu, maïeur d'Abbeville en 1621 et 1622, mourut en 1629 laissant de Catherine Asselin, sa femme : 1° François, qui suit ; 2° Françoise, ursuline ; 3° Isabelle, femme de Claude Vaillant, écuyer, seigneur de Favière ; 4° Marie, femme de Jean Vaillant, écuyer, conseiller du roi, seigneur de Caumondel ; 5° Catherine, alliée à Nicolas Vincent, écuyer, seigneur de Hantecourt ; 6° Marguerite, femme de Firmin Le Blond, écuyer, seigneur d'Acquest.

10. — François Le Roy, écuyer, seigneur de Saint-Lau, Acquest et le Caurel, trésorier de France en la généralité d'Amiens, épousa Catherine Fleurton qui lui donna : 1° François, qui suit ; 2° N., femme de Jean Loisel le Gaucher, écuyer, 3° N., femme d'Antoine Descaules, écuyer, puis de N. Danzel.

11. — François Le Roy, écuyer, seigneur de Saint-Lau, Acquest, le Caurel, Bussuel et Maison-Ponthieu, épousa Marguerite Royre par contrat passé le 6 janvier 1662. Il fut maintenu dans sa noblesse le 30 avril 1704, et il avait alors pour enfants : 1° François, écuyer, seigneur de Saint-Lau, capitaine au régiment de Saulx, tué à Luzzara ; 2° Henry, écuyer, seigneur de Monthue, lieutenant au régiment de Piémont, tué en Flandre ; 3° Jacques, écuyer, seigneur du Caurel, lieutenant au même régiment ; 4° Louis, écuyer, seigneur de Bucquoy,

lieutenant réformé ; 5° Claude, écuyer, lieutenant au régiment d'Anjou ; 6° Joseph, écuyer, seigneur de Longueval, lieutenant au régiment de Piémont ; 7° Marie-Louise; femme d'Antoine d'Amerval, écuyer, seigneur de Fresne.

DEUXIÈME BRANCHE.

8. — Jacques LE ROY, écuyer, seigneur de Valines et de Lignerolles, conseiller du roi et maître des requêtes de son hôtel, épousa par contrat du 18 février 1597 Marguerite L'Yver, de laquelle il eut Jacques, qui suit.

9. — Jacques LE ROY, écuyer, seigneur de Valines, Lignerolles, Hantecourt et Marcheville, gentilhomme ordinaire de la reine, allié par contrat du 19 août 1626 à Françoise Boulon. De ce mariage naquirent : 1° Louis, qui suit ; 2° Jean, capitaine d'infanterie, allié à Marguerite Farsy dont une fille ; 3° deux filles.

10. — Louis LE ROY, écuyer, seigneur de Valines, Lignerolles et Hantecourt, épousa par contrat du 1er février 1655 Françoise Fleurton. Il fut maintenu dans sa noblesse par arrêt de la cour des aides du 21 janvier 1655. Il laissa plusieurs enfants : 1° Louis, qui suit ; 2° Jacques, mort jeune ; 3° François, écuyer, seigneur de Dreuil, maintenu dans sa noblesse le 29 mai 1699 ; 4° Augustin, écuyer, seigneur d'Hantecourt, né le 29 juillet 1674, allié à Marie-Anne Tillette de Courcelles, et maintenu dans sa noblesse le 6 décembre 1717 : il eut plusieurs enfants et fut l'auteur d'une branche qui s'est éteinte il y a peu d'années ; 5° Marguerite-Thérèse, alliée par contrat du 15 juin 1668 à Nicolas-Joachim de Belleval, chevalier, seigneur d'Emonville ; 6° Agathe, demoiselle de Selincourt ; 7° trois autres filles alliées aux Manessier, Mainbeville et Le Masson.

11. — Louis LE ROY, écuyer, seigneur de Valines, épousa par contrat du 26 juillet 1685 Marguerite-Tillette d'Achery. Il fut

maintenu dans sa noblesse le 29 mai 1699. Il avait alors trois fils, Louis-Nicolas, Jean-Joseph et Charles.

12. — Louis-Nicolas Le Roy, écuyer, seigneur de Valines, allié à N. de May de Vieulaines, n'eut qu'un fils, Charles-François-Joseph Le Roy, écuyer, seigneur de Valines, roué vif le 6 septembre 1764 sur la place du marché au blé d'Abbeville, à l'âge de dix-huit ans. J'emprunte, malgré son étendue, à l'*Histoire d'Abbeville* de M. Louandre (tome 2, p. 150) le récit émouvant de cet horrible drame.

« Il (Charles-François-Joseph Le Roy) revint à dix-sept ans dans le village de Valines où son père, subitement attaqué de vomissements, expira le 2 juillet 1763. Peu de jours après Mme de Valines, en proie aux mêmes souffrances, le suivit dans la tombe. Aucun bruit accusateur ne se répandit d'abord sur ces événements ; car le parricide avait mis en usage tous les ressorts de la plus profonde hypocrisie et se montrait inconsolable. Six semaines s'étaient à peine écoulées que M. de Vieulaines, son oncle maternel, dont il était l'unique héritier, l'invita à dîner avec plusieurs personnes. Ce fut pour lui l'occasion d'un nouveau crime. Il entra dans la cuisine de son oncle, éloigna la servante, jeta de l'arsenic dans la soupe et partit après avoir refusé de dîner. M. et Mme de Vieulaines échappèrent à la mort ; il n'y eut qu'une seule victime ; mais les soupçons furent éveillés. On informa, et bien que l'empoisonneur se renfermât dans un système complet de dénégation, il fut condamné à mort par un arrêt du présidial. Les sentences criminelles avaient alors besoin d'être confirmées par un arrêt du Parlement dans le ressort duquel elles étaient rendues. L'affaire fut portée au Parlement de Paris. Valines, transféré dans cette ville, reçut la question sans faire aucun aveu. Le Parlement n'en confirma pas moins la sentence et le déclara « dûment atteint et convaincu d'avoir empoisonné le 12 septembre 1763, au château de Vieulaines, avec de l'arsenic, le sieur de Riencourt, décédé ledit jour, et d'avoir en même temps, par ledit poison, attenté aux vies des sieur et dame de Vieulaines, de la demoiselle de May de Bonnelle, ses oncle et tantes, du sieur Darras, curé de Vieulaines, de la dame de Riencourt, de la demoiselle Lucet, de Catherine Routier, cuisinière, des nommés Desmarest, cocher dudit sieur de Vieulaines et Desvignes, serrurier. »

» Valines fut ramené dans un carrosse à six chevaux à Abbeville, où deux exempts le gardaient à vue jour et nuit. Nous ferons remarquer que l'arrêt qui condamna ce grand coupable à mort ne l'accusa pas d'avoir empoisonné son père. Il n'y est même que *véhémentement soupçonné d'avoir causé avec de l'arsenic la mort de la feue dame de Valines, sa mère;* mais peu d'instants avant l'exécution de cet arrêt, on l'appliqua de nouveau à la question et ses aveux furent complets. Condamné à la roue et au bûcher, Valines marcha au supplice entouré de cinq bourreaux. L'un tenait des cordes, l'autre un cierge, un troisième un pot rempli de feu, un autre une barre de fer. Le bûcher, formé de cinquante gerbes de paille, de cent fagots et de quatre cordes de bois, avait été dressé sur le marché. Valines s'agenouilla pendant qu'un huissier à cheval lisait sa sentence. Lecture faite de cette sentence, on entonna le *Salve Regina;* le parricide fut attaché la face voilée sur la roue, et l'un des bourreaux lui brisa les membres à coups de barre de fer. Valines, tout mutilé, resta ainsi une heure entière sur l'instrument de supplice, et il vivait encore lorsqu'on le plaça sur le bûcher. Le feu fut entretenu toute la nuit, et bien que l'arrêt portât que ses cendres seraient jetées au vent, le gardien des capucins les fit recueillir et déposer dans le cimetière de son couvent. »

TROISIÈME BRANCHE.

8. — Jean LE ROY, écuyer, seigneur d'Acquest, habitant près de Villers-Cotterets, épousa Racine de Bernets, dont : 1° Jean, qui suit ; 2° Marie, femme de N. Bournel, seigneur de Namps.

9. — Jean LE ROY, écuyer, seigneur d'Acquest, épousa N. Ernoul, dont il a eu Denis, qui suit, et Nicolas.

10. — Denis LE ROY, écuyer, seigneur d'Acquest, brigadier des chevau-légers de la maison du roi, demeurant à ~~Salsène~~ près Soissons. Il fut maintenu dans sa noblesse par arrêt du Conseil d'État du 28 mai 1668. Il épousa une demoiselle de Garges dont il eut plusieurs enfants.

Cette branche s'éteignit au siècle dernier.

LE ROY.

Armes : *Tiercé en fasce au 1er d'or au lion léopardé de gueules, au 2e de sinople et au 3e d'hermine.* Supports : *deux lions.* Cimier : *un lion naissant.*

Famille d'aussi bonne noblesse que la précédente. Elle se divisa en cinq branches principales qui furent maintenues dans leur noblesse par jugements de Bignon, intendant de Picardie, du 17 décembre 1701, du 17 décembre 1702, et du 24 février 1708. Les preuves fournies pour ces diverses maintenues ne remontent pas au-delà de 1524, mais la filiation authentique peut s'établir depuis le milieu du XIVe siècle. Des cinq branches une seule subsiste encore, celle de Moyenneville et de Valenglart qui s'est subdivisée elle-même en plusieurs rameaux.

1. — Guy LE ROY, écuyer, vivant en 1340, laissa deux fils, Jean, qui suit, et Adam, chapelain de l'hôpital du Crotoy, tuteur des enfants de son frère en 1415.
2. — Jean LE ROY, écuyer, maïeur du Crotoy, mort vers 1414, laissant de dame Marie, sa femme : 1° Nicolas, qui suit; 2° Pierre, mort enfant; 3° Marie, femme de Jean Gargan; 4° Jeanne, femme de Paul de Calonne.
3. — Nicolas LE ROY, écuyer, épousa Marie Raoulpertin, dont il eut entre autres enfants Jean, qui suit.
4. — Jean LE ROY, écuyer, seigneur de Dargny et de Cornehotte,

né en 1440, se maria deux fois, d'abord avec Marguerite de Boubers, puis avec Marguérite du Monchel. De sa première femme naquit : 1° Louis, qui suit ; de la seconde, il eut : 2° Nicolas, auteur de la deuxième branche, qui suivra ; 3° Pierre, mort sans enfants ; 4° Nicole, femme d'Alexandre Gaillard, écuyer, seigneur de Féré ; 5° Jacqueline, alliée à Jean de Fortmanoir.

5. — Louis Le Roy, écuyer, seigneur de Dargny et de Cornehotte, licencié-ès-lois, bailli de Crécy, fut allié à Marguerite de Nouvillers, de laquelle il eut : 1° Nicolas, qui suit ; 2° Jacques, mort sans enfants ; 3° Charles, chanoine de St-Wlfran et curé de St-Georges d'Abbeville ; 4° Jean, curé de Dargny ; 5° Isabeau, femme de Jean Offroy, 6° Claude, religieuse à Montreuil.

6. — Nicolas Le Roy, écuyer, seigneur de Dargny et de Cornehotte, licencié-ès-lois, procureur du roi, mort avant 1578, avait épousé Antoinette d'Aoust, dont il eut : 1° Louis, qui suit ; 2° N., marié à N. Le Borgne, écuyer.

7. — Louis Le Roy, écuyer, seigneur d'Agenvillers et de la Mottelette, fut allié à N. de Frétin. La terre de Dargny avait été vendue par son père qui se ruinait. De lui est issu le suivant.

8. — Philippe Le Roy, écuyer, seigneur d'Agenvillers, épousa Claude de Fontaines, dont est issu François.

9. — François Le Roy, écuyer, seigneur d'Agenvillers, vivant encore en 1650. Il n'eut qu'une fille qui alla se fixer près de Dieppe et fut la dernière de sa branche.

DEUXIÈME BRANCHE.

5. — Nicolas Le Roy, écuyer, seigneur de Moyenneville en partie, épousa par contrat du 24 novembre 1525 Catherine de Crèvecœur. De cette union naquirent : 1° Nicolas, qui suit ; 2° Jean, écuyer, 3° Adrien, écuyer, seigneur de Honville ; 4° Anne, femme de N. Macquet.

6. — Nicolas Le Roy, écuyer, seigneur de Moyenneville et de la Motte, fut allié à Catherine de Hesdin, par contrat du 5 novembre 1546. Il eut d'elle : 1° Jacques, mort sans alliance; 2° François, qui suit; 3° Antoine, mort sans enfants; 4° Adrien, auteur de la troisième branche qui suivra. En secondes noces, Nicolas épousa par contrat du 12 juillet 1582 Jeanne de Maillefeu, de laquelle naquit : 5° André, auteur de la quatrième branche qui suivra à son rang.

7. — François Le Roy, écuyer, seigneur de Moyenneville, la Motte et Bézencourt, écuyer du duc d'Aumale, épousa par contrat du 4 mai 1587 Antoinette de Rivery. Ce fut lui qui acheta la seigneurie de Valanglart à M. de Runes qui en était seigneur, et ce fut lui qui fit bâtir le château de Moyenneville encore existant aujourd'hui. Il ne laissa qu'un seul fils :

8. — René Le Roy, écuyer, seigneur de Moyenneville et de Valanglart, allié par contrat du 15 avril 1621 avec Renée des Landes, dont il eut : 1° Claude, qui suit; 2° Louis, chevalier de St-Jean de Jérusalem; 3° François, écuyer, seigneur de Bézencourt, allié à Jeanne de Carpentin; 4° Charles, écuyer, seigneur de Potonville, Rivery et Bellencourt, allié par contrat du 10 mai 1646 à Élizabeth Le Myr. Ses enfants furent : Joseph-Pierre, chevalier, seigneur de Potonville, allié par contrat du 30 octobre 1683 à Françoise du Quesnoy, mort sans enfants, et Claude-Charles, abbé de Potonville; ils furent maintenus tous deux dans leur noblesse par jugement de Bignon, intendant de Picardie, du 17 décembre 1704; 5° André, seigneur de Rivery, allié à Marie de l'Esperon.

9. — Claude Le Roy, chevalier, seigneur de Moyenneville, Valanglart, Le Plouy, Yonval et Vaux. Il fut marié avec Catherine d'Acheu, par contrat du 4 octobre 1643. Ses enfants sont : 1° François, qui suit; 2° Catherine, qui épousa, par contrat du 9 juillet 1665, Jean Le Ver, chevalier, seigneur de Caux, Hanchy, Bernapré et Halloy, gouverneur de St-Riquier.

10. — François Le Roy, chevalier, seigneur de Moyenneville, Valanglart, etc., épousa Antoinette Le Fort, dame du Quesnoy

et d'Allery, par contrat passé le 16 juillet 1668. D'eux sont issus : 1° Claude, qui suit ; 2° Marie-Anne-Angélique, alliée par contrat du 24 septembre 1701 à François-Joseph de Lisques, chevalier, seigneur de Lisques, Tofflet, Nouerville et Moulineaux.

11. — Claude Le Roy, chevalier, seigneur de Moyenneville, Valanglart, Le Quesnoy et Allery, épousa par contrat du 15 décembre 1696 Marie-Anne Trudaine, demoiselle de Roberval. Il fut maintenu dans sa noblesse le 17 décembre 1702. Il avait alors pour enfants : Claude-François, Catherine, Marie-Anne et Angélique.

TROISIÈME BRANCHE.

7. — Adrien Le Roy, écuyer, seigneur de Barde, Limeu, Royaumont, Le Titre et Valines, gentilhomme ordinaire du duc de Guise, fut allié par contrat du 5 février 1613 à Charlotte de Runes et laissa plusieurs enfants : 1° Claude, écuyer, seigneur de Hurt, mort sans enfants ; 2° François, qui suit ; 3° Antoine, femme de Robert Prévost, écuyer, seigneur de Froideville.

8. — François Le Roy, écuyer, seigneur de Barde, épousa par contrat du 24 juillet 1644 Élisabeth de Fontaines, dont naquirent : 1° Nicolas, qui suit ; 2° Adrien, écuyer, seigneur de Royaumont, 3° Antoine, écuyer, seigneur de Limeu ; 4° Françoise, religieuse au couvent de Ste-Marie d'Abbeville ; 5° Claude-Antoinette, religieuse au même monastère que la précédente.

9. — Nicolas Le Roy, écuyer, seigneur de Barde, allié par contrat du 3 août 1673 à Antoinette de Cacheleu, fut père de : 1° Nicolas, qui suit ; 2° Antoine-Jean ; 3° Louise-Madeleine.

10. — Nicolas Le Roy, écuyer, seigneur de Barde, chevau-léger de la garde du roi, épousa par contrat du 12 avril 1698 Marguerite-Thérèse Tillette de la Motte. Il fut maintenu dans sa noblesse par jugement de Bignon, intendant de Picardie, du

24 février 1708, avec ses trois enfants, Nicolas-François, Marie-Thérèse, Antoinette-Madeleine.

QUATRIÈME BRANCHE.

7. — André LE ROY, écuyer, seigneur de Camelun, homme d'armes dans la compagnie du Dauphin, allié par contrat du 9 février 1610 à Françoise Tillette de Mautort. De ce mariage naquit un seul fils.
8. — Nicolas LE ROY, écuyer, seigneur de Camelun et de Zoteux, épousa Marie Le Roy de Valines, par contrat passé le 26 février 1645. Il mourut vers 1685 laissant six enfants : 1° Adrien, mort sans alliance ; 2° Charles, écuyer, seigneur de Camelun, major du régiment de Belleforière en 1696, maintenu dans sa noblesse par jugement de Bignon, intendant de Picardie, du 17 décembre 1701 ; 3° Jacques, 4° Madeleine ; 5° Marie, femme d'Antoine de Hémond, écuyer, seigneur de Dalles ; 6° Françoise, mariée par contrat du 9 juin 1672 avec Nicolas Le Sellier, écuyer, seigneur de Frireulés.

LE SAGE.

Armes : *D'argent au chevron d'azur accompagné de trois croissants de gueules en chef et d'une rose de même en pointe.*

Famille éteinte dont je n'ai pu établir la filiation d'une manière assez précise, excepté pour les cinq degrés suivants.

1. — Raoul LE SAGE, chevalier, seigneur de Saint-Pierre, Laviers et Limeu, maître des requêtes, conseiller d'État, vivant de 1409 à 1469 ; il fut père de Jean.
2. — Jean LE SAGE, écuyer, maïeur d'Abbeville en 1481, 1483 et 1499, fut aussi vingt-et-une fois échevin de 1474 à 1503

où il mourut. Il laissa entre autres enfants, un fils nommé Jean. Il avait épousé : 1° Colette Le Maire, 2° N. Caudel.

3. — Jean Le Sage, écuyer, épousa Riquière Macquet dont vint le suivant.

4. — Jean Le Sage, écuyer, seigneur de Vauchelles, père d'autre Jean, de Louis, procureur, de Jacques, avocat, licencié-ès-lois, prévôt de Vimeu, allié à Marie Offroi.

5. — Jean Le Sage, écuyer, seigneur de Vauchelles et du Titre, allié à Marie Mourette. Il mourut le 6 septembre 1615 et fut enterré avec sa femme, qui trépassa le 24 février 1610, dans l'église de Vauchelles. Il n'eut qu'une fille, Antoinette, qui porta la terre et seigneurie de Vauchelles près Abbeville à son mari, Claude de Cacheleu, écuyer, seigneur de Popincourt et de Loches.

Il y eut à Abbeville et dans les environs beaucoup de membres de la famille Le Sage que je n'ai pu rattacher au fragment de généalogie qui précède, bien que tous aient eu incontestablement la même origine et Raoul Le Sage pour auteur. Je me bornerai donc à en citer quelques-uns, et j'aurai dit de cette famille tout ce qu'il y en avait à dire.

— Pierre Le Sage et Périne Roussel, sa femme, possesseurs de fiefs à Onicourt en 1512.
— Maurice Le Sage, chanoine de St-Wlfran en 1512.
— Clément Le Sage, arbalétrier en 1421.
— Marie Le Sage, femme de Hue Malicorne en 1464.
— François Le Sage, avocat et échevin en 1583.
— Nicolas Le Sage, échevin d'Abbeville en 1512.
— Nicolas Le Sage, époux de Jacqueline Manessier en 1540.
— Willaume Le Sage, six fois échevin de 1420 à 1433, époque où il mourut.
— Colart Le Sage, argentier de la ville d'Abbeville, allié en 1411 avec Marie Faffelin.
— Pierre Le Sage, chanoine de St-Wlfran en 1498.

LESPERON.

Le grand nobiliaire de Picardie porte que la maison de Lesperon est originaire d'Amiens ; d'autres disent que la seigneurie de Lesperon, située près de la ville de Tartas, lui a donné son nom. Le grand nobiliaire a enregistré une erreur de plus, et l'origine gasconne, si elle est possible, est du moins fort peu probable. — Voici qui est plus concluant. Le plus ancien Lesperon que l'on connaisse n'était pas noble et habitait le comté d'Eu ; les seigneuries dont il était possesseur étaient situées dans le comté d'Eu : c'est encore dans le même comté que les premiers membres connus de la famille choisirent sans exception leurs alliances. Il me parait donc évident que ce n'est ni Amiens, ni la Gascogne, mais bien Eu qui fut le berceau de la famille de Lesperon à qui un séjour non interrompu en Ponthieu, de nombreuses charges de magistrature exercées à Abbeville, et enfin des alliances avec beaucoup de maisons de Ponthieu et de Vimeu donnent sans contredit le droit de figurer dans ce nobiliaire. Michel Lesperon, sieur de la Jonquière, fut anobli par Henri IV en mars 1594. Ses descendants, divisés en trois branches, furent maintenus dans leur noblesse par jugement de Bignon, intendant de Picardie, du 9 juin 1705, et en établissant leur filiation depuis Michel, c'est-à-dire depuis 1594. Ils jugèrent à propos de supprimer les quatre premiers degrés de la généalogie, je les rétablis. — Les armes des Lesperon avant l'anoblissement étaient : *d'azur à trois éperons d'or.* Le roi remplaça, dans ses lettres-patentes *les éperons* par : *trois molettes à six raies d'argent.* — Supports : *deux licornes.* — Cimier : *une licorne issante.* — Cette famille est éteinte et le nom de Lesperon a disparu de Ponthieu.

1. — Jacques Lesperon, seigneur de la Maison et de la Prévoté, fut père de :
2. — Pasquier Lesperon, seigneur de la Prévoté. Il eut deux fils, Michel, qui suit, et Jean dont on ignore l'alliance.
3. — Michel Lesperon. De sa femme dont le nom est inconnu il eut le suivant :

4. — Jean LESPERON, conseiller du roi, fut allié à N. Turpin, qui lui donna : 1° Michel, qui suit ; 2° Jeanne, femme de Nicolas d'Ippre, écuyer ; 3° N. femme de N. Le Griel, écuyer, seigneur de La Bourdaigne.

5. — Michel LESPERON, écuyer, seigneur de La Jonquière, fut anobli par Henri IV en mars 1594. Il avait épousé Antoinette Tardieu qui lui donna deux fils : 1° Michel, écuyer, seigneur de La Jonquière, allié à Marie Mython dont trois filles, Marie alliée à Antoine de Fontaines, écuyer, seigneur de Mauconduit, Anne, femme du seigneur des Iles, et Suzanne, demoiselle de La Jonquière, femme de N. Canu, exempt des gardes du corps, demeurant à Dieppe ; 2° Jean, qui suit :

6. — Jean LESPERON, écuyer, seigneur des Granges, conseiller du roi, président en l'élection de Ponthieu, fut allié par contrat du 6 mars 1599 à Marguerite Gaillard d'Ochencourt dont six enfants : 1° Louis, écuyer, seigneur des Granges, capitaine au régiment de Picardie, mort sans alliance ; 2° François, qui suit ; 3° Richard, seigneur de Camp-St.-Pierre, chevau-léger de la garde du roi, mort sans alliance ; 4° Alexandre, auteur de la deuxième branche qui suivra ; 5° Jean, auteur de la troisième branche qui suivra à son rang ; 6° Marie, femme de Jacques Groul, seigneur de Boussart.

7. — François LESPERON, écuyer, seigneur de Camp-St.-Pierre, maïeur d'Abbeville en 1685, épousa par contrat du 1er février 1674 Madeleine Moreau. Ses enfants furent : 1° François, qui suit ; 2° Marie-Madeleine, alliée à André Vincent, écuyer, seigneur de Hantecourt ; 3° Marie-Thérèse et Claire, religieuses à la Visitation ; 4° Marie.

8. — François LESPERON, écuyer, seigneur de Franqueville, mousquetaire du roi, fut maintenu dans sa noblesse, le 9 juin 1705 et mourut à marier en juin 1706, âgé de trente-trois ans.

DEUXIÈME BRANCHE.

7. — Alexandre Lesperon, écuyer, seigneur d'Ochancourt, conseiller du roi, président en l'élection d'Abbeville, épousa par contrat du 24 mai 1627 Marguerite Manessier, dont vint le seul Philippe :

8. — Philippe Lesperon, écuyer, seigneur d'Ochancourt, épousa par contrat du 26 juillet 1660 Charlotte d'Aguesseau. De ce mariage naquit un seul fils.

9. — Jean Lesperon, écuyer, seigneur d'Ochancourt, des Granges et de Handrechies, épousa par contrat du 30 avril 1690 Marie Le Blond du Plouy. Il fut maintenu dans sa noblesse, le 9 juin 1705. Il avait alors pour enfants : 1° Claude-Jean ; 2° Jean-Baptiste ; 3° François ; 4° Philippe, qui suit :

10. — Philippe Lesperon, chevalier, seigneur de Nampsel et La Neuville, lieutenant-colonel de cavalerie, chevalier de St.-Louis, fut nommé maïeur d'Abbeville en 1736.

TROISIÈME BRANCHE.

7. — Jean Lesperon, écuyer, seigneur de Belloy, conseiller du roi et premier président en l'élection de Ponthieu, se maria, par contrat du 11 novembre 1629, avec Claude Hermant, dont il eut : 1° François, mort sans alliance ; 2° Jacques, qui suit ; 3° Jean-Octavien, chanoine de St.-Wlfran ; 4° Marie, femme d'André Le Roy, écuyer, seigneur de Rivery ; 5° Antoinette, demoiselle de Bellinval.

8. — Jacques Lesperon, écuyer, seigneur de Belloy, conseiller du roi, et premier président en l'élection de Ponthieu, épousa par contrat du 28 janvier 1673 Françoise Le Boucher d'Ailly. D'eux sont issus : 1° Jacques, qui suit ; 2° François, écuyer,

seigneur du Maisnil, mousquetaire du roi, maintenu dans sa noblesse avec son frère ; 3° trois filles.

9. — Jacques LESPERON, écuyer, seigneur de Ville, premier président en l'élection de Ponthieu, fut maintenu dans sa noblesse, avec son frère François, par jugement de Bignon, intendant de Picardie, du 9 juin 1705.

LESSOPIER.

Armes : d'argent au chevron de gueules accompagné de trois molettes d'éperon de même.

Barbe Lessopier, qui était en 1552 femme de François Maillard, écuyer, vicomte de Cambet et de Menchecourt, parait avoir été une des dernières représentantes de cette maison. Elle descendait de Jean Lessopier, dit Grand Camp, qui était châtelain et gouverneur du château de La Broye lorsque Philippe de Valois s'y arrêta pendant quelques heures, le soir de la bataille de Crécy, 26 août 1346. « Si chevaucha le dit roi tout lamentant et complaignant ses gens jusques au châtel de La Broye. Quand il vint à la porte il la trouva fermée et le pont levé, car il estoit toute nuit et faisoit moult brun et moult épais. Adonc fit le roi appeler le châtelain, car il vouloit entrer dedans. Si fut appelé et vint avant sur les guérites, et demanda tout haut — qui est là qui heurte à cette heure ?. — Le roi Philippe qui entendit la voix, répondit et dit — ouvrez, ouvrez, châtelain, c'est l'infortuné roi de France. — Le châtelain saillit tantôt avant, qui reconnut la parole du roi de France et qui bien savoit que ja les leurs estoient desconfits par aucuns fuyants qui étoient passés dessoubs le château. Si abaissa le pont et ouvrit la porte. » (*Froissart, liv. 1ᵉʳ, part. 1ʳᵉ, ch. 292.*)

L'ÉTOILE.

Armes : *d'azur à trois molettes d'éperon d'or posées aux trois premiers quartiers, et un besant de même au quatrième.* — **Supports** : *deux lions.* — **Cimier** : *une molette d'éperon dans un vol banneret.*

Cette famille fut maintenue dans sa noblesse par jugement de Bignon, intendant de Picardie, le 27 avril 1708, sur preuves remontant à 1549. Elle n'était pas originaire de Picardie, comme le dit le grand nobiliaire, mais de Ponthieu où le nom de L'Étoile se rencontre souvent au xv° siècle.

1. — Guillaume DE L'ÉTOILE, écuyer, homme d'armes des ordonnances du roi, en 1549, fut père de Jean, qui suit :

2. — Jean DE L'ÉTOILE, écuyer, seigneur de la Callois, homme d'armes, puis maréchal-des-logis d'une compagnie de 50 hommes d'armes des ordonnances. Il épousa Isabeau de La Fosse. D'eux naquirent : 1° Jean, qui suit ; 2° Jacques, auteur de la deuxième branche qui suivra :

3. — Jean DE L'ÉTOILE, écuyer, seigneur de La Callois. Il obtint des lettres de relief de noblesse de Henri IV, le 14 juillet 1600. Il eut de Charlotte de La Haye, sa femme : 1° André, écuyer, seigneur de Broville, mort sans enfants ; 2° Nicolas, prêtre, chapelain de St.-Jean de Preure, en Boulonnais ; 3° Claude, qui suit ; 4° Pierre ; 5° Alexandre ; 6° Anne et Génoviève.

4. — Claude DE L'ÉTOILE, écuyer, seigneur du dit lieu, allié par contrat du 1ᵉʳ juillet 1633 à Gilette Poultier, dont : 1° Pierre, mort jeune ; 2° Jeanne, née le 2 mars 1645, fut maintenue dans sa noblesse, par Bignon, le 27 avril 1708.

DEUXIÈME BRANCHE.

3. — Jacques DE L'ÉTOILE, écuyer, seigneur de Beaufresne, épousa par contrat du 16 août 1606 Françoise de Latre. D'eux sont issus : 1° Antoine, qui suit ; 2° François, auteur de la troisième branche qui suivra.

4. — Antoine DE L'ÉTOILE, écuyer, seigneur de Fresneville, marié par contrat du 16 décembre 1646 avec Diane des Groiseliers qui lui donna : 1° Alexandre, qui suit ; 2° Charles, seigneur d'Aquitaine, capitaine de cavalerie ; 3° Françoise et Anne.

5. — Alexandre DE L'ÉTOILE, chevalier, seigneur de Fresneville, capitaine d'infanterie, allié par contrat du 17 avril 1685 à Claude de Latre. Il fut maintenu dans sa noblesse, par Bignon, avec ses frères et ses sœurs, le 27 avril 1708.

TROISIÈME BRANCHE.

4. — François DE L'ÉTOILE, écuyer, seigneur de Belleval, épousa par contrat passé le 28 novembre 1642 Marie de Ray, de laquelle il eut : 1° François, qui suit ; 2° Jean, écuyer, seigneur de Belleval, allié par contrat du 29 décembre 1681 à Marie de Belleval, et maintenu dans sa noblesse le 27 avril 1708.

5. — François DE L'ÉTOILE, écuyer, seigneur de Préville, allié par contrat du 10 novembre 1670 à Françoise du Royon. Il en avait eu : 1° Nicolas ; 2° François ; 3° Jacques ; 4° Henri ; 5° Jean ; 6° Marie-Françoise, quand, âgé de 63 ans, il fut maintenu dans sa noblesse, le 27 avril 1708.

LE VASSEUR.

La même difficulté qui s'était déjà présentée pour les Le Roy se renouvelle ici, mais plus sérieusement encore. On ne comptait pas moins de trois familles nobles du nom de Le Vasseur établies en Ponthieu et originaires de ce pays. La première dont je vais parler, celle des Le Vasseur de Sailly était de fort ancienne noblesse. Elle s'éteignit au XVI° siècle. Ses armes étaient : *D'argent à la bande d'azur accompagnée de six billettes de gueules, trois en chef et trois en pointe.*

1. — Adam LE VASSEUR, écuyer, était en 1380 possesseur d'un fief à Brucamp. Il eut pour fils Colart, qui suit, et Jean, allié à Isabelle Clabault, dont Antoinette, femme de Jean Baron en 1450.

2. — Colart LE VASSEUR, écuyer, seigneur de Sailly, épousa N. Quiéret de laquelle il eut ; 1° Jean, qui suit ; 2° Robert, mort échevin d'Abbeville en 1467 ; 3° Jeanne, femme de Wautier de Bersacles, puis de Jean Carpentin, tous deux écuyers.

3. — Jean LE VASSEUR, écuyer, seigneur de Sailly et de Sallenelle, fut marié avec Jeanne Lessopier. Ils furent inhumés dans l'église de St.-Wlfran-en-Chaussée, à Abbeville, et leur tombe fut transportée dans l'église actuelle de St.-Wlfran où on peut la voir encore brisée en plusieurs morceaux, au pied de l'escalier des tours. C'est « un bas relief en marbre noir de Dinant, enchassé dans un cadre en pierre d'ardoise, et représentant un homme et une femme agenouillés avec leurs enfants à la tête et aux pieds de Jésus-Christ mis au tombeau par Nicodème et Joseph d'Arimathie, en présence des saintes femmes qui apportent des parfums pour l'embaumer. Au-dessus de ce tableau est gravée l'épitaphe suivante en lettres gothiques — *Cy devant gisent Jehan Le Vasseur...* (ici les titres de noblesse furent grattés en 1793)... *en Vimeu et demisiele Jehanne Lessopiere sa femme, lesquelz ont fondé en cette cappelle une basse-*

messe perpétuelle que messeigneurs doyen, canoine et le curé de Saint-Nicolai de l'église de céans chascuns à son tour sont tenus de dire et célébrer par l'un deulx chascun jour incontinent après et messe au jour fixée; et trespassa ledit Jehan le xii° jour du mois de mai lan de grasce mil quatre cens xxx un, et ladite demisiele Jehanne trespassa le xix jour du mois doctobre lan de grasce mil quatre cens et huit. Priez pour leurs âmes. Au-dessous de la pierre on lit ces devises gravées sur une bande éployée — *Dieu soit loé de tout. Y fault faire le mieulx con peut.* » (Gilbert. Descript. de S. Riquier et de S. Wlfran d'Abbeville, p. 235.)

Il est difficile de trouver un monument plus authentique, une preuve plus certaine de la noblesse de la famille Le Vasseur. Jean laissa plusieurs enfants : 1° Pierre, qui suit ; 2° Philippe, mort jeune ; 3° Jean, prêtre, chanoine de St.-Wlfran en 1507 ; 4° Nicolas, aussi prêtre et chanoine de St.-Wlfran ; 5° N., femme de Nicolas Fauvel.

4. — Pierre Le Vasseur, écuyer, seigneur de Sailly, fut maïeur d'Abbeville en 1469, 1471, 1475, 1480, 1482, 1484 et 1486. De sa femme, Jeanne d'Abbeville, dite d'Yvregny, de l'illustre et ancienne maison qui était issue des comtes de Ponthieu, il eut : 1° Nicole, qui suit ; 2° Jeanne, alliée par contrat du 13 mars 1450 à Jean de Belleval, écuyer, seigneur de Belleval, Montfarville et Thibouville.

5. — Nicole Le Vasseur, écuyer, seigneur de Sailly-le-Sec, Sailly-Bray et Bienfay, lieutenant-général en Ponthieu, fut maïeur d'Abbeville en 1498. Il épousa Marie de May et n'en eut que quatre filles : 1° Marguerite, alliée à Thierry de Lisques, écuyer; 2° Colaye, femme de Jean de Bacquel, écuyer; 3° Jeanne, femme de Jean Bournel, écuyer, seigneur de Namps; 4° Marie, première femme de Nicolas de Saint-Blimond, écuyer, seigneur de Ponthoiles.

LE VASSEUR.

Armes : *Échiqueté d'or et d'azur de quatre traits au chef d'or chargé d'une rose et d'une demi-mollette de gueules.*

Cette famille est entièrement différente de la précédente. Elle fut maintenue dans sa noblesse sur preuves remontant jusqu'au 8 août 1518. Son premier auteur connu est Gérard Le Vasseur qui vivait en 1273 ; mais à partir de son petit fils s'ouvre une vaste lacune et la filiation est interrompue jusqu'à l'époque à laquelle commencent les preuves, c'est-à-dire jusqu'en 1518.

— Guérard LE VASSEUR, possesseur en 1273 d'un fief situé à Nolette et relevant d'Ouville, fut père du suivant.

— Robert LE VASSEUR, économe du chapitre de Noyelles en 1286, fut père d'un autre Robert.

— Robert LE VASSEUR. De lui est issu après plusieurs générations le suivant.

1. — Jean LE VASSEUR, écuyer, seigneur d'Ouville, vivant en 1518, dont vint Jacques.
2. — Jacques LE VASSEUR, écuyer, seigneur d'Ouville, vivant encore en 1589. De Marie Le Moictier, sa femme, il eut :
3. — Jean LE VASSEUR, écuyer, seigneur d'Ouville, qui présenta ses fiefs en 1575. Il a été allié à N. de Buigny-Cornehotte, et en a eu un fils.
4. — Flour LE VASSEUR, écuyer, seigneur d'Ouville, qui fut marié deux fois, 1° avec Suzanne Matiffas de La Salle, 2° avec N. de Sarcus. D'eux est issu Honoré.
5. — Honoré LE VASSEUR, écuyer, seigneur d'Ouville, produisant pour sa noblesse. Il épousa N. de Lisques et en eut un fils qui mourut sans alliance. Sa veuve se remaria à un de La Rue, écuyer, seigneur de la Vassourie.

LE VASSEUR.

Cette troisième famille de Le Vasseur est originaire de Rue où on la trouve établie dès le XIII° siècle. Malheureusement les documents manquent pour établir sa filiation d'une manière authentique depuis 1241 jusqu'en 1581, époque à laquelle commence la généalogie insérée dans le grand nobiliaire de Picardie. Pour combler cette vaste lacune, je citerai par ordre chronologique quelques personnages isolés. Aucun lien ne les rattache les uns aux autres; mais il est permis de croire d'après le séjour dans le même pays, la possession successive des mêmes fonctions et enfin l'identité des prénoms qu'ils étaient tous parents, peut-être même issus les uns des autres.

La famille Le Vasseur se divisa en trois branches au XVI° siècle. Il faut remarquer à ce propos la brisure assez peu usitée que les branches cadettes adoptèrent dans leur écusson pour se distinguer de la branche aînée; ainsi, au lieu d'ajouter à leurs armes un lambel, une cotice ou une bordure, ils en intervertirent les couleurs et les métaux. La branche aînée continua donc à porter : *D'argent à la fasce de sable surmontée d'un lion naissant et accompagnée en pointe de trois croissants le tout de sable,* tandis que les branches cadettes portèrent : *De sable à la fasce d'argent surmontée d'un lion naissant et accompagnée en pointe de trois croissants, le tout d'argent.* Supports : *deux lions.* Cimier : *un bras armé tenant une épée nue.*

— Thomas et Jean LE VASSEUR, à Rue en 1241.
— Thomas LE VASSEUR et demoiselle sa femme, à Rue en 1288.
— Thomas LE VASSEUR, homme-lige à Rue en 1303.
— Thomas et Regnier LE VASSEUR, à Rue en 1308.
— Jacques LE VASSEUR en 1339.
— Jacques LE VASSEUR, procureur et receveur du roi d'Angleterre en 1362.

— Willelme Le Vasseur, prévôt de St.-Riquier en 1367.

— Regnier Le Vasseur en 1372.

— Béatrix de Gueschart, veuve de Jean Le Vasseur en 1384.

— Jean Le Vasseur en 1440.

La généalogie prouvée par titres pour la maintenue de 1699 commence avec le suivant.

1. — Pierre Le Vasseur, écuyer, seigneur d'Hiermont, capitaine de la ville de St.-Riquier, fut allié : 1° à Claude de Boubers, 2° par contrat passé le 8 février 1548 à Marie Cordier. De la première, il eut Charles, qui suit.

2. — Charles Le Vasseur, écuyer, seigneur d'Hiermont, épousa par contrat du 13 septembre 1541 Marguerite Le Brun; de cette union naquirent : 1° Hugues, écuyer, seigneur d'Hiermont, capitaine de chevau-légers ; 2° Antoine, qui suit.

3. — Antoine Le Vasseur, écuyer, seigneur de Neuilly-le-Dien, capitaine au régiment de Rochepot, fut marié deux fois. En premières noces il épousa par contrat du 8 septembre 1563 Isabeau du Maisniel, dont il eut Louis, qui suit, et Pierre; en secondes noces il épousa par contrat du 7 janvier 1597 Antoinette de Belleval dont il eut François, auteur de la deuxième branche, et Nicolas, auteur de la troisième branche, qui suivront.

4. — Louis Le Vasseur, écuyer, seigneur de Neuilly-le-Dien, épousa par contrat du 23 décembre 1607 Marie Le Blond, qui ne lui donna qu'un fils.

5. — Louis Le Vasseur, écuyer, seigneur de Neuilly-le-Dien, fut allié : 1° par contrat du 22 février 1634 à Françoise Gerlofs ; 2° par contrat du 13 décembre 1637 à Gabrielle de Béry dont il eut Louis, qui suit, et Antoine, écuyer, maintenu dans sa noblesse avec son frère.

6. — Louis Le Vasseur, écuyer, seigneur de Neuilly-le-Dien et de Flers, se maria deux fois comme son père, 1° par contrat du 25 avril 1669, avec Catherine Trouvain, 2° par contrat du

8 février 1684, avec Marie-Yolande de Bertin. De la première il avait eu Louis-Claude, et de la deuxième Marie-Hélène et Geneviève, quand il fut maintenu dans sa noblesse par jugement de Bignon, intendant de Picardie, du 3 janvier 1699.

DEUXIÈME BRANCHE.

4. — François Le Vasseur, écuyer, seigneur de Neuilly-le-Dien, épousa par contrat du 18 janvier 1640 Marie Danzel : de cette union sont issus : 1° Pierre, qui suit ; 2° Marguerite, alliée par contrat du 8 février 1680 à Charles de Belleval, chevalier de Bois-Robin, seigneur et baron de la Neufville : 3° Marie, femme de Joachim de Belleval, chevalier, seigneur d'Aigneville.

5. — Pierre Le Vasseur, écuyer, seigneur de Neuilly-le-Dien, fut allié par contrat du 17 juin 1680 à Françoise du Maisnil. De cette union naquirent six fils, Jean-Baptiste, Charles, Henry, Pierre, Gilles, François, et une fille, Catherine. Pierre fut maintenu dans sa noblesse, avec ses enfants, par jugement de Bignon, intendant de Picardie, du 21 avril 1699.

TROISIÈME BRANCHE.

4. — Nicolas Le Vasseur, écuyer, seigneur d'Andainville et de Courtieux, épousa, par contrat du 14 juillet 1640, Nicole du Four, de laquelle il laissa deux fils : 1° Augustin, qui suit ; 2° Pierre, écuyer, seigneur d'Andainville, allié à Antoinette L'Yver et maintenu dans sa noblesse avec son frère.

5. — Augustin Le Vasseur, écuyer, seigneur d'Andainville et de Courtieux, marié par contrat du 25 juin 1668 avec Marie Aux

Couteaux, dont il eut Pierre et Jean, gardes du corps du roi, et Charlotte. Ils furent maintenus dans leur noblesse, le 21 avril 1699, par jugement de Bignon, intendant de Picardie.

LE VER.

Armes : *D'argent à trois sangliers de sable, deux et un, accompagnés de neuf trèfles de même, trois en chef, trois en fasce et trois en pointe.* Cimier et supports : *trois lions.*

Cette famille, éteinte depuis peu d'années dans la personne de M. le marquis Le Ver, était incontestablement la plus illustre de tout le Ponthieu et une des plus anciennes, sinon la plus ancienne de toute la Picardie. Elle se divisa en deux branches qui furent maintenues dans leur noblesse, l'aînée par jugements de Bignon, intendant de Picardie, des 24 mai 1698 et 9 septembre 1699, la cadette par jugement de La Bourdonnaye, intendant de Rouen, du 8 novembre 1697, sur preuves depuis le 25 juin 1375. La généalogie suivie et prouvée commence en réalité avec Hugues Le Ver, vivant en 1160. C'est ainsi qu'elle a été dressée avec le plus grand soin par le chevalier de Courcelles, qui s'est inspiré d'un travail exécuté en 1753, pour le cabinet du Saint-Esprit, par Clairembault, généalogiste des ordres du roi. J'emprunte donc ce qui suit à l'excellent travail de M. de Courcelles. On y remarquera que cette grande maison de Le Ver s'allia constamment aux meilleures familles de la province, qu'un grand nombre de ses membres furent revêtus de hautes dignités et remplirent notamment vingt-deux fois la charge de maïeur d'Abbeville.

1. — Hugues Le Ver, maïeur d'Abbeville en 1183, 1194, 1197 et 1202, fut père, à ce que l'on pense, du suivant :
2. — Thomas Le Ver, maïeur d'Abbeville en 1236, 1238, 1240, 1242 et 1244. De lui est né Firmin, qui suit.

3. — Firmin LE VER, maïeur d'Abbeville en 1267 et 1269; il était mort avant 1295, laissant de Tiéphaine, sa femme, un fils.

4. — Thomas LE VER, maïeur d'Abbeville en 1317, 1327, 1330, 1333, 1341 et 1345. Il épousa Marguerite Le Moiste. De leur union naquit Colart, qui suit.

5. — Colart LE VER, maïeur d'Abbeville en 1346. Il fut père de : 1° Firmin, qui suit; 2° Colart, père de Robert, mort sans postérité, et de Colart, prince du Puits-d'Amour en 1390, qui d'Anne Le Caron, laissa deux fils morts sans postérité; 3° Marguerite, alliée à Pierre Le Carbonnier, dont elle était veuve en 1392.

6. — Firmin LE VER, écuyer, seigneur de la Pairie de Halloy qu'il acheta en 1365 à N. de Canaples. Il fut maintenu dans sa noblesse par les commissaires pour les francs-fiefs et nouveaux acquets, le 25 juin 1375. Il fut maïeur d'Abbeville en 1380, 1383 et 1386. Il mourut peu après 1511, laissant plusieurs .fants de Marie Waignon, sa femme : 1° Thomas, qui suit; 2° Colart, écuyer, capitaine des arbalétriers et pavoisiers de la ville d'Abbeville; 3° Firmin, prieur des Chartreux; 4° Marie, femme de Firmin Le Flament, puis de Jean, dit Foucault de Hesdin, écuyer, huissier d'armes du roi; 5° Marguerite.

7. — Thomas LE VER, écuyer, seigneur de Caux et de Halloy, épousa Agnès Lenganeur, par contrat du 7 décembre 1391. Elle apporta à son mari les seigneuries de Caux et de Tofflet qui lui venaient de son père. D'eux sont issus : 1° Pierre, qui suit ; 2° Thomas, écuyer, seigneur de Tofflet et de la Vassourie, maïeur d'Abbeville en 1439, mourut le 1er janvier 1440. De Marie Boussart, sa femme, il eut une fille, Marie, alliée par contrat du 5 mars 1455 avec Thierry de Lisques, à qui elle apporta la seigneurie de Tofflet; 3° Jean, sommelier de l'échansonnerie du comte de Charolais, allié à Jeanne Parent; 4° Nicolas, chanoine de St.-Wlfran d'Abbeville; 5° Marie, femme de Jean de Tinguery.

8. — Pierre Le Ver, écuyer, seigneur de Caux et pair de Halloy, maître de l'artillerie et lieutenant du château d'Abbeville, épousa 1° Jeanne de Rue, 2° Catherine Le Doulx. De la première il eut un fils qui suit.

9. — Jean Le Ver, écuyer, seigneur de Caux et pair de Halloy, épousa Mariette Malicorne. Il mourut vers 1470 et sa veuve se remaria avec Jean de Fosseux, écuyer, puis avec Nicolas Le Prévost, écuyer, seigneur du Quesnoy. Jean laissa deux fils : 1° Jean, qui suit; 2° Nicolas, auteur de la deuxième branche, qui suivra.

10. — Jean Le Ver, écuyer, seigneur de Caux et de Framicourt, pair de Halloy, mort vers 1522 laissant d'Antoinette Journe, sa femme : 1° Pierre, qui suit; 2° Antoinette, mariée par contrat du 5 juin 1519 avec Jean d'Aigneville, écuyer, seigneur de Millencourt, puis avec Richard de Morvillers, écuyer, seigneur de Courcelles.

11. — Pierre Le Ver, écuyer, seigneur de Caux et de Framicourt, pair de Halloy. Il épousa par contrat du 6 avril 1528 Marie de Saint-Blimond. Il n'eut d'elle qu'une fille. En deuxièmes noces il épousa Anne Le Moictier qui lui donna : 1° Jean, écuyer, seigneur de Caux, marié avec Barbe d'Amerval, et mort sans enfants; 2° André, mort sans postérité; 3° François, qui suit; 4° Nicolas, mort sans alliance; 5° Claire, mariée par contrat du 2 septembre 1571 avec Adrien de Moyencourt, seigneur de Moismont; 6° Marguerite, mariée avec Pierre d'Amerval, écuyer, seigneur de Maison-Ponthieu, puis avec Jean Cocquet, écuyer.

12. — François Le Ver, écuyer, seigneur de Caux, Pray, Framicourt et pair de Halloy, épousa par contrat du 6 novembre 1576 Antoinette des Groiseliers. Celle-ci ne lui donna qu'un fils, et étant devenue veuve, se remaria par contrat du 12 septembre 1585 avec Philippe de Sacquespée, écuyer, seigneur de Selincourt et de Thésy, huissier ordinaire de la chambre du roi.

13. — Flour Le Ver, écuyer, seigneur de Caux, Pray, Frami-

micourt et de la Vassourie, pair de Halloy, gentilhomme servant du roi et capitaine de St.-Riquier. Il fut marié par contrat du 28 août 1605 avec Charlotte de Gaillarbois. Il mourut vers 1635, laissant : 1° André, qui suit ; 2° Jacques, reçu chevalier de Malte le 25 décembre 1633 ; 3° Henri, chevalier, seigneur de la Vassourie, allié par contrat du 5 novembre 1649 à Anne-Marie Le Normand de Tronville, dont Charles, chevalier, seigneur de la Vassourie, major de dragons, mort sans enfants de Judith de Montmorency qu'il avait épousé le 8 février 1700 ; 4° Flour, écuyer, seigneur de Framicourt ; 5° Jean, écuyer ; 6° Catherine, alliée par contrat du 13 août 1634 à François de Campulley, chevalier, seigneur de Saint-Ouen ; 7° Jeanne, mariée par contrat du 24 mai 1649, avec Charles-André Truffier, écuyer, seigneur du Fresnel.

14. — André LE VER, chevalier, seigneur de Caux, Pray, Framicourt et Auchy, pair de Halloy, capitaine de St.-Riquier. Il épousa par contrat du 29 novembre 1636 Jeanne de La Rue, dame de Bernapré. D'elle il eut : 1° Jean, qui suit ; 2° René, mort sans alliance ; 3° André, seigneur de Hanicourt, garde du corps du roi, mort sans alliance ; 4° Anne, femme du seigneur de Saint-Germer de Flex ; 5° Madeleine ; 6° Catherine, mariée par contrat du 14 novembre 1667 avec François de Polhoy, écuyer, seigneur de Touffreville ; 7° Françoise, mariée par contrat du 20 avril 1688 avec André de Crény, écuyer, seigneur de Roupied.

15. — Jean LE VER, chevalier, pair de Halloy, seigneur de Caux, Auchy, Bernapré et Framicourt, capitaine et gouverneur de St.-Riquier. Il fut maintenu dans sa noblesse, par jugement de Bignon, intendant de Picardie, du 9 septembre 1699. Il épousa Catherine Le Roy de Valanglart par contrat passé le 24 juin 1665. Il épousa en secondes noces Anne-Julie de la Chaussée d'Eu, par contrat du 23 juillet 1686. Du premier lit naquirent : 1° Jean-Hubert, qui suit ; 2° André, chevalier, seigneur de Bernapré, mort célibataire au château de Caux en mars 1750 ; 3° Charlotte ; 4° Catherine. Du second lit naquit un fils : 6°

Jérôme-Alexandre Le Ver, dit le chevalier de Caux, reçu chevalier de Malte le 15 février 1715, prit le titre de comte de Caux pour son mariage, le 6 janvier 1755, avec Anne-Philippe-Aglaé Foubert. Il devint chevalier de St.-Louis et mestre de camp de cavalerie e mourut sans enfants le 12 janvier 1760.

16. — Jean-Hubert LE VER, chevalier, marquis de Caux, pair de Halloy, seigneur de Pray, Bernapré, Anchy, capitaine au régiment du roi, gouverneur de St.-Riquier. Il épousa par contrat du 17 juillet 1702 Anne-Louise Gaillard de Boencourt. En secondes noces il épousa Constance-Hippolyte-Charlotte de Clercy. Il mourut en 1739, laissant plusieurs enfants : 1° Jean-Louis-Hubert, qui suit ; 2° Jean-François-Hubert, chevalier, page du roi en la grande écurie ; 3° Julie-Huberte ; 4° Marie-Emmanuelle, mariée par contrat du 21 mars 1744, avec Henry-Joseph Heuzé, chevalier, seigneur de Hurtevent, capitaine au régiment royal, dragons. Après la mort de son neveu, dernier de la branche aînée, les terres de Halloy et de Caux lui revinrent. Ses petits-enfants vendirent Halloy en 1816.

17. — Jean-Louis-Hubert LE VER, chevalier, marquis de Caux, pair de Halloy, seigneur de Caux, Bernapré, Hanicourt et Oissy, brigadier d'infanterie des armées du roi, chevalier de St.-Louis. Il avait épousé par contrat passé le 14 mai 1743 Marie-Antoinette-Madeleine Trudaine. De cette union naquirent : 1° N..., marquis de Caux, mort à marier en mai 1766 ; 2° Emmanuel-Daniel-Antoine-Hubert, qui suit.

18. — Emmanuel-Daniel-Antoine-Hubert LE VER, chevalier, marquis de Caux, pair de Halloy, seigneur de Caux, Bernapré et Oissy, garde de la marine, puis mousquetaire du roi. Il mourut, sans avoir été marié, le 18 octobre 1771. Tous ses biens passèrent à sa tante, Mme de Heuzé de Hurtevent.

DEUXIÈME BRANCHE.

10. — Nicolas LE VER, écuyer, seigneur de Busmenard, eut de sa femme, dont le nom est inconnu, entr'autres enfants, Jean, qui suit.

11. — Jean LE VER, écuyer, seigneur de Busmenard, Villers et Pailletot, épousa en premières noces, par contrat du 15 septembre 1526, Marguerite de Haucourt ; en secondes noces il épousa Lamberte Hourde ; en troisièmes noces il fut allié avec Jeanne de Frétin ; sa quatrième femme enfin fut Hélène de Torcy, qu'il épousa par contrat passé le 9 avril 1559. Ses enfants furent : 1° Nicolas, qui suit ; 2° François, écuyer, seigneur de Potteau, marié par contrat du 15 décembre 1578 avec Marie de La Croix. Leurs enfants furent : Nicolas, écuyer, seigneur de Buire-en-Halloy, allié en 1618 avec Madeleine de Rambures ; Antoinette, alliée par contrat du 7 août 1611 avec Claude Hurtel, écuyer, seigneur de Tyrancourt ; Madeleine, alliée par contrat passé le 7 août 1611 avec Michel de Montadion, écuyer, seigneur de La Ferrière, sergent-major au régiment de Picardie ; Antoinette, mariée avec Sidrac du Four, écuyer, seigneur de la Rivière ; Marie, alliée par contrat du 14 juin 1618, à Mathieu Bodart, écuyer, seigneur du Buisson et de Franqueville.

12. — Nicolas LE VER, écuyer, seigneur de Busmenard et de Chantraine, épousa par contrat du 9 avril 1559 Michelle de Beauvisage, dame de Chantraine qui le rendit père de : 1° Jean, qui suit ; 2° Oudart, écuyer ; 3° Antoine, écuyer ; 4° François, écuyer, seigneur de Busmenard, homme d'armes dans la compagnie de Mgr le Dauphin ; 5° Marguerite, mariée par contrat du 24 février 1603 avec François d'Abancourt, écuyer, seigneur de Saint-Blancard et de Courcelles.

13. — Jean LE VER, écuyer, seigneur de Busmenard, Chantraine et Fressenneville, capitaine d'une compagnie de cent hommes

de pied. Il épousa Madeleine de Rune, dame d'Escouelle, par contrat passé le 30 avril 1587. De cette union sont issus : 1° Nicolas, qui suit ; 2° Marie, alliée par contrat du 1ᵉʳ septembre 1610 à Antoine du Quesnoy, écuyer, seigneur de Resty ; 3° Charlotte, mariée par contrat passé le 28 janvier 1625, avec Jean Godard, écuyer, seigneur de Briençon.

14. — Nicolas LE VER, chevalier, seigneur de Busmenard, Chantraine, Fressenneville, Villers, baron de Couvay, gentilhomme ordinaire de la chambre du roi, conseiller d'État, lieutenant-colonel du régiment de Lorraine ; il épousa Jeanne Gaultier par contrat du mois de février 1653. Ses enfants furent : 1° Nicolas, chevalier, marquis de Chantraine, baron de Couvay, seigneur de Busmenard, Chantraine, Villers, etc., capitaine des gardes-côtes depuis Tréport jusqu'à Dieppe. Il épousa par contrat du 10 mai 1661 Madeleine du Bois, et mourut sans enfants ; 2° Jacques, chevalier, baron de Villers, seigneur et patron de Gonzeville, maître d'hôtel ordinaire du roi, lieutenant de roi de Dieppe, et lieutenant des maréchaux de France dans le pays de Caux : il se maria deux fois, d'abord avec Madeleine Le Cornier de Sainte-Hélène, par contrat du 2 février 1655 ; puis, par contrat du 5 mai 1676, avec Gabrielle de Droullin : d'elles il eut Anne-Marie, alliée par contrat du 7 juillet 1687 avec Pierre Baudouin, chevalier, seigneur du Basset, conseiller au Parlement de Normandie ; Géneviève, abbesse de Willencourt et Éléonore, prieure de la même abbaye ; 3° Louis, qui suit ; 4° Élisabeth, mariée par contrat du 10 mars 1655 avec François Cornu, chevalier, *dit* le marquis de Beaucamp.

15. — Louis LE VER, chevalier, seigneur de Busmenard, Chantraine, Villers et du Mesnil-David, capitaine au régiment de la Tour, infanterie. Il épousa 1° Françoise de Coppequesne, par contrat passé le 28 janvier 1650 ; 2° par contrat passé le 12 mars 1658, Élisabeth de Sarevillers de Bruncotte ; 3° Marthe Sublet, par contrat passé le 20 avril 1674. Il fut maintenu dans sa noblesse par jugement de M. de la Bourdon-

naye, intendant de Rouen, du 8 novembre 1697. De ses trois mariages naquirent : 1° Jacques-Philibert, qui suit ; 2° Louis-François, chevalier, seigneur de Villers, allié le 13 mars 1696 avec Géneviève-Élizabeth Bigant, dont Adrien, chevalier, seigneur de Villers, chevalier de Saint-Louis, qui de Thérèse Poulain eut une fille, Thérèse-Pauline, femme de N. Durand, baron de Pérignat ; 3° Charlotte, mariée le 20 octobre 1699 avec Daniel de Montmorency, chevalier, seigneur d'Acquest.

16. — Jacques-Philibert LE VER, chevalier, seigneur de Chantraine, capitaine au régiment de Picardie, fut maintenu dans sa noblesse par jugement de Bignon, intendant de Picardie, du 24 mai 1698. Il épousa, par contrat du 10 juin 1692, Marthe-Renée des Prés, de laquelle il eut : 1° Marie-Joseph, chevalier, seigneur de Chantraine, capitaine au régiment de Normandie, marié avec Ursule de Ternisien, dont N..., religieuse, et Ursule alliée par contrat du 19 octobre 1771 avec Louis-Michel-Vincent Le Canu, chevalier, vicomte de La Jonquière et de Bray ; 2° Augustin-César, qui suit ; 3° Marie-Anne, alliée par contrat du 12 juin 1724 à Charles-François de Beauvais, écuyer, seigneur de Vouty, Nullemont et Bonnelles, capitaine au régiment d'Uxelles ; 4° Reine-Charlotte, alliée par contrat du 25 août 1733, à Alexis-Charles des Hayes, écuyer, seigneur des Deffends.

17. — Augustin-César LE VER, chevalier, seigneur de Chantraine, capitaine au régiment de milice de Villebrun, fut allié par contrat du 16 février 1759 à Catherine-Jacqueline-Suzanne du Tertre. De cette union naquirent : 1° Louis-Augustin, qui suit ; 2° Marie-Rose-Suzanne, mariée par contrat du 27 novembre 1787, avec Charles-François-Marie de Cossette, chevalier, seigneur de Baucourt, ancien page du roi en la grande écurie.

18. — Louis-Augustin LE VER, *dit* le marquis Le Ver, colonel de cavalerie, chevalier de St.-Louis, a épousé par contrat du 27 décembre 1812, Marie-Charlotte-Antoinette de Partz de Pressy.

Il n'en eut pas d'enfants et mourut le 8 octobre 1840. En lui s'éteignit la famille de Le Ver.

LIMEU.

Armes : *de sable à trois anges de face, les mains jointes et les ailes éployées, d'or.*

Je n'ai pu rétablir la généalogie de cette famille qui a marqué à Abbeville. Je me bornerai à quelques citations qui prouveront amplement son ancienne noblesse.

— Mahieu DE LIMEU fut chanoine de St.-Wlfran en 1121.
— Gaultier DE LIMEU, chevalier, en 1255.
— Jean DE LIMEU, écuyer, sire de Laviers, en 1293.
— Robert DE LIMEU, chapelain en 1328.
— Jean DE LIMEU, écuyer, avait épousé Jeanne Clabault. Il mourut en 1420 et sa veuve se remaria en 1421, avec Jean de Nouvion.
— Jean DE LIMEU, fils du précédent, écuyer, seigneur d'Yeucourt, avait épousé Marie de Beauvais. Il occupa plusieurs fonctions importantes à Abbeville. Il fut successivement maïeur de bannière (1439), lieutenant du bailli (1437), auditeur du roi (1443), bailli de St.-Pierre (1465), échevin (1427, 1441, 1445, 1452, 1454, 1460 et 1462) et enfin huit fois maïeur (1446, 1447, 1448, 1450, 1452, 1454, 1460 et 1462). Il fit son testament en 1470 et légua à l'église St.-Georges « sa bonne robbe de drap noir doublée de martres. » Il mourut vers 1470, ne laissant, à ce que l'on croit, qu'un fils bâtard nommé Colenet de Limeu.

On trouve plus tard d'autres Limeu, mais sans qualifications nobiliaires et n'habitant plus Abbeville. Rien ne prouve qu'ils aient appartenu à la maison dont je viens de m'occuper.

LISQUES.

Armes : *bandé d'argent et d'azur de six pièces, à la bordure de gueules.* Tous les sceaux des de Lisques qui sont conservés dans la collection de Clairembault portent *la bordure engrêlée.* — Supports : *deux sauvages.* — Cimier : *un cygne, les ailes éployées, dans un vol banneret.*

La maison de Lisques, originaire du Boulonnais, mais habituée en Ponthieu depuis le xiv° siècle, s'est éteinte en 1770 dans la personne de messire François-Joseph de Lisques, chevalier, marquis de Lisques et de Favières, seigneur de Tofflet, Genvillers et Caix en partie, seigneur haut-justicier du grand et du petit Laviers. Ses biens furent partagés ou vendus, ses titres dispersés, et le seul monument qui reste en Ponthieu de ces hauts et puissants seigneurs est une tombe dont l'inscription s'efface chaque jour sous les pieds des fidèles, dans une pauvre église de village, à Laviers.

La maison de Lisques fut maintenue dans sa noblesse, par jugement de Bignon, intendant de Picardie, du 17 décembre 1707, sur preuves remontant jusqu'à Thierry de Lisques, vivant le 23 février 1532. Cette généalogie servira encore à prouver combien était déplorable le système adopté pour les maintenues de Bignon et de Bernage en Picardie, puis qu'elle a *onze degrés de moins* que celle que je vais donner, et qui a été dressée sur les documents les plus authentiques tirés de nos grandes collections publiques.

1. — Mathieu DE LISQUES, chevalier, vivant en 1431, épousa Marie d'Ongnies, dont il eut le suivant (1).

(1) On lui attribue la fondation de l'abbaye de Lisques. C'est une erreur. Il ne fit que l'enrichir. Celle-ci avait été fondée sous l'invocation de la sainte Vierge par Robert de Lisques, dit Barbat, probablement le grand-père de Mathieu, qui y établit quatre chanoines séculiers. Baudoin, son successeur, en partant pour Jérusalem, assigna ses quatre prébendes aux chanoines de l'église de Waten (Waben ?). Enfin Milon, évêque de Thérouanne, appela des religieux Prémontrés de St.-Martin de

2. — Enguerran DE LISQUES, chevalier, seigneur de Lisques, fut allié à N. d'Ollehain. De lui est issu Guillaume.

3. — Guillaume DE LISQUES, chevalier, seigneur de Lisques, épousa Jeanne de Mailly. Son fils et successeur fut Philippe.

4. — Philippe DE LISQUES, chevalier, seigneur de Lisques, allié à Marie de Hallwin, eut d'elle Jean, qui suit.

5. — Jean DE LISQUES, chevalier, seigneur de Lisques, épousa Jeanne de Calonne de Courtebonne. De cette union naquit Jean.

6. — Jean DE LISQUES, chevalier, sire et baron de Lisques, gouverneur de Gravelines, épousa Marie d'Auxy de laquelle il eut : 1° Mathieu, qui suit ; 2° Jean, chevalier, mentionné au compte du domaine de 1377. Il servait en qualité de chevalier banneret sous messire Hue de Chatillon, maître des arbalétriers de France et gouverneur de Picardie ; 3° Colart, chevalier banneret ; 4° Claude, femme de Jean de Belleval, écuyer, seigneur de Belleval.

7. — Mathieu DE LISQUES, chevalier, baron de Lisques, qualifié *monseigneur* et *chevalier* au compte du domaine de Ponthieu de 1400. Il épousa Marie de Chatillon. D'eux sont issus : 1° Jean, chevalier, seigneur et baron de Lisques, allié à Anne de Créquy, dont une seule fille, Béatrix, qui fut femme de Jean de Recourt, chevalier, seigneur et baron de Lens. C'est pour cette alliance que la famille de Recourt posséda le titre de marquis de Lisques. C'était donc à tort et injustement, puisque la famille de Lisques n'était pas éteinte et qu'on ne pouvait usurper son nom ; 2° François, chevalier, créé comte de Rupermonde, baron de Visquerque et chevalier de la Toison d'or ; il épousa Marie de Lisle et en eut Jean, chevalier, et Antoinette, femme de Jean de Recourt, chevalier ; 3° Florent, qui suivra ; 4° Nicolas, chevalier.

Léon, et leur confia en 1182 la garde et le gouvernement de l'abbaye de Lisques. Elle devint très célèbre et eut beaucoup à souffrir pendant les guerres avec les Espagnols. Elle fut brûlée en 1674 et réédifiée en 1702.

8. — Florent DE LISQUES, écuyer, seigneur de Lesbeuf, fut allié à Françoise de Longvillers, dont il eut le suivant.

9. — Lancelot DE LISQUES, écuyer, seigneur de Lesbeuf, eut quatre fils de Jacqueline Le Borgne, sa femme : 1° Thierry, qui suit ; 2° Dom Jean, religieux et trésorier de l'abbaye de St.-Vaast d'Arras ; 3° Louis, écuyer, allié à Marie de Morant ; 4° Gilles, chevalier, seigneur de Lesbeuf, qui d'Agnès d'Ollehain eut une fille, Antoinette, femme de Baudoin de Calonne, chevalier, seigneur de Courtebonne.

10. — Thierry DE LISQUES, écuyer, seigneur de Lesbeuf, échevin, puis maïeur d'Abbeville en 1465, nommé bailli d'Abbeville en 1466. Il épousa Marie Le Ver, dame de Tofflet et de la Vassourie, par contrat du 5 mars 1455. De cette union naquirent : 1° Ferry, qui suit ; 2° Anne, alliée à Adrien de St.-Ouen, écuyer, par contrat du 21 décembre 1476 ; 3° Barbe, femme de N. de La Rouëre, écuyer, seigneur de Ribeaucourt.

11. — Ferry DE LISQUES, écuyer, seigneur de Tofflet, lieutenant-général de la sénéchaussée de Ponthieu, fut maïeur d'Abbeville en 1504. Il épousa en premières noces Colombe de Dormans ; en secondes noces Gilette le Boucher, par contrat du 5 mars 1516. De lui sont issus : 1° Thierry, qui suit ; 2° Claude, écuyer ; 3° Paul, écuyer, seigneur de Lesbeuf, allié à N. Le Moictier, dame de Caux, dont une fille, Jeanne, femme de Pierre des Essarts, écuyer, seigneur de Meigneux ; 4° N. de Lisques ; 5° Claude, alliée d'abord à N. de Dancourt, écuyer, seigneur de La Retz, puis à Nicolas de St.-Blimond, écuyer, seigneur de Ponthoiles.

12. — Thierry DE LISQUES, écuyer, seigneur de Tofflet, fut allié à Marguerite Le Vasseur de Sailly, par contrat du mois de juin 1538. Il eut d'elle : 1° Nicolas, qui suit ; 2° Charles, écuyer, mort sans postérité de Marie Cardon, sa femme ; 3° Anne, femme de Jérôme de Frétin, écuyer, seigneur de Vron et de Ponthoiles.

13. — Nicolas DE LISQUES, écuyer, seigneur de Tofflet et de Bouil-

lencourt, épousa 1° Marie de Boubers, 2° Françoise de Crespieul. De la première naquit Oudart, qui suit.

14. — Oudart DE LISQUES, écuyer, seigneur de Tofflet, Thunc et du Mesnil, épousa par contrat du 26 juin 1602 Anne de Gouy. De ce mariage sont issus : 1° François, mort à marier ; 2° Nicolas, qui suit ; 3° Charles, écuyer ; 4° Anne, alliée à Pierre Le Prévost, écuyer, seigneur de Glimont ; 5° Françoise, femme de Pierre de Guisselin, écuyer, seigneur de Chipilly.

15. — Nicolas DE LISQUES, écuyer, seigneur de Tofflet, la Motte et Le Mesnil, gouverneur et capitaine de la châtellenie de Noyelles, capitaine de cavalerie au régiment de Montcavrel, se maria trois fois. En premières noces il épousa Anne Tillette d'Offinicourt, par contrat du 25 février 1634. En deuxième noces, il épousa, par contrat du 13 janvier 1637, Marie Le Fournier ; enfin, en troisièmes noces il épousa Madeleine de Monchy, par contrat passé le 9 mars 1653. Des deux derniers mariages naquirent : 1° François, qui suit ; 2° Antoine, écuyer, né en 1696, capitaine d'infanterie au régiment de Querchan, au service du roi d'Espagne ; 3° André, né en 1654 et mort en bas âge ; 4° Madeleine, femme de Jean de La Rue, chevalier ; 5° Catherine, alliée à Jean de Carpentin, chevalier, seigneur de Hanchy ; 6° Anne, restée fille.

16. — François DE LISQUES, chevalier, seigneur de Tofflet, Nuerville et le Mesnil, capitaine au régiment de Rambures, épousa Louise de Montejan, par contrat du 12 février 1675. De ce mariage n'est issu qu'un fils unique.

17. — François-Joseph DE LISQUES, chevalier, marquis de Lisques, seigneur de Tofflet, Laviers, Moulineaux et Nuerville, fut allié à Marie-Jeanne-Angélique Le Roy de Valanglart, par contrat passé le 5 janvier 1701. Il fut, dans sa jeunesse, page du prince de Condé. Il périt d'une manière tragique et fut assassiné dans le bois de Laviers, le 30 mai 1709. Son cadavre fut caché sous des feuilles, et on dit que ce n'est que quelque temps après qu'il fut découvert par un taureau qui fouillait avec ses cornes le monceau qui le recouvrait. Le marquis de Lisques

avait été maintenu dans sa noblesse le 17 décembre 1707 ; il laissait quatre enfants : 1° François-Joseph, qui suit ; 2° André, chevalier, comte de Lisques, chambellan de l'Empereur Charles VI, n'eut pas d'enfants de Marie de Bergaik, fille du comte de Bergaik, ambassadeur du roi d'Espagne à Paris ; 3° François-Aimé, chevalier, baron de Lisques, mort en octobre 1738, sans alliance, après avoir servi dix ans en qualité de lieutenant dans le régiment de Mailly ; 4° Marie-Catherine, née le 24 septembre 1707.

18. — François-Joseph DE LISQUES, chevalier, marquis de Lisques et de Favières, seigneur de Tofflet, Genvillers et Caix en partie, seigneur haut-justicier du grand et du petit Laviers. Il épousa Marie-Gertrude Vaillant de Villers, par contrat passé le 25 juillet 1728. Il fut nommé maïeur d'Abbeville, le 24 août 1748. Il n'eut de son mariage que deux fils, Philippe-Aimé, né le 8 février 1730, mort le 1er avril suivant, et André-Marie, né le 17 août 1734, mort à marier.

François-Joseph, dernier de sa maison, fut enseveli avec ses ancêtres dans l'église de Laviers, sous une grande pierre placée au milieu de l'église, au dessous d'une marche qui exhausse le pavé de l'autel : sur cette pierre on lit l'inscription suivante :

« Ici est la sépulture des anciens seigneurs de Lisques dont le dernier décédé est haut et puissant seigneur messire François-Joseph de Lisques, chevalier, seigneur de Tofflet, Caix en partie, seigneur haut-justicier du grand et petit Laviers et dudit Tofflet, décédé le 30 mai 1709. — Et depuis est décédé haut et puissant seigneur messire François-Joseph, marquis de Lisques et de Favières, chevalier, seigneur des susdits lieux de Genvillers et Favières. »

« PRIEZ DIEU POUR LEURS AMES. »

Au dessous sont gravés une main avec les doigts en l'air et une tête de mort entre des os en croix.

LOURDEL.

Armes : *d'argent au sautoir de sable accompagné de huit perroquets de sinople becqués et membrés de gueules, mis en orle.*

Je ne connais pas la généalogie de cette famille et n'ai pu, malgré mes recherches, la retrouver nulle part. Tout ce que je sais, c'est que Nicolas Lourdel, demeurant rue aux Bourrettes, sur la paroisse du St.-Sépulcre, à Abbeville, était en 1570 capitaine du Guet, et que cette charge passa peu après à François Briet, son neveu et son héritier. C'est à cette époque que la famille Briet quitta ses anciennes armes pour adopter celles de Lourdel qu'elle porte encore.

L'YVER.

Cette ancienne famille est éteinte. Elle portait jadis pour armes : *d'or à deux fleurs de lys de sinople en chef et un sanglier de sable en pointe*, par allusion à son nom de l'Yver (Lys, Ver.) Elle écartela ensuite ces armes d'un écu : *d'argent à trois roses de gueules* : puis, enfin, elle abandonna tout-à-fait les premières pour ne plus porter que les secondes, avec *deux lions* pour supports, et *un lion naissant* pour cimier.

On trouve dans le cartulaire de St.-Pierre d'Abbeville, à l'année 1347, un Jean L'Yver, sans autre qualification que celle de riche bourgeois d'Abbeville. On trouve ailleurs Willame L'Yver, possesseur de biens à Miannay en 1374, et Jean L'Yver, possesseur de biens à Ligescourt en 1384. Tous trois étaient incontestablement membres de la famille qui m'occupe. Mais quelle était l'origine de celle-ci, c'est ce qu'il est difficile d'expliquer. Une note manuscrite du xviie siècle porte que les L'Yver sont originaires du village de Boencourt. Je pense que c'est une erreur. Il est vrai que dès 1430 Jean L'Yver, avec qui commence la généalogie suivie, était déjà seigneur de Boencourt ; mais cela ne prouve en rien que ses ancêtres aient tiré leur origine de Boencourt. Il y a tout lieu de croire, au contraire, que la famille L'Yver prit naissance à Abbeville. Elle fut maintenue dans sa noblesse par jugement de Bignon, du 6 février 1706, sur preuves depuis le 12 mai 1550. La généalogie suivie commence en réalité à l'année 1430, comme je vais l'établir.

1. — Jean L'Yver, seigneur de Boencourt, en 1430, fut allié à Antoinette Au-Costé, de laquelle il eut : 1° Jean, qui suit ; 2° Renaut, auteur de la deuxième branche qui suivra.

2. — Jean L'Yver, seigneur de Boencourt, eut pour femme Maroie de Wierre. Il mourut jeune et laissa sous la tutelle de leur oncle, Renault, ses deux fils qui étaient : 1° Jean, dont un fils, Antoine, mort enfant ; 2° Simon, qui continue la filiation.

3. — Simon L'Yver, fut héritier de son neveu Antoine. Il épousa Catherine de Calonne et eut pour fils le suivant.

4. — Pierre L'Yver, écuyer, seigneur du Festel et de la Trenquie, vicomte de Sottines, pair de la châtellenie de Bailleul, procureur et conseiller en 1506, plusieurs fois échevin et enfin maïeur d'Abbeville en 1540. Il fut marié quatre fois : 1° avec Marie de Franqueville, demoiselle du dit lieu, de Festel et de la Trenquie ; 2° avec Marguerite Boulon ; 3° avec Barbe de Calonne ; 4° avec Adrienne de Belloy. Il n'eut que trois filles, Barbe, femme de Jean Lamiré, écuyer, seigneur de Caumont ; Françoise, alliée à Ézéchias d'Arrest, écuyer, et Marie, femme de Jean Waignart.

DEUXIÈME BRANCHE.

2. — Renaut L'Yver fut père 1° de Colart, qui suit ; 2° de Renaut, auteur de la troisième branche qui suivra. Il fut échevin plusieurs fois et mourut en charge en 1508.

3. — Colart L'Yver, seigneur de Granval et de Belleville, mourut avant son père, laissant : 1° Jean, qui suit ; 2° Jeannet, procureur du roi, bailli du Titre, père de Nicolas qui fut père de Jean, mort avant 1613 sans postérité.

4. — Jean L'Yver, seigneur de Granval et de Belleville, mourut échevin en 1622. Il avait épousé Jeanne Jonglet qui lui donna 1° Jean, qui suit ; 2° Colaye, femme de Jean de Dompierre.

5. — Jean L'Yver, seigneur de Granval et de Belleville, maître des ouvrages du Ponthieu, fut allié à Antoinette de Calonne. Il n'en eut qu'une fille, Jeanne, demoiselle de Granval et de Belleville, femme de Philippe Parmentier, puis de N. Laignel.

TROISIÈME BRANCHE.

3. — Renaut L'Yver, écuyer, seigneur de Boencourt et de Lessart, fut allié à Marie d'Oresmieulx. Il fut père de quatre enfants : 1° Jean, qui suit ; 2° Marie, femme de Godefroy du Baucher ; 3° Antoinette, femme de Nicolas de Poilly ; 4° Colaye, alliée à Robert Deslaviers.

4. — Jean L'Yver, écuyer, seigneur de Boencourt et de Lessart, maître des ouvrages du comté de Ponthieu, épousa Périne Lardé. D'eux sont issus : 1° Jean, qui suit ; 2° Paul, chanoine et trésorier de St.-Wlfran ; 3° Louis, lieutenant de robe courte et bailli de Nouvion, en 1583, allié à Colaye Obin, dont Charles, chanoine de St.-Wlfran et curé de St.-Nicolas d'Abbeville, et Marguerite, femme de Robert Le Carbonier.

5. — Jean L'Yver, écuyer, seigneur de Boencourt et de Lessart, licencié-ès-lois, lieutenant-général du bailli d'Abbeville en 1568. Il épousa Marie Danzel par contrat passé le 18 mars 1564, et mourut le 7 mars 1582, laissant : 1° Jean, qui suit ; 2° Charles, écuyer, seigneur d'Infray, allié à Marie Griffon, dont deux fils morts sans alliance, et une fille, Elisabeth-Charlotte, alliée à son cousin germain, comme on le verra tout à l'heure ; 3° Marie,

femme de Claude Gaillard, écuyer, seigneur de Grébaumaisnil ; 4° Marguerite, femme de Jacques Le Roy, écuyer, seigneur de Valines.

6. — Jean L'YVER, écuyer, seigneur de Boencourt, Lessart et Ferret, lieutenant-particulier en la sénéchaussée de Ponthieu, conseiller du roi et maïeur d'Abbeville en 1607, 1608 et 1616. Il épousa par contrat du 6 octobre 1602 Hippolyte Aliamet. Il mourut en 1623, laissant entr'autres enfants : 1° Jean, qui suit ; 2° Louise, alliée à Nicolas de Belleval, écuyer, seigneur du dit lieu, lieutenant au régiment d'Hocquincourt, par contrat du 1er février 1657.

7. — Jean L'YVER, chevalier, seigneur de Boencourt, seigneur et vicomte de Bouillencourt-en-Sery, du Hommet, et du Quesnoy, capitaine d'une compagnie de chevau-légers, épousa Anne de Bellangreville, par contrat passé le 4 novembre 1639. Celle-ci vivait encore en 1708. Il eut d'elle : 1° Jean, qui suit ; 2° Charles-Jean, écuyer, seigneur du Quesnoy, mort sans alliance ; 3° Marguerite, femme de Charles de Boubers, écuyer, seigneur d'Élincourt : 4° Marie, morte fille.

8. — Jean L'YVER, chevalier, seigneur et vicomte de Bouillencourt, et Le Quesnoy, épousa par contrat du 31 décembre 1663 sa cousine Élisabeth-Charlotte L'Yver, dame d'Infray. Il fut maintenu dans sa noblesse, le 6 février 1706, et avec lui furent maintenus ses enfants : 1° Louis, qui suit ; 2° Charles, seigneur de Bellegarde, allié à Françoise de Gaudemont, sans enfants ; 3° Renaut, *dit* le chevalier de Bouillencourt, enseigne au régiment de Forez ; 4° Anne, morte fille ; 5° Marguerite, sans alliance ; 6° Marie-Catherine, femme de Jean-Nicolas de Cacheleu, écuyer, seigneur de Vauchelles ; 7° Françoise.

9. — Louis L'YVER, chevalier, seigneur d'Infray et d'Hamicourt, fut allié à Charlotte d'Aigneville avec laquelle il vivait sans enfants en 1708. Il avait alors 32 ans.

M.

MACHY.

Armes : *d'azur à trois aigles d'or, au vol abaissé.*

Famille éteinte. Elle était de très ancienne noblesse, et originaire de Ponthieu. Le plus ancien de Machy que l'on connaisse est *Willardus de Maciaco*, qui vivait en 1195. On croit communément que Machy, situé entre Rue et Crécy, fut le berceau de cette famille dont on trouve au xiv° et au xv° siècles, tant à Abbeville qu'à Rue et dans tout le Ponthieu, une quantité de membres qu'il serait trop long d'énumérer ici. Il y eut aussi au xvi° siècle des de Machy, magistrats à Amiens. J'ignore s'ils appartenaient à cette maison de la généalogie de laquelle je n'ai pu reconstituer qu'un fragment que je donne ici.

1. — Hue de Machy, écuyer, en 1260, eut pour fils.

2. — Mathieu de Machy, chevalier, demeurant à Coquerel-sur-Somme. Il y possédait des fiefs et aussi à Fontaines, en 1300. Il eut pour fils et successeur :

3. — Pierre de Machy, dit Bournel, écuyer, seigneur d'un fief à Coquerel en 1325. Il laissa le suivant.

4. — Pierre de Machy, dit Bournel, écuyer, seigneur d'un fief à

Coquerel, en servit un aveu au roi en 1372. Il fut père du suivant.

5. — Henri DE MACHY, écuyer, dit *Kokerel*, demeurant au dit village, fut père de :
6. — Jean DE MACHY, écuyer, demeurant à Coquerel, dont vint :
7. — Jean DE MACHY, écuyer, seigneur d'un fief à Coquerel en 1509. Il fut allié à Marguerite de Biencourt, qui lui donna cinq enfants : 1° Charles, qui suit ; 2° Jeanne, femme de Jean de Calonne, écuyer, seigneur de Leulinghen ; 3° Marie, femme de Jean de Calonne, écuyer, seigneur d'Avesnes ; 4° N..., alliée à N. Brocquet, seigneur de Bellavesne ; 5° Marguerite, femme de David Offroy de La Barre.
8. — Charles DE MACHY, écuyer, allié à Denise de Damiette dont vint Jeanne, qui épousa Antoine de Béthisy, écuyer, seigneur de Camvermont.

MACQUET.

Armes : d'azur à la fasce d'argent, chargée d'une vivre d'azur et accompagnée de trois croissants d'or.

La famille Macquet, qui a marqué à Abbeville, s'y est éteinte à la fin du XVI° siècle. Si de cette branche principale il s'en est détaché d'autres, je ne les connais pas.

1. — Robert MACQUET, possesseur de grands biens au Crotoy, en 1384, fut père d'autre Robert, qui suit :
2. — Robert MACQUET demeurait à Abbeville en 1440, dans sa maison située sur le Pont-aux-Brouettes. En 1466, lors de l'inspection que l'on fit des armes que possédait chacun, en cas de siège, on trouva chez Robert Macquet « un capel de Montauban, un wantelet, une hallebarde en forme de langue de bœuf et un espieu. » Il eut un fils.

3. — Robert MACQUET, écuyer, seigneur de Huval par acquisition du 15 octobre 1484, épousa Martine de Grébaumaisnil qui acheta le dîmage de Montant, le 7 janvier 1480. D'eux est issu Jean, qui suit.

4. — Jean MACQUET, écuyer, seigneur de Huval et de la Capelle, licencié-ès-lois, lieutenant particulier à Abbeville, épousa 1° Marie Cornu, 2° Marguerite du Monchel. Il mourut le 2 août 1522 et fut enterré à Abbeville, dans l'église des Cordeliers, près du portail et de la porte du cloître. Il avait eu de sa première femme : 1° Jean, qui suit ; 2° Marie, femme de Nicolas Le Roy, écuyer, seigneur de Moyenneville ; 3° Antoinette, femme de Nicolas Lefebvre ; 4° Claire, alliée à Jean Guérault, écuyer, seigneur de Tourson ; 5° Marguerite, religieuse.

5. — Jean MACQUET, écuyer, seigneur de Huval et de la Capelle, lieutenant-général civil et criminel en la sénéchaussée de Ponthieu, épousa Anne Le Roy de Moyenneville. Il mourut le 19 novembre 1566 et fut enterré aux Cordeliers, près de son père. Il ne laissait que des filles : 1° Antoinette, alliée à François Mourette, seigneur de Cumont ; 2° Jacqueline, femme de Guy de Vaux, écuyer, seigneur du dit lieu et d'Aumâtre ; 3° Marie, sœur grise à Abbeville, morte le 8 septembre 1597 ; 4° Marguerite, femme de Nicolas Mallet, écuyer, seigneur de Thorel, La Planchette et Richemont, bailli général du duché d'Aumale.

MAILLEFEU.

Armes : *d'argent à cinq perroquets de sinople, becqués et membrés de gueules, mis en orle.*

Le premier de cette famille, que l'on trouve en Ponthieu, est Roger de Maillefeu, chanoine de St.-Wlfran d'Abbeville en 1121. On peut citer encore Jean de Maillefeu, maïeur d'Abbeville en 1216 et 1221,

Jean de Maillefeu possesseur d'un fief à Rue en 1327, Vincent de Maillefeu et Isabelle de Maillefeu, femme de Jean d'Avesnes, à Rue en 1390. D'eux descendait directement Girard, qui suit.

1. — Girard DE MAILLEFEU, écuyer, seigneur de Bouillancourt, épousa vers 1535 Marie de Bellangreville, de laquelle il eut : 1° Pierre, qui suit ; 2° Jeanne, femme de Nicolas Le Roy, écuyer, seigneur de Moyenneville.

2. — Pierre DE MAILLEFEU, écuyer, seigneur de Bouillancourt, fut allié à Claire Aux-Couteaux. D'eux sont issus : 1° Pierre, qui suit ; 2° Joachim, écuyer, seigneur d'Allinville, demeurant aux Alleux, allié à Antoinette de Damiette dont deux filles, Claire et Suzanne.

3. — Pierre DE MAILLEFEU, écuyer, seigneur de Bouillancourt, n'eut qu'une fille, Françoise, qui apporta la terre et seigneurie de Bouillancourt à Jacques de Cacheleu, écuyer, seigneur de Popincourt, son mari.

La famille de Maillefeu, qui est éteinte, s'était encore alliée à celles de Pardaillan, Foucaucourt, Acheu, Le Prévost de Pendé, Gueschart, etc...

MAISNIEL (DU).

Armes : *d'argent à deux fasces de gueules chargées chacune de trois besants d'or.*

La maison du Maisniel, de bonne noblesse, est originaire d'Abbeville. Les seigneurs de Longuemort, aînés de la famille, furent maintenus par Bignon, intendant de Picardie, le 27 octobre 1699, sur preuves remontant à 1515. La dernière de cette branche fut Jeanne-Geneviève du Maisniel, dame de Beaufort, qui épousa par contrat du 1er mars 1759, le marquis de Navier, seigneur de Bouchoir. Les branches cadettes seules sont représentées aujourd'hui en

Picardie et dans le Nord. Il n'est pas fait mention d'elles dans le grand nobiliaire de Picardie ; on ne sait ni à quelle époque ni où elles furent maintenues. St.-Allais et M. Borel d'Hauterive (*Annuaire de la noblesse*, année 1851) ont publié leur généalogie et les rattachent à un fils cadet de Jacques du Maisniel de Longuemort, vivant en 1515, duquel MM. du Maisniel de Longuemort ont prouvé être issus. Après avoir donné la généalogie complète des seigneurs de Longuemort, je donnerai, d'après St.-Allais et M. Borel d'Hauterive, celle de la branche cadette, mais seulement jusqu'au commencement du xviii° siècle, comme je l'ai fait et le ferai dans mon nobiliaire pour toutes les maisons encore actuellement existantes.

1. — Jean DU MAISNIEL, qualifié bourgeois d'Abbeville. On lui donne pour fils le suivant.

2. — Nicolas DU MAISNIEL, époux d'Isabeau de Moyenneville. M. Borel d'Hauterive dit qu'il était qualifié écuyer ; il dit aussi qu'il fut nommé maïeur d'Abbeville, en 1379, par Charles V. Ceci est une erreur. L'histoire des maïeurs d'Abbeville prouve que Mathieu Au-Costé était le maïeur en charge pour l'année 1379, et le premier du Maisniel que l'on voit figurer dans la longue liste des maïeurs, est Jean du Maisniel, seigneur de Longuemort, qui remplit cette charge pendant l'année 1557. En second lieu, jamais au moyen-âge, les maïeurs d'Abbeville n'ont été nommés par le roi. Ils étaient élus par les maïeurs de bannières de toutes les corporations, réunis en assemblée secrète. L'excellente histoire d'Abbeville, de M. Louandre (t. ii, page 250 et suivantes) ne laisse aucun doute à cet égard. — Le fils de Nicolas fut Jean, qui suit.

3. — Jean DU MAISNIEL, écuyer, allié à Suzanne Le Vasseur de Neuilly, laissa un fils.

4. — Jacques DU MAISNIEL, écuyer, seigneur de Triconval, par achat du 15 novembre 1432, avait épousé Jeanne de Blottefière de laquelle il eut :

5. — Jacques DU MAISNIEL, écuyer, seigneur de Triconval et de Longuemort. Il fut allié à Jeanne de Bruges, et eut d'elle : 1°

Pierre, qui suit ; 2° Jacques, qui, selon MM. de St.-Allais et Borel d'Hauterive, fut l'auteur de la deuxième branche, qui suivra ; 3° Marie.

6. — Pierre DU MAISNIEL, écuyer, seigneur de Longuemort, licencié-ès-lois, lieutenant-général du bailli d'Abbeville, épousa Marie d'Aoust. De cette union naquirent : 1° Jean, qui suit ; 2° N..., femme de N. de Ballen, écuyer ; 3° Jeanne, femme de François Caisier, écuyer, maïeur d'Abbeville.

7. — Jean DU MAISNIEL, écuyer, seigneur de Longuemort et d'Yvrencheux, licencié-ès-lois, fut plusieurs fois échevin et même maïeur d'Abbeville en 1557. Il avait épousé Adrienne de Layre, par contrat du 14 juin 1545. Ses enfants furent : 1° Pierre, qui suit ; 2° Isabeau, femme d'Antoine de Belleval, écuyer, seigneur d'Angerville et Raimesnil.

8. — Pierre DU MAISNIEL, écuyer, seigneur de Longuemort, capitaine d'une compagnie de 100 hommes de pied. De Charlotte de Mons, sa femme, il eut Adrien, qui suit.

9. — Adrien DU MAISNIEL, écuyer, seigneur de Longuemort, Triconval, Belleval et La Vrelette, capitaine d'une compagnie de 100 hommes de pied, se maria deux fois, 1° par contrat du 17 janvier 1596 avec Jeanne Louvel, 2° par contrat du 20 avril 1623 avec Bonne de Bernets. De ces deux unions naquirent : 1° Henri, qui suit ; 2° Antoine, écuyer, seigneur de Triconval ; 3° Adrien, écuyer, seigneur de Hantecourt ; 4° François, écuyer ; 5° Claire, alliée à Charles de Belleval, écuyer, seigneur de Rouvroy, par contrat du 28 mai 1619.

10. — Henri DU MAISNIEL, chevalier, seigneur de Longuemort, épousa par contrat du 21 avril 1666 Géneviève de Cavoye. De ce mariage naquirent : 1° Gilbert, qui suit ; 2° Joseph, chevalier, seigneur de Triconval, capitaine au régiment royal ; 3° Géneviève.

11. — Gilbert DU MAISNIEL, chevalier, seigneur de Longuemort, fut allié à Madeleine-Élisabeth de Vassal, par contrat du 16 juin 1694. Il fut maintenu dans sa noblesse, le 27 octobre 1699.

Il n'avait alors pour enfants qu'Henri-Gilbert, âgé de deux ans.

La dernière de cette branche fut, comme je l'ai dit plus haut, Géneviève, dame de Beaufort, alliée au marquis de Navier, par contrat du 1er mars 1759.

DEUXIÈME BRANCHE.

Voici, d'après MM. de St.-Allais et Borel d'Hauterive la généalogie d'une branche cadette de la famille du Maisniel, à laquelle il faut se rapporter pour tous les membres actuellement existant de cette famille.

6. — Jacques DU MAISNIEL, écuyer, seigneur d'Épaumesnil, fut allié à Jeanne Blondelus, dont il eut :

7. — Jacques DU MAISNIEL, écuyer, seigneur d'Épaumesnil, mort le 1er juillet 1580, fut père de Pierre :

8. — Pierre DU MAISNIEL, écuyer, seigneur d'Épaumesnil et d'Applaincourt, eut pour fils Pierre.

9. — Pierre DU MAISNIEL, écuyer, seigneur d'Applaincourt, épousa, par contrat du 29 octobre 1621, Hélène Le Vaillant de Villers. Il en eut : 1° Pierre, qui suit; 2° François, auteur des seigneurs de Nampont, Liercourt et Saveuse; 3° Antoine, prieur de St.-Acheul; 4° Marie, femme de Louis de Riencourt, écuyer.

10. — Pierre DU MAISNIEL, écuyer, seigneur d'Applaincourt, gentilhomme de la vénerie du roi, épousa Marie Bellanger, de laquelle il n'eut qu'un fils, Pierre qui continua la filiation.

MALICORNE.

Armes : *d'azur à la bande d'or accompagnée de deux licornes passantes de même.*

Cette famille s'éteignit dans celles de Gaillard, Le Ver et de La Garde. La noblesse y datait de janvier 1387, Jean Malicorne, bourgeois d'Abbeville, ayant été anobli par lettres patentes du dit mois et de la dite année, moyennant cent livres. Il ne reste que bien peu de documents sur la famille Malicorne ; sa généalogie complète serait difficile à rétablir. Je donnerai ci-dessous la branche aînée ; quant à la branche qui s'est éteinte dans les familles de Gaillard et de La Garde, je la passerai sous silence, faute de preuves suffisantes.

1. — Raoul MALICORNE, échevin d'Abbeville, avait pour frère Mathieu Malicorne, bailli d'Abbeville en 1377. Il mourut en 1371. Le repas qui suivit ses funérailles auxquelles assistèrent le maïeur, les échevins et les conseillers de ville, fut fait aux dépens de la caisse municipale. Il couta quatre livres quatorze sous. (Maïeurs et maires d'Abbeville, par M. Louandre) On donne à Raoul pour fils le suivant.

2. — Jean MALICORNE, bourgeois d'Abbeville, et conseiller de ville, fut anobli, moyennant 100 livres, par lettres patentes du mois de janvier 1387. Il avait épousé Marguerite de St.-Pol. Celle-ci, après sa mort, se remaria avec Jean Bournel, écuyer, avec qui elle vivait en 1402. On croit que Jean eut pour fils Colart, qui suit.

3. — Colart MALICORNE, écuyer, seigneur de Millencourt, fut souvent échevin et maïeur d'Abbeville en 1407. Il avait épousé Agnès de Laissiel qui lui donna : 1° Colart, qui suit ; 2° Jacques, écuyer ; 3° Raoul, écuyer, allié à Antoinette Quiéret dont il n'eut pas d'enfants ; 4° Colée.

4. — Colart MALICORNE, écuyer, seigneur de Millencourt, fut, comme son père, souvent échevin et cinq fois maïeur d'Abbe-

ville, en 1425, 1426, 1427, 1429 et 1432. Il fut allié à Jeanne Le Moictier et eut d'elle : 1° Hugues, qui suit ; 2° Marie, femme de Jean Le Ver, écuyer, pair de Halloy, seigneur de Caux, puis femme de Jean de Fosseux, écuyer, et enfin, en troisièmes noces, de Nicolas Le Prévost, écuyer, seigneur du Quesnoy.

5. — Hugues MALICORNE, écuyer, seigneur de Millencourt et Framicourt, grand pannetier de Louis XI, fut maïeur d'Abbeville en 1463, 1466, 1472 et 1474. Il se maria trois fois, 1° avec Marie Le Prévost, 2° avec Marie Le Sergeant, 3° avec Marie Le Sage. Il n'eut pas d'enfants et ses biens passèrent à Jean Le Ver, son beau-frère.

MANESSIER.

Armes : *d'argent à trois hures de sanglier arrachées de sable.* — Supports : *deux tigres.* — Cimier : *une hure de sanglier dans un vol banneret aux armes de l'écu.* — Devise : *aut mors aut vita decora.*

La famille Manessier fut maintenue dans sa noblesse par Bignon et de Bernage, intendants de Picardie, sur preuves remontant au 13 juin 1350. Elle était très nombreuse à l'époque de cette maintenue dont je donnerai la date exacte à chacune des branches qu'elle concerne. Le père Ignace (*histoire des maïeurs*) fait commencer la généalogie de Manessier au XIII° siècle. Comme elle se trouve d'accord avec les documents que j'ai recueillis, je vais la donner ainsi toute entière. Il est donc incontestable que la maison de Manessier était une des plus anciennes et des plus nobles de Ponthieu.

1. — Raoul MANESSIER, chevalier, seigneur de Muyn en 1265. Il était qualifié « monseigneur Manessier » dans le testament de Baudouin, comte de Guines, en 1244. De lui vint :

2. — Raoul MANESSIER, chevalier, qui fut père de :

3. — Adam MANESSIER, chevalier, vivant en 1344. Celui-ci eut pour fils :

4. — Adam MANESSIER, chevalier, vivant en 1390, dont est issu :

5. — Hue MANESSIER, *dit* Huchon, écuyer, seigneur de Blangiel et de Maison-Roland, écuyer des ordonnances du roi en 1411. Il épousa Marie Le Cat, et en eut : 1° Jean, qui suit ; 2° Nicolas, écuyer, seigneur de Savigny, dont Jeanne, alliée à Gérard de Brion, écuyer ; 3° Robert, écuyer, seigneur de Conteval, allié à Marguerite de St.-Blimond, dont Émond, écuyer, seigneur de La Motte, père d'une fille qui épousa Jean d'Outrempuis, seigneur de Fresnehen.

6. — Jean MANESSIER, écuyer, seigneur de Blangy et d'Auxy, épousa Anne de la Motte, de laquelle il eut : 1° Jean, qui suit ; 2° Jean-Alphonse, chanoine de Thérouanne ; 3° Pierre, sans alliance.

7. — Jean MANESSIER, écuyer, seigneur d'Auxy, de Maison-Roland et d'Épagnette, fut allié par contrat du 5 février 1528 à Antoinette Le Roy de St.-Lau. Il mourut en 1569, laissant : 1° Jean, écuyer, seigneur de Donquerrel, allié à Marie Rohault, dont une seule fille, Marguerite, successivement femme de Claude de Lavernot, puis de Charles Paschal, chevalier, vicomte de La Queute ; 2° Guillaume, qui suit ; 3° Charles, auteur de la deuxième branche, qui suivra ; 4° Antoine, écuyer, auteur de la troisième branche, qui suivra à son rang ; 5° Marie, femme de Claude de Vaconssains, puis de Jacques de Buissy, écuyer ; 6° Marguerite, femme de Jean Le Bel, écuyer, seigneur du Mesnil et d'Huchenneville ; 7° Catherine, femme de François de Huppy, seigneur de Wailly.

8. — Guillaume MANESSIER, écuyer, seigneur de Maison-Roland, prévôt d'Amiens, épousa Jacqueline Le Febvre de Caumartin, par contrat passé le 10 juin 1556. On ne lui connaît qu'un seul fils.

9. — Jean MANESSIER, écuyer, seigneur de Maison-Roland, épousa Jeanne Gorguette. Il vivait encore en 1631. De lui sont issus :

1° Michel, qui suit ; 2° François, auteur de la quatrième branche, qui suivra ; 3° Charles, capucin.

10. — Michel MANESSIER, écuyer, seigneur de Maison-Roland, lieutenant-criminel en l'élection d'Amiens, fut allié à Jeanne de Hollande, par contrat du 27 mars 1625. Il eut d'elle quatre enfants : 1° Michel, qui suit ; 2° Jean, prêtre, chanoine d'Amiens, prieur de Notre-Dame de Grâce et de St.-Remy-au-Bois ; 3° Pierre, écuyer, sans alliance ; 4° François, écuyer, seigneur de la Motte, mestre de camp de cavalerie, allié à Valenciennes à Catherine d'Odrimont.

11. — Michel MANESSIER, chevalier, seigneur de Maison-Roland, la Motte et Guibermesnil, capitaine de chevau-légers au régiment du commissaire général, fut maintenu dans sa noblesse par Bignon, intendant de Picardie, le 24 février 1708, sur preuves remontant jusqu'en 1390, vivant Adam Manessier, deuxième du nom. Il fut allié à Catherine de Villers de Rousseville, par contrat du 3 février 1677. De cette union naquirent : 1° François, écuyer, seigneur de Guibermesnil ; 2° Michel, religieux augustin ; 3° Catherine-Éléonore, femme de Martin-François Le Scellier, écuyer, seigneur de Baralle ; 4° Maximilienne.

DEUXIÈME BRANCHE.

8. — Charles MANESSIER, écuyer, seigneur d'Auxy, Vadicourt, des Vasseurs et d'Epagnette, fut maïeur d'Abbeville en 1592. Il mourut le 18 mai 1596. Il avait épousé Françoise Lefebvre par contrat du 25 janvier 1557. De cette union naquirent : 1° Jean, écuyer, allié à Michelle Maillard dont trois filles, Françoise, femme de Jacques Noel, seigneur de Frettemeule, Marie, femme de Nicolas Descaules, Antoinette, religieuse ; 2° Lancelot, qui suit ; 3° Jacques, écuyer, seigneur de la Thulotte, maïeur d'Abbeville en 1629, 1630 et 1634, allié à Jossine Michault dont il eut trois filles, Marie, femme de

Gédéon d'Acheu, écuyer, seigneur du Plouy, Marguerite, femme de Charles de Bernay, écuyer, seigneur de Favencourt, et Antoinette, alliée à Maximilien du Bourguier ; 4° Philippe, écuyer, seigneur de Blangiel, avocat et procureur fiscal à Abbeville, allié à Isabeau Beauvarlet, dont Françoise, ursuline, et Marguerite, femme d'Alexandre Lesperon, écuyer, seigneur d'Ochancourt ; 5° Charles, auteur de la cinquième branche, qui suivra ; 6° Robert, auteur de la sixième branche, qui suivra également ; 7° Antoinette.

9. — Lancelot MANESSIER, écuyer, seigneur de Préville, Épagnette, Bouillancourt et Thomicourt, conseiller du roi, lieutenant particulier et assesseur criminel en la sénéchaussée de Ponthieu et siége présidial d'Abbeville, fut maïeur d'Abbeville en 1614 et 1615. Il épousa Isabeau Palette, qui lui donna : 1° Charles, qui suit ; 2° Philippe, écuyer, seigneur de Bouillancourt, conseiller du roi, lieutenant particulier et assesseur criminel à Abbeville, allié en 1628 à Isabelle Le Blond, et mort sans enfants ; 3° Jacques, chanoine de St-Quentin et prieur de la Madeleine ; 4° Louis, écuyer, seigneur de St-Éloy, allié à Anne Gaillard, dont deux filles, Anne et Marie ; 5° Nicolas et François, morts à marier ; 6° Marie, morte sans alliance.

10. — Charles MANESSIER, écuyer, seigneur de Préville, Aumatre et Condé, conseiller du roi, lieutenant-général civil et criminel aux villes et sénéchaussées de St-Pol et de Hesdin, procureur du roi à Abbeville. Il épousa Marguerite Rohault, par contrat du 30 avril 1640. De leur mariage naquirent : 1° Joseph, qui suit ; 2° Marguerite, alliée à François du Maisniel, écuyer ; 3° Marie, femme de Raymond de Lanzac ; 4° Eulalie-Eugénie et Anastasie, mortes à marier.

11. — Joseph MANESSIER, écuyer, seigneur de Préville, Aumatre et Condé, capitaine au régiment royal des vaisseaux, chevalier d'honneur au présidial d'Abbeville, épousa Marie-Madeleine Poquelin, par contrat du 22 avril 1693. Il fut maintenu dans

sa noblesse le 22 mai 1710. Il n'avait alors qu'une fille, Marie-Madeleine.

TROISIÈME BRANCHE.

8. — Antoine MANESSIER, écuyer, seigneur de Verbois, Hodenc et l'Hermitage, maïeur d'Abbeville en 1590, épousa Marie de Huppy, qui le rendit père de : 1° Jean, qui suit ; 2° Jacques, dont la postérité sera rapportée après celle de son frère ; 3° Robert.

9. — Jean MANESSIER, écuyer, seigneur de Verbois, allié 1° à Marie Crignon, dont Antoine, époux d'Antoinette d'Arrest, dont trois fils morts sans suite, Nicolas, allié à Gabrielle Grevin, Jean et Antoinette ; 2° à Marie de Ribeaucourt, dont Isabeau.

9 bis. — Jacques MANESSIER, frère cadet du précédent, épousa Marguerite Beauvarlet et en eut Nicolas.

10. — Nicolas MANESSIER, allié à N. Foucques, dont :

11. — Jacques MANESSIER, allié à Marie du Puy, fut père de :

12. — Jacques MANESSIER, seigneur de la Roque, receveur de St-Pierre d'Abbeville, allié à Marie Rohault, dont entr'autres :

13. — Josse MANESSIER, avocat, seigneur de Moncourt, auditeur des comptes au présidial, allié 1° à Françoise du Chesne, 2° à Élisabeth Poultier, dont le suivant.

14. — François MANESSIER, seigneur de la Roque, receveur de Domvast, allié à Thérèse de Montigny.

QUATRIÈME BRANCHE.

10. — François MANESSIER, écuyer, seigneur d'Aimmont et de la Motte, épousa en 1626 Marie de Mons d'Hédicourt. Il mourut

en 1666, laissant : 1° Charles, qui suit ; 2° Louis, curé de St-Michel d'Amiens ; 3° Honoré, écuyer, seigneur de Buscamp ; 4° François, prêtre ; 5° Marie, femme de N... Le Gillon ; 6° Hélène, alliée à Louis Le Vasseur, écuyer.

11. — Charles MANESSIER, écuyer, seigneur d'Aimimont et de la Motte, trésorier général des bâtiments du roi, épousa Marie-Catherine Félix. De lui naquirent Charles-Théophile, seigneur d'Yaucourt, et trois filles.

CINQUIÈME BRANCHE.

9. — Charles MANESSIER, écuyer, seigneur de Brasigny, avocat en parlement, épousa Françoise Le Moictier. De lui naquirent : 1° Charles, qui suit ; 2° autre Charles, prêtre ; 3° Marie et Marguerite, ursulines.

10. — Charles MANESSIER, écuyer, seigneur de Brasigny, épousa Louise Bail, par contrat du 27 août 1642. Ses enfants furent : 1° Louis, qui suit ; 2° Charles, écuyer, seigneur de Cromont, mort sans alliance, avait été maintenu dans sa noblesse le 29 décembre 1699 ; 3° François, mort jeune ; 4° Marie, femme de François Bourée.

11. — Louis MANESSIER, écuyer, seigneur de Brasigny, lieutenant particulier et criminel en Ponthieu, maïeur d'Abbeville en 1689. Il fut allié, par contrat du 12 juillet 1677 à Marie Beauvarlet. Il fut maintenu dans sa noblesse le 19 décembre 1699. Il avait alors pour enfants : 1° Charles-Louis, lieutenant-général d'épée au siége présidial d'Abbeville ; 2° François, capitaine au régiment de Piémont, qui fut tué à Douai, le 8 juin 1710.

SIXIÈME BRANCHE.

9. — Robert MANESSIER, écuyer, seigneur d'Auxy et de Bretel, épousa Marie de Mailly par contrat du 21 avril 1607. De lui naquirent : 1° Philippe, écuyer, seigneur de la Thulotte, mort sans alliance ; 2° François, qui suit ; 3° Nicolas-Charles, docteur en Sorbonne ; 4° Marie et Françoise, ursulines ; 5° Marguerite, femme de Jacques Bernard, écuyer ; 6° Catherine, femme de Jacques d'Arrest, écuyer, seigneur de Sailly-Bray et de Thuison, exempt des gardes du corps du roi.

10. — François MANESSIER, écuyer, seigneur d'Auxy, avocat en parlement, lieutenant-général des eaux et forêts de Picardie, épousa Marie de Boulogne, par contrat du 19 février 1637, et n'eut d'elle qu'un fils.

11. — Philippe MANESSIER, écuyer, seigneur d'Auxy, Selincourt et Lierval, fut allié à Gabrielle-Angélique de Sacquespée, par contrat du 28 avril 1678. Il en eut un fils, qui suit, et une fille nommée Catherine-Charlotte.

12. — Charles-Nicolas MANESSIER, écuyer, seigneur de Selincourt, Auxy et Lierval, épousa : 1° Marie de Montmorency par contrat du 25 avril 1705, 2° Jeanne de Lamiré, par contrat du 12 février 1707. Il fut maintenu dans sa noblesse le 23 avril 1711. Il n'avait à cette époque, qu'un fils, Alphonse, âgé de trois ans.

MANNAY.

Armes : *D'argent à l'aigle au vol abaissé de sable.* Supports : *deux aigles.* Cimier : *un aigle naissant.*

La maison de Mannay, de très-ancienne noblesse, est originaire du Ponthieu qu'elle n'a cessé d'habiter que pendant peu de temps.

Les plus anciens de ce nom que je connaisse sont Raoul et Lancelot de MANNAY, chevaliers, frères, tués à la bataille d'Azincourt, le 25 octobre 1415. Leurs descendants furent maintenus dans leur noblesse par jugement de Bignon, intendant de Picardie, du 12 décembre 1699. Les preuves fournies à cette occasion par la famille remontent jusqu'au 28 juin 1476, vivant Jean de MANNAY que j'estime avoir été le fils de Lancelot, tué à Azincourt, et par conséquent le neveu de Raoul.

1. — Lancelot DE MANNAY, chevalier, tué à Azincourt, fut père du suivant.

2. — Jean DE MANNAY, écuyer, mourut en 1477. Il avait épousé Marguerite d'Enguinehault. D'eux naquit :

3. — Lancelot de MANNAY, écuyer, lieutenant du château d'Abbeville et échevin de ladite ville, épousa Isabeau de Bilque par contrat en date du 25 mars 1478. Il eut d'elle Jérôme, qui suit.

4. — Jérôme DE MANNAY, écuyer, seigneur de Bilque et de Beaufossé, fut allié par contrat du 11 mars 1509 à Marie de Poix. De cette union : 1° Jean, qui suit ; 2° Claude et Jeanne.

5. — Jean DE MANNAY, écuyer, seigneur de Camps-en-Amiénois et Beaufossé, homme d'armes des ordonnances du roi, épousa par contrat du 9 janvier 1561 Marguerite de Fiennes, de laquelle il eut : 1° Jean, mort sans postérité ; 2° Charles, qui suit ; 3° Jeanne, demoiselle du Hamel.

6. — Charles de MANNAY, écuyer, seigneur de Camps-en-Amiénois, capitaine au régiment de Picardie, marié avec Anne de Boullart par contrat du 26 juillet 1592. De lui naquit Charles, qui suit.

7. — Charles DE MANNAY, chevalier, seigneur de Camps-en-Amiénois, Beaufossé, Tailly, Martaineville et Belbet, maréchal-de-camp et lieutenant de roi à Péronne. Il fut allié à Suzanne de Damiette, par contrat du 12 mai 1618. D'eux sont issus : 1° Pierre, qui suit ; 2° Charles-François, seigneur de Tailly, mort sans postérité ; 3° Marie-Thérèse.

8. — Pierre DE MANNAY, chevalier, seigneur de Camps-en-Amiénois, Machy et Machiel, capitaine de cavalerie, allié par contrat du 7 décembre 1663 à Marie Truchot. Il laissa : 1° Marc-Antoine-Augustin, qui suit ; 2° Marie-Charlotte, femme de Jean-Baptiste de Monchy, marquis de Montcavrel, puis de N... de Créquy-Hémond.

9. — Marc-Antoine-Augustin DE MANNAY, chevalier, seigneur de Camps, Machy, Machiel, Tailly, Beaufossé, Belloy-St-Léonard, Hocquincourt et Vergies, capitaine au régiment du roi, cavalerie. Il fut maintenu dans sa noblesse par Bignon, le 12 décembre 1699. D'Angélique Le Fournier de Wargemont, qu'il avait épousée par contrat du 25 mai 1695, il avait à cette époque trois fils, Charles-François-Augustin, Alexandre-Joseph-Gabriel, et Albert.

MANSSEL.

Armes : *de sinople à trois molettes d'éperon d'argent.* — Supports : *deux perroquets.* — Cimier : *une sirène.*

Jean Manssel fut anobli par lettres du mois d'octobre 1441. Ses descendants furent maintenus dans leur noblesse par jugement de Bignon, intendant de Picardie, du 6 février 1700. Je ne sais rien de plus sur cette famille : et je vais donc reproduire la généalogie qui fut présentée par elle à Bignon.

1. — Nicolas DE MANSSEL, écuyer, seigneur de Menonvillers, en 1519, fut allié à Jeanne de Haucourt, dont il eut : 1° Jean, qui suit ; 2° Louise, alliée à Jacques de Belleval, écuyer, seigneur de Vagère, par contrat du 26 décembre 1535.

2. — Jean DE MANSSEL, écuyer, seigneur de Nouvillers et du Vivier, épousa Antoinette d'Ailly. D'eux sont issus : 1° Charles, qui suit ; 2° Philippe, auteur de la deuxième branche, qui suivra.

3. — Charles DE MANSSEL, écuyer, seigneur de Houdenc, fut marié avec Marguerite Costard, demoiselle de Ferques, par contrat du 11 juillet 1572. Il eut d'elle : 1° Antoine, écuyer, seigneur de Houdenc, allié à Marthe du Mont, par contrat du 21 septembre 1601, et à Isabeau de Guisselin, par contrat du 21 octobre 1604. Il n'eut pas d'enfants : 2° Nicolas, qui suit.

4. — Nicolas DE MANSSEL, écuyer, seigneur de Houdenc, épousa Marie d'Estailleur, par contrat du 2 octobre 1633. Son fils et héritier fut César, qui suit.

5. — César DE MANSSEL, chevalier, seigneur de Houdenc, allié à Marie de Caboche, par contrat du 20 décembre 1659. D'eux naquit César.

6. — César DE MANSSEL, chevalier, seigneur de Houdenc. Il épousa, par contrat du 20 novembre 1694, Marie-Catherine de Caboche et en eut six enfants avec lesquels il fut maintenu dans sa noblesse, le 6 février 1700 : 1° Charles-César ; 2° Henri-Marie ; 3° Marc-Antoine ; 4° Marie-Catherine ; 5° Madeleine-Armande ; 6° Marie-Madeleine.

DEUXIÈME BRANCHE.

3. — Philippe DE MANSSEL, écuyer, seigneur du Vivier, fut marié avec Marie du Haubert, par contrat du 22 décembre 1582. Il eut d'elle Louis, qui suit.

4. — Louis DE MANSSEL, écuyer, seigneur de Nouvillers, gouverneur de Guines, épousa Jeanne Gambier par contrat du 20 juin 1633. D'eux vint le suivant.

5. — Louis DE MANSSEL, écuyer, seigneur de Nouvillers, capitaine au régiment de la Motte, allié à Louise Le Carpentier par contrat du 13 novembre 1668. D'eux est issu :

6. — Louis-Daniel DE MANSSEL, écuyer, seigneur de Nouvillers, maintenu dans sa noblesse, le 6 février 1700.

MARTAINNEVILLE.

Cette famille avait donné son nom au village de Martainneville-les-Butz ou l'avait emprunté de lui. Je ne sais que peu de choses sur elle ; quant à ses armes, un sceau de Raoul de Martainneville, bailli d'Abbeville, pendant à une pièce du 12 février 1372, conservée dans les titres scellés de Clairembault, (V. trés. généal. de la Picardie, tome 2. p. 157), nous apprend qu'elles se composaient d'un *sautoir engrêlé* et d'un *franc-quartier fretté*. Je n'ai pu retrouver l'indication des métaux ni des couleurs qui ornaient le blason de cette ancienne maison.

1. — Jean DE MARTAINNEVILLE, écuyer, seigneur dudit lieu, en 1293, dont :

2. — Pierre DE MARTAINNEVILLE, écuyer, seigneur dudit lieu, vivant en 1317. Il laissa pour fils et successeur :

3. — Bertault DE MARTAINNEVILLE, chevalier, seigneur dudit lieu. Celui-ci fut père de Raoul, qui suit.

4. — Raoul DE MARTAINNEVILLE, écuyer, seigneur dudit lieu, bailli d'Abbeville en 1373, mourut en 1376, laissant de Catherine, sa femme, Jean, qui suit. Celle-ci se remaria avec Robert de Sorel, écuyer.

5. — Jean DE MARTAINNEVILLE, écuyer, seigneur dudit lieu, n'eut qu'une fille :

6. — Agnès DE MARTAINNEVILLE, qui fut femme de Jacques Boussart, écuyer, et lui apporta la terre et seigneurie de ses ancêtres.

MASSUE.

Armes : *D'azur au cor de chasse enguiché d'or.*

Henri Massue, marquis de Ruvigny, comte de Galloway, fut le dernier de cette maison originaire d'Abbeville, et sortie, comme on va le voir, de l'ancienne bourgeoisie d'Abbeville.

1. — Jean Massue, bourgeois d'Abbeville, vivant en 1360 laissa :
2. — Jean Massue, *dit* le Jeune, bourgeois d'Abbeville. Il vivait encore en 1411. De demoiselle Emmeline, sa femme, il eut Jean, qui suit.
3. — Jean Massue, écuyer, possesseur de fiefs à Cambron en 1442, dont :
4. — Jean Massue, écuyer, allié à Maroie de Canchy. Il mourut en 1451, laissant Nicolas.
5. — Nicolas Massue, écuyer, mort peu après le commencement du XVIe siècle. De sa femme, dont le nom est inconnu, il eut un fils, Thierry.
6. — Thierry Massue, écuyer, demeurant à Abbeville en 1524, fut marié avec Pérone de Bellangreville. D'eux sont issus : 1° Nicolas, qui suit ; 2° Jean, écuyer, père de Suzanne, femme de Jean Matiffas, écuyer, seigneur de la Salle ; 3° autre Jean, *dit* le Jeune, écuyer, père de Rachel, femme d'Antoine de Lespine, écuyer.
7. — Nicolas Massue, écuyer, épousa Hélène d'Ailly. Il mourut en 1585, et fut enterré avec sa femme dans l'église de Béhen. Ils furent tous deux exhumés, quelques années après, car on découvrit qu'ils étaient protestants et qu'ils avaient élevé leur fils, Daniel, dans cette religion.
8. — Daniel Massue, chevalier, seigneur de Ruvigny (fief situé, disait-on, à Béhen), gouverneur de la Bastille, naquit en 1577. Il épousa Madeleine de Pinot de Fontaines, et mourut en 1613,

laissant : 1° Henri, qui suit ; 2° Maximilien, mort sans alliance ; 3° Sarah ; 4° Rachel.

9. — Henri Massue, chevalier, marquis de Ruvigny et de Rayneval, député général des églises protestantes de France, ambassadeur extraordinaire en Angleterre, premier fauconnier de Monsieur, frère du roi ; il se retira en Angleterre après la révocation de l'édit de Nantes. Le prince d'Orange le fit conseiller d'État et commandant de ses troupes en Irlande. « Mais, — disent des notes généalogiques, écrites en 1710, que j'ai sous les yeux — jamais il n'a voulu écrire ny porter les armes contre la France, malgré les sollicitations des ennemis : aussy le roi, par une considération particulière, l'a laissé jouir de ses revenus pendant sa vie. » — Il avait épousé Marie Tallemand dont il eut deux fils ; l'aîné fut tué en Irlande, et le second, qui suit, fut moins scrupuleux que son père.

10. — Henri Massue, chevalier, marquis de Ruvigny, comte de Galloway, vice-roi d'Irlande, pair d'Angleterre et chevalier de la Jarretière. Il naquit en 1646. Il accompagna son père en Angleterre, se fit naturaliser anglais, et reçut du roi d'Angleterre le titre de comte de Galloway et les faveurs les plus enviées. A la mort du maréchal de Schomberg, il fut colonel du régiment de cavalerie légère entièrement composé de réfugiés français. Il déploya une grande valeur à la bataille de Nerwinde où, à la tête de ce même régiment, il soutint le choc de la gendarmerie française. Peu après, il fut nommé commandant en chef des forces anglaises en Piémont, et ambassadeur près du duc de Savoie. Après que ce prince eut fait la paix avec la France, Galloway fut créé par la reine Anne généralissime de ses troupes en Portugal, pendant la guerre de la succession d'Espagne. Les pertes successives des deux batailles d'Almanza, en 1707, (où lui Français commandait l'armée anglaise, tandis qu'un Anglais, le maréchal de Berwick, commandait l'armée française) et de Gadina, en 1709, le firent rappeler en Angleterre où on lui retira la vice-royauté d'Irlande. Cependant, en 1715, il fut nommé lord-justicier du même

pays ; mais l'importance de cette charge fut bientôt réduite à néant par le rétablissement de la vice-royauté d'Irlande en faveur du comte de Townshend. Galloway ne se maria pas, ou du moins ne laissa pas de postérité. « On prétend — disent les notes manuscrites déjà citées — qu'il fut bourrelé souvent de la pensée de porter les armes contre sa patrie. On dit qu'estant en France, touttes les fois qu'il passoit par Abbeville, il envoyoit quérir ses parents et qu'il leur promettoit qu'il ne les frauderoit point dans son testament. Il estoit maladif en ce temps et portoit toujours la teste penchante sur une épaule. » — Il mourut en 1720, âgé de 73 ans.

MATIFFAS.

Armes : *D'azur à la bande d'or accompagnée de trois trèfles de même, 2 en chef, 1 en pointe.* — Supports : *deux lions.* — Cimier : *un lion naissant.*

Cette maison était originaire de St.-Riquier. Elle avait plus de noblesse qu'il n'en fallait pour les honneurs de la cour, puisque François et Nicolas de Matiffas, maintenus par jugement de Bignon, intendant de Picardie, du 23 septembre 1706, prouvèrent à cette occasion une noblesse non interrompue et sans origine connue jusqu'au 27 juillet 1374, vivant Mathieu Matiffas, écuyer, leur huitième aïeul. Je crois que cette famille est éteinte.

1. — Mathieu MATIFFAS, écuyer, habitant à St.-Riquier, fut déclaré noble et issu de noble génération par une sentence du 27 juillet 1374 rendue par Jean Bareau, chevalier, maitre des requêtes de l'hôtel du roi, gouverneur du bailliage d'Amiens, et Pierre Le Sene, receveur du dit bailliage. — De Mathieu est issu :

2. — Jean MATIFFAS, écuyer, seigneur de la Salle-lès-St.-Riquier. Il fut père du suivant.

3. — Colart MATIFFAS, écuyer, seigneur de la Salle. Son fils et successeur fut Jean, qui suit.

4. — Jean MATIFFAS, écuyer, seigneur de la Salle. De lui est né :

5. — Jean MATIFFAS, écuyer, seigneur de la Salle. Il fut allié à Françoise Toulet, de laquelle il eut un fils.

6. — Jean MATIFFAS, écuyer, seigneur de la Salle, épousa Françoise Calippe, et en eut : 1° Jean, écuyer, allié à Suzanne Massue, dont deux filles alliées dans les familles Le Vasseur d'Ouville et d'Acheu ; 2° Louis, écuyer, seigneur de la Salle, allié à N. Gaillard d'Aumatre, dont Flour, écuyer, père de Jacques, écuyer, qui ne laissa qu'une fille alliée au seigneur de St.-Y, en Normandie ; 3° Charles, qui suit.

7. — Charles MATIFFAS, écuyer, seigneur de la Salle, épousa 1° Marie de May, qui lui donna François, qui va suivre ; 2° Hélène de Buigny-Cornehotte.

8. — François MATIFFAS, écuyer, seigneur de la Salle, se maria aussi deux fois, 1° avec Marie Fouré, 2° avec Jeanne Roger, par contrat du 24 mars 1644. De sa première femme, il eut François, dont l'article suit ; de la deuxième naquit Nicolas, écuyer, seigneur de Monthu, allié 1° à Marie d'Ailly par contrat du 18 janvier 1683, 2° à Marie de Cossette par contrat du 27 juin 1694. Il fut maintenu dans sa noblesse avec son frère, et il avait alors pour enfants, 1° François, seigneur de Monthu, cornette au régiment de Chartres, 2° Antoine, seigneur de Tilloloy, cadet au régiment de Cayeu, 3° Françoise, 4° Charlotte. Du second lit, il eut, 5° Nicolas, 6° Marie, 7° Marie-Thérèse.

9. — François MATIFFAS, écuyer, seigneur de la Salle et de Bretel, épousa Charlotte de Scellier, demoiselle de Rozet, par contrat passé le 22 juin 1681. Il fut maintenu dans sa noblesse avec Nicolas, son frère, le 23 septembre 1706. De lui sont issus : 1° Jean-François, seigneur de la Salle, mousquetaire du roi ;

2° Antoine-Adrien, seigneur de Monteville, lieutenant au régiment de Fontenilles ; 3° Charles ; 4° Marie-Françoise.

MAUPIN.

On rencontre fréquemment, dans les travaux sur le Ponthieu, le nom de cette maison qui a joué à Abbeville un rôle considérable et s'y est allié aux meilleures familles du pays. MM. de Maupin se disaient issus de Willaume de Drucat, chevalier, sire du dit lieu en 1378, d'une excellente maison qui avait eu pour auteur Aléaume de Drucat vivant en l'an 1000. (Voir au mot *Drucat*.) Peu à peu ils reprirent les armes des Drucat. Ils commencèrent par charger leurs anciennes armes, qui étaient : *de gueules à trois pommes de pin d'or*, d'un *franc-quartier d'azur fretté d'argent,* puis les pommes de pin disparurent et les pleines armes de la maison de Maupin furent : *d'azur fretté d'argent*, qui est Drucat. — Supports : *deux sauvages*. — Cimier : *une licorne issante*.

Quoi qu'il en soit de cette origine, la généalogie de la famille de Maupin, peut s'établir clairement depuis le suivant.

1. — Jean DE MAUPIN, écuyer, fut maïeur d'Abbeville en 1419 et mourut pendant son année de mairie. Il fut enterré aux dépens de la ville. Il avait épousé N... de Biencourt, et en eut entr'autres enfants Enguerran, qui suit.

2. — Enguerran DE MAUPIN, *dit* Eustache, écuyer, seigneur de La Bouvaque, épousa Alix de Beaurain. De ce mariage naquirent neuf enfants : 1° Hugues, qui suit ; 2° Hugues, *dit* le Jeune ; 3° Firmin, chanoine de St.-Wlfran ; 4° Jean, écuyer, allié à Jeanne Le Boucher, dont Jean, écuyer, maïeur d'Abbeville en 1472, Jacqueline, alliée à Hues de Moulontier, et Jeanne, femme d'Eustache Au-Costé ; 5° Marguerite, femme de Raoul du Fay ; 6° Jacqueline, alliée à Robert du Pont, puis à Colart de Marcheville ; 7° Marie, femme de Pierre Lombart ; 8° Alix, femme de Jean Carue, écuyer ; 9° Damade, morte à marier.

3. — Hues de Maupin, écuyer, seigneur de La Bouvaque, bailli d'Abbeville en 1430, fut marié deux fois, 1° avec Jeanne Lucquet, 2° avec N... Au-Costé. Il laissa quatre enfants : 1° Jean, qui suit; 2° Firmin, chanoine de St.-Wlfran ; 3° deux filles.

4. — Jean de Maupin, écuyer, seigneur de La Bouvaque, Bellencourt et Monflières, maïeur d'Abbeville en 1473 et 1476, épousa Guillemette de May qui mourut en 1505 après lui avoir donné : 1° Nicolas, qui suit ; 2° Jean, mort sans postérité ; 3° Marguerite, mariée trois fois, avec Roland Le Sage, avec Hugues de May, et avec N. de Harreville.

5. — Nicolas de Maupin, écuyer, seigneur de La Bouvaque, Bellencourt et Monflières, lieutenant-général du sénéchal de Ponthieu, fut maïeur d'Abbeville en 1502. Il épousa Jeanne Laudée, de laquelle il eut : 1° Jean, qui suit ; 2° Jean, *dit* le Jeune, écuyer, seigneur de la Bouvaque et de Beaulieu, sans enfants de Gabrielle-Barbe de Magnicourt.

6. — Jean de Maupin, écuyer, seigneur de Bellencourt et de Monflières, maïeur d'Abbeville en 1541 et 1545, se maria trois fois, 1° avec Marguerite de Vaconssains, 2° avec Madeleine de Poilly, 3° avec Claude Briet. De lui sont issus : 1° Nicolas, mort sans enfants ; 2° Jean, qui va suivre ; 3° Louis, écuyer, avocat, allié à N... Le Gillon de Grotizon, demoiselle d'Erquières, fut père de Pierre, écuyer, avocat, qui se fit chartreux, Paul qui se retira à Rome et s'y fit connaître sous le nom de *Paolo Malpini*; 4° Marie, alliée d'abord à Louis de La Massonnière, maître d'hôtel du vidame d'Amiens, puis à Philippe de Wierre, écuyer, seigneur de Maisons, et enfin 5° Suzanne, religieuse.

7. — Jean de Maupin, écuyer, seigneur de Bellencourt, Monflières, la Bouvaque et Gorenflos, conseiller du roi, maître des requêtes de son hôtel et contrôleur du domaine en Ponthieu, fut encore maïeur d'Abbeville en 1574, 1581, 1588, 1593 et 1594. Il contribua puissamment à faire rentrer la ville sous l'obéissance de Henri IV. Il obtint pour lui, à cette occasion, une pension

de 1200 livres de rente annuelle à prendre sur la ville, et « pour tous les maïeurs suivants le pouvoir de porter la tasse de velours violet enrichie d'une boucle et d'un cercle d'argent, avec les armoiries de la ville en broderie posées au milieu ; luy mesme commença le premier à la porter » (le P. Ignace, p. 733). Il épousa Marguerite Le Comte et en eut quatre enfants : 1° Jean et Charles, morts jeunes ; 2° Marie alliée à François de Louvencourt, écuyer ; 3° Marguerite, femme de Gilles de Sacquespée, écuyer, seigneur de Selincourt. Ce dernier, comme il sortait du jeu de paume avec son cousin-germain, M. de Lamiré de Nouvion, fut assassiné près de l'hôtel de l'Écu de Brabant par les seigneurs de Calonne-Courtebonne, de Belloy de Landrethun et du Bosc d'Annebout. Son beau-père, M. Jean de Maupin, fit poursuivre impitoyablement les coupables, quoi qu'on fit pour l'appaiser. Ils furent pendus en effigie, dégradés de noblesse, et leurs bois et leurs maisons furent rasés. Jean de Maupin fit aussi flétrir et bannir le nommé Jacques Lecat, maitre fourbisseur, qui lui avait seulement adressé une injure. Il fut le dernier de sa race et avec lui s'éteignit le nom de Maupin.

MAY.

Armes : *d'or au chevron d'azur.* — **Supports :** *deux sauvages.* — **Cimier :** *un sauvage issant.*

Très bonne famille éteinte à la fin du siècle dernier. Elle était originaire de Ponthieu où elle résida assiduement. Elle fut maintenue dans sa noblesse par jugement de Bignon, intendant de Picardie, du 21 août 1700, sur preuves remontant jusqu'au 25 janvier 1525. Jean de May fut anobli, lui et toute sa postérité, par lettres patentes du mois de mai 1387, moyennant 100 francs d'or. La généalogie, prouvée, commence réellement en 1295, comme je vais la rétablir plus loin, ce qui lui donne six degrés de plus. Haudicquer de Blancourt cite un Claude de May, vicomte de Serches, près de Soissons, qui se disait de cette maison ; mais M. de May de Vieulaines, chef du nom et des armes, déclara positivement en 1700 qu'il ne reconnaissait à personne le droit de porter son nom, ses armes, et de se dire son parent.

1. — Jean DE MAY, à Abbeville dès 1295, eut pour fils :

2. — Jacques DE MAY, vivant encore en 1340. De lui est issu :

3. — Jean DE MAY, écuyer, anobli par lettres patentes du mois de mai 1387. Il fut allié à Anne d'Ailly de laquelle naquit le suivant.

4. — Bernard DE MAY, écuyer, seigneur de Seigneurville ; ayant dérogé, il fut obligé de prendre des lettres de relief de noblesse, en 1455. Il fut souvent échevin et même grand échevin (on appellait ainsi les quatre premiers) en 1424. Il fut allié à Jeanne de Broutelles et mourut fort âgé, échevin en charge, en 1474. Entr'autres enfants, il laissa Jean, dont l'article suit.

5. — Jean DE MAY, écuyer, seigneur de Seigneurville, gouverneur du château du Crotoy et châtelain de la forêt de Crécy, fut maïeur d'Abbeville en 1458 et 1460. Il épousa Marie Galand et mourut en 1498. Il laissa entr'autres enfants Bernard, qui suit.

6. — Bernard DE MAY, écuyer, seigneur de Seigneurville, Popincourt et Moreauville, épousa Isabeau de Fontaines. Il mourut en 1509, laissant : 1° Nicolas, qui suit ; 2° Jean, écuyer, seigneur de Popincourt et Moreauville, maïeur d'Abbeville en 1546, allié à Marguerite d'Oresmieulx dont vint Bernard, mort sans alliance.

7. — Nicolas DE MAY, écuyer, seigneur de Seigneurville, fut allié à Marguerite de Belloy ; d'eux sont issus : 1° Nicolas, mort sans postérité ; 2° Jean, qui suit.

8. — Jean DE MAY, écuyer, seigneur de Seigneurville, maïeur d'Abbeville en 1575, avait épousé Catherine Lourdel, de laquelle il eut : 1° Jean, qui suit ; 2° Pierre, écuyer, allié à Jeanne de Carpentin, mort sans enfants ; 3° Léonor, écuyer,

seigneur de Seronville, allié à Marie Cornu ; 4° Marguerite, femme de Valery de Hault ; 5° Barbe, alliée à Georges de Court, écuyer, seigneur de Coquerel.

9. — Jean DE MAY, écuyer, seigneur de Seigneurville, licencié-ès-lois, avocat au présidial de Ponthieu, épousa Anne de Calonne, par contrat du 21 juin 1592. De ce mariage naquit Jacques.

10. — Jacques DE MAY, écuyer, seigneur de Vieulaines, épousa Marie de Monthomer, par contrat en date du 3 avril 1619. Il eut d'elle : 1° Georges, dont l'article suit ; 2° Hippolyte ; 3° Pierre ; 4° Antoinette ; 5° Marie ; 6° Suzanne.

11. — Georges DE MAY, écuyer, seigneur de Vieulaines, fut allié à Françoise de Huppy, demoiselle de Rainneville, par contrat du 10 décembre 1644. Ils eurent pour fils et héritier le suivant.

12. — Jean DE MAY, écuyer, seigneur de Vieulaines et de Seigneurville, capitaine au régiment de Piémont, épousa Élisabeth Le Prévost, par contrat du 11 juillet 1677. De cette union ne naquit qu'un fils et une fille, Suzanne, alliée à Nicolas d'Aigneville, écuyer.

13. — Georges-François DE MAY, écuyer, seigneur de Vieulaines et de Seigneurville, né en 1680, fut maintenu dans sa noblesse le 21 août 1700. Il épousa Charlotte-Françoise de Belloy, dont il eut : 1° N..., qui suit ; 2° N..., femme de Louis-Nicolas Le Roy, écuyer, seigneur de Valines ; 3° N..., demoiselle de Bonnelle.

14. — N... DE MAY, écuyer, seigneur de Vieulaines, Seigneurville et Bonnelle. Il était l'oncle maternel de Charles-François-Joseph Le Roy de Valines, et celui-ci tenta, le 12 septembre 1763, de l'empoisonner comme il avait déjà empoisonné ses parents, pour avoir son héritage. M. de May et sa femme échappèrent à la mort. (*Voir la généalogie des Le Roy de St.-Lau et Valines*). Ils n'eurent pas d'enfants et le nom des de May disparut avec eux.

MONTHOMER.

Armes : *D'azur à la fasce d'or accompagnée de dix besants de même, 4 en chef et 6 en pointe, posés 3, 2 et 1.*

Gilles de Monthomer, maïeur d'Abbeville en 1204, est le premier auteur connu de cette famille éteinte au siècle dernier. Ses descendants furent maintenus dans leur noblesse sur preuves depuis le 25 juillet 1518, vivant Antoine, écuyer, seigneur de Vauchelles. Mais on peut ajouter à cette généalogie deux degrés de plus et l'établir comme il suit.

1. — Jacques DE MONTHOMER, écuyer, fut allié à Jeanne de Piennes. D'eux est issu :

2. — Colart DE MONTHOMER, écuyer, allié à N... d'Estrées, dont :

3. — Antoine DE MONTHOMER, écuyer, seigneur de Vauchelles et Frucourt, en 1518. Il épousa Anne Cornu de laquelle il eut un fils.

4. — François DE MONTHOMER, écuyer, seigneur de Frucourt, fut allié à Jacqueline-Élisabeth d'Outreleau, héritière de la seigneurie d'Écles. Il mourut vers 1566 et laissa cinq enfants : 1° Oudart, qui suit ; 2° Antoine, écuyer, seigneur d'Écles et de Vieulaines, allié à Catherine de Belleval, dame d'Aigneville et de Castelinval, par contrat du 4 novembre 1585. Il n'eut que trois filles et vendit Écles à Jean de Gueschart, son beau-frère. Sa veuve se remaria, par contrat du 15 janvier 1601 avec César de Bacouel, écuyer, seigneur d'Inval ; 3° Charlotte, alliée à N... le Normant de Tronville, écuyer, seigneur de Mérélessart ; 4° Antoinette, femme de Jean de Gueschard, écuyer, seigneur de Gourguechon et d'Écles ; 5° Anne, alliée à Ambroise de Ste.-Aldegonde, écuyer, seigneur de Noircarmes.

5. — Oudart DE MONTHOMER, chevalier, seigneur de Frucourt,

épousa Catherine de Crésecques, dame de Marieu : de cette union naquirent trois enfants : 1° Henri, qui suit ; 2° Charles, chevalier, seigneur de Marieu, mort sans postérité ; 3° Hippolyte, femme de Hugues de Forceville, écuyer.

6. — Henri DE MONTHOMER, chevalier, seigneur de Frucourt, fut allié à N... Abraham de Millencourt, dont il eut le suivant.

7. — Charles-Michel DE MONTHOMER, chevalier, seigneur de Frucourt, Foucaucourt, Ribauval, Marieu et Doudelainville. Il fut maintenu dans sa noblesse par un arrêt du conseil vers 1667. J'ignore s'il eut des descendants.

MOYENNEVILLE.

Armes : *d'argent à deux lions affrontés de sable, armés et lampassés de gueules, au trescheur fleuronné de gueules.*

Cette ancienne famille du Vimeu, éteinte depuis longtemps, posséda la noblesse seulement dans quelques-unes de ses branches. Elle s'allia presque toujours aux meilleures familles du pays, à celles de St.-Blimond, Belleval, du Candas, Nibas, Gaillard, etc... Elle était connue à Abbeville depuis Hugues de Moyenneville, maïeur d'Abbeville en 1232 et 1237 et Enguerrand, doyen de St.-Wlfran, en 1260.

N.

NIBAS.

Armes : *de gueules à trois épées d'argent garnies d'or, mises en pal, la pointe en haut.*

Famille éteinte, qui était originaire du village de Nibas. Colart de Nibas vivait en 1329. Jean de Nibas, écuyer, à Abbeville en 1451. Ses descendants s'allièrent aux Boussart, Moyenneville, Haucourt, Dompierre, Crignon de Beauverre, etc.

NOUVILLERS.

Armes : *de gueules à l'aigle d'argent,* aliàs, *de gueules au chevron d'or accompagné en pointe d'un aigle d'argent.*

Je crois que cette famille était originaire de Gamaches, ou du moins les deux plus anciens de ce nom que l'on connaisse y vécurent et y furent enterrés. Nicolas de Nouvillers fut anobli par lettres patentes du mois d'octobre 1514. Il y a longtemps que le nom de Nouvillers est disparu de Ponthieu.

1. — Renault DE NOUVILLERS, fieffé à Gamaches en 1417, dont :

2. — Colart DE NOUVILLERS, possesseur du même fief et demeurant à Gamaches en 1446. Il fut père de :

3. — Jean DE NOUVILLERS, demeurant à Abbeville, dans la Tannerie, en 1470. De lui est issu.

4. — Nicolas DE NOUVILLERS, écuyer, seigneur de Houdenc et de Belloy-sur-Mer, licencié-ès-lois, maïeur d'Abbeville en 1506, 1508, 1510, 1515, 1518 et 1525. Il fut anobli par lettres patentes du mois d'octobre 1514. Il fut enterré dans le chœur de l'église de St.-Gilles, sous la lampe, en face du grand autel. Son tombeau était de marbre enrichi de cuivre doré, avec ses armes et ses quatre quartiers. D'Isabeau Boussart, sa femme, il avait eu cinq enfants : 1° Nicolas, qui suit ; 2° Marguerite, femme de Louis Le Roy, écuyer, seigneur d'Argny ; 3° Catherine, femme de Pierre de Calonne, écuyer, seigneur des Auteulx ; 4° Isabeau, alliée à Nicolas Turpin, écuyer, bailli d'Eu ; 5° Marie, femme de Jean de Bristel, écuyer, seigneur de Martainneville.

5. — Nicolas DE NOUVILLERS, écuyer, seigneur de Houdenc et de Belloy-sur-Mer, licencié-ès-lois, épousa Jeanne de Teuffles, dame de Radepont. Il n'eut d'elle qu'une fille unique, Anne, mariée 1° avec Jean Cornu, écuyer, seigneur d'Embreville, 2° avec Jacques Morand, écuyer, seigneur d'Ocmaisnil.

PAPPIN.

Armes : *d'azur à trois pommes de pin d'or.*

Ancienne famille éteinte au siècle dernier. Plusieurs de ses membres furent notaires et prirent des lettres de relief de noblesse, le 29 octobre 1667. Leurs descendants furent maintenus dans leur noblesse par jugement de Bignon, intendant de Picardie, du 1er septembre 1700. On ne leur a jamais connu d'autre généalogie que celle qui fut présentée par eux à Bignon et que je vais reproduire, en y ajoutant les branches cadettes qui ne se trouvent pas dans le grand nobiliaire de Picardie.

1. — Binet PAPPIN, écuyer, seigneur de Coquerel, en 1380. On lui donne pour frère Estévenot Pappin, capitaine de gens de guerre au Pont-Remy, mort en 1465, et pour fils :

2. — Nicolas PAPPIN, écuyer, seigneur de Coquerel, allié à N. de Friaucourt, dont :

3. — Jean PAPPIN, écuyer, seigneur de Coquerel et de Fresnel,

allié à Barbe Doresmieulx par contrat du 13 juin 1450. De cette union naquirent : 1° Nicolas, qui suit ; 2° Robert, cordelier à Abbeville ; 3° Marguerite, demoiselle d'Ailly et de Villers, alliée d'abord à Antoine Duclos, puis à Josse Beauvarlet, puis enfin à Mathieu de Bomy, écuyer, seigneur du Hamelet ; 4° Marie, femme d'Honoré Le Blond, écuyer ; 5° Jeanne, alliée à Antoine Le Messier.

4. — Nicolas PAPPIN, écuyer, seigneur de Coquerel, fut allié à Marguerite Lambert, dont vinrent : 1° Jean, qui suit ; 2° Artus, auteur de la deuxième branche, qui suivra ; 3° Claude, demoiselle de Villers, femme d'Eustache Beauvarlet.

5. — Jean PAPPIN, écuyer, seigneur de Coquerel, épousa Antoinette de Cacheleu. D'eux sont issus : 1° Jean et Artus, morts à marier ; 2° Jeanne, demoiselle de Coquerel, alliée à Adrien de Court, écuyer, seigneur de Huboval ; 3° Louise, femme de Nicolas d'Orival, écuyer ; 4° Claude, femme de Charles de Hault, puis d'Eustache de Broutelles.

DEUXIÈME BRANCHE.

5. — Artus PAPPIN, écuyer, seigneur de Fresnel. De Marguerite Le Messier, sa femme, il eut Wlfran, qui suit, et Anne, femme de Gilles Gallespoix. *et Marguerite*

6. — Wlfran PAPPIN, écuyer, notaire à Abbeville, épousa Marie de Ponthieu. De cette union naquirent beaucoup d'enfants : 1° Antoine, avocat, mort à marier ; 2° Philippe, dont l'article va suivre ; 3° Artus, procureur, allié à Marie de Lavernot, dont Louise, femme de Michel Framery ; 4° Wlfran, mort sans alliance ; 5° Hector, allié à Marie Pignier, sans suite ; 6° Jean, auteur de la troisième branche, qui suivra ; 7° François, auteur de la quatrième branche, qui suivra également ; 8° Marguerite, femme de Maurice Liault, avocat ; 9° Anne, alliée à Nicolas Rotard, notaire et procureur.

7. — Philippe Pappin, procureur et notaire, épousa Marie Cuignet, dont il eut: 1° Wlfran, qui suit; 2° Antoine, mort sans alliance; 3° François, sieur de Montargis, huissier audiencier, allié à N... Duwanel, dont François, aussi huissier audiencier, qui a eu beaucoup d'enfants de N... Artus.

8. — Wlfran Pappin, sieur des Dîmes, allié à N... Coulon, en eut: 1° Wlfran, qui suit; 2° Pierre, prêtre, chapelain de St.-Wlfran.

9. — Wlfran Pappin, allié 1° à N. de Villiers, 2° à N. Le Comte, dont Wlfran, qui suit, et Claude, seigneur de Milan, officier au régiment de Picardie.

10. — Wlfran Pappin, écuyer, seigneur de Liancourt, chevau-léger de la garde du roi.

TROISIÈME BRANCHE.

7. — Jean Pappin, sieur du Fresnel, notaire et procureur à Abbeville et bailli de Nouvion, épousa Barbe Asselin, par contrat du 30 juin 1607. Il eut d'elle: 1° Philippe, qui suit; 2° Charles, chanoine de Beauvais; 3° Anne, femme de Pierre de Dourlens; 4° Barbe, alliée à Adrien du Bos; 5° Françoise, alliée à Adrien Wignier; 6° Marie, femme d'Olivier du Gardin.

8. — Philippe Pappin, écuyer, seigneur de Machy, conseiller du roi, lieutenant-général en la sénéchaussée et siége présidial de Ponthieu, épousa Marguerite Vaillant de Caumondel. Il obtint des lettres de relief de noblesse, le 29 octobre 1667. Il laissa: 1° Philippe, curé d'Allery; 2° Louis, qui suit.

9. — Louis Pappin, écuyer, seigneur de Caumaisnil, Machy et Courcelles, mousquetaire de la garde du roi, puis lieutenant-général en la sénéchaussée de Ponthieu. Il épousa Marie Pépin, par contrat du 5 février 1679. Il fut maintenu dans sa noblesse, le 1er septembre 1700, et laissa plusieurs enfants: 1° Louis, mort jeune; 2° Charles, qui suit; 3° Wlfran, écuyer, sei-

gneur du Fresnel; 4° Marguerite, femme de Benjamin Priolo; 5° Marie.

10. — Charles PAPPIN, écuyer, seigneur de Caumaisnil, procureur du roi au présidial d'Abbeville, épousa Marie Obry dont il eut des enfants. — Cette branche s'éteignit dans la famille Briet de St.-Élier et de Rainvillers.

QUATRIÈME BRANCHE.

7. — François PAPPIN, notaire et procureur, épousa Géneviève d'Amiens, dont : 1° Jean, qui suit; 2° Nicolas, prêtre, curé de Notre-Dame du Châtel; 3° Charles, notaire, souvent échevin, allié à N. de Buissy; 4° François, seigneur de Préfontaine, allié à Françoise du Bourguier, puis à N. Sellier. 5° Marie

8. — Jean PAPPIN, seigneur de Franqueville, avocat du roi au présidial d'Abbeville, se maria d'abord avec Catherine Le Febvre dont il n'eut pas d'enfants, puis avec Marie du Bourguier, de laquelle vinrent : 1° Jean, seigneur de Franqueville, capitaine au régiment de Vaubecourt, mort à marier; 2° Pierre, garde du roi, allié à N. Haudebout, dont suite.

POCHOLLES.

Armes : *de gueules à la croix d'or accompagnée d'un épervier s'essorant de même.* — Supports : *deux lions.* — Cimier : *une licorne issante.*

Famille de fort ancienne noblesse, éteinte au XVIII° siècle, à laquelle appartenaient les suivants, Gaultier de Pocholles, écuyer, en 1166; Jean de Pocholles, vicomte de St.-Riquier, en 1246 et 1258; Pierre de Pocholles, vicomte de Montreuil en 1390; Jean de Pocholles, bourgeois de Montreuil et garde du scel royal en 1427.

La généalogie, prouvée par titres, de la famille de Pocholles, commence avec Marquin, vivant en 1476.

1. — Marquin DE POCHOLLES, écuyer, vivant en 1476, avait épousé Tassine Tristan. D'eux naquit :
2. — Jean DE POCHOLLES, écuyer, allié 1° à Marguerite Tacquet, 2° à Jeanne Le Clerc, dont Jean qui suit.
3. — Jean DE POCHOLLES, écuyer, seigneur de Hautebut, épousa Jacqueline de Coppequesne, par contrat passé le 15 novembre 1551. Il fut père de François.
4. — François DE POCHOLLES, écuyer, seigneur de Hautebut et de Cornillon, fut allié à Marie Tillette, par contrat du 18 juillet 1596. Ses enfants furent : 1° Gilles, qui suit ; 2° Nicole, mariée avec Jean Picquet, écuyer, par contrat passé le 25 février 1624.
5. — Gilles DE POCHOLLES, écuyer, seigneur de Bruinocourt, épousa Marie de Boulogne, demoiselle du Hamel, par contrat passé le 17 mai 1636. De cette union naquirent : 1° Jean-Baptiste, qui suit ; 2° Hugues, prêtre ; 3° Dominique, mort sans alliance.
6. — Jean-Baptiste DE POCHOLLES, écuyer, seigneur de Bruinocourt, et du Hamel-les-Broutelles, lieutenant de roi de Clermont en Beauvoisis, épousa Madeleine de Robergues, dont il n'eut que deux filles, l'aînée épousa un conseiller au Parlement, la cadette épousa en 1706, Louis du Bouchet, marquis de Sourches, comte de Montsoreau, grand prévôt de l'hôtel.

POLHOY.

Armes : *d'or au lion de sable*.

Cette famille a prouvé sa noblesse depuis le 16 juin 1550, vivant Robert de Polhoy, seigneur du dit lieu, et elle fut maintenue en conséquence par jugement de Bignon, intendant de Picardie, du 16 mai 1699. Le fief Polhoy sis à Noyelles-en-Chaussée, acheté aux seigneurs de Lisques vers 1460, par l'abbaye de St.-Riquier, avait anciennement appartenu à la famille de Polhoy qui lui avait donné son nom ou l'avait reçu de lui. On ne sait rien de positif à cet égard. On trouve à Canchy, en 1347, un Willame de Polhoy, un Jean de Polhoy tenant un fief du roi à Ponthoiles en 1380, un Robert de Polhoy, seigneur de Canchy en 1379, etc.

1. — Robert DE POLHOY, écuyer, seigneur du dit lieu en 1550, épousa Marie de Gourlay, de laquelle il eut : 1° Jacques, écuyer; 2° Antoine, qui suit.

2. — Antoine DE POLHOY, écuyer, seigneur de Ponthoiles, épousa Marie Loisel par contrat du 25 mai 1576. D'eux naquirent : 1° Oudart, écuyer, seigneur de Ponthoiles, allié d'abord à Géneviève de Belleval, dame de Val-Levret, par contrat du 22 mai 1612, puis à Jeanne de Hault, en 1622, dont Louise, alliée à François de Doncœur, écuyer ; 2° Thibaut, qui suit.

3. — Thibaut DE POLHOY, écuyer, seigneur de Ponthoiles, fut allié à Marguerite Le Fuzelier, par contrat du 4 février 1611. De cette union sont issus : 1° François, qui suit ; 2° Marguerite, femme de Oudart Barbier, écuyer, seigneur de Bernapré.

4. — François de POLHOY, écuyer, seigneur d'Offouel et de Tasserville, épousa Jeanne d'Amerval, par contrat du 12 janvier 1643. Il laissa le suivant.

5. — François de POLHOY, écuyer, seigneur de Tasserville, allié à Catherine Le Ver, par contrat du 14 novembre 1677. Il fut maintenu dans sa noblesse le 16 mai 1699. Il avait alors cinq enfants : 1° Charles ; 2° François ; 3° Madeleine-Catherine ; 4° Marie-Madeleine ; 5° Jeanne.

POSTEL.

Armes : *D'azur à la gerbe d'or accostée de deux étoiles de même.*

Je n'ai pu retrouver la généalogie de cette ancienne famille et voilà tout ce que je sais d'elle.

1. — Jean Postel, écuyer, licencié-ès-lois, seigneur de Bellifontaine, fut maïeur d'Abbeville en 1441, 1442, 1443, 1444, 1449 et 1453. Il eut pour fils :
2. — Nicolas Postel, écuyer, seigneur de Bellifontaine, maïeur d'Abbeville en 1485, 1487 et 1489. Il fut père du suivant.
3. — Jean Postel, écuyer, seigneur de Bellifontaine et Granssart. Il s'allia à Marguerite Laudée, de laquelle il n'eut qu'une fille, Catherine, qui épousa Jean Cannesson, écuyer, et lui apporta les deux seigneuries de Bellifontaine et de Granssart.

Haudiquer de Blancourt rapporte que Nicolas Postel, seigneur de Bellifontaine à cause de Marie de Boissière, sa femme, fut mentionné au compte du domaine de Ponthieu, en 1540, et qualifié écuyer à l'arrière ban d'Amiens, en 1557. C'est une erreur volontaire ou involontaire, — Haudicquer de Blancourt est sujet à caution, — car bien avant 1550 la seule maison de Cannesson (voir à ce nom) était en possession de la seigneurie de Bellifontaine, comme je l'ai expliqué plus haut. — On trouve dans le grand nobiliaire de Picardie, une famille de Postel, portant les mêmes armes, qui fut maintenue par Bignon, intendant de Picardie, le 4 mai 1708, sur preuves depuis le 15 novembre 1551. Mais rien ne prouve, hormis la similitude d'armoiries, qu'elle ait eu une origine commune avec celle dont je viens de m'occuper.

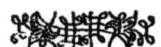

QUIÉRET.

Armes : *D'hermine à trois fleurs de lys au pied nourri de gueules.* — Les seigneurs de Tours brisaient ces armes *d'un bâton d'azur brochant sur le tout.*

La maison de Quiéret, éteinte au commencement du siècle dernier, était incontestablement l'une des plus illustres de tout le nord de la France. Elle n'était plus représentée en 1701 que par la branche des seigneurs de Rionville, dans la personne d'Adrien Quiéret, seigneur de Rionville, et d'Antoine, son fils, maintenus dans leur noblesse par jugement de Bignon, intendant de Picardie, du 30 août 1701, sur preuves remontant seulement au 27 décembre 1537. Antoine étant mort sans alliance en 1729, le glorieux nom de Quiéret disparut entièrement et la famille fut éteinte.

On trouve Hugues Quiéret, seigneur de Dourier, en mai 1209. Mais la généalogie suivie, telle qu'elle est donnée par le Père Anselme (tome VII, p. 745) et que je vais la donner d'après lui, ne commence qu'un siècle plus tard, avec les premières années du xiv° siècle.

1. — Hugues Quiéret, chevalier, seigneur de Tours-en-Vimeu, conseiller du roi, amiral de France, sénéchal de Nismes et de Beaucaire, capitaine de Tournay. Il avait pour frère Gérard Quiéret, sénéchal d'Agénais. Il fut tué à la bataille navale de l'Écluse où il *commandait la flotte française*, le 22 juin 1340. De Blanche d'Harcourt, sa femme, il eut : 1° Guy, *dit Boort*, fait chevalier le 29 avril 1368, et mort avant 1376, ne laissant pas d'enfants de Jeanne de Maintenay, *dite* de Ponthieu, sa femme, qui se remaria avec Dreux, sire de Crèvecœur ; 2° Henri, qui suit ; 3° Jacques, écuyer, 4° Robert, écuyer, seigneur de Ramecourt, allié à Marie, dont Marie, veuve, en 1399, de Jean Bainfiel, *dit* Hutin, et Jeanne, femme de Edmond de Hallencourt, écuyer ; 5° Jeanne, alliée à N... de Rollincourt, puis à N..., seigneur d'Arguel ; 6° Léonore, femme de Robert de Fiennes, chevalier.

2. — Henri Quiéret, chevalier, seigneur de Tours-en-Vimeu, s'attacha au service du roi de Navarre, duquel il reçut une pension de 500 écus, par lettres du 11 septembre 1361. Il mourut avant le mois d'août 1366. Il avait épousé Jeanne, dame de Heuchin qui lui donna plusieurs enfants : 1° Guy, dont l'article suit ; 2° Jean, grand prévôt de St.-Pierre d'Aire, chanoine et trésorier de Thérouenne, était âgé de 70 ans en 1456, lorsqu'il eut un procès avec Guy, son neveu ; 3° Éléonore, mariée en 1403 avec Antoine de Haversquerque, chevalier, et morte en 1440. D'une seconde femme dont le nom est inconnu, Henri Quiéret eut encore : 4° Manassès, écuyer, 5° Hugues, écuyer, allié à Jeanne d'Équennes ; 6° Pierre, écuyer, seigneur de Haucourt, capitaine d'Airaines en 1422, avait été fait prisonnier à la bataille d'Azincourt, en 1415 ; de Marguerite de Leval, dame de Pippemont, sa femme, il eut : 1° Antoine, écuyer, seigneur de Ramoncourt et Pippemont, mort en 1450, ne laissant de Jeanne d'Inchy, sa femme,

qu'une fille, Jeanne ; 2° Guy, écuyer, seigneur de Coulonvillers.

3. — Guy Quiéret, *dit Boort*, chevalier, seigneur de Tours-en-Vimeu et de Heuchin. Il fut fait prisonnier à la bataille d'Azincourt. Il servait à garder la ville de Boulogne, en 1416, en qualité de chevalier banneret et avec quatre écuyers. Il épousa Jeanne de Poix, de laquelle il eut : 1° Jacques, qui suit ; 2° Christophe, auteur de la seconde branche, qui suivra ; 3° N..., femme de Guillaume de Saveuse, chevalier ; 4° Agnès, femme de Jean du Biez, *dit le Sourd* ; 5° Marguerite, femme de Robert de Nédonchel, chevalier.

4. — Jacques Quiéret, chevalier, seigneur de Heuchin, fut fait prisonnier à la bataille de Ponteaudemer. Il mourut avant 1470. De son mariage avec Bonne de Berlettes, dite de Wavrin, naquirent : 1° Jean, *dit Boort*, mort sans alliance ; 2° Gauvain, qui va suivre ; 3° Antoine et Léon, écuyers, morts à marier ; 4° Jeanne, femme de Foulques de Renty, *dit le Galois*, seigneur d'Embry, puis de Renaud de Giresmes ; 5° Béatrix, femme de Jacques de Berles.

5. — Gauvain Quiéret, écuyer, seigneur de Heuchin, fut allié à Jeanne d'Isque, dame de la Haye. Il fut père de : 1° Jean, écuyer, seigneur de Heuchin, mort sans alliance ; 2° Antoine, chanoine à Lille ; 3° Barbe ; 4° Antoinette, dame d'Ancerville, mariée à Louis d'O, seigneur de Sorel ; 5° Marie, dame d'Ostreville, alliée par contrat du 5 juillet 1489 à Jean de Noyelles, seigneur de Marle ; 6° N..., femme de Philippe de Grihoval, écuyer.

DEUXIÈME BRANCHE.

4. — Christophe Quiéret, écuyer ; la terre et seigneurie de Tours-en-Vimeu devint son partage, de même que celle de Heuchin était restée à son frère aîné. D'Isabeau d'Ailly, sa femme, il n'eut qu'un fils, qui suit.

5. — Jean Quiéret, écuyer, seigneur de Tours-en-Vimeu, épousa Péronne de Buleux, dont il eut : 1° Jean, qui suit ; 2° Louis, écuyer, seigneur de Tours, en 1526, allié à N. de Boissay, dont Louise, femme de Jean, baron de Mailloc, puis de François de la Rivière, seigneur de Ste.-Marie ; 3° Jeanne, femme de Jean de Calonne, écuyer, seigneur de Landrethun ; 4° Yolande, femme de Jean de Teuffles, écuyer, seigneur de Radepont ; 5° Philippe, abbesse du Moncel ; 6° N..., femme de Louis d'Aoust, écuyer, seigneur de Francières.

6. — Jean Quiéret, écuyer, seigneur du Quesnoy, lieutenant de la compagnie d'archers de la garde du roi, épousa Françoise de Mailloc par contrat du 27 décembre 1537. D'eux sont issus : 1° Adrien, qui suit ; 2° Marie, femme de Louis d'Ault, écuyer, seigneur de Neufville ; 3° Jeanne, femme de Charles de Belleval, écuyer.

7. — Adrien Quiéret, écuyer, seigneur du Quesnoy, épousa Christine du Mesge le 4 septembre 1570. De cette union naquirent : 1° Joachim, écuyer, allié à Catherine de Forceville, et n'en eut pas d'enfants ; 2° Louis, qui va suivre, 3° François, mort sans alliance en 1612 ; 4° Antoinette, femme de Nicolas du Bois ; 5° Jeanne, sans alliance ; 6° Françoise, Élisabeth, et autre Françoise, toutes mortes filles.

8. — Louis Quiéret, écuyer, seigneur de Rionville, épousa Charlotte Le Vasseur d'Hiermont. Ils n'eurent qu'un fils.

9. — Adrien Quiéret, chevalier, seigneur de Rionville, fut maintenu dans sa noblesse avec son fils, le 30 août 1701. Il avait épousé, par contrat du 23 juin 1654, Catherine Picard, et n'eut d'elle que le suivant.

10. — Antoine Quiéret, chevalier, seigneur de Rionville, major dans l'île de Cayenne, fut maintenu dans sa noblesse avec son père. Il mourut âgé de 68 ans, et sans avoir été marié, et fut enterré le 24 avril 1729 dans l'église de St.-Paul, à Paris.

On trouve encore une courte branche de cette famille qui a eu aussi une belle illustration, mais l'on ne sait comment la rattacher au tronc principal.

1. — Enguerrand Quiéret, chevalier, seigneur de Fransu, amiral de France, capitaine de la ville de Rue, en 1357. Il mourut peu après cette époque. De N. de Roye, sa femme, il laissait un fils.

2. — Jean Quiéret, chevalier, seigneur de Fransu, mort en 1405. Son fils fut :

3. — Guillaume *dit* Enguerrand Quiéret, chevalier, seigneur de Fransu, il épousa par contrat du 26 mai 1410 Jeanne de Bussu. On ne lui connait pas de postérité.

R.

RAMBURES.

Armes : d'or à trois fasces de gueules.

Famille qui ne le cède en rien à celle de Quiéret, et qui a eu beaucoup d'illustration. Elle s'éteignit au XVIIe siècle. Qui, en Ponthieu, ne connait le beau château-fort de Rambures, échu par alliance aux La Roche-Fontenilles, maison du comté de Comminges ?

1. — David, sire DE RAMBURES, vivant en 1407, dont :
2. — Jean, sire DE RAMBURES, vivant en 1437, dont :
3. — Robinet DE RAMBURES, chevalier, allié à Yve de Melun, qui fut père de Jean, qui suit, et de Guillaume que plusieurs généalogistes ont pensé, mais à tort, avoir été l'auteur de la maison de Biencourt.

Je ferai remarquer ici que le Père Anselme, si consciencieux et si bien informé, ne fait commencer la généalogie de Rambures qu'avec le suivant.

4. — Jean DE RAMBURES, chevalier, seigneur de Rambures, gouverneur de Guise, épousa une demoiselle noble du nom d'Adeline, de laquelle il eut : 1° André, sans alliance; 2° Carbonnel, sans alliance également; 3° Hugues, qui va suivre.

5. — Hugues DE RAMBURES, chevalier, seigneur de Rambures, épousa Jeanne, dame de Drucat, et fut père de Jean, qui suit, et d'Enguerran, chevalier.

6. — Jean DE RAMBURES, chevalier, seigneur de Rambures, gouverneur d'Arras. De sa femme, dont le nom est inconnu, il eut : 1° Thomas, écuyer, vivant en 1385; 2° Guillaume, *dit Hanneux*, écuyer, vivant encore en 1395; 3° André, qui suit.

7. — André DE RAMBURES, chevalier, seigneur de Rambures, conseiller et chambellan du roi, capitaine de Boulogne et de Gravelines, mort en 1405 au siège du château de Mercq, près Calais. De Jeanne de Bregny, sa femme, il n'avait eu qu'un fils.

8. — David DE RAMBURES, chevalier, seigneur de Rambures, grand-maître des arbalétriers de France, conseiller et chambellan du roi, fut tué à la bataille d'Azincourt en 1415. Il avait épousé, par contrat du 5 mai 1394, Catherine d'Auxy, dame de Dompierre et d'Escouy. D'eux naquirent : 1° André, qui suit; 2° Jean, Hue et Philippe, tués tous les trois avec leur père à Azincourt.

9. — André DE RAMBURES, chevalier, seigneur de Rambures, Dompierre, Escouy, Drucat, Le Plessiel et Dampierre, grand-maître des eaux et forêts de Picardie. Il épousa Péronne de Créquy. On ne lui connaît pas d'autre fils que le suivant.

10. — Jacques DE RAMBURES, chevalier, seigneur de Rambures, Dompierre, Escouy et Drucat, conseiller et chambellan du roi, gouverneur de St.-Valery-sur-Somme et de Hodenc-en-Artois, mourut peu après 1488; il avait épousé Marie de Berghes, avant 1448. D'eux sont issus : 1° André, dont l'article suit; 2° Antoinette, femme de Guy de Brimeu, comte de Meghen, seigneur de Humbercourt.

11. — André DE RAMBURES, chevalier, seigneur de Rambures, Dompierre, Escouy et Drucat, conseiller et chambellan du roi, sénéchal et gouverneur de Ponthieu, maître des eaux et forêts de Picardie. Il fut allié à Jeanne de Hallwin dont il eut quatorze enfants, entr'autres : 1° Jean, qui suit ; 2° Marie, femme de N..., seigneur de Carentan ; 3° Claude-Françoise, morte sans alliance en 1589.

12. — Jean DE RAMBURES, chevalier, comte de Dammartin et de Guines, seigneur de Rambures, Escouy, Dompierre et Drucat, conseiller et échanson ordinaire du roi, maître des eaux et forêts de Picardie. Il épousa 1° Anne de La Marck, par contrat du 26 novembre 1521, 2° Françoise d'Anjou, comtesse de Dammartin et de Courtenay, par contrat du 9 octobre 1538. Du premier lit il n'eut qu'André, tué à la prise de Gravelines, en 1558. Du second naquirent : 1° Oudard, maître des eaux et forêts de Picardie, tué à l'assaut de Rouen en 1562 ; 2° Philippe, maître des eaux et forêts de Picardie, qui, de Madeleine de Pimont, n'eut que deux enfants, Emmanuel et Françoise, morts jeunes ; 3° Jean, qui suit.

13. — Jean DE RAMBURES, chevalier, seigneur de Rambures, Hornoy et Dompierre, comte de Dammartin, chevalier de l'ordre du roi, capitaine de 50 hommes d'armes, épousa Claude de Bourbon, dame de Ligny et de Lambercourt, le 24 juin 1571. De cette union naquirent sept enfants : 1° Charles, qui suit ; 2° Geoffroy, seigneur de Ligny-sur-Canche, tué en février 1608 par le seigneur de Mareuil, son beau-frère, dans la maison et en présence de Thibaut, baron de Mailly, son beau-père ; il avait épousé Marie de Mailly et n'en eut que le seul Jean-René, seigneur de Ligny-sur-Canche ; 3° Guillaume, chevalier de Malte en 1597, tué en 1608 ; 4° Antoinette, femme de Jean de Berghes, seigneur d'Olehain ; 5° Éléonore et Madeleine, religieuses à Avesnes ; 6° Françoise-Anne, femme de Louis Servin, avocat-général au parlement de Paris.

14. — Charles DE RAMBURES, dit *le brave Rambures*, chevalier, seigneur de Rambures, Dompierre, Hornoy, etc., chevalier

des ordres du roi, maréchal de camp, gouverneur de Doullens et du Crotoy. Il mourut à Paris le 13 janvier 1633; il avait épousé en premières noces Marie de Montluc-Balagny, et en secondes noces Renée de Boulainvillers, par contrat du 14 décembre 1620. Du premier mariage sont nés : 1° François, mort enfant ; 2° Jean, maréchal de camp, tué au siége de la Capelle, en 1637; 3° Philippe-Alexandre, Charles et Claude, morts enfants ; du second mariage sont issus : 4° Charles, qui suit ; 5° François, mestre de camp d'un régiment de son nom, tué près de Honnecourt en 1642; 6° Charlotte mariée par contrat du 14 mars 1645 avec François de La Roche, marquis de Fontenilles ; 7° Renée-Françoise, religieuse à Berthaucourt.

15. — Charles DE RAMBURES, chevalier, marquis de Rambures, comte de Courtenay, épousa Marie Bautru de Nogent, le 5 avril 1656. Il mourut le 11 mai 1674, laissant : 1° Louis-Alexandre, marquis de Rambures, mestre de camp d'un régiment de son nom, tué d'un coup de mousquet en Alsace, à l'âge de 18 ans, en juillet 1676 ; 2° Marie-Renée, femme de Just-Joseph-François de Cadart de Tournon d'Ancezune, duc de Caderousse ; 3° Marie-Charlotte, religieuse ; 4° Marie-Armande, mariée, par contrat du 24 avril 1686, avec Sidoine-Apollinaire-Scipion-Armand, marquis de Polignac.

RAMBURES.

On n'a pas manqué de s'élever contre la prétention qu'a toujours eu cette famille d'être issue des grands Rambures rapportés ci-dessus. Généalogiste impartial, je dois déclarer cependant que je crois fermement à la parenté des deux familles de Rambures. Si les preuves écrites font défaut, il est des présomptions très significatives qui, pour un esprit non prévenu, militent beaucoup en faveur des Rambures de Poireauville, c'est-à-dire l'identité absolue de noms, la similitude des armes sauf l'interversion des couleurs, enfin la possession de charges analogues à la fois, dans le même pays, dans la même ville. En effet, Jean de Rambures-Poireauville était, en 1501, lieutenant de la ville de St.-Valery dont Jacques de Rambures (du château) avait été nommé gouverneur en 1480. Jusqu'en 1676 les Rambures-Poireauville avaient toujours porté pour armes : *de gueules à trois fasces d'or;* depuis 1676, c'est-à-dire depuis la mort du dernier marquis de Rambures, ils reprirent les pleines armes de Rambures, *d'or à trois fasces de gueules.* Il me paraît rationnel de conclure de là que les Rambures-Poireauville sont issus d'un cadet (et non pas d'un bâtard, qui au lieu de changer les métaux de l'écusson paternel, l'aurait chargé d'une marque de bâtardise) de la maison de Rambures, qui pour brisure choisit l'interversion assez usitée des métaux et des couleurs. Comment d'ailleurs supposer que les Rambures du château auraient laissé prendre leur nom et leurs armes par des gentilshommes leurs voisins, s'ils n'avaient admis le droit que ces gentilshommes avaient de le faire; et leur silence n'est-il pas déjà une reconnaissance de ce droit? Mais où, quand, comment se fit la séparation des deux familles, c'est ce que, faute de documents, il est difficile d'établir.

La famille de Rambures de Poireauville, qui compte encore plusieurs représentants en Ponthieu, se divisa en deux branches qui furent maintenues dans leur noblesse par jugements de Bignon, intendant de Picardie, des 21 mars 1699 et 6 mars 1700, sur preuves remontant au 5 février 1532. La généalogie complète compte trois degrés de plus. Je vais la rétablir dans toute son intégrité.

1. — Jean DE RAMBURES, écuyer, possesseur de fiefs à Vaudricourt et à Brutelles, demeurait à St.-Valery en 1435. De sa femme, dont le nom est inconnu, il laissa un fils.

2. — Jean DE RAMBURES, écuyer, seigneur de Poireauville, lieutenant de la ville de St.-Valery en 1501, épousa Jeanne de St.-Blimont de laquelle il eut : 1° Adrien, qui suit; 2° N..., femme de N. de Bélleperche, écuyer, demeurant à Fressenneville.

3. — Adrien DE RAMBURES, écuyer, seigneur de Poireauville, épousa Jeanne de Haudecoustre. De cette union naquit Simon, qui suit.

4. — Simon DE RAMBURES, écuyer, seigneur de Poireauville, homme d'armes des ordonnances du roi, épousa Jacqueline Roussel et eut d'elle : 1° Jean, qui suit ; 2° Jeanne, alliée à Nicolas Malherbe, par contrat du 14 janvier 1534.

5. — Jean DE RAMBURES, écuyer, seigneur de Poireauville, épousa Marie de Carpentin. D'eux sont issus : 1° François, qui suit ; 2° Philippe, auteur de la deuxième branche, qui suivra ; 3° Gédéon, écuyer, seigneur de Haudecoustre, allié à Marguerite Le Comte, puis à N. de Frétin.

6. — François DE RAMBURES, écuyer, seigneur de Poireauville, épousa Élisabeth Le Conte de Nonant, par contrat du 28 janvier 1605. Il eut entr'autres enfants : 1° Jephté, qui suit ; 2° Benjamin, seigneur de Courcelles ; 3° Madeleine, femme d'Antoine Tillette, écuyer, seigneur du Maisnil ; 4° Élisabeth ; 5° Zaël ; 6° Marie.

7. — Jephté DE RAMBURES, écuyer, seigneur de Poireauville, épousa Madeleine de Hallart, par contrat du 10 mars 1643. D'elle, entr'autres enfants, naquit Daniel.

8. — Daniel DE RAMBURES, chevalier, seigneur de Poireauville et Branlicourt, fut maintenu dans sa noblesse le 6 mars 1700. Il avait épousé Anne de Dure, par contrat du 22 octobre 1672, et en avait alors plusieurs enfants : 1° Claude ; 2° Charles-André ; 3° François ; 4° Marie-Suzanne ; 5° Catherine ; 6° Anne-Françoise.

DEUXIÈME BRANCHE.

6. — Philippe DE RAMBURES, écuyer, seigneur de Hulleux, épousa Madeleine Lallemant, par contrat du 15 octobre 1611. Il fut père de David, qui suit.

7. — David DE RAMBURES, écuyer, seigneur de Hulleux, lieutenant de la compagnie du sieur de Bernes, fut allié à Sarah Buignet par contrat du 10 août 1636. Celle-ci se remaria, par contrat du 27 novembre 1649, avec Nicolas de Belleval, écuyer, seigneur de Barberye. David eut pour enfants : 1° Philippe, qui suit, 2° Jean, écuyer, seigneur de Haulterue, allié par contrat du 25 mai 1665 à Blanche de Rambures, dont Daniel, Marthe, Judith et Marie. Il fut maintenu dans sa noblesse le 21 mars 1699.

8. — Philippe DE RAMBURES, écuyer, seigneur de Hulleux, épousa Jachelle Le Sueur, par contrat du 16 janvier 1663. Il fut maintenu dans sa noblesse, le 21 mars 1699, avec ses huit enfants qui sont : 1° Daniel-Alexandre, lieutenant de vaisseau ; 2° César, garde du roi ; 3° François ; 4° Louis ; 5° Blanche, femme de Louis Carpentin, écuyer, seigneur de La Tour ; 6° Madeleine ; 7° Jachelle ; 8° Marie-Anne.

ROUAULT.

Armes : *De sable à deux léopards d'or, couronnés, armés et lampassés de gueules.*

On a dit que la maison de ROUAULT était originaire d'Angleterre et qu'elle vint s'établir en France à la fin du XIII° ou au commencement du XIV° siècle. Sans m'arrêter à rechercher le plus ou le moins d'exactitude de cette allégation, je vais emprunter au Père Anselme (tome 7, p. 97 et suiv.) la généalogie de la maison de Rouault qui a joué un très-grand rôle en Picardie et y a constamment occupé la première place. Cette famille s'est éteinte tout à la fin du siècle dernier.

1. — Clément ROUAULT, écuyer, vivant en 1327, fut père de : 1° André, qui suit ; 2° Louis, écuyer, allié à Jeanne de Tho-

rigny, dont quatre enfants, Lancelot, mort sans alliance, Péronnelle, femme de Guillaume Béchet, seigneur des Landes, Anne, femme de Jean de La Roche, et Jeanne.

2. — André ROUAULT, écuyer, seigneur de Busmenard et de La Rousselière, épousa Marie de Montfaucon, dont vinrent : 1° Clément, *dit* Tristan, comte de Dreux, vicomte de Thouars et seigneur de Gamaches par son mariage, en 1376, avec Péronnelle de Thouars. Il mourut sans enfants et laissa Gamaches à Gilles, son neveu, fils de son frère André; 2° André, qui suivra; 3° Louis, *dit* Béthis, écuyer, seigneur de la Motte, allié à Marie de Volvire, puis à Marguerite de Brisay, dont François-Jean, Miles, époux de Louise de Beaumont et père de Renaud, allié à Marie du Puy-du-Fou, Marguerite, femme de Bertrand Rataut, et Gilette, femme d'Antoine Foucher; 4° N..., femme du seigneur de Bressuire; 5° Jeanne, femme de Pierre du Plessis, chevalier, seigneur de la Bourgonnière.

3. — André ROUAULT, écuyer, seigneur de Busmenard et de La Rousselière, vivant encore en 1398. De sa femme, dont le nom est inconnu, il eut : 1° Gilles, qui suit; 2° André, écuyer, auteur de la branche des seigneurs de La Rousselière en Poitou, éteinte au ix° degré dans la personne de Charles Rouault, chevalier, seigneur du Buignon, mort sans enfants de Suzanne de La Varenne.

4. — Gilles ROUAULT, écuyer, seigneur de Gamaches et de Busmenard, épousa Catherine Rabaste, et mourut avant 1398, laissant un fils unique.

5. — Jean ROUAULT, écuyer, seigneur de Gamaches et de Busmenard, chambellan du roi et bailli de Rouen, épousa Jeanne du Bellay, dame du Colombier, et mourut avant 1435, laissant : 1° Joachim, qui suit; 2° Jacques, chevalier, seigneur du Riou et du Greffier, bailli de Caux en 1461, allié à Anne de Chateaubriant, dont deux fils, Louis et Jacques, morts sans postérité; 3° Abel, gouverneur de Valognes en 1449, allié à Jeanne de Vaucenay; 4° Louise, femme de Jean de Beaumont,

seigneur de Glenay ; 5° Jeanne, femme de Billé, seigneur de T icé.

6. — Joachim Rouault, chevalier, seigneur de Gamaches, Busmenard, et Fronsac, maréchal de France, sénéchal de Poitou et de Beaucaire, premier écuyer du corps du Dauphin, gouverneur de Paris, conseiller et chambellan du roi, capitaine de Fronsac et de Pontoise. Il mourut le 7 avril 1478. Il avait épousé Françoise de Volvire de laquelle il eut : 1° Aloph, qui suit ; 2° Anne, femme d'Adrien de L'Hopital ; 3° Agathe, femme de Thomas de Riencourt, seigneur de Tilloloy et de Vaux, par contrat du 2 septembre 1493.

7. — Aloph Rouault, chevalier, seigneur de Gamaches et de Busmenard, chambellan des rois Louis XII et François Ier, fut allié à Gabrielle de Montrigny, *dite* de Salvert. D'eux sont issus : 1° Aloph, qui suit ; 2° Thibaut, seigneur de Riou, gouverneur de Hesdin, marié avec Jeanne de Saveuse, dont Claude, Joachim, Barbe, femme d'Adrien Tiercelin, seigneur de Brosse, Françoise, femme de Louis, seigneur de Loges en Bresse, Anne et Marie, religieuses ; 3° Louis, écuyer, seigneur du Pressoir ; 4° Marguerite, religieuse à St.-Maixent.

8. — Aloph Rouault, chevalier, seigneur de Gamaches, Plouy-Domqueur, Busmenard, Beauchamp, Incheville, Embreville, baron de Longroy, épousa le 3 juin 1527 Jacqueline de Soissons-Moreuil, dont vinrent : 1° Nicolas, dont l'article suit ; 2° Barbe, femme de Nicolas de Montmorency, seigneur de Bours.

9. — Nicolas Rouault, chevalier, seigneur de Gamaches, Thiembronne, Beauchamp, baron de Longroy et de Hellicourt, chevalier de l'ordre du roi et gentilhomme de la chambre. Il mourut en 1583. Il avait épousé en premières noces Charlotte de Lenoncourt, dont il eut : 1° Gédéon, mort sans alliance ; en secondes noces il épousa Claude de Maricourt, par contrat du 15 février 1573 ; d'elle naquirent : 2° François, tué au combat de Doullens, en 1595 ; 3° Nicolas, qui suit ; 4° Aloph, seigneur de Thiembronne, marié avec Claude Chabot, puis avec Marguerite de Théon ; leurs enfants furent Claude alliée

à Henri de Bourdeilles, puis à Henri Le Veneur, comte de Tillières, et Louise-Henriette, femme de François de Bullion, marquis de Montlouet.

10. — Nicolas ROUAULT, chevalier, marquis de Gamaches, baron de Longroy et d'Hellicourt, seigneur de Gamaches et Beauchamp, gentilhomme de la chambre du roi, et capitaine de 50 hommes d'armes. Il obtint l'érection de la terre de Gamaches en Marquisat par lettres patentes de mai 1620, enregistrées au Parlement le 6 février 1643 et à la Chambre des comptes le 17 septembre 1648. Il épousa, le 24 février 1607, Françoise Mangot et en eut beaucoup d'enfants : 1° Joachim, mort enfant; 2° François, marquis de Gamaches, capitaine de 100 hommes d'armes, tué devant Lunéville, le 26 août 1635; 3° René, jésuite; 4° Nicolas-Joachim, qui suit; 5° Gabriel, chevalier de Malte; 6° Ignace, marquis d'Acy, sans enfants de Charlotte-Christine-Françoise-Marguerite de Lorraine qu'il avait épousé en 1660; 7° Henri, mort enfant; 8° Marie et Charlotte, religieuses aux Ursulines d'Abbeville; 9° Claude, mariée par contrat du 19 juillet 1636 avec Pierre de Grouches, seigneur de Griboval.

11. — Nicolas-Joachim ROUAULT, chevalier, marquis de Gamaches, comte de St.-Valery et de Cayeu, baron de Longroy et d'Hellicourt, seigneur de Gamaches, Bouvincourt et Beauchamp, chevalier des ordres du roi, conseiller en ses conseils, lieutenant-général dans ses armées, gouverneur de St.-Valery et de Rue. Il épousa, le 4 juin 1642, Marie-Antoinette de Loménie de Brienne. Il mourut en octobre 1687, laissant : 1° Nicolas-Henri-Joachim, mort enfant; 2° Claude-Jean-Baptiste-Hyacinthe, qui suit; 3° Joseph-Emmanuel-Joachim, marquis de Cayeu, brigadier des armées du roi et mestre de camp d'un régiment de cavalerie, mort en 1691; il avait épousé, le 23 juillet 1674, Marguerite-Angélique de Bullion, de laquelle il eut Jean-Joseph, marquis de St.-Valery, guidon de la gendarmerie, tué à la bataille d'Hochsted, le 13 août 1704; 4° Marie-Julie-Gabrielle, religieuse carmélite.

12. — Claude-Jean-Baptiste-Hyacinthe Rouault, chevalier, marquis de Gamaches, comte de Cayeu, baron de Longroy et d'Hellicourt, seigneur de Gamaches, Beauchamp et Bouvincourt, premier gentilhomme de la chambre, menin de M⁹ʳ le duc de Bourgogne, lieutenant-général des armées du roi, gouverneur de St.-Valery et de Cayeu. Il épousa en 1680, Louise-Madeleine de Loménie de Brienne, qui lui donna plusieurs enfants, savoir : 1° Jean-Joachim, qui suit ; 2° Louis-Aloph, auditeur de Rote, abbé de Montmajour ; 3° Anne-Marie-Géneviève, femme d'Antoine-Philibert de Torcy, baron d'Égreville.

13. — Jean-Joachim Rouault, chevalier, marquis de Gamaches, comte de Cayeu, baron de Longroy et d'Hellicourt, seigneur de Gamaches, Beauchamp, Bouvincourt, mestre de camp de cavalerie, puis brigadier des armées du roi, épousa, par contrat du 26 juin 1715, Catherine-Constance-Amélie Arnaud de Pomponne. Elle laissa cinq enfants : 1° Charles-Joachim, comte de Cayeu, mestre de camp de cavalerie, grand d'Espagne par son mariage du 23 février 1751 avec Jeanne-Gabrielle de La Mothe-Houdancourt ; il en eut deux enfants, un fils et une fille morts jeunes ; 2° Nicolas-Aloph-Félicité, qui suit ; 3° Anne-Jean-Baptiste-Émile, vicomte de Tilloy ; 4° Marie-Antoinette, femme du marquis de Marmier ; 5° Constance-Simone-Flore-Gabrielle, mariée le 17 novembre 1748 à Charles-Yves Le Vicomte de Rumain, marquis de Coëtanfao.

14. — Nicolas-Aloph-Félicité Rouault, chevalier, marquis de Gamaches, comte de Cayeu, vicomte de Tilloy, baron de Longroy et d'Hellicourt, seigneur de Beauchamp, Embreville, Soreng, Bazinval, L'Espinoy, St.-Valery et Bouvincourt, gouverneur de St.-Valery et de Cayeu, brigadier des armées du roi. Il épousa la comtesse d'Égreville et mourut ruiné en Angleterre pendant l'émigration. Il ne laissa qu'une fille naturelle qu'il reconnut, Étiennette-Louise-Félicité, alliée à Michel-Louis Poullain de Maisonville. Nicolas-Aloph-Félicité fut donc le dernier de cette ancienne et illustre famille.

ROUSSEL.

Armes : *De sable à trois aigles éployées d'or.*

Ancienne famille, éteinte. Elle était originaire, à ce que l'on pense, de Mons-Boubers.

1. — Gauthier ROUSSEL s'allia à Marie Le Carbonier, dont il eut : 1° Jacques, qui suit ; 2° Pierre, marié avec Marie de Monchy de Montcavrel, dont Isabeau femme d'Henri Cornu, écuyer ; 3° Jean, prêtre ; 4° Ade, femme de Ricquier Boussart.

2. — Jacques ROUSSEL, écuyer, seigneur de Miannay, bailli de Bailleul, fut souvent échevin et maïeur d'Abbeville en 1409, 1410, 1413, 1416, 1421 et 1424. Il épousa Agnès de Cateux et en eut entr'autres le suivant.

3. — Gauthier ROUSSEL, écuyer, seigneur de Miannay, bailli de Bailleul, fut allié à Isabeau de La Rivière. Il laissa Guérard, qui suit.

4. — Guérard ROUSSEL, écuyer, seigneur de Miannay, bailli de Bailleul, fut maïeur d'Abbeville en 1513. Il épousa Guillemette de La Rue dont il eut : 1° Louis, qui suit ; 2° Charles, écuyer ; 3° Jeanne, femme de Jacques des Groiseliers.

5. — Louis ROUSSEL, écuyer, seigneur de Miannay, bailli de Bailleul, souvent échevin d'Abbeville et maïeur en 1536. De Marie de Sarcus, sa femme, naquirent : 1° Louis, qui suit ; 2° Guérard, célèbre calviniste.

6. — Louis ROUSSEL, écuyer, seigneur de Miannay et de Vironchaux, bailli de Bailleul, épousa N. Aux-Couteaux, demoiselle de Vironchaux. Ils eurent quatre enfants : 1° Henri, qui suit ; 2° Guérard, prieur de St.-Pierre d'Abbeville ; 3° Jean, prêtre ; 4° Géneviève, femme de Jean Doresmieulx, écuyer.

7. — Henri ROUSSEL, écuyer, seigneur de Miannay et de Viron-

chaux, épousa Catherine de Bacouel. On ne lui connait qu'un seul fils.

8. — Henri ROUSSEL, écuyer, seigneur de Miannay, Vironchaux et Monchaux, épousa Marthe Bonneau. De lui est issu Daniel.

9. — Daniel ROUSSEL, chevalier, seigneur de Miannay, Vironchaux et Monchaux, maréchal de camp, député général des protestants, épousa Anne Morin de Loudon. Il eut pour enfants : 1° N..., mort à marier ; 2° Suzanne, héritière des biens de son père, alliée par contrat du 28 janvier 1659 à Daniel de Boubers, chevalier, seigneur de Bernâtre et de Boismont. — Daniel fut donc le dernier de sa maison.

ROUTIER.

Armes : *D'azur à une fasce d'argent chargée de trois roses de gueules et accompagnée de trois coquilles d'or, deux en chef, une en pointe.*

Cette famille que l'on dit originaire de Oisemont, fut maintenue dans sa noblesse par jugement de Bernage, intendant de Picardie, du 21 novembre 1716, en établissant la généalogie suivante :

1. — Jean ROUTIER, écuyer, seigneur de Bernapré, archer des gardes du corps du roi, en 1595, eut pour fils Philippe, qui suit.

2. — Philippe ROUTIER, écuyer, seigneur de Bernapré, archer des gardes du corps du roi, fut allié à Gabrielle Desmarets, par contrat du 28 novembre 1648. De lui sont issus : 1° Jean, qui suit ; 2° Charles, sieur des Prés.

3. — Jean ROUTIER, écuyer, seigneur de Bernapré, archer des gardes du corps du roi. On remarque, parmi ses preuves, une curieuse permission, du 31 mars 1699, donnée par le roi au

dit Jean de porter une arquebuse et de tirer les loups, les renards et les oiseaux de rivière dans l'étendue de ses seigneuries. Il épousa Catherine Miffant, par contrat du 18 novembre 1657. De cette union naquirent : 1° Daniel, qui suit ; 2° Charles ; 3° Jean ; 4° Catherine ; 5° Judith ; 6° Anne.

4. — Daniel ROUTIER, écuyer, seigneur de Bernapré, né le 31 août 1658. Il n'était pas marié quand il fut maintenu dans sa noblesse, le 21 novembre 1716.

RUMET.

Armes : *De sable à trois molettes à cinq pointes d'argent.* — Supports : *deux lions.* — Cimier : *un sauvage tenant d'une main un sceptre et de l'autre une couronne.* — Devise : *Joyeux espoir.*

Cette famille, éteinte au commencement du xix° siècle, était une des meilleures de Ponthieu, qui lui doit deux historiens dont les très-curieux travaux encore inédits font autorité et sont souvent consultés avec fruit. La maison de Rumet fut maintenue dans sa noblesse par jugement de Bignon, intendant de Picardie, du 15 janvier 1700, sur preuves remontant au 3 février 1546, avec mention de deux pièces de 1397 et 1399 justifiant la noblesse des Rumet à cette époque. Je rétablis ci-dessous sa généalogie complète et authentique.

1. — Robert RUMET, seigneur de Rumeville et de Buscamp, en 1240, époux de Marianne Rumet, eut pour fils :

2. — Jean RUMET, écuyer, seigneur de Buscamp, en 1290 ; de sa femme, dont le nom est inconnu, naquit le suivant.

3. — Robert RUMET, écuyer, seigneur de Buscamp, vivant en 1320 avec Aélips de La Vacquerie, sa femme, en eut pour fils Guyot.

4. — Guyot RUMET, écuyer, seigneur de Buscamp, père de Colart.

5. — Colart Rumet, écuyer, seigneur de Buscamp, garde du bailliage de Hesdin, fut allié à Tassine de Dours, de laquelle il eut Colart, qui suit.

6. — Colart Rumet, écuyer, seigneur de Buscamp. De N. de Créquy, il eut le suivant.

7. — Jean Rumet, écuyer, seigneur de Buscamp, épousa en 1402 Marie de La Porte. D'eux est issu Jean.

8. — Jean Rumet, écuyer, seigneur de Buscamp, fut allié à Marie de Fréchencourt, de laquelle il eut :

9. — Jean Rumet, écuyer, seigneur de Buscamp, épousa N. de La Morlaye, dont : 1° Nicolas, qui suit ; 2° Valeran, écuyer, seigneur de Marconville, dont Philippe, écuyer, lieutenant-général civil et criminel au bailliage de Meaux.

10. — Nicolas Rumet, écuyer, seigneur de Buscamp, épousa Marie Danel, demoiselle de Beaucorroy en Boulonnais, et eut d'elle François, qui suit.

11. — François Rumet, écuyer, seigneur de Buscamp et de Beaucorroy, avocat en la prévoté de Montreuil. Il épousa Marie Le Briois et laissa un fils.

12. — Nicolas Rumet, écuyer, seigneur de Buscamp et Beaucorroy, licencié-ès-lois, bailli de St.-Riquier, lieutenant-général du bailli d'Amiens, maïeur d'Abbeville en 1560 et 1562. Il épousa en premières noces, en 1546, Marie Le Blond, et en secondes noces Jeanne Raoult : Il eut de la première : 1° François, qui va suivre ; de la deuxième naquirent : 2° Louis, docteur en théologie, chanoine de la cathédrale de Paris ; 3° Nicolas, écuyer, lieutenant-général de Beaugé ; 4° Hector, prévôt du Vimeu ; 5° Catherine, femme de Pierre Descaules, écuyer ; 6° Marie, femme de Claude Mallart.

13. — François Rumet, écuyer, seigneur de Buscamp et de Beaucorroy, licencié-en-droit, fut maïeur d'Abbeville en 1589 et 1599. Il avait épousé Adrienne Danzel, par contrat passé le 6 septembre 1578. De cette union sont issus : 1° Antoine, qui va suivre ; 2° Marie, femme de Charles Briet, écuyer, seigneur

d'Alliel; 3° Antoinette, alliée à Thomas d'Amiens, seigneur de Behen; 4° Anne, femme de Jacques d'Artois, écuyer, seigneur de Bretféret.

14. — Antoine Rumet, écuyer, seigneur de Buscamp, Beaucorroy, Bretféret, La Fresnoye et Beaumaretz, conseiller du roi et procureur en l'élection de Ponthieu, fut maïeur d'Abbeville en 1627 et 1628. Il épousa 1° Jeanne Le Vasseur par contrat du 5 mai 1613, 2° Madeleine Le Moictier. De ces deux mariages naquirent : 1° Nicolas, écuyer, seigneur de Beaucorroy, conseiller du roi, lieutenant particulier en la sénéchaussée de Ponthieu, allié à Catherine Herment, dont une seule fille, Marie-Françoise; 2° Charles-Adam, qui va suivre; 3° Antoine, chanoine de St.-Wlfran; 4° François; 5° Louis, prêtre; 6° Hippolyte, femme de Charles de Lestocq, écuyer, conseiller du roi; 7° Marie et Madeleine, carmélites.

15. — Charles-Adam Rumet, écuyer, seigneur de Buscamp et de Beaucorroy, conseiller du roi et procureur en l'élection de Ponthieu, épousa Marguerite Carette, par contrat du 20 février 1646. Il eut d'elle : 1° Charles, prêtre; 2° Louis, qui suit; 3° Jean, prêtre; 4° Marie, femme de Pierre Griffon, écuyer, seigneur de Longuerue.

16. — Louis Rumet, écuyer, seigneur de Buscamp et de Beaucorroy, né le 17 septembre 1656, fut maintenu dans sa noblesse, le 15 janvier 1700.

S.

SAINT-BLIMOND.

Armes : d'or au sautoir engrêlé de sable.

Cette famille était une des plus anciennes de Ponthieu. Elle s'est éteinte de nos jours dans la maison de Berghes-St.-Winock. Quelques écrivains, La Morlière entr'autres, lui assignent pour auteur saint Blimond, deuxième abbé de St.-Valery, en 624. Cette origine est plutôt du domaine de la fable que de celui de l'histoire. Quoi qu'il en soit, dès 1121 on trouve un chanoine de St.-Wlfran, nommé Frémin de Saint-Blimond et la généalogie bien prouvée commence ainsi qu'il suit.

La maison de Saint-Blimond fut maintenue dans sa noblesse par Bignon, intendant de Picardie, le 20 juin 1699, sur preuves depuis le 29 avril 1493.

1. — Jean DE SAINT-BLIMOND, écuyer, seigneur de St.-Blimond en 1292, laissa pour fils :

2. — Jean DE SAINT-BLIMOND, écuyer, seigneur de St.-Blimond, père de :

3. — Jean DE SAINT-BLIMOND, écuyer, seigneur de St.-Blimond. Il vivait en 1344, et laissa pour fils le suivant :

4. — Wautier DE SAINT-BLIMOND, écuyer, seigneur de St.-Blimond, allié à une demoiselle noble nommée Alix. D'elle il eut : 1° Wautier, allié à Perette de Valier et mort sans enfants ; 2° Floridas, qui suit ; 3° Émond, écuyer, marié avec Guillemette de Gueschard, dont Guillaume, bénédictin, trésorier de l'abbaye de St.-Valery, Jacques, écuyer, allié à N. Hubert dont Jeanne, femme de Jean Brocquet, écuyer, seigneur de Bellavesne, enfin Florent, écuyer, père de Charles, d'Alexandre, morts à marier, et de Jean, qui de Jeanne Accart eut deux filles, N..., alliée au seigneur de Belleperche, et Jeanne, femme de Jean de Rambures, écuyer, seigneur de Poireauville.

5. — Floridas DE SAINT-BLIMOND, écuyer, seigneur de St.-Blimond, épousa Marie de Biencourt. D'eux naquirent : 1° Pierre, écuyer, mort à marier ; 2° Aléaume, écuyer, seigneur de Ponthoiles, mort sans enfants de Roberte du Bos, sa femme ; 3° Olivier, qui suit ; 4° Bar, auteur de la deuxième branche, qui suivra.

6. — Olivier DE SAINT-BLIMOND, écuyer, seigneur de St.-Blimond, fut marié avec Jeanne du Bos. Il laissa quatre enfants : 1° Olivier, mort sans enfants de Marie du Quesnoy, sa femme ; 2° Jean, mort sans postérité ; 3° Clément, qui suit ; 4° Jeanne.

7. — Clément DE SAINT-BLIMOND, écuyer, seigneur de St.-Blimond, se maria deux fois, 1° avec N. du Quesnoy, 2° avec Antoinette de Vaudricourt. Il fut père de : 1° Antoine, bénédictin et trésorier à l'abbaye de St.-Valery ; 2° Simon, qui va suivre ; 3° Jacques, écuyer ; 4° Adrien, écuyer, allié à Jeanne de Bristel, dont Guillemette et Jeanne, femme de Nicolas Le Vasseur, écuyer ; 5° Jean, écuyer.

8. — Simon DE SAINT-BLIMOND, écuyer, seigneur de St.-Blimond, épousa Jeanne de La Trenquie. De ce mariage sont issus :

1° Charles, chevalier, mort en 1543 sans enfants de Jeanne de Hallwin ; 2° Nicolas, dont l'article suit ; 3° Marie, femme de Pierre Le Ver, écuyer, seigneur de Caux.

9. — Nicolas DE SAINT-BLIMOND, chevalier, seigneur de St.-Blimond et de Gouy, épousa Catherine de Hédin. On ne voit pas qu'il ait eu d'autre enfant que François, qui suit.

10. — François DE SAINT-BLIMOND, chevalier, seigneur de St.-Blimond, Gouy et Cahon, premier baron du Boulonnais, chevalier de l'ordre du roi, guidon de 50 hommes d'armes. Il mourut en 1560. Il avait épousé Claude de Sempy, baronne d'Ordre qui lui donna cinq enfants : 1° André, qui suit ; 2° François, chevalier, seigneur d'Yzengremer, allié à N. Abraham ; 3° N..., femme de N. Roussel, seigneur de Cauchie-en-Boulonnais ; 4° Jeanne, femme de N. de Fontaines, chevalier, seigneur de Woincourt ; 5° N..., femme de N. Le Normant de Tronville, seigneur de Mérélessart.

11. — André DE SAINT-BLIMOND, chevalier, seigneur de St.-Blimond, Gouy et Cahon, baron d'Ordre, épousa Marguerite de Saveuse dont il eut : 1° André, dont l'article suit ; 2° François, commandeur de Malte ; 3° Oudart, baron d'Ordre, mort à marier.

12. — André DE SAINT-BLIMOND, chevalier, seigneur de St.-Blimond, Gouy et Cahon, baron d'Ordre, fut marié avec Élisabeth de Fretin et n'eut que deux enfants : 1° André, qui suit ; 2° Élisabeth, femme de François de Monchy, baron de Vismes.

13. — André DE SAINT-BLIMOND, chevalier, marquis de St.-Blimond, seigneur du dit lieu, Gouy, Cahon, Pendé, Cucques, Sallenelles et Vron, fut allié à Marie Le Tonnelier de Breteuil, dont : 1° André-Blimond, mort jeune ; 2° Claude, qui suit ; 3° trois filles.

14. — Claude DE SAINT-BLIMOND, chevalier, marquis de St.-Blimond, seigneur du dit lieu, Gouy, Cahon, Pendé, Cucques, Sallenelles, Vron, etc. Il se maria et c'est la dernière représentante de cette branche, qui épousa le prince de Berghes-St.-Winock.

DEUXIÈME BRANCHE.

6. — Bar de Saint-Blimond, écuyer, seigneur de Ponthoile. De sa femme, dont le nom est inconnu, il eut : 1° Pierre, qui suit ; 2° Marguerite, femme de Robert Manessier, écuyer ; 3° Marie, alliée à Jean de Blottefière, écuyer.

7. — Pierre de Saint-Blimond, écuyer, seigneur de Ponthoile, épousa Marie de Huval, dont il eut beaucoup d'enfants : 1° Aléaume, qui suit ; 2° Jean, capitaine de 300 hommes d'armes servant en Danemarck, mort sans postérité ; 3° Guillaume, écuyer, vicomte de Cayeux, allié à Jeanne de la Trenquie, dont Catherine, demoiselle de Caveron et de Cayeux, femme de Jean Le Boucher ; 4° Robert, auteur de la troisième branche, qui suivra ; 5° Philippe, religieux bénédictin à l'abbaye de St.-Valery.

8. — Aléaume de Saint-Blimond, chevalier, seigneur de Ponthoile et de Sailly-le-Sec, épousa Jacqueline Hubert et fut père de : 1° Nicolas, dont l'article va suivre ; 2° Thomas, mort sans suite ; 3° Robert, mort jeune ; 4° Jeanne, femme de N. Lenglacé, écuyer.

9. — Nicolas de Saint-Blimond, chevalier, seigneur de Ponthoile et de Sailly, châtelain de la forêt de Crécy, se maria deux fois, avec Marie Le Vasseur qui le rendit père de : 1° Nicolas, qui suit ; puis avec Claude de Lisques, de laquelle naquirent : 2° Oudart, chevalier de Malte, commandeur de Beauvoir et de St.-Maulvis en 1583 ; 3° Thibaut, écuyer, guidon d'une compagnie d'hommes d'armes, allié à Marie du Bos de Hurt, dont Isabeau, femme en 1596 de Jacques de Saint-Souplix, écuyer, seigneur de Croquoison et de Watteblérie.

10. — Nicolas de Saint-Blimond, chevalier, seigneur de Ponthoile et de Sailly, châtelain de la forêt de Crécy, épousa Isabeau de la Chaussée, demoiselle de Grébaumaisnil. D'eux naquirent : 1° François, qui va suivre ; 2° Jacques, chevalier de Malte,

tué en 1592 ; 3° César, chevalier, tué à Boulogne en 1591 ; 4° Anne, femme de Jacques de Canesson, écuyer, seigneur de Bellifontaine.

11. — François DE SAINT-BLIMOND, chevalier, seigneur de Ponthoile, Sailly et Flibaucourt. Il fut marié deux fois, 1° avec Marie Le Blond, 2° avec N. de Vaconssains. Il fut tué en 1592, laissant seulement deux filles : 1° Marie-Marguerite, dame de Ponthoiles, alliée à Jacques du Caurel, chevalier ; 2° Marie, femme d'Oudart Cornu, écuyer, seigneur de Beaucamp.

TROISIÈME BRANCHE.

8. — Robert DE SAINT-BLIMOND, écuyer, épousa Madeleine de Cocquerel, dame de Souplicourt, par contrat du 20 avril 1493. Il en eut le suivant.

9. — Renault DE SAINT-BLIMOND, écuyer, seigneur de Souplicourt et de Pinchefalize, fut allié à Michelle Bigant, dont vinrent : 1° Jacques, qui suit ; 2° Antoinette, dame de Fricamps.

10. — Jean DE SAINT-BLIMOND, écuyer, seigneur de Souplicourt, Pinchefalize et Fricamps en partie, gentilhomme ordinaire de la chambre du roi, guidon de 50 hommes d'armes, épousa Françoise de la Sengle, par contrat passé le 3 octobre 1559. D'eux naquit Antoine.

11. — Antoine DE SAINT-BLIMOND, écuyer, seigneur de Souplicourt, la Verrière et Pinchefalize, épousa Anne de Louvencourt, par contrat passé le 10 décembre 1585. Ils laissèrent : 1° Charles, qui suit ; 2° Jacques, auteur de la quatrième branche, qui suivra ; 3° Nicolas, auteur de la cinquième branche, qui suivra également ; 4° Anne, femme de Philippe des Forges, chevalier, seigneur de Caullières.

12. — Charles DE SAINT-BLIMOND, chevalier, seigneur de Souplicourt, allié à Marie ᵈe Carvoisin d'Achy, en eut : 1° François,

qui suit ; 2° Marguerite, femme de Nicolas de Saint-Blimond, seigneur de Rétonval.

13. — François DE SAINT-BLIMOND, chevalier, seigneur de Souplicourt, ne laissa qu'une fille, Jeanne-Gabrielle, dame de Souplicourt, qui apporta cette seigneurie à son mari Jean de Lallier, chevalier, mestre de camp de cavalerie.

QUATRIÈME BRANCHE.

12. — Jacques DE SAINT-BLIMONT, écuyer, seigneur du dit lieu, demeurant à Équennes, épousa Renée le Bel, qui le rendit père de : 1° Nicolas, qui suit ; 2° Françoise, femme de François Le Clerc, chevalier, seigneur de Dreuil.

13. — Nicolas DE SAINT-BLIMOND, chevalier, seigneur du dit lieu, épousa Louise-Madeleine de Buigny-Cornehotte, par contrat passé le 27 juin 1687. De cette union naquirent deux filles, Marie-Madeleine et Marie-Renée. Il fut maintenu dans sa noblesse, par Bignon, le 20 juin 1699.

CINQUIÈME BRANCHE.

12. — Nicolas DE SAINT-BLIMOND, écuyer, seigneur de Rétonval, demeurant à Hescamps, épousa Marguerite de Saint-Blimond, et fut père de : 1° Nicolas, dont l'article suit ; 2° François, lieutenant au régiment d'Anjou ; 3° Marie-Élisabeth ; 4° Marie ; 5° Charlotte.

13. — Nicolas DE SAINT-BLIMOND, chevalier, seigneur de Rétonval, capitaine au régiment de Picardie, fut maintenu dans sa noblesse avec son frère.

SAINT-SOUPLIS.

Armes : *D'or à trois fasces de gueules surmontées en chef d'une coquille d'azur.* — Supports : *deux griffons.* — Cimier : *un sauvage issant tenant un bourdon.* — Devise : *vivre pour mourir et mourir pour vivre.*

Le grand nobiliaire lui donne cette autre devise : *consciencia recta nihil timet*, mais la première est incontestablement la plus ancienne et la plus authentique des deux.

La maison de Saint-Souplis est éteinte ; elle était de très bonne et ancienne noblesse et fut maintenue comme telle, par jugement de Bignon, intendant de Picardie, du 4 février 1702, sur preuves du 10 septembre 1493 ; c'est-à-dire que, comme toujours et pour toutes les familles, on a raccourci d'un siècle la généalogie de cette maison qui commence en réalité en 1370.

1. — Ricard DE SAINT-SOUPLIS, écuyer, seigneur de Watteblérie, en 1370, fut allié à Suzanne Roussel, dont il eut : 1° Jean, qui suit ; 2° Hue, père d'Eustache, tué en Normandie ; 3° Pierre, écuyer, sans enfants de Béatrix Boullard ; 4° Robinet, tué en Normandie.

2. — Jean DE SAINT-SOUPLIS, dit Geoffrin, écuyer, seigneur de Watteblérie, épousa Willaine Le Blond. De cette union naquirent : 1° André, qui suit ; 2° Jean, écuyer, époux de Jeanne Mention. On ne voit pas qu'il ait eu d'enfants.

3. — André DE SAINT-SOUPLIS, écuyer, seigneur du dit lieu et de Watteblérie, épousa vers 1429 Béatrix de Baynast, qui lui donna : 1° Antoine, qui suit ; 2° Jacques, écuyer, seigneur de Cumont, en 1486 ; 3° Jeanne, femme de Firmin Denis.

4. — Antoine DE SAINT-SOUPLIS, écuyer, seigneur de Watteblérie, fut allié à Marguerite de Bersacles. D'eux sont issus : 1° Jean,

qui suit ; 2° Catherine, femme de Guillaume de Calonne, écuyer, seigneur d'Avesnes.

5. — Jean DE SAINT-SOUPLIS, écuyer, seigneur de Watteblérie, fut marié deux fois. En premières noces il épousa, par contrat du 10 septembre 1493, Catherine de Thorigny. En secondes noces il épousa Adrienne de Hesdin, par contrat passé le 2 février 1514. De ces deux unions naquirent : 1° Antoine, qui suit ; 2° Madeleine, femme de Louis de Belloy, écuyer, seigneur de Beauvoir ; 3° Catherine, femme de Simon de Carpentin, écuyer.

6. — Antoine DE SAINT-SOUPLIS, écuyer, seigneur de Watteblérie, Croquoison et Tours en partie, fut maïeur d'Abbeville en 1565. Il mourut en 1604, âgé de 76 ans. Il avait épousé Françoise de May, de laquelle il eut : 1° Jacques, qui suit ; 2° Louis, auteur de la deuxième branche, qui suivra.

7. — Jacques DE SAINT-SOUPLIS, écuyer, seigneur de Watteblérie, Beaulieu, Gorenflos, Croquoison et Tours en partie, épousa Isabeau de Saint-Blimond par contrat du 5 décembre 1595. Il eut d'elle : 1° André, qui suit ; 2° Antoine, écuyer, allié à Charlotte de la Rue, par contrat passé le 24 novembre 1644 ; 3° Louise, femme de François de Mauvoisin, écuyer, seigneur de Lignière ; 4° Françoise, alliée à Jean Le Moisne, écuyer, seigneur de Blangermont.

8. — André DE SAINT-SOUPLIS, écuyer, seigneur de Croquoison, épousa Marie de Cacheleu, par contrat passé le 24 mars 1640. Il eut d'elle trois enfants : 1° André, qui suit ; 2° Nicolas, écuyer, enseigne au régiment de Rambures ; 3° Antoinette, femme de N. Picquet de Hault.

9. — André DE SAINT-SOUPLIS, chevalier, seigneur de Croquoison, Épaumesnil, allié à Charlotte de Biencourt, par contrat du 31 mai 1677. Il fut maintenu dans sa noblesse, le 4 février 1702. Il était âgé de 55 ans, n'eut pas d'enfants, et déclara que lui et sa sœur étaient les derniers de leur nom.

DEUXIÈME BRANCHE.

7. — Louis DE SAINT-SOUPLIS, chevalier, seigneur de Sorel, Wanel, Beaulieu et Gorenflos, gentilhomme ordinaire de la duchesse d'Angoulême, épousa Gabrielle du Hamel de Canchy, par contrat du 18 octobre 1604. De ce mariage sont nés : 1° Louis, mort jeune ; 2° Antoine, qui suit ; 3° Louise, femme de Louis de Bresdoul, chevalier, seigneur de Neuvillette.

8. — Antoine DE SAINT-SOUPLIS, chevalier, seigneur de Sorel, Wanel, Dreuil, Brucamp, La Neuville, Lheures, Digeon, Duranval et Catigny, vicomte de Béhenconrt. Il épousa Marie de Warluzel, par contrat du 27 mars 1648, et eut d'elle beaucoup d'enfants : 1° Charles, qui suit ; 2° Louis, chevalier, seigneur de la Neuville, allié à Marie de Belleval, n'en eut pas d'enfants ; 3° François, chevalier, mort sans alliance ; 4° Antoine, chevalier, mort sans alliance ; 5° Gabrielle, femme de Jean Truffier, chevalier, seigneur d'Allenay ; 6° N..., religieuse à l'abbaye de Willencourt ; 7° N..., femme de Charles d'Aigneville, chevalier, seigneur de Millencourt.

9. — Charles DE SAINT-SOUPLIS, chevalier, seigneur de Sorel, Wanel, Dreuil, Digeon, vicomte de Béhencourt. Il mourut sans alliance et fut le dernier de sa branche.

TEUFFLES.

Armes : *D'argent à deux lions affrontés de sable, armés et lampassés de gueules, chargés sur l'épaule d'une fleur de lys de gueules et soutenant un cœur de même.*

Je n'ai pu retrouver la généalogie de cette famille, éteinte au XVIe siècle, qui était originaire du Vimeu et avait emprunté son nom au village de Teuffles. Voici ce qu'en dit Haudicquer de Blancourt : — « Nicolas et Louis de Teuffles sont qualifiés écuyers, seigneurs de Nolette et de Huppy, par l'arrière-ban d'Amiens de l'an 1557, et les seigneurs de Gratibus par les coutumes de Péronne et d'Amiens. Louis fut aussi seigneur de Cumont et de Grébaumaisnil, capitaine de Montreuil, et marié avec Suzanne de Saint-Omer, de laquelle il eut pour fille unique Françoise de Teuffles, dame de Huppy, Caumont et Grébaumaisnil, qui épousa Adrien de la Rivière, seigneur de Chepy et de Villers, chevalier de l'ordre du roi. »

TILLETTE.

Armes : *D'azur au chevron d'or, au chef d'or chargé d'un lion léopardé de sable, armé et lampassé de gueules*, pour les deux branches aînées de Mautort et d'Achery. Les branches cadettes brisaient les armes en *accompagnant le chevron de deux trèfles en chef et d'une coquille en pointe, le tout d'or*. La branche de Buigny, seule, remplaçait la *coquille de la pointe* par un *lion d'argent*. Supports : *deux lions*. Cimier : *un lion naissant*.

La noblesse date dans cette famille, pour les seigneurs de Mautort, Achery, Offinicourt, etc., du mois de février 1577, et pour les seigneurs de Buigny, du mois de janvier 1668. Très-nombreuse jadis, la famille Tillette n'est plus représentée aujourd'hui que par la branche de Mautort, qui est l'aînée, et par la branche de Buigny. Je commencerai la généalogie au premier du nom de Tillette que l'on trouve à Abbeville, d'où je crois cette famille originaire, et je rapporterai à chacune des branches l'époque à laquelle elles furent maintenues par Bignon, intendant de Picardie.

1. — Colart TILLETTE, vivant à Abbeville en 1380, dont :
2. — Jean TILLETTE, mort avant 1421. Il fut père de :
3. — Jean TILLETTE, allié à Maroie Palette. D'elle il n'eut qu'un fils.
4. — Honoré TILLETTE, qui fut reçu bourgeois d'Abbeville en 1442. De Marguerite de Caumont, sa femme, il eut le suivant :
5. — Colart TILLETTE, bourgeois d'Abbeville, fut souvent échevin. Il épousa Marguerite de Mareuil et laissa pour enfants : 1° Mathieu, qui suit ; 2° Jean, allié à Jeanne Gallemand et mort sans enfants.
6. — Mathieu TILLETTE, bourgeois d'Abbeville, fut souvent échevin. De Jeanne Ballen, sa femme, il eut : 1° Antoine, qui suit ; 2° Louis, auteur de la deuxième branche, qui suivra ;

3° Nicolas, sans suite ; 4° Colart ; 5° Marie, femme de Jean de La Folie.

7. — Antoine TILLETTE, seigneur de Mautort et de Maisnil-lès-Franleu, procureur fiscal et avocat, fut allié à Catherine de Gallespoix. Il mourut en 1558, laissant quatre fils : 1° Pierre, qui suit ; 2° Jean, seigneur d'Achery, bailli d'Abbeville, procureur fiscal, mort sans alliance ; 3° Nicolas, auteur de la troisième branche, qui suivra ; 4° Éloi, auteur de la quatrième branche, qui suivra également.

8. — Pierre TILLETTE, écuyer, seigneur de Mautort, Maisnil-lès-Franleu, Offinicourt, Cambron, Ochencourt, La Motte, Neuville, Sailly et Dructel, licencié ès-lois, conseiller du roi, lieutenant particulier au présidial d'Abbeville et maïeur de ladite ville en 1578 et 1595. Il fut anobli par lettres patentes du roi Henri III, du mois de février 1577. Il avait épousé Géneviève Gaillard. Il mourut en 1597, laissant : 1° Antoine, qui suit ; 2° Claude ; 3° Adrien ; 4° André, moine à Corbie ; 5° Anne, femme de Gilles de Coppequesne, écuyer, seigneur de Bazonville ; 6° Géneviève, alliée à Jacques de Belleval, écuyer, seigneur de Rouvroy, gentilhomme servant du cardinal de Bourbon, par contrat du 13 juin 1583 ; 7° Marguerite, femme de Jean Carpentin, écuyer, seigneur de Cumont.

9. — Antoine TILLETTE, écuyer, seigneur de Mautort, du Maisnil, Ochencourt et Dructel, gentilhomme servant du comte de Soissons, épousa Hippolyte Rohault, par contrat du 31 août 1584. D'eux naquirent : 1° Pierre, qui suit ; 2° Antoine, auteur de la cinquième branche, qui suivra ; 3° Françoise, femme d'André Le Roy, écuyer, seigneur de Camelun.

10. — Pierre TILLETTE, écuyer, seigneur de Mautort et de Fourcigny, se maria deux fois. En premières noces il épousa Marie de Fretin, par contrat du 5 août 1611. En secondes noces il épousa Charlotte de Villers, dame de Fourcigny, par contrat du 16 mars 1625. De ces deux unions naquirent : 1° Flour, écuyer, seigneur de la Motte, mort sans alliance ; 2° Nicolas, prêtre, seigneur de Fourcigny et de Grambus ; 3° Jean, qui

suit ; 4° Jacques, écuyer, seigneur de Belleville, capitaine au régiment d'Arbouville ; il épousa Madeleine de la Garde, par contrat du 23 janvier 1667, et laissa deux filles, Marie-Thérèse, femme de Charles Rochette, seigneur de St.-Pierre, lieutenant de roi à Courtray, et Anne-Madeleine, sans alliance. Il fut maintenu dans sa noblesse par Bignon, intendant de Picardie, le 1er septembre 1703.

11. — Jean TILLETTE, écuyer, seigneur de Mautort, Cambron et la Motte, épousa Madeleine Le Vasseur, par contrat du 4 avril 1663. Il fut maintenu dans sa noblesse par Bignon, intendant de Picardie, le 1er septembre 1703, sur preuves depuis les lettres de noblesse de 1577. De lui naquirent : 1° Jean-Baptiste, qui suit ; 2° six filles.

12. — Jean-Baptiste TILLETTE, écuyer, seigneur de Mautort, Cambron et la Motte, épousa par contrat du 10 février 1714 Marie-Madeleine Le Moictier, qui lui apporta la terre de Bichecourt. Ils eurent des enfants dont les descendants habitent encore Abbeville.

DEUXIÈME BRANCHE.

7. — Louis TILLETTE, fils de Mathieu et de Jeanne Ballen, fut allié à N... du Quesmont dont il eut entr'autres enfants : 1° Mathieu, qui suit ; 2° Jacques, dont Adrien allié en 1636 à Hippolyte Beauvarlet, dont beaucoup d'enfants.

8. — Mathieu TILLETTE, maïeur d'Abbeville en 1617, avait épousé en 1563 Marie Aliamet, dont il eut : 1° Mathieu, qui suit ; 2° Jean, écuyer, seigneur de Courcelles, qui de N... de Canteleu laissa Jean, seigneur de Courcelles et de Longvillers, allié à N... Lescuyer, dont N..., seigneur de Courcelles.

9. — Mathieu TILLETTE, souvent échevin d'Abbeville, fut marié deux fois, avec N... de Ribeaucourt, et avec N. Warré. D'elles naquirent : 1° Mathieu, qui suit ; 2° Jacques, mort à

marier ; 3° Louis, seigneur du Bus, allié à Catherine Vincent d'Hantecourt, dont Marie-Thérèse, femme de Jean-Baptiste de Montmignon, conseiller au présidial ; 4° Jacqueline, femme de N... de la Haye-Baynast; 5° Geneviève, femme de Charles Beauvarlet, écuyer, seigneur de Drucat.

10. — Mathieu TILLETTE épousa Marie de Dompierre, dame d'Yonval, Épagne et Buigny-St-Maclou. Il laissa trois fils : 1° Mathieu, écuyer, seigneur d'Yonval, allié à Marie Patte qui lui donna Mathieu et Wlfran, morts sans alliance, et Marie, femme de César de Rambures, écuyer, seigneur de Valcayeux ; 2° Jean, qui suit ; 3° François-Hémart, écuyer, seigneur d'Épagne, officier de venerie, allié à Antoinette Groul de Coulombeauville, fut père de Hémart, écuyer, seigneur d'Épagne, allié à N... d'Arrest, dont suite, et de François, époux de N... Flamen.

11. — Jean TILLETTE, écuyer, seigneur de Buigny-St-Maclou, gendarme de la garde du roi, fut anobli en janvier 1668. Il épousa Marie de Farsy qui le rendit père de Jean, qui suit.

12. — Jean TILLETTE, écuyer, seigneur de Buigny-St-Maclou et du Mesge, capitaine au régiment du roi, fut allié à Marie-Edmée Danzel, par contrat passé le 3 juillet 1695. Il fut maintenu dans sa noblesse le 28 mars 1699. Ses descendants possèdent encore la terre de Buigny-St-Maclou.

TROISIÈME BRANCHE.

8. — Nicolas TILLETTE, écuyer, seigneur d'Offinicourt, (fils d'Antoine et de Catherine Gallespoix), épousa Marie de La Rue, dont il eut Claude, qui suit.

9. — Claude TILLETTE, écuyer, seigneur d'Offinicourt, avocat du roi, fut maïeur d'Abbeville en 1609 et 1610. Il épousa Barbe Le Bel et laissa plusieurs enfants : 1° Henri, abbé de Forest-

montiers ; 2° Claude, qui suit ; 3° Pierre, mort sans alliance ; 4° Géneviève, femme de Pierre Vaillant, écuyer.

10. — Claude Tillette, écuyer, seigneur d'Offinicourt, conseiller du roi et lieutenant particulier en la sénéchaussée de Ponthieu. De Françoise de La Garde, sa femme: il eut : 1° Claude, dont l'article suit ; 2° François, prêtre ; 3° Marguerite, femme de François Le Blond, écuyer, seigneur d'Acquest ; 4° Barbe et Élisabeth, sans alliance ; 5° Gertrude, alliée d'abord à Jean Vaillant, écuyer, seigneur de Caumondel, puis à Philippe Vaillant, écuyer, seigneur de Favières.

11. — Claude Tillette, chevalier, seigneur d'Offinicourt, seigneur et patron de Longvillers, épousa Marie-Anne Le Bel d'Huchenneville, par contrat du 7 octobre 1681. De lui naquit entr'autres Nicolas qui suit.

12. — Nicolas Tillette, chevalier, seigneur d'Offinicourt, seigneur et patron de Longvillers, épousa Marie-Élisabeth Vaillant de Villers, par contrat du 1er mai 1746. Il n'eut que deux filles : 1° Marie-Catherine-Élisabeth, mariée le 30 novembre 1772 à Gabriel-Pierre-André-Christophe Vincent, chevalier, seigneur d'Hantecourt ; 2° Marie-Françoise, femme de N... Duval de Soyecourt.

QUATRIÈME BRANCHE.

8. — Éloi Tillette, écuyer, seigneur de Brancourt et d'Achery, maïeur d'Abbeville en 1600 et 1604, épousa Anne Laignel, de laquelle il eut François, qui suit.

9. — François Tillette, écuyer, seigneur d'Achery, conseiller du roi, lieutenant-général des eaux et forêts de Picardie, maïeur d'Abbeville en 1638, reçut au mois de novembre des lettres de noblesse du roi Louis XIII. Il avait épousé Louise de Bernard, par contrat du 1er avril 1634. De cette union naquirent : 1° Louis, qui suit ; 2° François, mort à marier ; 3° Marie-

Anne, femme de Louis de Fontaines, écuyer, seigneur de Cormont ; 4° Marguerite, femme de Louis de Bézu, seigneur de Fricourt.

10. — Louis TILLETTE, écuyer, seigneur d'Achery, Brancourt et Lanchères, fut allié à Marguerite Fleurton, par contrat passé le 23 juillet 1658. Il fut maintenu dans sa noblesse, par Bernage, intendant de Picardie, le 6 décembre 1717. Il laissa beaucoup d'enfants : 1° François, seigneur d'Achery, lieutenant au régiment d'Artois, mort sans alliance ; 2° Louis, écuyer, seigneur d'Achery, garde du roi, allié à Marie-Marguerite de Boulogne, par contrat du 31 juillet 1706 ; 3° Henri, seigneur de Lanchères, lieutenant au régiment d'Artois ; 4° Charles, seigneur de Berville, capitaine au régiment de Picardie ; 5° Augustin, seigneur de la Boissière, garde du roi, allié à Marguerite de Mons, par contrat du 7 octobre 1712 ; 6° Louise-Madeleine ; 7° Françoise.

CINQUIÈME BRANCHE.

10. — Antoine TILLETTE (fils d'Antoine et d'Hippolyte Rohault), écuyer, seigneur du Maisnil-les-Franleu et de la vicomté du Maisnil-les-Ochancourt, épousa Madeleine de Rambures, par contrat du 1ᵉʳ juin 1638 ; de cette union naquirent treize enfants, entr'autres : 1° Antoine, dont l'article suit ; 2° Louis, maintenu dans sa noblesse avec son frère ; 3° Jean, chevalier, vicomte du Maisnil, mort sans postérité.

11. — Antoine TILLETTE, écuyer, seigneur du Maisnil et de la vicomté du Maisnil-les-Ochancourt, épousa Marie-Anne de La Lumière, par contrat passé le 30 mai 1697. De lui naquirent Louis, Jacques et Marie-Jeanne. Il fut maintenu dans sa noblesse, le 1ᵉʳ septembre 1703.

TRUFFIER.

Armes : *De gueules à trois molettes d'éperon d'or.* Supports : *deux licornes.*

Bonne famille, aujourd'hui éteinte, qui était originaire de Ponthieu. Elle fut maintenue dans sa noblesse par Bignon, intendant de Picardie, le 21 juin 1699, et la généalogie qui suit est celle qui fut fournie dans cette circonstance.

1. — Jean Truffier, écuyer, fut déclaré noble tant du côté de son père que de celui de sa mère, par sentence des élus de Ponthieu, du 1er juillet 1432. Il fut, à ce que l'on croit, père de Robert, qui suit.

2. — Robert Truffier, écuyer, demeurant à Rue, puis à Mons-en-Vimeu, épousa Isabelle Covine, par contrat du 3 septembre 1448. Il laissa deux fils, Jean, qui suit, et Colart.

3. — Jean Truffier, écuyer, seigneur d'Allenay, par acquisition d'Antoine de Nibas, écuyer, du 18 décembre 1491. Il épousa Robine de Villepoix. De cette union naquit Nicolas, qui suit.

4. — Nicolas Truffier, écuyer, seigneur d'Allenay, fut allié à Jeanne L'Yver, par contrat du 18 août 1522. Il eut d'elle : 1° Paul, écuyer, seigneur d'Allenay, allié à Antoinette de La Houssoye par contrat du 4 décembre 1567, et mort sans enfants ; 2° Jacques, dont l'article suit ; 3° Françoise ; 4° Jeanne.

5. — Jacques Truffier, écuyer, seigneur d'Allenay, Port et Boubers, épousa Marie Le Clerc de Bussy. D'eux naquirent : 1° Louis, qui suit ; 2° Jean, mort sans alliance.

6. — Louis Truffier, écuyer, seigneur d'Allenay, épousa Louise de Gourlay, par contrat passé le 12 octobre 1606. Ses enfants furent : 1° François, qui va suivre ; 2° Charles-André, che-

valier, seigneur du Festel, allié à Jeanne Le Ver, par contrat du 24 mai 1649, dont un fils unique tué à la guerre.

7. — François TRUFFIER, chevalier, seigneur d'Allenay et de Port, capitaine d'une compagnie de cent hommes de pied, épousa Jeanne Maillard, par contrat du dernier février 1627. Il laissa plusieurs enfants : 1° Jean, chevalier, pour qui la terre de Villers-sur-Authie fut érigée en comté ; il mourut sans postérité et ses biens passèrent à son frère : 2° François, qui suit ; 3° Louis, chevalier, seigneur de Houdonc ; 4° Jacques, chevalier, capitaine au régiment de Rouvroy cavalerie ; 5° Marie, femme de Claude de Cacheleu, chevalier, seigneur de Thoiras ; 6° Claire, femme de N... d'Escannevelle, seigneur de Begny ; 7° Marie-Françoise.

8. — François TRUFFIER, chevalier, comte de Villers, seigneur d'Allenay et d'Augecourt, commandeur de l'ordre de St.-Lazare, chevalier de St.-Louis, capitaine au régiment de la reine. Il obtint des lettres de surannation pour l'enregistrement des lettres patentes érigeant Villers-sur-Authie en comté pour son frère, dont il était héritier. Il fut maintenu dans sa noblesse par Bignon, le 21 juin 1699. Il était encore sans alliance et âgé de 54 ans. Tous ses biens et ses titres passèrent à sa sœur Marie, et par elle aux Cacheleu.

V.

VAILLANT.

Armes : *D'argent au lion de sable armé et lampassé de gueules.* — Supports : *deux lions.* — Cimier : *un lion naissant de sable.*

Cette famille, dont toutes les branches sont éteintes, fut maintenue dans sa noblesse par jugements de Bignon et de Bernage, intendants de Picardie, des 25 juin 1700 et 6 décembre 1717. Elle produisit dans cette occasion la généalogie suivante :

1. — Robert VAILLANT, écuyer, seigneur de Hautemare, homme d'armes, vivant le 3 octobre 1457, laissa pour fils :

2. — Jean VAILLANT, écuyer, seigneur de Hautemare, duquel est issu Louis, qui suit.

3. — Louis VAILLANT, écuyer, seigneur de Hautemare, fut père de : 1° Jean, qui suit ; 2° Guy, écuyer, seigneur de Bracq, homme d'armes des ordonnances du roi, mort sans suite.

4. — Jean VAILLANT, écuyer, seigneur de Villers, épousa Marie Becqtarde, par contrat passé le 2 juillet 1542. Il eut d'elle :

1° Jean, qui suit ; 2° Pierre, auteur de la seconde branche, qui suivra à son rang.

5. — Jean VAILLANT, bourgeois d'Abbeville, fut allié à Marguerite de Buissy, et eut d'elle : 1° Jean, qui suit ; 2° François, auteur de la troisième branche, qui suivra : 3° Marie.

6. — Jean VAILLANT, grénetier au grenier et magasin au sel d'Abbeville, épousa Charlotte Le Bel. D'eux naquirent : 1° Jean, qui suit ; 2° Claude, auteur de la quatrième branche, qui suivra ; 3° Philippe ; 4° Charles ; 5° Marguerite, femme de Philippe Pappin, écuyer, seigneur de Machy.

7. — Jean VAILLANT, écuyer, seigneur de Caumondel, conseiller du roi au siége présidial de Ponthieu, fut maïeur d'Abbeville en 1658. Il épousa Isabelle Le Roy qui lui donna trois enfants : 1° Charles, qui suit ; 2° Claude, chanoine de St.-Wlfran ; 3° Catherine, femme de Jean Griffon, sieur de St.-Séverin, conseiller au siége présidial d'Abbeville.

8. — Charles VAILLANT, écuyer, seigneur de Caumondel, conseiller du roi en la sénéchaussée de Ponthieu et siége présidial d'Abbeville. Il obtint des lettres de relief de noblesse, a cause de la dérogeance de son bisaïeul Jean, qui fit à Abbeville le commerce de draps. Il épousa Anne Hecquet, par contrat du 27 octobre 1697. Ses enfants furent : 1° Charles-Claude, mort jeune ; 2° Marie-Élisabeth, femme de François Vaillant, seigneur de Villers. Charles avait été maintenu dans sa noblesse, par Bignon, intendant de Picardie, le 25 juin 1700.

DEUXIÈME BRANCHE.

5. — Pierre VAILLANT, bourgeois d'Abbeville, épousa Geneviève Tillette, et fut père de : 1° François, qui suit ; 2° Pierre, dont Pierre et Françoise ; 3° Marie, femme de Jacques de La Garde ; 4° Hélène, femme de Pierre du Maisniel ; 5° Geneviève, alliée à François du Wicquet, seigneur de Vrelingues, grand-maître des eaux et forêts du Boulonnais.

6. — François Vaillant, trésorier de France à Amiens, épousa Catherine Thierry, par contrat du 18 février 1634. Il laissa plusieurs enfants : 1° Joseph, qui suit ; 2° Louis, écuyer, seigneur de Crévecœur, gendarme de la garde du roi ; 3° François ; 4° Jean-Baptiste ; 5° Charles.

7. — Joseph Vaillant, écuyer, seigneur de Romainville, lieutenant au régiment de la marine, puis capitaine au régiment de Cavoye, obtint des lettres de relief de dérogeance du 19 mars 1694. Il épousa Marie Dupuis, dont il eut une fille, Marie-Madeleine. Il fut maintenu dans sa noblesse le 25 juin 1700.

TROISIÈME BRANCHE.

6. — François Vaillant, écuyer, seigneur de Villers, avocat au Parlement, fut allié à Louise de Canteleu, dont il eut : 1° Jean, qui suit ; 2° François-Emmanuel, sieur du Vertbois ; 3° Jacques.

7. — Jean Vaillant, écuyer, seigneur de Villers, Houdenc, Béalcourt et Villers-l'Hôpital, obtint des lettres de dérogeance le 25 février 1693. Il avait épousé Marguerite du Gardin, par contrat du 3 mai 1670. Ses enfants furent : 1° François, qui va suivre ; 2° Jacques, écuyer, capitaine de grenadiers au régiment de Saint-Vallier ; 3° Philippe, écuyer, seigneur de Houdenc, capitaine au même régiment ; 4° Marie.

8. — François Vaillant, écuyer, seigneur de Villers, capitaine au régiment de Grignan, épousa Marie-Ursule d'Herly, par contrat passé le 26 janvier 1704. Il n'eut pas d'enfants d'elle, et il épousa en secondes noces Marie-Élisabeth Vaillant, sa cousine, dont il eut deux fils et deux filles. Il fut maintenu dans sa noblesse le 6 décembre 1717.

QUATRIÈME BRANCHE.

7. — Claude Vaillant, écuyer, seigneur de Favières, conseiller du roi, grénetier au grenier au sel d'Abbeville, épousa Marie Le Roy de St.-Lau, par contrat du 5 février 1651. D'eux naquirent : 1° Philippe, qui suit ; 2° François, écuyer, seigneur du Hamelet ; 3° Jean ; 4° Claude.

8. — Philippe Vaillant, écuyer, seigneur de Favières, conseiller du roi, magistrat en la sénéchaussée de Ponthieu et siége présidial d'Abbeville, lieutenant particulier assesseur en la maréchaussée de Picardie, fut marié avec Gertrude Tillette d'Offinicourt, par contrat du 4 février 1691. Il fut maintenu dans sa noblesse, le 25 juin 1700. De lui étaient issus : 1° Philippe-François-Wlfran, mort sans postérité ; 2° Marie-Gertrude, alliée par contrat du 25 juillet 1728 à François-Joseph de Lisques, chevalier, marquis de Lisques et de Favières ; 3° Françoise-Élisabeth ; 4° Thérèse.

VAUDRICOURT.

Armes : *De gueules à l'orle d'argent.* — Supports : *deux griffons.* — Cimier : *un griffon naissant.*

Très ancienne famille qui aurait, dit-on, emprunté son nom au village de Vaudricourt. Elle fut maintenue dans sa noblesse, par Bignon, intendant de Picardie, le 21 août 1700. Je reproduis ci-dessous, en la complétant, la généalogie telle qu'elle fut produite alors par MM. de Vaudricourt, c'est-à-dire, depuis l'an 1523. Mais la noblesse date de bien plus loin dans cette maison. On trouve en 1323 Mathieu de Vaudricourt, prévôt de St.-Riquier et bailli d'Abbeville, en 1380 Mathieu de Vaudricourt allié à Marie Hermer, en 1422 Jean de Vaudricourt, écuyer, capitaine du château de Mareuil pour les anglais et les bourguignons, de 1440 à 1460 Ferry de Vaudricourt, écuyer, qui avec Marie de Noyelles, sa femme, habitait Abbeville, etc.

1. — Raoulquin DE VAUDRICOURT, écuyer, fut père d'Antoine, qui suit.

2. — Antoine DE VAUDRICOURT, écuyer, seigneur d'Allenay, vivant en 1523, laissa pour fils et successeur :

3. — Claude DE VAUDRICOURT, écuyer, seigneur d'Allenay, qui épousa Charlotte de Monts. D'eux sont issus : 1° Antoine, qui suit ; 2° Hélène, femme de Charles de Baulle, sieur de Mondaullage.

4. — Antoine DE VAUDRICOURT, écuyer, seigneur d'Allenay, fut marié avec Isabeau de Calonne d'Avesne, par contrat passé le 28 octobre 1571. Leurs enfants furent : 1° François, écuyer, seigneur d'Allenay, mort sans alliance ; 2° Charles, qui suit ; 3° Oudart, auteur de la deuxième branche, qui suivra ; 4° Anne, alliée à Louis d'Aoust, écuyer, seigneur de Haussoy, par contrat du 22 septembre 1592.

5. — Charles DE VAUDRICOURT, écuyer, seigneur d'Allenay et de Pongerville, épousa Catherine de Pocholle, par contrat passé le 12 décembre 1596. De cette union est né Antoine, qui suit.

6. — Antoine DE VAUDRICOURT, chevalier, seigneur d'Allenay, fut allié à Antoinette de Hallencourt, par contrat passé le 12 janvier 1628. De ce mariage naquit entr'autres enfants Pierre, qui suit.

7. — Pierre DE VAUDRICOURT, chevalier, seigneur d'Allenay, épousa Louise du Maisniel, par contrat du 4 mai 1659. Il fut maintenu dans sa noblesse le 21 août 1700. Il avait alors pour enfants : 1° Jacques, chevalier, lieutenant de cavalerie au régiment de Berry ; 2° Charles, curé de Capenal, en Normandie ; 3° Marie-Anne.

DEUXIÈME BRANCHE.

5. — Oudart DE VAUDRICOURT, écuyer, seigneur d'Ivry, capitaine au régiment d'Hocquincourt, épousa Claude Le Comte, par contrat du 29 avril 1632. De cette union naquirent : 1° Oudart-François, qui suit ; 2° Jean, auteur de la troisième branche, qui va suivre.

6. — Oudart-François DE VAUDRICOURT, chevalier, seigneur d'Ivry, fut marié deux fois. En premières noces il épousa Françoise-Agnès de Pocholles, par contrat du 23 mai 1659. Il épousa en secondes noces Jeanne Acary, par contrat passé le 28 mars 1665. Il eut deux fils, François, qui suit, et Pierre, chevalier, seigneur d'Ivry.

7. — François DE VAUDRICOURT, chevalier, seigneur de Laleu, épousa Antoinette Hannicque, par contrat du 25 février 1688. Il fut maintenu dans sa noblesse le 21 août 1700. Il avait alors pour enfants Hiérôme-Eugène, et Antoinette.

TROISIÈME BRANCHE.

6. — Jean DE VAUDRICOURT, chevalier, seigneur de Laleu, fut allié à Edmée des Marchais, par contrat du 3 juin 1664. Il fut maintenu dans sa noblesse le 21 août 1700. De lui étaient issus : 1° Claude, chevalier, seigneur de Moreaucourt, garde du corps du roi ; 2° Louis, chevalier, seigneur de Bellifontaine, garde du corps du roi ; 3° Jean, chevalier, aussi garde du corps du roi ; 4° Jeanne ; 5° Edmée.

VINCENT.

Armes : *D'azur au chevron d'or accompagné de trois licornes d'argent saillantes, celles du chef affrontées.* — Supports : *deux licornes.* — Cimier : *une licorne naissante.* — Devise : *Laurea, Palma, Cedrus, Gloria, Fama, Decus.* — La branche des seigneurs de Tournon portait : *Écartelé, au 1er et 4me semé de France, parti de gueules au lion d'or; au 2me, d'azur à six besants d'or, au chef de même; au 3me, d'azur à trois étoiles d'or à la bordure de gueules; et sur le tout, de Vincent.*

Famille de bonne noblesse, originaire de Ponthieu, d'Abbeville même, et non pas des Pays-Bas comme le prétend l'auteur anonyme d'une généalogie (in-4°) de la famille Vincent, publiée en 1768. La Chesnaye-des-Bois qui a reproduit avec quelques adjonctions cette notice étendue dans le tome premier du *Supplément de son Dictionnaire de la noblesse*, pages 564-575, est tombé dans la même erreur, la seule, du reste que l'on y remarque. Voici, d'après ce travail consciencieusement fait, la généalogie de la famille Vincent, qui existe encore en Ponthieu et fut maintenue dans sa noblesse par Bernage, intendant de Picardie, le 6 novembre 1717, sur preuves depuis le 20 octobre 1599.

1. — Jean VINCENT, écuyer, vivant en 1413, eut de sa femme dont le nom est inconnu : 1° Yvonet, qui suit ; 2° François, capitaine de bandes.

2. — Yvonet VINCENT, écuyer, capitaine de 100 hommes de pied et lieutenant de la ville d'Épernay, laissa un fils, qui suit.

3. — Jean VINCENT, écuyer, épousa Marie Le Roy, de laquelle il eut : 1° Nicolas, qui va suivre ; 2° François ; 3° Jeanne, femme de Guillaume Postel, écuyer, seigneur de Bellifontaine, maître des requêtes du duc de Bourgogne.

4. — Nicolas VINCENT, écuyer, seigneur du Quesnoy, capitaine de 400 hommes à la légion de Picardie, fut allié à Colette du

Hamel. Il vivait encore en 1560. De lui est issu André, qui suit.

5. — André VINCENT, écuyer, seigneur de Raimecourt, épousa Françoise Maillard, de laquelle il eut le suivant.

6. — Jean VINCENT, écuyer, seigneur de Raimecourt et d'Hantecourt, conseiller et magistrat au siége présidial d'Abbeville, fut aussi maïeur en 1620, 1632 et 1633. Il épousa Anne Aliamet, par contrat passé le 21 septembre 1604, et eut d'elle Nicolas, qui suit.

7. — Nicolas VINCENT, écuyer, seigneur de Hantecourt, Raimecourt et Lannoy, conseiller d'État, maître des requêtes ordinaire de la reine, lieutenant criminel en la sénéchaussée de Ponthieu, maïeur d'Abbeville en 1647 et 1648. « Les Carmes deschaux, dit la généalogie de 1768, implorèrent sa protection pour le bien de leur ordre, dont le général, pour lui marquer sa reconnaissance, lui fit expédier des lettres en 1645 par lesquelles il le créa Carme et tous les siens, avec tous les avantages attachés à cette congrégation. » — Ce fait est authentique et par les lettres patentes que j'ai vues, MM. Vincent d'Hantecourt naissent tous Carmes déchaussés. Nicolas épousa Catherine Le Roy de St.-Lau, par contrat passé le 5 février 1631. De cette union naquit Jean, qui suit.

8. — Jean VINCENT, écuyer, seigneur de Hantecourt et de Raimecourt, lieutenant-général criminel en la sénéchaussée de Ponthieu et siége présidial d'Abbeville, fut allié à Barbe de Dourlens, par contrat du 27 décembre 1659. Ils eurent beaucoup d'enfants : 1° André, qui suit ; 2° Jean, écuyer, seigneur de Raimecourt, capitaine au régiment de Fontenilles, mort jeune ; 3° Pierre, écuyer, seigneur de Montigny, capitaine au régiment de Picardie, chevalier de St.-Louis, allié à N. Firet, dont vinrent : N..., mort jeune, N..., femme de N. Bernard, seigneur d'Yerval, et N..., supérieure des Minimes d'Abbeville ; 4° Charles, écuyer, seigneur de Mérival, capitaine au régiment d'Aunis, et chevalier de St.-Louis, mort sans enfants ; 5° Joseph-Nicolas, auteur de la deuxième branche,

qui suivra à son rang ; 6° Philippe, prêtre ; 7° Anne, femme d'Édouard de Calonne, écuyer, seigneur de Barbesacq ; 8° Catherine, religieuse.

9. — André VINCENT, écuyer, seigneur de Hantecourt, Raimecourt, Lannoy et Mérival, lieutenant-colonel au régiment de milices de Méricourt, épousa Marie-Madeleine Lesperon, par contrat passé le 17 février 1696. Il fut maintenu dans sa noblesse le 6 novembre 1717. Il eut dix enfants : 1° Pierre-André, qui suit ; 2° Charles, *dit* le chevalier d'Hantecourt, seigneur de Mérival et Baillon, capitaine de grenadiers au régiment de Champagne, sans enfants de Marie-Élisabeth Vaillant de Villers ; 3° Jean-Baptiste, prêtre, prieur de Boucs ; 4° Marie-Madeleine, femme de Charles-Louis de Fontaines, chevalier de St.-Louis ; 5° Françoise-Gertrude, supérieure des dames de St.-François à Abbeville ; 6° Marie-Marguerite ; 7° Anne-Barbe-Catherine ; 8° Thérèse-Élisabeth, femme de François Vincent, son cousin ; 9° Géneviève, religieuse à l'Hôtel-Dieu d'Abbeville ; 10° Marie-Françoise-Charlotte, morte sans alliance.

10. — Pierre-André VINCENT, chevalier, seigneur d'Hantecourt, et Raimecourt, lieutenant au régiment d'Aunis, épousa par contrat du 11 janvier 1736, Marie-Louise-Marguerite Carpentier. Il fut père de : 1° Gabriel-Pierre-André-Christophe, qui continua la filiation ; 2° Jean-Baptiste-Nicolas-Bénigne ; 3° Marie-Catherine-Anne-Firmine, femme de Joseph-Nicolas-Artus, écuyer. Les descendants de Pierre-André habitent Martainneville, en Vimeu.

DEUXIÈME BRANCHE.

9. — Joseph-Nicolas VINCENT DE TOURNON, chevalier, baron de St.-Dizier et de Digons, commandant de bataillon au régiment d'Orléans, chevalier de St.-Louis, mort le 7 mars 1736. Il avait épousé Marie Maurice de Chervil, qui lui donna : 1°

François, qui suit ; 2° Claude-Honoré, chevalier de Tournon, lieutenant au régiment de la Tour d'Auvergne ; 3° Anne-Madeleine.

10. — François VINCENT DE TOURNON, chevalier, baron de St.-Dizier et de Digons, lieutenant réformé au régiment de la Tour d'Auvergne, épousa en 1751 Thérèse-Élisabeth Vincent, sa cousine, et n'en eut pas d'enfants. De sa seconde femme, Marie-Françoise-Ursule Beauvarlet de Moismont, qu'il épousa par contrat passé le 14 mai 1761, il n'eut que deux filles, Marie-Françoise-Ursule-Justine et Françoise-Élisabeth.

W.

WIERRE.

Armes : D'argent au sautoir de gueules, chargé de quatre besants d'or et accompagné de quatre lionceaux de sable armés et lampassés de gueules.

Famille ancienne et de bonne noblesse : elle est depuis longtemps éteinte.

1. — Pépin DE WIERRE, écuyer, seigneur de Maison-Ponthieu, habitait Abbeville en 1346. Il fut père de :

2. — Robert DE WIERRE, écuyer, seigneur de Maison-Ponthieu, vivant encore en 1415, qui laissa deux fils, Jean, qui suit et Firmin.

3. — Jean DE WIERRE, écuyer, seigneur de Maison-Ponthieu, fut échevin d'Abbeville en 1403, 1404, 1405, 1406 et 1412. De lui vinrent : 1° Riquier, qui suit ; 2° Nicolas, allié à Marie Accard, et père de Laurent.

4. — Riquier DE WIERRE, écuyer, seigneur de Maison-Ponthieu, épousa Jeanne de Hesdin, de laquelle il eut : 1° Jean, qui suit ; Yde, femme d'Enguerran de Lamaury, écuyer.

5. — Jean DE WIERRE, écuyer, seigneur de Maison-Ponthieu, épousa Anne Cornu. Il fut père de Claude, qui suit.

6. — Claude DE WIERRE, écuyer, seigneur de Maison-Ponthieu, garde du scel royal, capitaine du guet à Abbeville, fut souvent échevin et enfin maïeur d'Abbéville en 1505, 1507, 1517, 1520 et 1530. Il mourut en 1531. Il avait épousé : 1° Marguerite Le Gros, 2° N. de Blottefière. Il laissa pour enfants : 1° Philippe, qui va suivre ; 2° Anne, femme de Claude d'Amerval, écuyer.

7. — Philippe DE WIERRE, écuyer, seigneur de Maison-Ponthieu, fut marié avec Jeanne Le Briois. Il en eut : 1° Philippe, qui suit ; 2° Claude, femme de Nicolas de Ponchon, écuyer, seigneur de Val-Croissant.

8. — Philippe DE WIERRE, écuyer, seigneur de Maison-Ponthieu, maître d'hôtel du vidame d'Amiens, épousa Marie de Maupin. On ne voit nulle part qu'il ait eu des enfants, et à partir de cette époque le nom de Wierre avait disparu du Ponthieu.

APPENDICE.

APPENDICE.

Je réunis sous ce titre les généalogies complètes de deux familles, celles de BELLOY et de BOUFFLERS, que je n'avais fait que citer (p. 58 et 69) dans une courte notice, trop insuffisante, et à qui l'ancienneté de toutes deux et l'illustration de la seconde devaient assurer les premières places dans mon travail.

BELLOY.

On pourrait croire, à l'inspection des armes des trois branches principales de cette noble et ancienne maison, que chacune d'elles formaient trois familles entièrement distinctes les unes des autres. Il n'en est rien cependant. M. le marquis de Belloy, auteur d'une généalogie très détaillée de sa maison, revue par Clairembault, généalogiste des ordres du roi, et publiée en 1747 avec approbation et privilège du roi, (un vol. in-4° de 155 pages) démontre victorieusement que Garin de Belloy, l'un des premiers auteurs connus de cette famille, qui vivait dans les XII° et XIII° siècles, porta indifféremment dans ses sceaux les triples armoiries que s'attribuèrent pour se distinguer les unes des autres les trois branches principales issues de lui. Ainsi les seigneurs de Belloy-Morangles portèrent:

de gueules à sept losanges d'or, 3, 3 et 1 ; les seigneurs de Candas, Amy, Francières et de Castillon portèrent : *d'argent à quatre bandes de gueules* ; et enfin les seigneurs de Belloy-St.-Léonard adoptèrent pour armes : *d'argent à trois fasces de gueules.* Supports : *deux lions* ou *deux sauvages.* Cimier : *un cerf naissant.* La branche des seigneurs de Belloy-St.-Léonard, et les branches secondaires qui en sortirent, seules restèrent en Ponthieu, berceau de la famille, et en Picardie. On pourrait à la rigueur se borner à ne rapporter que celle-là, mais nous préférons, quelqu'étendue que soit cette généalogie empruntée au travail du marquis de Belloy et au grand nobiliaire de Picardie, nous préférons suivre le programme que nous nous sommes tracé et suivre les diverses branches de la maison de Belloy partout où elles s'établirent, puisque le Ponthieu fut leur point de départ.

La maison de Belloy existe encore, mais elle n'est plus représentée en Picardie, et ne compte plus dans cette province un seul représentant.

1. — Hugues DE BELLOY, vivant en 1139. De sa femme dont le nom est inconnu, il eut : 1° Rabellius, vivant en 1139 ; 2° Almeric, qui suit ; 3° Girard, prêtre.

2. — Almeric DE BELLOY, vivant en 1174. D'Odeline, sa femme, il eut : 1° Garin, qui suit ; 2° Thomas ; 3° Pierre, chevalier ; 4° Guillaume, chevalier ; 5° Baudouin, prieur de St.-Martin-des-Champs, à Paris ; 6° Aéline, dont on ne connait pas l'alliance.

3. — Garin DE BELLOY, chevalier, époux de Mathilde de Soues, en eut quatre fils : 1° Hugues, qui suit ; 2° Henri ; 3° Garin, clerc, 4° Pierre, auteur de la branche des seigneurs du Candas, Amy, Francières et Castillon, qui suivra ; 5° Gauthier, présumé auteur de la branche des seigneurs de Belloy-St.-Léonard, qui suivra également.

4. — Hugues DE BELLOY, chevalier, seigneur du dit lieu, épousa Ricaldis, dont il eut : 1° Guy, qui suit ; 2° Lovide, dame de Fourdrinoy.

5. — Guy de Belloy, chevalier, seigneur de Morangles et de Villaines, mort en 1299, laissant plusieurs enfants : 1° Mahieu, chevalier ; 2° Thomas, écuyer, panetier de Philippe V ; 3° Jean, qui suit.

6. — Jean de Belloy, chevalier, seigneur de Belloy. De sa femme, dont le nom est inconnu, il eut plusieurs enfants : 1° Jacques, qui suit ; 2° Robert, écuyer ; 3° Rigaut, écuyer, père de Jacques qui fut père de Simone, mariée à Chrétien de Vaudremont, et de Jeanne, femme en 1400 de Jean de Bouconvillier, dit Huet, écuyer ; 4° Guillaume, écuyer ; 5° Mahieu, écuyer, père de Philippot, écuyer, et de Philippe, écuyer, seigneur en partie de Villiers-le-Bel, qui épousa Marguerite de Fresnoy ; 6° Catherine, femme de Jean du Perchay, chevalier, puis de Pierre de Guiry, dit le Gallois, écuyer.

7. — Jacques de Belloy, chevalier, seigneur de Belloy, se maria deux fois. En premières noces, il épousa Jeanne du Lis, et en secondes noces Isabeau de Soisy, dame de Poucey. De la première, il eut un fils et deux filles : 1° Ancel, qui suit ; 2° Péronnelle, femme de Guillaume de Laudencourt, chevalier ; 3° Blanchette, femme d'Adam de Montgodefroi, écuyer.

8. — Ancel de Belloy, chevalier, seigneur de Belloy, Morangles, du Lys, Moisselles, Morency, Fontenelles et Estouville, châtelain et garde des ville et château de Cherbourg, échanson du roi Charles VI, épousa Marie des Essars, par contrat passé le 18 mai 1391. De cette union naquirent : 1° Jacques, chevalier, tué à la bataille de Verneuil ; 2° Pierre, qui va suivre ; 3° Jeanne, femme de Guy d'Ongnies, écuyer, seigneur de Ste-Geneviève.

9. — Pierre de Belloy, chevalier, seigneur de Belloy, Morangles, Roussoy, Moisselles, Fontenelles, du Lys, Chenevières, Borant, etc. De Catherine N..., sa femme, naquirent neuf enfants : 1° Antoine, qui suit ; 2° Pierre, auteur de la branche des seigneurs de Morangles, qui suivra ; 3° Guillaume, écuyer, seigneur de Belloy et de Morangles en partie, père de Nicolas, écuyer, seigneur du Lys, Fontenelles, Morangles et Fléxan-

ville, homme d'armes dans la compagnie de Gaspard de Coligny, qui de Catherine de Lestendart, sa femme, eut Jeanne, épouse, par contrat du 2 mai 1564, de François le Maire, écuyer, seigneur de Longueil et Parisis-Fontaines ; 4° Simon, écuyer, homme d'armes dans la compagnie de Robert de Framezelles, chevalier ; 5° Jean, écuyer, allié à Marie Le Vicomte, dont Antoine, Louis allié en 1571 à Anne de Pertuis, et Jean ; 6° Jean, écuyer ; 7° Eustache, curé du Lys et chanoine de Luzarches ; 8° Roland, écuyer ; 9° Marie.

10. — Antoine DE BELLOY, écuyer, seigneur de Belloy, Morangles et du Lys, épousa Madeleine Le Boulanger de Montigny, de laquelle il eut : 1° Guillaume, qui suit ; 2° Robert, écuyer ; 3° Jeanne, femme de Hutin d'Arzillières, écuyer, en 1517 ; 4° Catherine, alliée à Christophe de Dampont, écuyer ; 5° Marguerite et Françoise.

11. — Guillaume DE BELLOY, écuyer, seigneur de Belloy, Morangles, Boussoy, Moisselles, Fontenelles, du Lys, Boran, etc. D'Antoinette de Pertuis il eut : 1° Antoine, dont l'article suit ; 2° Jacques, allié à Jeanne du Chardonnet ; 3° Louis, chevalier de Malte.

12. — Antoine DE BELLOY, chevalier, seigneur de Morangles et de Belloy, maréchal-des-logis de la compagnie d'hommes d'armes des ordonnances du duc de Montmorency et gentilhomme de la chambre du roi. Il épousa en premières noces Julienne de Montmirail, de laquelle il n'eut qu'une fille, Michelle, femme d'Antoine de Belloy, chevalier, seigneur de Belloy-St.-Léonard, Vieulaines et Yvrench. Catherine de Bar, sa seconde femme, lui donna deux fils, François et Louis, morts sans alliance.

BRANCHE

des Seigneurs de Morangles.

10. — Pierre DE BELLOY, chevalier, seigneur de Belloy, Morangles et Baillet, homme d'armes des ordonnances du roi, épousa par contrat du 6 novembre 1503 Blanche de Villers, qui lui donna : 1° Jean, panetier de Charles IX, puis écuyer tranchant et maitre d'hôtel de Henri III. Il fut père de Jean, seigneur de Belloy, successivement panetier et échanson de Henri III et de Henri IV, et de Louis, écuyer ; 2° François, qui suit ; 3° Joachim, écuyer, seigneur de Morangles ; 4° Pierre, prêtre ; 5° Jeanne, femme de Guillaume de Rasse, écuyer, seigneur de la Hargerie ; 6° Hélène, alliée à Zacharie Poisson, écuyer, seigneur de Montigny.

11. — François DE BELLOY, écuyer, seigneur de Morangles, épousa Madeleine Hesselin qui ne lui donna qu'un seul fils.

12. — Louis DE BELLOY, écuyer, seigneur de Morangles, fut allié à Anne de Duizon, par contrat passé le 28 décembre 1578. Leurs enfants furent : 1° Jean, qui suit ; 2° Jeanne, femme de François Le Maire, écuyer, seigneur de Parisifontaine ; 3° Cécile, supérieure des Ursulines de Paris.

13. — Jean DE BELLOY, chevalier, seigneur de Morangles, épousa Françoise de Meaux, par contrat passé le 5 juillet 1607. Il fut tué au siége de Montauban. Il laissait neuf enfants : 1° Louis, qui suit ; 2° François, chevalier, seigneur de Margival, allié par contrat du 21 août 1667 à Marguerite de la Lane, mort sans enfants ; 3° Charles-Philippe, écuyer ; 4° N..., écuyer, capitaine au régiment de Persan, tué au siége de Saint-Omer ; 5° N..., écuyer, lieutenant au régiment de Persan, tué au siége de Dunkerque ; 6° N..., tué en Flandres, 7° N..., tué en Allemagne ; 8° N... et N..., tués au siége de Valence.

14. — Louis DE BELLOY, seigneur et marquis de Morangles, baron de Survillers, obtint du roi l'érection de Morangles en mar-

quisat, par lettres du mois d'avril 1666. Il épousa Anne Bélot, par contrat du 1ᵉʳ avril 1650. Ses enfants furent : 1° Louis-Médéric, mort enfant ; 2° Philippe-Sébastien, qui suit ; 3° Marie-Anne, religieuse.

15. — Philippe-Sébastien DE BELLOY, chevalier, marquis de Morangles, capitaine au régiment d'Herbouville, épousa : 1° Marguerite-Thérèse Le Picart, par contrat du 6 novembre 1685, 2° Jeanne-Louise d'Auchy, par contrat du 13 janvier 1696. Du premier mariage, il eut sept enfants, et 13 du second, savoir : 1° Philippe-Sébastien-Claude, qui suivra ; 2° Henri, moine à Cluny ; 3° Jacques-Tranquille, religieux Prémontré à Bellozane ; 4° Thècle-Thérèse, religieuse de Saint-François ; 5° Julie-Marguerite, femme de Guillaume-François Frezon ; 6° Cécile-Angélique-Céleste, religieuse ; 7° Thérèse-Marguerite, religieuse ; 8° (enfants du second lit) Popon, page de la grande écurie du roi, chevalier de Sᵗ-Louis et major de la citadelle de Lille, épousa en 1735 Claude-Marie Eustache, dont suite ; 9° Emmanuel-Philippe ; 10° Hippolyte-Thimothée, seigneur du Menillets, commissaire ordinaire d'artillerie, chevalier de St-Louis et gentilhomme du prince de Dombes ; 11° Jean-Baptiste, prêtre, chanoine et grand-vicaire de Beauvais ; 12° Charles-Marie, prieur d'Olnont ; 13° Antoine-Emmanuel, lieutenant-colonel du régiment de Kermellec, chevalier de St-Louis ; 14° Benjamin, lieutenant au régiment royal-artillerie ; 15° Pulchérie-Angélique ; 16° Jeanne-Julie, femme de Jean-Baptiste de Tissandier, écuyer, sieur de la Crose ; 17° Marie-Anne-Candide ; 18° Bibiane-Élisabeth, femme de Paul-Augustin Le Boulanger du Tilleul, écuyer ; 19° Thècle-Mélanie, femme de Claude-Alexandre de Rieux, écuyer ; 20° Suzanne.

16. — Philippe-Sébastien-Claude DE BELLOY, chevalier, comte de Belloy, seigneur des Vosseaux, Amblaincourt, Apremont, Orvillers, page du roi dans sa grande écurie, puis Mousquetaire et lieutenant de cavalerie, épousa, par contrat du 21 février 1717, Claude-Valentine de Roussel, dont il n'eut qu'un fils.

17. — Claude-François-Marie DE BELLOY, chevalier, seigneur de Campneusville, épousa le 23 septembre 1742 Louise-Françoise Le Messier, dont suite.

DEUXIÈME BRANCHE.

Seigneurs de Candas, Amy, Francières et Castillon.

4. — Pierre DE BELLOY, chevalier, vivant en 1280, fut père du suivant.
5. — Jean DE BELLOY, chevalier, eut pour fils Enguerran.
6. — Enguerran DE BELLOY, chevalier, épousa Michelle de Neuville, de laquelle il eut : 1° Groignart, qui suit ; 2° Guérard, chevalier, maître d'hôtel du roi ; 3° Guyot, auteur de la branche des seigneurs de Candas, qui suivra ; 4° Guy, chevalier.
7. — Groignart DE BELLOY, chevalier, seigneur de Belloy et de Masy, allié à Béatrix d'Airaines, dont le suivant.
8. — Arnulphe DE BELLOY, chevalier, seigneur de Belloy et de Rouviller, dont :
9. — Renaud DE BELLOY, chevalier, seigneur dudit lieu, capitaine des gardes du comte de Flandres. On le dit allié à Gilberte de Grigny, dont vint :
10. — Félix DE BELLOY, chevalier, baron de Carçon, épousa Gertrude d'Argicourt, de laquelle il n'eut pas d'enfants.

BRANCHE

des Seigneurs de Candas.

7. — Guyot DE BELLOY, écuyer, seigneur de Belloy-sur-Somme et de Candas, épousa Jeanne de L'Espinoy. Ses enfants furent :

1º Jean, qui suit ; 2º Guillaume, auteur de la branche des seigneurs d'Amy ; 3º Hue, chevalier.

8. — Jean DE BELLOY, chevalier, seigneur de Belloy-sur-Somme et de Candas. De sa femme, dont le nom est inconnu, naquirent : 1º Jean, qui suit ; 2º autre Jean, écuyer, pannetier du duc de Bourgogne en 1418.

9. — Jean DE BELLOY, chevalier, seigneur de Belloy-sur-Somme et de Candas, châtelain du Gard-les-Rue, capitaine de Rue, chambellan du roi et du duc de Bourgogne, maître des eaux et forêts en Picardie et Normandie, gouverneur d'Amiens et de Corbie. Il avait épousé, dès 1424, Marguerite de Montmorency. De cette union naquit une fille unique, Jeanne, dame de Belloy-sur-Somme et du Candas, qui épousa Jean de Villiers-l'Ile-Adam.

BRANCHE

des Seigneurs d'Amy et de Rouviller.

8. — Guillaume DE BELLOY, écuyer, épousa Marguerite de Guéroulde, dont il eut : 1º Jean, chevalier, sans enfants de Jeanne d'Argicourt ; 2º Guillaume, qui suit.

9. — Guillaume DE BELLOY, écuyer, seigneur de Rouviller, devint seigneur d'Amy par son mariage avec Marguerite de la Chapelle, dame d'Amy. Il fut père de : 1º Guy, qui suit ; 2º Léonore, femme de Claude de Marle, chevalier, seigneur de la Falaise ; 3º Isabeau, femme de Pierre Formé, écuyer, seigneur de Framicourt ; 3º Marguerite, alliée à Colart de Valhuon, chevalier, 4º Antoinette, femme de Jean de Fontaines, écuyer.

10. — Guy DE BELLOY, dit Guiot, écuyer, seigneur de Belloy, Amy, Rouviller, Haulsu et Chauviller, fut marié trois fois, 1º avec Jeanne de Villers, 2º avec Marie Le Sesne, 3º le 29 avril 1488 avec Antoinette d'Hallencourt. De ces trois unions naquirent :

1° Guy, qui suit ; 2° Catherine, femme de Jean de la Motte, écuyer, seigneur de Ville; 3° Antoinette alliée, le 3 février 1503, avec Jean de Poix, seigneur de Séchelles ; 4° Jeanne, alliée à Antoine de Béthencourt, écuyer ; 5° autre Jeanne; 6° Guionne, mariée le 30 mars 1508 avec Jacques de Fontaines, écuyer, seigneur de Ramburelles et la Neufville; 7° Florence, alliée à François Parent, écuyer, seigneur de Castillon.

11. — Guy DE BELLOY, écuyer, seigneur d'Amy, Haulsu, Potières, Drelincourt, Rouviller et Fresnoy, homme d'armes des ordonnances du roi sous le duc de Vendôme, épousa Jeanne de Carmone, dont vinrent : 1° Florent, qui suit ; 2° Charles, écuyer, sans enfants de Madeleine Chuperel; 3° Claude, auteur de la branche des seigneurs de Francières et de Castillon, qui suivra à son rang ; 4° Jeanne, femme de Claude de Canteleu, écuyer. seigneur de Sainte-Reine et Lihus; 5° Claude, femme de François de Canteleu, écuyer ; 6° Florence, abbesse de l'abbaye-aux-Bois ; 7° Hélène, alliée d'abord à Antoine de Villers-Saint-Paul, chevalier, seigneur de Verderonne et de Montigny-la-Bruyère, puis à Philippe de Béry, écuyer, seigneur d'Esserteaux.

12. — Florent DE BELLOY, chevalier, seigneur d'Amy, Rouviller, Haulsu, Rolaincourt, Verpillières et Brauges, gentilhomme de la maison du roi, épousa Jeanne de Ligny, dont il eut : 1° Jacques, qui suit ; 2° Françoise, mariée par contrat du 26 juin 1575 avec Thibaut de Mailly, chevalier ; 3° Marie, femme d'Antoine de La Viefville, baron d'Orvilliers.

13. — Jacques DE BELLOY, chevalier, seigneur d'Amy, Rouviller, Haulsu, baron de Raray, gentilhomme de la chambre du roi, mestre de camp d'infanterie, capitaine de cent chevau-légers, gouverneur de Roye. Il épousa en premières noces Françoise de Margival, et en secondes noces Renée de L'Ile Marivault. De ces deux unions naquirent : 1° Charles, qui suivra ; 2° Jacques, chevalier de Malte ; 3° François, chevalier, seigneur de Resigny, mort sans postérité ; 4° Louis, capitaine au

régiment de Brazeux ; 5° Claude, chevalier de Malte ; 6° Louis, chevalier, seigneur de Flesselles, mort à marier ; 7° Philibert-Emmanuel, chevalier de Malte ; 8° Florent, chanoine de Beauvais ; 9° Catherine, mariée par contrat du 17 juillet 1628 à Jean de Carvoisin, chevalier ; 10° Élisabeth, religieuse à Fervaques ; 11° Charlotte, mariée en 1635 à Henri de Fresnoy, chevalier ; 12° Anne et Françoise, religieuses à l'Annonciade de Beauvais ; 13° Angélique, mariée par contrat du 4 novembre 1631 à François de Milly, chevalier, seigneur de Monceaux et St-Maxent-en-Vimeu.

14. — Charles DE BELLOY, chevalier, seigneur de Salency, Amy et Rouviller, grand sénéchal de Picardie et colonel d'infanterie, fut allié en 1613 avec Anne de Romain. D'eux sont issus : 1° Charles, seigneur d'Amy, mort sans suite ; 2° Louis, page de la reine-mère, mort jeune ; 3° Philibert-Emmanuel, mort sans enfants ; 4° Diane, mariée en avril 1659 avec Jean Scarron, seigneur de Vaujour ; 5° Marguerite, religieuse ; 5° Marie-Anne, alliée par contrat du 12 août 1655 à Alexandre de Carvoisin, chevalier, seigneur de Salency.

BRANCHE
des Seigneurs de Francières.

12. — Claude DE BELLOY, chevalier, seigneur de Castillon, Francières, Rosoy et Hardancourt, capitaine de 300 hommes de pied à la légion de Picardie, épousa Jeanne de Francières, dont : 1° Charles, chevalier, mort sans alliance ; 2° autre Charles, sans enfants de Suzanne Le Borgne ; 3° Antoine, qui suit ; 4° Jeanne, femme de Louis de Brouilly, seigneur de Chevrières et Caumesnil.

13. — Antoine DE BELLOY, chevalier, seigneur de Castillon, Francières, Hardencourt, Rosoy, Famechon et Blincourt, gentil-

homme ordinaire de la chambre du roi, allié à Marie de La Fontaine, en eut : 1° Antoine, religieux, prieur de St-Aurin ; 2° Nicolas, qui suit ; 3° Louis, religieux à St-Corneille de Compiègne ; 4° François, chanoine de Beauvais ; 5° Claude, chevalier de Malte ; 6° Jacques, auteur de la branche des seigneurs de Castillon ; 7° Anne, mariée d'abord à Henri de Choiseul, puis à Réné d'Enfernet ; 8° Marie, alliée le 10 décembre 1631 à Philippe de Billy, chevalier.

14. — Nicolas DE BELLOY, chevalier, seigneur de Francières, gentilhomme ordinaire de la chambre du roi, marié le 20 décembre 1627 à Anne Volant, dont il eut : 1° Antoine, qui suit ; 2° Marie, religieuse à l'abbaye de Beaulieu.

15. — Antoine DE BELLOY, chevalier, appelé le marquis de Francières, capitaine aux gardes-françaises. D'Élisabeth Le Fèvre de Caumartin, il eut : 1° Vincent-Charles-Antoine, prêtre ; 2° Louis-Vincent, comte de Francières, enseigne de vaisseau et chevalier de St-Louis ; 3° Louis-François, chevalier de Malte ; 4° Charles, chevalier de Malte, commandeur de Slippes ; 5° Antoinette-Élisabeth-Françoise, chanoinesse de Poussey.

BRANCHE

des Seigneurs de Castillon.

14. — Jacques DE BELLOY, chevalier, seigneur de Castillon, épousa Amicie de Courtenay, par contrat du 28 février 1645. Ses enfants furent : 1° Antoine, qui suit ; 2° Jérôme, chevalier de Malte ; 3° Jeanne-Antoinette, femme de Charles, comte de Lannoy.

15. — Antoine DE BELLOY, *dit* le comte de Castillon, allié à Marguerite-Catherine de La Rivière, dont : 1° Alexandre, qui suit ; 2° Auguste-Eugène, chevalier de Malte ; 3° Alexandre,

chevalier de Malte, capitaine au régiment du roi ; 4° Amicie, femme de N. de Cersay, marquis d'Arcousay.

16. — Alexandre DE BELLOY, appellé le marquis de Castillon, épousa Françoise-Charlotte Le Mareschal, dont il eut une fille unique, Marie-Louise, mariée à Agnan de Goussancourt, chevalier, seigneur du dit lieu, le Plessis, Cantigny et Saint-Agnan.

BRANCHE

Des Seigneurs de Belloy-Saint-Léonard.

4. — Gauthier DE BELLOY, chevalier, vivant en 1233, laissa pour fils et successeurs : 1° Garin, qui suit ; 2° Aléaume, auteur de la branche des seigneurs de Beauvoir ; 3° Girard, chanoine d'Amiens.

5. — Garin DE BELLOY, chevalier, fut père du suivant :

6. — Eustache DE BELLOY, chevalier. De lui est issu :

7. — Enguerran DE BELLOY, dit Lionnel, chevalier, seigneur de Belloy, Vieulaines et d'Yvrench, épousa : 1° Marie de Créquy, 2° Jeanne de Saint-Léonard. De ces deux unions : 1° Robert, qui suit ; 2° Jean, chevalier ; 3° Enguerran, écuyer ; 4° Jean, écuyer, 5° Pierre, écuyer.

8. — Robert DE BELLOY, écuyer, seigneur de Belloy-St.-Léonard, Vieulaines et Yvrench. De Jeanne de Senicourt, il n'eut que le suivant.

9. — Jean DE BELLOY, écuyer, seigneur de Belloy-St.-Léonard, Vieulaines et Yvrench, allié à Hélène Le Blond, dont : 1° Jean, qui va suivre ; 2° Mariette.

10. — Jean DE BELLOY, écuyer, seigneur de Belloy-St.-Léonard, Vieulaines et Yvrench, épousa Béatrix de Fosseux, qui lui donna trois enfants : 1° Antoine, qui suit ; 2° Marie, femme de Robert de Canteleu ; 3° Marguerite.

11. — Antoine DE BELLOY, écuyer, seigneur de Belloy-St.-Léonard, Vieulaines et Yvrench, épousa en premières noces N. de Bacouel, dont il n'eut pas d'enfants, et en secondes noces, en 1522, Jeanne d'Estrées, qui lui donna : 1° Pierre, qui suit ; 2° Marguerite, femme de N. de Doncœur, écuyer, puis d'Antoine Clabault, écuyer ; 3° Françoise, femme de Philippe de Bacouel, écuyer, seigneur d'Ainval ; 4° Marie, alliée en 1525 à Nicolas de May, écuyer, seigneur de Seigneurville ; 5° autre Marie, femme d'Adrien de Saint-Remy, écuyer ; 6° Denise, femme d'Hubert de Damiette, écuyer, seigneur de Béthencourt-Rivière.

12. — Pierre DE BELLOY, écuyer, seigneur de Belloy-St.-Léonard, Vieulaines et Yvrench, homme d'armes des ordonnances du roi. Il se maria deux fois : 1° avec Paule de La Rivière, 2° avec Françoise de Calonne, dame de Landrethun. De ces deux mariages sont issus : 1° Antoine, qui suit ; 2° Jean, chevalier de Malte ; 3° Louis, auteur de la branche des seigneurs de Landrethun, qui suivra à son rang ; 4° Marguerite, alliée le 5 août 1551 à François du Breuil, seigneur de Chateauvert, puis à Secondin de Cancer, chevalier, seigneur du Pignan.

13. — Antoine DE BELLOY, écuyer, seigneur de Belloy-St.-Léonard, Yvrench et Vieulaines, capitaine des châteaux de Vincennes et de la Bastille, épousa Michelle de Belloy-Morangles. Ils n'eurent qu'un fils unique.

14. — Jean DE BELLOY, chevalier, seigneur de Belloy-St.-Léonard, Vieulaines, Yvrench, Morangles, Fontenelles, etc., archer des ordonnances du roi, vendit la terre de Vieulaines, le 9 février 1576, à son oncle, Louis de Belloy, écuyer, seigneur de Landrethun. Il se maria deux fois : en premières noces, il épousa, par contrat passé le 14 mars 1580, Marie de Soissons ; en secondes noces, il épousa Françoise d'Ardres, par contrat du 29 janvier 1589. Son fils et successeur fut :

15. — Charles DE BELLOY, écuyer, seigneur de Belloy-St.-Léonard, Fontenelles et Yvrench, épousa par contrat du 26 août 1607 Valentine Le Clerc d'Armenonville, dont il eut : 1° Hercule,

qui suit ; 2° Henri, mort à marier ; 3° Antoine, prêtre ; 4° Henri, chanoine de Notre-Dame de Cléry ; 5° Charles, capitaine au régiment royal.

16. — Hercule DE BELLOY, chevalier, comte de Belloy, marquis de Montaiguillon, obtint l'érection des terres de Fontenelles et de Puydony en comté, sous la dénomination de Belloy-le-Neuf, par lettres patentes du mois de novembre 1652. Il fut allié à Marie de Villemontée, par contrat passé le 16 mars 1649. D'eux sont issus : 1° Charles, qui suit ; 2° Françoise-Bénigne, femme de Joseph-Remy, marquis de Livron.

17. — Charles DE BELLOY, comte de Belloy, lieutenant de roi à Metz, brigadier des armées du roi et chevalier de St.-Louis, épousa Gabrielle de Bonnefoy, de laquelle il eut Anne-Nicolas, mariée, par contrat du 24 février 1698, avec Jacques-Antoine de Hénin-Liétard, marquis de Blincourt et de St.-Phal.

BRANCHE

des Seigneurs de Landrethun.

13. — Louis DE BELLOY, écuyer, seigneur de Landrethun, Yvrench, etc., acquit de son neveu Jean de Belloy, le 19 mars 1582, la terre d'Yvrench. De Marguerite du Bosc, sa femme, il eut : 1° Jean, mort sans suite ; 2° Charles, qui suit ; 3° Géneviève, femme d'Antoine de Beauvais, seigneur de Bourbel ; 4° Catherine.

14. — Charles DE BELLOY, chevalier, seigneur de Landrethun, Yvrench et Belloy, vendit les deux tiers d'Yvrench à Jean de May, écuyer, seigneur de Seigneurville, le 21 juin 1603, et le troisième tiers, le 20 janvier 1615. De Jeanne de Hallwin, sa femme, naquirent : 1° Claude, chevalier, mort sans enfants ; 2° Jean, mort sans enfants ; 3° Charles, sans enfants de Jeanne

de Fay ; 4° Isambert, sans enfants de Marie de Gargant ;
5° Louis et Gabriel, sans enfants ; 6° Jeanne, femme de Jean
du Bosc, écuyer, seigneur d'Annebout, 7° Marguerite, alliée
le 28 juillet 1613 à Gabriel de Calonne, baron de Courtebonne;
8° Marie, alliée par contrat du 7 février 1630 à Nicolas de
Fontaines, chevalier, seigneur de la Neufville et Etréjus.

BRANCHE

des Seigneurs de Beauvoir et Pont-de-Metz.

5. — Aléaume DE BELLOY, écuyer, seigneur de Beauvoir-sur-Hocquincourt, en 1300, fut père de :

6. — Jean DE BELLOY, *dit* Seigneur, écuyer, seigneur de Beauvoir-sur-Hocquincourt, qui de N. de Mauvoisin, eut pour fils :
1° Aléaume, qui suit ; 2° Jean, qui suivra également.

7. — Aléaume DE BELLOY, écuyer, seigneur de Beauvoir, père de Adam, écuyer, mort sans alliance, et de Perrine, femme d'Adam Le Prévost.

7bis — Jean DE BELLOY, écuyer, *dit* Signore, seigneur de Beauvoir, allié à Marie de Beaucamp, dont il eut :

8. — Robert DE BELLOY, *dit* Robillard, écuyer, seigneur de Beauvoir par achat de Perrine, sa cousine, citée ci-dessus, le 31 janvier 1420. De N. de Mauvoisin de Croquoison, il n'eut que :

9. — Jean DE BELLOY, écuyer, seigneur de Beauvoir, homme d'armes des ordonnances du roi. Il épousa Marie d'Oresmieulx, de laquelle il n'eut qu'un fils.

10. — Robert DE BELLOY, *dit* Robinet, écuyer, seigneur de Beauvoir et de Cardonnois, épousa : 1° par contrat du 12 juillet 1484 Marguerite de Framecourt, 2° Jeanne Papin. D'eux naquirent : 1° Louis, qui suit ; 2° Anne, femme de Jean de Saire, écuyer, seigneur de Beaufort; 3° Adrienne, femme de Philippe L'Yver, écuyer, seigneur du Festel, maïeur d'Abbeville. Du second

mariage naquit : 4° Hugues, auteur de la branche des seigneurs de Rogean, qui suivra.

11. — Louis DE BELLOY, écuyer, seigneur de Beauvoir, épousa par contrat du 1ᵉʳ septembre 1519 Madeleine de Saint-Souplis, dame de Pont-de-Metz, dont il eut : 1° Robert, qui suit ; 2° Pierre, écuyer, sans enfants de Guillemette Le Fèvre.

12. — Robert DE BELLOY, écuyer, seigneur de Beauvoir et de Pont-de-Metz, épousa Catherine de Festart, le 1ᵉʳ février 1545. Ses enfants furent : 1° Jean, qui suit ; 2° Barbe, alliée le 29 mai 1575 à Antoine du Quesnoy, écuyer.

13. — Jean DE BELLOY, écuyer, seigneur de Beauvoir et Pont-de-Metz, allié le 14 décembre 1581 à Anne de Carvoisin, dont le suivant.

14. — Jean DE BELLOY, écuyer, seigneur de Beauvoir, Pont-de-Metz et Cardonnoy, épousa par contrat du 28 décembre 1610 Élisabeth de Montmorency-Bours, dont François, qui suit, et Madeleine.

15. — François DE BELLOY, chevalier, seigneur de Beauvoir, Pont-de-Metz, Cardonnoy, Buire, capitaine d'infanterie, épousa Catherine de Gouy ; de cette union naquirent : 1° François ; 2° Nicolas, auteur de la branche des seigneurs de Buire ; 3° Guillaume, prêtre ; 4° Philippe, auteur de la branche des seigneurs du Cardonnoy ; 5° Honorée-Madeleine, femme de Joseph de Rentier ; 6° Isabelle, femme de N... de Calonne, chevalier, seigneur de Coquerel.

16. — François DE BELLOY, chevalier, seigneur de Beauvoir, Cardonnoy et Buire, épousa Antoinette de Cacheleu, par contrat du 16 février 1686. Il fut maintenu dans sa noblesse par Bignon, intendant de Picardie, le 24 mai 1698. De son mariage naquit entre autres le suivant.

17. — François DE BELLOY, chevalier, seigneur de Beauvoir, Cardonnoy, Hocquincourt, Bellifontaine, vicomte de Gransart, épousa Marguerite-Hélène du Maisniel, par contrat du 1ᵉʳ juin 1721.

BRANCHE

des Seigneurs de Buire.

16. — Nicolas DE BELLOY, chevalier, seigneur de Buire-en-Halloy et du Quesnoy, épousa Anne de Fontaines, par contrat du 23 novembre 1694. Il fut maintenu dans sa noblesse par jugement de Bignon, intendant de Picardie, du 24 mai 1698. D'eux sont issus : 1° Nicolas, écuyer ; 2° Élisabeth, mariée le 24 août 1718 avec Philippe-Joseph de Gargan, chevalier, seigneur de Rollepot.

BRANCHE

des Seigneurs de Cardonnoy.

16. — Philippe DE BELLOY, chevalier, seigneur de Gueschart, Genvillers, Villeroy et Cardonnoy, épousa Françoise de St-Martin, par contrat du 13 août 1694 ; d'elle il eut entre autres le suivant.

17. — Jean-Philippe-Nicolas DE BELLOY, chevalier, seigneur de Villeroy, Contes et de Gueschart, allié, le 14 novembre 1739, à Marie-Anne-Jeanne Le Vasseur de Neuilly, dont un fils, Jean-Philippe-Nicolas.

BRANCHE

des Seigneurs de Rogean.

11. — Hugues DE BELLOY, écuyer, seigneur de Rogean, épousa Marie de Gourlay, de laquelle il eut : 1° Jean, qui suit ;

2° Claude, écuyer ; 3° Jacques, écuyer, auteur des seigneurs de Vercourt, qui suivront ; 4° Anne.

12. — Jean DE BELLOY, écuyer, seigneur de Rogean, St-Martin, Maineville, Dompierre, etc., commmissaire ordinaire des guerres, gentilhomme servant de la maison du roi, capitaine et gouverneur du Crotoy, châtelain du Gard, chevalier de l'Ordre du roi. Il épousa 1° Louise Hérouet, 2° par contrat du 27 mars 1607, Honorade de La Croix de Castries. Du premier mariage naquirent : 1° Claude, qui suit ; 2° Theseus, auteur de la branche des seigneurs de St.-Martin ; 3° Antoine, chevalier de Malte ; 4° Louis, écuyer, seigneur de Beaumery, gentilhomme servant de la reine Marie de Médicis, et gouverneur d'Étaples ; 5° Gabrielle ; 6° Louise, alliée par contrat du 27 juin 1584 avec Antoine de Beuzin, écuyer, seigneur de Lanchères ; 7° Anne, femme de Gédéon de Lintot.

13. — Claude DE BELLOY, écuyer, seigneur de Rogean, Cornehotte, Maigneville et la Maisonneuve, maître d'hôtel ordinaire du roi et maître particulier des eaux et forêts de Picardie, épousa Charlotte Le Moine, par contrat du 3 février 1599. De cette union naquit entre autres, Charles, qui suit.

14. — Charles DE BELLOY, écuyer, seigneur de Rogean, Cornehotte, Boufflers, Maigneville, la Maisonneuve et Puiseux, épousa Marie de Vaissière, par contrat du 1er septembre 1631. D'eux sont nés : 1° Jean, qui suit ; 2° Louis, auteur des seigneurs de la Maisonneuve, qui suivront ; 3° Antoine, capitaine au régiment de Montdejeu, tué à la Bassée ; 4° Claude et Catherine, filles.

15. — Jean DE BELLOY, chevalier, seigneur de Rogean, Maigneville, Anchis, Boufflers, la Maisonneuve et Puiseux, capitaine-enseigne de la compagnie de gendarmes de Montdejeu, épousa Françoise-Henriette Le Clerc, par contrat du 8 février 1657. Son fils unique et successeur fut :

16. — Antoine-François DE BELLOY, chevalier, seigneur de Rogean, Maigneville, Boufflers et Dreuil, cornette de la mestre de

camp du régiment de Calvo, épousa Isabelle Tillette de Grandval, par contrat du 21 février 1699. Il fut maintenu dans sa noblesse par Bignon, intendant de Picardie, le 17 avril 1708, sur preuves depuis le 5 novembre 1377. Ses enfants furent : 1° Jean-François, mort jeune ; 2° Antoine-Claude, qui suit ; 3° Élisabeth-Thérèse, mariée par contrat du 12 avril 1731 avec François Du Mesnil, chevalier, seigneur de Fiennes et d'Ochancourt.

17. — Antoine-Claude DE BELLOY, chevalier, seigneur de Rogean, Dreuil, Monchel, épousa : 1° par contrat du 22 août 1729, Marie-Catherine-Augustine Bernard, dame de Famechon ; 2° par contrat du 28 mai 1738 Marie-Marguerite-Jeanne-Louise Clément du Vault. De sa première femme naquirent : 1° Antoine-François-Augustin ; 2° Claude-Bernard.

La dernière représentante de cette branche, Marie-Jeanne-Augustine DE BELLOY, apporta en 1785 la terre et seigneurie de Rogean à son mari, Marie-Paul-Charles Le Blond du Plouy, baron de Vismes, seigneur du Plouy, Acheu, Achery, chevalier de St.-Louis, capitaine au régiment de Bourgogne-Cavalerie.

BRANCHE

des Seigneurs de la Maisonneuve.

15. — Louis DE BELLOY, chevalier, seigneur de la Maisonneuve et Puisieux en partie, fut allié à Anne Le Roux, par contrat du 25 mars 1669. Il fut maintenu dans sa noblesse par Bignon, intendant de Picardie, le 27 avril 1708, avec ses enfants : 1° Noël-Louis, qui suit ; 2° Pierre, seigneur de la Maisonfort ; 3° Marguerite, Marie et Madeleine.

16. — Noël-Louis DE BELLOY, chevalier, seigneur de la Maisonneuve, lieutenant de vaisseau et chevalier de St.-Louis. De Marie-

Angélique-Françoise Gaultier, il eut : 1° Jacques-Louis, chevalier, lieutenant au régiment de Lionnais ; 2° Jacques-Marie ; 3° Guillaume.

BRANCHE

des Seigneurs de Saint-Martin.

13. — Theseus DE BELLOY, chevalier, seigneur de St.-Martin, échanson du roi, gouverneur du Crotoy, gentilhomme ordinaire de la chambre du roi, capitaine au régiment de Navarre, épousa Louise de Biencourt, par contrat du 28 novembre 1604. D'eux naquirent : 1° Jean-Baptiste, qui suit ; 2° Denis, chevalier, seigneur de St.-Martin, écuyer de la grande écurie du roi, sans enfants de Catherine Arondeau ; 3° Joachim, chevalier de Malte.

14. — Jean-Baptiste DE BELLOY, chevalier, seigneur et patron de Prouvemont, Fisancourt, St.-Martin et Épaumesnil, gentilhomme servant de la maison du roi, épousa par contrat du 18 avril 1626 Charlotte de La Rue. De cette union naquirent : 1° Jean, qui suit ; 2° Angélique-Charlotte, alliée le 10 février 1648 à Étienne Suhart, chevalier, seigneur de St.-Germain.

15. — Jean DE BELLOY, écuyer, seigneur de Prouvemont, Fisancourt, St.-Martin et Épaumesnil, épousa Françoise Le Roy, par contrat du 9 juin 1660. D'elle il eut : 1° Nicolas, qui suit ; 2° François ; 3° Jean-Robert, prêtre ; 4° Suzanne, alliée par contrat du 12 juin 1696 avec André Le Bastier, chevalier, seigneur de Rainvilliers.

16. — Nicolas DE BELLOY, chevalier, seigneur de Prouvemont et Fisancourt, épousa par contrat du 28 février 1699 Géneviève-Jeanne de Grouchy, dont il a eu : 1° Jean-Nicolas, qui suit ; 2° André, écuyer, capitaine au régiment de Bourbon, tué à la

bataille de Guastalla ; 3° Joseph-François, capitaine au même régiment et chevalier de St.-Louis.

17. — Jean-Nicolas DE BELLOY, chevalier, seigneur de Prouvemont, capitaine au régiment de Bourbon-Infanterie, épousa : 1° par contrat du 11 juillet 1735 Louise-Agnès Daniel de Boisdennemetz, 2° par contrat du 23 septembre 1745, Élisabeth-Marguerite Groult, dont suite.

BRANCHE

des Seigneurs de Vercourt.

12. — Jacques DE BELLOY, écuyer, seigneur de Vercourt, homme d'armes des ordonnances du roi, fut allié à Marguerite de Beuzin, par contrat du 4 octobre 1565. D'eux naquirent Antoine et Anne.

13. — Antoine DE BELLOY, écuyer, seigneur de Vercourt, épousa Jossine de Beaufort, par contrat passé le 22 décembre 1596. Leurs enfants furent : 1° Theseus, seigneur d'Halivillier ; 2° Emmanuel.

14. — Emmanuel DE BELLOY, chevalier, seigneur de Vercourt et d'Halivillier, fut allié à Marguerite de la Roque, par contrat du 15 juillet 1640. Son fils fut :

15. — Jean DE BELLOY, chevalier, seigneur d'Halivillier. Il épousa Louise de Moussot, par contrat du 23 décembre 1663, et mourut sans enfants.

BOUFFLERS.

Famille éteinte. Elle était originaire de Ponthieu où elle a joué un très grand rôle, ses premiers auteurs connus ayant été en possession, dès le xii° siècle, des terres et seigneuries de Boufflers, Morlay et Campigneulles, toutes trois situées en Ponthieu. Le Père Anselme (Histoire des grands officiers, tome v, p. 77-94) a donné une généalogie complète de cette maison jusqu'en 1730. Nous avons eu recours au travail de La Chesnaye-des-Bois (Dictionnaire de la noblesse, tome ii, p. 718-733) pour toute la seconde moitié du xviii° siècle.

Bernard DE MORLAY, chevalier, sire de Boufflers, qui vivait en 1133, appartenait incontestablement à la maison de Boufflers. Mais la généalogie suivie ne commence qu'avec Enguerran, qui vivait en 1150. Il faut remarquer à ce propos que les premiers seigneurs de Boufflers, Morlay et Campigneulles portèrent indifféremment le nom de chacune de ces trois seigneuries, jusqu'en 1240, et que jusqu'à cette époque aussi leurs armes paraissent avoir été un *échiqueté* avec *un franc-quartier*. C'est donc vers 1240 qu'Henri, sire des trois lieux susdits, prit définitivement le surnom de Boufflers qu'il transmit à ses descendants, et c'est sur son sceau que l'on remarque pour la première fois les armes que cette famille ne cessa jamais de porter depuis, c'est-à-dire : *d'argent à trois molettes de gueules, 2 et 1, accompagnées de 9 croisettes recroisetées au pied fiché, de même, 3 en chef, 3 en fasce, et 3 en pointe posées 2 et 1.*

1. — Enguerrand, chevalier, seigneur de Morlay, Boufflers et Campigneulles, vivant en 1150, fut père de : 1° Guy, qui suit ; 2° Eustache, *dit* de Morlay.

2. — Guy DE MORLAY, chevalier, seigneur du dit lieu, Boufflers et Campigneulles, en 1167. Il mourut peu après 1212, et sa veuve, nommée Mathilde, se remaria avec Pierre Le Cocq, chevalier. D'eux était né un seul fils.

3. — Guillaume DE CAMPIGNEULLES, chevalier, seigneur du dit lieu, Morlay et Boufflers. De Havide, sa femme, il eut : 1° Henri, qui suit ; 2° Jeanne.

4. — Henri DE BOUFFLERS, chevalier, seigneur de Boufflers, Morlay et Campigneulles, est le premier qui prit le surnom de Boufflers. Il avait épousé Élisabeth de Brimeu, et n'en eut que le suivant.

5. — Guillaume DE BOUFFLERS, chevalier, seigneur de Boufflers et de Campigneulles, épousa Suzanne de Bournel, de laquelle il n'eut que Pierre, qui suit.

6. — Pierre DE BOUFFLERS, chevalier, seigneur de Boufflers et de Campigneulles. De sa femme, dont le nom est inconnu, il n'eut qu'Aléaume.

7. — Aléaume DE BOUFFLERS, chevalier, seigneur de Boufflers, Campigneulles et Brailly. De sa femme, dont le nom est inconnu, naquirent : 1° Jean, qui suit ; 2° Guillaume, seigneur de Campigneulles, fut père de Marie qui épousa Guillaume de Bléquin, chevalier ; 3° Enguerrand ; 4° Anne, femme d'Antoine de Bournonville.

8. — Jean DE BOUFFLERS, chevalier, seigneur de Boufflers ; de sa femme, que l'on ne connait pas, naquirent : 1° Aléaume, qui suivra ; 2° Enguerrand, écuyer, allié à Marie de Vréchocq, dont Jean, écuyer, seigneur de Preux-aux-Bois, qui de Jeanne de Sainte-Aragonde, *dite* de Neuville, sa femme, eut entre autres enfants, Péronne, qui épousa par contrat du 1er octobre 1531, Nicolas du Bus, écuyer, seigneur du Bus et de Wailly ; 3° Gilette, femme d'Andrieu de Cambron, écuyer, seigneur d'Argonne ; 4° Marie, alliée, en 1386, à Mathieu de Thibeauville.

9. — Aléaume DE BOUFFLERS, chevalier, seigneur de Boufflers, fut fait prisonnier à la bataille d'Azincourt, en 1415. Sa femme, Catherine de Bernieulles lui donna plusieurs enfants : 1° David, écuyer, seigneur de Boufflers, mort sans postérité ; 2° Pierre, qui suit ; 3° Nicaise, auteur de la branche des seigneurs de Beaussart, qui suivra à son rang ; 4° Béatrix, alliée d'abord

à Jean Brégier, chevalier, seigneur de Vironchaux, puis à Baudouin de Sains, chevalier, et enfin, en octobre 1437, à Robert de Mailly, chevalier, seigneur d'Authuille.

10. — Pierre DE BOUFFLERS, chevalier, seigneur de Boufflers, fut l'un des ambassadeurs que Philippe de Bourgogne envoya à Charles VII pour le traité de paix qui fut conclu à Arras, en 1435. Il épousa, par contrat passé le 24 janvier 1435, Isabelle de Neuville, dame de Noyelles et de Nolette, et il eut d'elle : 1° Jacques, qui suit ; 2° Jean, écuyer, seigneur de Nolette, mort des blessures qu'il reçut à la bataille de Nancy ; 3° Colart, écuyer, seigneur de Sailly, tué à la bataille de Nancy, le 5 janvier 1477 ; 4° Robert, abbé de Forestmontier ; 5° Renaud, chevalier de Rhodes, commandeur de Fieffes, en 1482 ; 6° Bertrand, écuyer.

11. — Jacques DE BOUFFLERS, chevalier, seigneur de Boufflers, Cagny, Milly et Urocourt, épousa Péronne de Ponches, qui lui donna beaucoup d'enfants : 1° Jean, qui suit ; 2° Hugues, chevalier de Rhodes, commandeur de Villedieu ; 3° Adrien, seigneur d'Urocourt, chanoine d'Amiens, protonotaire apostolique, abbé de St.-Sauve et de Lannoy, mort en mars 1546 ; 4° Isambert, seigneur de La Chapelle-sur-Gerberoy, mort sans alliance ; 5° Isabeau, femme, en 1507, de Jean, seigneur de Bosc-le-Borgne ; 6° Marie, chanoinesse de Maubeuge, morte le 2 juin 1524 ; 7° autre Marie, femme de Guillaume d'Ostove, seigneur de Clanleu et de Neuville ; 8° Jeanne, dame de Urocourt, morte fille ; 9° Marguerite, mariée d'abord, le 28 octobre 1498, avec Jean, seigneur de St.-Lau, puis, en 1521, avec Antoine de Pisseleu, seigneur de Marseille et de Gremainvilliers ; 10° Françoise, abbesse de Ste-Austreberthe de Montreuil ; 11° Hélène, femme de Jean, baron de Clanleu.

12. — Jean DE BOUFFLERS, chevalier, seigneur de Boufflers, Cagny, Milly, Urocourt, Buicourt, Monstrelet, etc., vicomte de Ponches et pair de Ponthieu. Il épousa, par contrat du 4 février 1497, Françoise d'Encre, dame de Rouverel, de laquelle il eut : 1° Adrien, qui va suivre ; 2° Jean, seigneur de Septoutre ;

3° Antoine, chevalier de Rhodes ; 4° Jacques, prieur de Milly ; 5° Isambart, écuyer, seigneur de la Motte, mort sans postérité ; 6° François, écuyer, seigneur du Tertre et de Vaux, mort sans alliance ; 7° Catherine, femme en 1533 de Jean de Brunaulieu, seigneur de La Neuville-sous-Auneuil ; 8° Françoise, alliée le 28 septembre 1517 à Guillaume de Ponches, chevalier, seigneur du Mesnil-Vaché, gouverneur de Caudebec ; 9° Louise et Jéronime, chanoinesses de Nivelles ; 10° Marguerite, mariée le 1er juin 1524 avec Louis de Bensserade, seigneur de Rieux ; 11° Guillemette et Charlotte, religieuses dominicaines à Poissy ; 12° Marthe, religieuse ; 13° Jeanne, abbesse de Ste-Austreberthe de Montreuil ; 14° Suzanne, religieuse à la même abbaye.

13. — Adrien DE BOUFFLERS, chevalier, seigneur de Boufflers, Cagny, Milly, Haucourt, Urocourt, Buicourt, Remiencourt, Rouverel, Ponches et Lizecourt, pair de Ponthieu, mort en 1585. Il avait épousé par contrat du 2 août 1533 Louise d'Oiron. De cette union naquirent : 1° Louis, guidon des gendarmes du comte d'Enghien, tué à l'attaque du Pont-sur-Yonne, en 1553 ; 2° Adrien, qui suivra ; 3° Jean, auteur de la branche des seigneurs de Rouverel, qui suivra à son rang ; 4° Adrien, auteur de la branche des seigneurs de Remiencourt, qui suivra également ; 5° Adrienne, mariée par contrat du 3 novembre 1571 avec Jacques de Tilly, chevalier, seigneur de Blaru ; 6° Marguerite, religieuse à Moriancourt.

14. — Adrien DE BOUFFLERS, chevalier, seigneur de Boufflers, Cagny, Milly, Haucourt, Urocourt, Buicourt, Ponches et Brailly, pair de Ponthieu, chevalier de l'ordre du roi, bailli de Beauvais, gentilhomme de la chambre de Henri III. Il mourut le 28 octobre 1622, laissant de Françoise de Gouffier, sa femme : 1° François, qui suit ; 2° Charles, chevalier de Malte ; 4° Marie-Jeanne, mariée, en décembre 1620, avec François de Monceaux d'Auxy, chevalier, seigneur de St.-Sanson et d'Hanvoiles.

15. — François DE BOUFFLERS, chevalier, comte de Cagny, sei-

gneur de Boufflers, Milly, Haucourt, Urocourt, Buicourt, Ponches et Brailly, bailli du Beauvoisis et conseiller d'État. La terre de Cagny fut érigée pour lui en comté par lettres patentes de mars 1640. Il mourut le 16 septembre 1670, laissant de Louise Hennequin, qu'il avait épousée le 3 octobre 1612 : 1° François, qui suit ; 2° Robert, chevalier de Malte, commandeur de Cury et bailli de la Morée ; 3° Nicolas, chevalier de Malte ; 4° Charles, mort jeune ; 5° Françoise, mariée le 25 septembre 1634, avec Louis de Hallencourt, chevalier, seigneur de Dromesnil.

16. — François DE BOUFFLERS, comte de Cagny, vicomte de Ponches, pair de Ponthieu, seigneur de Milly, Urocourt, Brailly, Bonnières, bailli de Beauvais, maréchal de camp. Il épousa, par contrat du 22 avril 1640, Louise Le Vergeur, de laquelle il eut : 1° François, qui suit ; 2° Louis-François, qui sera rapporté après son frère aîné ; 3° Marguerite-Françoise, abbesse d'Avenay ; 4° Catherine, religieuse à Avenay ; 5° Charlotte, aussi religieuse au même lieu.

17. — François DE BOUFFLERS, comte de Cagny, vicomte de Ponches, pair de Ponthieu, seigneur châtelain de Milly, bailli de Beauvais et du Beauvoisis, lieutenant-général au gouvernement de l'Ile de France, mourut le 14 février 1672. Il avait épousé, par contrat du 12 janvier 1671, Élisabeth-Angélique de Guénégaud. Il avait eu d'elle un fils, Henri, comte de Boufflers, colonel d'infanterie, né le 25 septembre 1671, mort sans alliance le 19 mai 1693.

17 bis — Louis-François DE BOUFFLERS, marquis, puis duc de Boufflers, pair et maréchal de France, chevalier des ordres du roi et de la toison d'or, colonel-général des dragons, colonel des gardes françaises, capitaine des gardes du corps, grand bailli et gouverneur héréditaire de Beauvais et du Beauvoisis, gouverneur et lieutenant-général des provinces de Flandres et du Hainaut, gouverneur particulier et souverain bailli des ville, citadelle et chatellenie de Lille. Il mourut le 22 août 1711. Il avait épousé, par contrat du 16 décembre 1693,

Catherine-Charlotte de Gramont. De cette union sont issus :
1° Antoine-Charles-Louis, comte de Boufflers, colonel d'infanterie, gouverneur de Flandres et de Hainaut, gouverneur particulier et souverain bailli de Lille, mort sans alliance le 22 mars 1711 ; 2° Louis-François-Gombert, comte de Ponches, mort le 24 décembre 1706, âgé de six ans ; 3° Joseph-Marie, qui suivra ; 4° Louise-Antoinette-Charlotte, mariée en octobre 1713 avec Charles-François de Boufflers, seigneur de Remiencourt ; 5° Antoinette-Hippolite, religieuse à St.-Denis ; 6° Charlotte-Julie, abbesse d'Avenay ; 7° Catherine-Berthe, mariée le 22 avril 1717 avec Joseph Cantelmi, prince de Petterano, duc de Pepoli, chevalier des ordres du roi ; 8° Marie-Joséphine, alliée par contrat du 4 septembre 1720 à François-Camille de Neufville-Villeroy, duc d'Alincourt.

18. — Joseph-Marie DE BOUFFLERS, duc de Boufflers, pair de France, comte de Ponches et d'Estauges, gouverneur de Flandres et de Hainaut, gouverneur et souverain bailli des ville, citadelle et châtellenie de Lille, gouverneur et grand bailli de Beauvais, lieutenant de roi du Beauvoisis, chevalier des ordres du roi et lieutenant-général de ses armées. Il mourut le 2 juillet 1747, âgé de 42 ans. Il avait épousé le 15 septembre 1721, Madeleine-Angélique de Neufville-Villeroy, de laquelle il eut : 1° Charles-Joseph, qui suit ; 2° Josephe-Eulalie, morte fille.

19. — Charles-Joseph DE BOUFFLERS, duc de Boufflers, pair de France, comte de Ponches, seigneur-châtelain de Milly, gouverneur de Flandres et de Hainaut, gouverneur et souverain bailli des ville, citadelle et châtellenie de Lille, colonel du régiment de Navarre et brigadier des armées du roi. Il naquit le 16 août 1731, épousa, le 15 mai 1747, Marie-Anne-Philippine-Thérèse de Montmorency, et mourut le 14 septembre 1751, ne laissant que deux filles ; l'aînée mourut sans alliance, et la cadette, Amélie, épousa le 4 février 1766 Armand-Louis, duc de Gontaut.

BRANCHE

Des Seigneurs de Rouverel.

14. — Jean DE BOUFFLERS, chevalier, seigneur de Rouverel et de Cuigy, épousa en 1590 Aimée de Saint-Simon, qui le rendit père de : 1° René, mort sans alliance ; 2° Artus, qui suit.

15. — Artus DE BOUFFLERS, chevalier, seigneur de Rouverel et de Cuigy, avait épousé Marie de Louvencourt le 6 septembre 1625. D'eux naquirent : 1° François, qui suit ; 2° René, chevalier, seigneur de Cuigy, allié le 13 juin 1671 à Anne Caboche, dont il eut Louis-Charles-Achille, tué au siége de Namur en 1693, N..., mort jeune, tous deux sans alliance, et Marie-Anne, morte fille.

16. — François DE BOUFFLERS, chevalier, seigneur de Rouverel et de Cuigy, capitaine d'une compagnie de chevau-légers, épousa Marthe de Monceaux-d'Auxy, par contrat du 5 décembre 1649. De cette union sont issus : 1° François, qui suit ; 2° René, *dit* le chevalier de Boufflers ; 3° Françoise, religieuse aux filles de St.-François d'Abbeville ; 4° Marie, religieuse à la Visitation d'Amiens ; 5° Marthe, religieuse au même monastère.

17. — François DE BOUFFLERS, chevalier, seigneur de Rouverel, allié, le 21 janvier 1675, à Marie-Anne du Biez, eut d'elle : 1° François-Oudart, qui suit ; 2° Adrienne-Élisabeth, religieuse carmélite ; 3° Renée-Espérance ; 4° Anne ; 5° Clotilde, mariée en juillet 1713 avec Nicolas Le Monton, seigneur de Boisdeffre, major des chevau-légers de la garde du roi, et mestre de camp de cavalerie.

18. — François-Oudart DE BOUFFLERS, chevalier, seigneur de Rouverel, brigadier des armées du roi d'Espagne et gouverneur d'Ostalric en Catalogne, épousa en 1721 Anne-Françoise Wanehep, qui ne lui donna qu'un seul fils.

19. — Édouard DE BOUFFLERS, chevalier, marquis de Rouverel,

colonel du régiment de Chartres, épousa le 15 février 1746, Marie-Charlotte-Hippolyte de Camps de Saugeon.

BRANCHE

des Seigneurs de Remiencourt.

14. — Adrien DE BOUFFLERS, *dit* le Jeune, écuyer, seigneur de Remiencourt et de Laval, gentilhomme de la maison d'Henri III, épousa, par contrat du 24 juin 1585, Antoinette Le Sellier, dame de Prouzel et de Placy, dont il eut : 1° Charles, mort jeune ; 2° Philibert, chevalier de Malte ; 3° Charles, qui va suivre ; 4° Hélène, religieuse à Grandvilliers.

15. — Charles DE BOUFFLERS, chevalier, seigneur de Remiencourt, Placy et Laval, épousa par contrat du 28 octobre 1618 Antoinette de Monthomer. D'eux naquirent : 1° Charles-Antoine, prêtre ; 2° Léonor, lieutenant au régiment de Picardie, tué à la guerre ; 3° René, qui suit ; 4° Hippolyte, religieuse aux filles de St.-François d'Abbeville.

16. — René DE BOUFFLERS, chevalier, seigneur de Remiencourt, Laval, Goulancourt et Dommartin. Il fut allié, par contrat du 11 octobre 1655 à Louise de Gaudechart, dont il eut : 1° Charles, qui suit, 2° René, chanoine de Tournay ; 3° Marie, religieuse à Vernon ; 4° Antoinette, religieuse aux filles de St.-François d'Abbeville.

17. — Charles DE BOUFFLERS, chevalier, seigneur de Remiencourt et Dommartin, cornette dans le régiment royal-dragons, épousa Marie du Bos du Hurt, par contrat passé le 30 octobre 1677. De cette union sont issus : 1° Charles-François, qui suit ; 2° Philippe-Aimé ; 3° Marie-Charlotte, morte fille ; 4° Jeanne, morte fille ; 5° Marie, chanoinesse d'Estrun ; 6° Marie-Renée, abbesse d'Andezi.

18. — Charles-François DE BOUFFLERS, chevalier, marquis de Remiencourt, lieutenant général des armées du roi et commandeur de St.-Louis, épousa, par contrat du 18 décembre 1713, Louise-Antoinette-Charlotte de Boufflers, sa cousine. De ce mariage sont nés : 1° Louis-François, qui suit ; 2° Augustin-Maurice, mort enfant ; 3° Charles-Louis-Honoré-Victoire, mort âgé de 2 ans ; 4° Vincent-Dominique-Régis, tué à l'âge de 13 ans au combat de Dettingen, le 27 juin 1743, étant alors gentilhomme à drapeau au régiment des gardes ; 5° Catherine-Charlotte, morte enfant ; 6° Marie-Joséphine, mariée au marquis de Marmier, le 29 janvier 1742 ; 7° Marie-Louise, mariée le 15 février 1744 au comte d'Astorg ; 8° Marie-Cécile, alliée le 24 mai 1744 à Louis-Henry, comte d'Aubigné, marquis de Villandry et de Savonnières, gouverneur de Saumur et du Saumurois.

19. — Louis-François DE BOUFFLERS, marquis de Remiencourt, maréchal de camp, épousa en 1738 Marie-Françoise-Catherine de Beauvau, qui lui donna plusieurs enfants : 1° Charles-Marc-Jean, marquis de Boufflers, grand bailli de Beauvais, maréchal de camp et inspecteur général d'infanterie ; 2° N...., chevalier de Boufflers, mestre de camp, commandant du régiment des hussards d'Esterhasy ; 3° Catherine-Stanislas, religieuse en Lorraine ; 4° Louise-Julie, mariée en 1760 avec Louis-Bruno de Boisgelin de Cucé, maître de la garde-robe du roi.

BRANCHE

des Seigneurs de Beaussart.

10. — Nicaise DE BOUFFLERS, écuyer, seigneur de Beaussart, Villers-en-Cambrésis, Rumigny et Noyelles, capitaine du château de St.-Riquier en 1421, épousa N... de Bailleul, de

laquelle il eut : 1° Philippe, qui suit ; 2° Julien, écuyer ; 3° Jeanne, dame de Villers-en-Cambrésis ; 4° Isabeau, alliée en 1458 à Robert de Bernetz, seigneur de Bos et d'Esclainvillers.

11. — Philippe DE BOUFFLERS, chevalier, seigneur de Beaussart, premier écuyer du duc de Bourgogne, épousa Jeanne du Biez. Ils n'eurent qu'une fille unique, Françoise, qui épousa Louis de la Motte, seigneur de Bléquin.

BRANCHE

des Seigneurs de Harly.

Le P. Anselme, qui rapporte la filiation de cette branche et de celles de Louverval et de L'Agnicourt, qui en sont issues, confesse qu'on ne peut trouver leur jonction avec les précédentes, bien que l'on veuille les rattacher à Jacques de Boufflers, époux de Péronne de Ponches, 11ᵐᵉ degré de la branche aînée. Quoiqu'il en soit de leur origine, il est incontestable que les seigneurs de Lagny, Louverval et L'Agnicourt appartenaient à notre maison de Boufflers.

1. — Nicolas DE BOUFFLERS, écuyer, seigneur de Harly, épousa, par contrat du 17 novembre 1516, Jeanne de Saint-Sauflieu. D'eux sont issus : 1° Absalon, qui suit ; 2° Anne.
2. — Absalon DE BOUFFLERS, écuyer, seigneur de Harly, homme d'armes dans la compagnie du seigneur de Praslin. Il fut allié à Marguerite du Mesnil, dont il eut : 1° René, mort sans alliance ; 2° François, qui suit.
3. — François DE BOUFFLERS, écuyer, seigneur de Harly. De sa femme, dont le nom est inconnu, il n'eut qu'un fils.
4. — François DE BOUFFLERS, écuyer, seigneur de Harly, épousa Nicole d'Estignat.

BRANCHE

des Seigneurs de Louverval.

1. — Aléaume DE BOUFFLERS, écuyer, demeurant à Beaumés en Cambrésis, avec Marie Turpin, sa femme, fut père du suivant.
2. — Pierre DE BOUFFLERS, écuyer. De Marie de Prouville, sa femme, il eut : 1° Nicolas, qui suit ; 2° Aléaume, auteur de la branche des seigneurs de L'Agnicourt, qui suivra.
3. — Nicolas DE BOUFFLERS, écuyer, allié à Marguerite de Hémont, dont 1° Nicolas ; 2° Adrien, qui suit.
4. — Adrien DE BOUFFLERS, écuyer, allié à Catherine de Cunchy, dont : 1° Jean, mort à marier ; 2° Henry, écuyer, allié à Michelle de Mailly, dont Marie, femme de Jean Morel, chevalier ; 3° Robert, qui suit.
5. — Robert DE BOUFFLERS, écuyer, épousa Louise de Longueval, dont il eut : 1° Jacques, qui suit ; 2° Pierre, Robert et François, morts sans alliance ; 3° Gabrielle, abbesse du Vivier ; 4° Anne, alliée par contrat du 30 octobre 1586 à Bernard de Saint-Amand, écuyer, seigneur de la Barque ; 5° Jeanne, abbesse du Vivier.
6. — Jacques DE BOUFFLERS, écuyer, seigneur de Louverval et de la Barque, épousa N... de Reffin et mourut sans enfants le 17 juillet 1624.

BRANCHE

des Seigneurs de L'Agnicourt.

3. — Aléaume DE BOUFFLERS, écuyer. De Marie de Fressent, sa femme, sont nés : 1° Nicolas, qui suit ; 2° Michel, écuyer,

seigneur de Louverval, allié à Catherine Gaillard, dont Claudine, femme de Jean Le Sauvage, seigneur d'Escobèque, Antoinette, femme de François de Boffles, écuyer, seigneur de Manin et de Tilloy, et enfin Jeanne, femme de Nicolas de Henne, lieutenant général de Bapaume.

4. — Nicolas DE BOUFFLERS, écuyer, lieutenant général de Bapaume, épousa Catherine de Henne. D'eux sont issus : 1° Jean, qui suit ; 2° Nicolas, homme d'armes, mort sans alliance ; 3° Jean, religieux de St.-Vaast ; 4° Adrien, seigneur de Tilloy et L'Agnicourt, époux de Gabrielle de Carnin, mort sans enfants ; 5° Catherine, femme d'Antoine de Fresnoy, écuyer, puis d'Antoine de Journy, écuyer, et enfin de N. de Buissy, écuyer, seigneur de Noulettes ; 6° Marguerite, alliée par contrat du 26 mai 1551 à Jean de Wasquehal, écuyer, seigneur dudit lieu ; 7° Jeanne, femme de Bertrand de Boffles, écuyer, seigneur de Manin.

5. — Jean DE BOUFFLERS, écuyer, seigneur de L'Agnicourt, mort le 22 novembre 1551, sans enfants de Françoise de Habarcq, sa femme.

ARMORIAL

D'ABBEVILLE

ET DE PONTHIEU.

ARMORIAL

D'ABBEVILLE ET DE PONTHIEU.

Villes, Communes, Communautés, Chapitres, Couvents, Corporations, etc.

1. — PONTHIEU. — D'or à trois bandes d'azur.
2. — ABBEVILLE. — D'or à trois bandes d'azur, au chef semé de France. — Devise : Fidelis. Charles V accorda à la ville d'Abbeville ce chef semé de France, par lettres du 19 juin 1369, pour la récompenser de sa fidélité. Jusqu'à cette époque les armes d'Abbeville avaient toujours été les mêmes que celles de Ponthieu.
3. — CROTOY. — D'azur à la galère équipée d'or, au chef d'or à trois bandes d'azur, à la bordure de gueules.
4. — GAMACHES. — D'argent au chef d'azur, au bâton de gueules brochant sur le tout.
5. — HIERMONT. — D'azur au cavalier armé, casqué et cuirassé d'argent, tenant à la main droite une lance appointée d'un petit pavillon de sinople voltigeant, au cheval d'or, bardé d'argent, cuirassé d'or.

6. — Montreuil. — D'azur à trois fasces d'or, au chef cousu de France.

7. — Rue. — D'azur aux trois lettres R, U, E, d'or, posées 2 et 1, au chef cousu de France.

8. — Saint-Riquier. — Semé de France au chef d'argent.

9. — Saint-Valery (comté). — Échiqueté d'or et d'azur.

10. — Saint-Valery (ville). — D'azur à la nef d'or, au chef semé de France, à la bordure componée d'argent et de gueules.

11. — Liercourt. — De gueules à trois fleurs de lys d'or.

12. — Ramburelles. — D'azur à l'écu d'or en abîme.

13. — Abbaye de Valoires. — D'or à trois bandes d'azur, à la bordure de gueules, à une crosse d'or, en pal, brochant sur le tout.

14. — Abbaye de Saint-Riquier. — De France à une crosse d'or mise en pal tenue par un bras vêtu d'or mouvant du flanc dextre de l'écu.

15. — Le chapitre de Longpré. — De sable à une Notre-Dame, les bras étendus et élevés, d'argent, surmontée d'un nuage de même.

16. — Les religieuses de la Visitation de Sainte-Marie d'Abbeville. — D'or à un cœur de gueules sommé d'une croix de sable au pied fiché dans l'oreille du cœur qui est chargé du nom de Jésus d'or, et percé de deux flèches d'or, ferrées et empennées d'argent et passées en sautoir, le tout entouré d'une couronne d'épines de sinople, les dites épines ensanglantées de gueules.

17. — Le prieuré de Saint-Pierre d'Abbeville. — De gueules à une épée posée en pal d'argent, la garde et la poignée d'or, et deux clés adossées et passées en sautoir d'or, brochant sur le tout.

18. — L'Abbaye de Willancourt. — D'or à trois fasces de gueules.

19. — L'Abbaye d'Épagne. — D'or chapé arrondi d'azur à deux étoiles d'or en chef, écartelé de bandé de vair et de gueules de six pièces.

20. — Le monastère de Sainte-Ursule d'Abbeville. — D'azur à un nom de Jésus d'or sommé d'une croix et accompagné, en pointe, de trois clous de la passion appointés aussi d'or, le tout entouré d'un cercle rayonné de même.

21. — Le prieuré de Mareuil. — D'or à une croix d'azur.

22. — Les chartreux de Saint-Honoré d'Abbeville. — D'argent à un buste de saint Honoré de carnation, vêtu en évêque, la mitre en tête, le tout au naturel.

23. — Le couvent des religieuses de Saint-Dominique d'Abbeville. — D'argent à une couronne de roses avec leurs épines, au naturel, au milieu de laquelle est une sainte Vierge de carnation, vêtue de gueules et d'azur, tenant sur son bras dextre le petit Jésus de carnation, tenant l'un et l'autre un rosaire ou chapelet d'or qu'ils donnent, l'un à saint Dominique, vêtu de l'habit de son ordre, l'autre à sainte Catherine de Sienne, vêtue aussi de l'habit de son ordre ; le saint à genoux, tenant en sa main dextre une croix d'or et de l'autre recevant le rosaire des mains du petit Jésus ; la sainte, aussi à genoux, recevant de sa main dextre le rosaire de la mère de Dieu, et de la sénestre tenant un lys au naturel ; le tout accompagné de six chérubins posés autour de la couronne de roses, trois de chaque côté, la tête de carnation, et les ailes, les unes de gueules et les autres d'azur.

24. — Le chapitre de Notre-Dame de Noyelles. — D'or à une sainte Vierge de carnation vêtue de gueules et d'azur, tenant de sa main dextre un sceptre d'argent, et sur son bras sénestre ayant l'enfant Jésus de carnation qui met sur la tête de sa mère une couronne d'argent.

25. — Le chapitre de Saint-Wlfran d'Abbeville. — D'azur semé de fleurs de lys d'or, à une croix patriarcale tréflée de même, accostée des lettres S, d'or, à dextre, et W de même à sénestre.

26. — Le couvent des carmélites d'Abbeville. — De sable mantelé d'argent, la pointe terminée en une croix patée de sable accompagnée de trois étoiles à huit raies, deux de sable sur

l'argent posées en fasce, et une d'argent en pointe posée sur le sable.

27. — Le prieuré de Saint-Pierre d'Abbeville. — D'azur à un saint Pierre tenant de la main dextre deux clefs posées en sautoir, le tout d'or, sur une terrasse de même.

28. — Le couvent des religieuses de Saint-François d'Abbeville. — De gueules à une croix haussée d'argent posée entre deux bras de carnation, mouvants des deux angles de la pointe de l'écu d'une nuée d'argent, les mains percées de sable passées en sautoir, l'un derrière la croix, vêtu de sable et l'autre au devant de la croix, qui est nu.

29. — Le couvent des Jacobins d'Abbeville. — De gueules à une Sainte-Trinité d'argent.

30. — Le couvent des Minimes d'Abbeville. — D'azur à une Assomption de la Sainte-Vierge d'or, les quatre anges à genoux sur des nuées d'argent.

31. — La grande communauté des chapelains du grand autel de Saint-Wlfran d'Abbeville. — D'azur à une fasce d'or chargée d'une merlette de gueules.

32. — Abbaye de Saint-Josse-aux-Bois. — D'azur à trois navires d'or, deux et un.

33. — Le corps de l'élection de Ponthieu. — D'azur à trois fleurs de lys d'or.

34. — Le corps des officiers de la justice des traites d'Abbeville. — D'azur à trois fleurs de lys d'or.

35. — Le présidial d'Abbeville. — D'azur à trois fleurs de lys d'or.

36. — La corporation des marchands chaudronniers d'Abbeville. — D'azur à une fontaine avec son robinet, couverte en dôme, ciselée et chargée d'une figure de chérubin posée à dextre d'argent, et à sénestre une cuvette ciselée et façonnée aussi d'argent.

37. — La corporation des maîtres cuisiniers d'Abbeville. — D'azur à deux pelles de four d'argent passées en sautoir et chargées

chacune de trois pâtés de gueules, et une rape renversée, aussi d'argent, et posée en pal, le tout accosté de deux pâtés couverts d'or.

38. — LA CORPORATION DES TAILLEURS D'ABBEVILLE. — D'azur à un ciseau ouvert, en sautoir, d'argent.

39. — LA CORPORATION DES MAÎTRES CORDONNIERS D'ABBEVILLE. — De gueules à un couteau de pied d'argent emmanché d'or.

40. — LA CORPORATION DES MAÎTRES BOULANGERS D'ABBEVILLE. — D'azur à trois besants d'or, deux et un.

41. — LA CORPORATION DES MAÎTRES JARDINIERS D'ABBEVILLE. — D'or, à un poireau arraché au naturel, posé en pal, adextré d'une botte d'asperges aussi au naturel, et sénestré d'une grappe de raisin de même.

42. — LA CORPORATION DES MAÎTRES CORDIERS D'ABBEVILLE. — D'azur à un métier de cordier d'argent posé en chef et trois broches de même, servant à tordre la corde, couchées l'une sur l'autre, en pointe, celle du milieu crochue par le bout et les deux autres garnies de leurs boulons dans leurs tourrets.

43. — LA CORPORATION DES MAÎTRES SERGERS ET BARRACANIERS D'ABBEVILLE. — De gueules à une navette d'or posée en fasce, la bobine garnie de fil, d'argent.

44. — LA CORPORATION DES MAÎTRES SUEURS DE VIEL (savetiers) D'ABBEVILLE. — De gueules à un couteau de pied à dextre d'argent emmanché d'or, et à sénestre une alêne aussi d'argent emmanchée d'or.

45. — LA CORPORATION DES MAÎTRES DRAPIERS, CHAUSSETIERS, D'ABBEVILLE. — D'or à un ballot de marchandises de sable cordé d'or, surmonté d'un bas ou chausse d'azur, couché, en chef.

46. — LA CORPORATION DES MAÎTRES MERCIERS D'ABBEVILLE. — De gueules à une balance d'or accompagnée en pointe d'une bourse aussi d'or.

47. — LA CORPORATION DES MAÎTRESSES COUTURIÈRES EN CHAMBRE, LINGÈRES ET REVENDEUSES D'ABBEVILLE. — D'azur à une sainte-Anne au naturel.

48. — La corporation des maîtres mégissiers, gantiers et fourreurs d'Abbeville. — D'azur à un gant à dextre d'argent, garni d'or, et à sénestre une aumusse herminée au naturel, et en chef un couteau pareur d'argent, emmanché des deux bouts d'or, et couché en fasce.

49. — La corporation des maîtres bouchers d'Abbeville. — D'azur à une rencontre de bœuf d'or, sommée d'une croix de même.

50. — La corporation des maîtres houppiers, filatiers d'Abbeville. — D'argent à une figure d'évêque de carnation, la mitre d'or en tête et la crosse de même, vêtu d'une robe de pourpre, un surplis d'argent dessus et une chape pluviale de gueules, accosté d'un peigne de filatier d'azur emmanché d'or.

51. — La corporation des marchands de linge d'Abbeville. — D'azur à un mouchoir de sainte Véronique d'argent, chargé d'une face du Sauveur, de carnation.

52. La corporation des maîtres tonneliers d'Abbeville. — D'azur à un saint Pierre de carnation, vêtu de gueules et d'azur, ayant à ses pieds des chaînes de sable qui lui tombent des mains.

53. — La corporation des bonnetiers d'Abbeville. — D'azur à une roue d'or accompagnée de douze boutons ou besants d'argent, posés 2 et 1 à chaque canton du chef, et 1 et 2 à chaque canton de la pointe.

54. — La corporation des tisserands d'Abbeville. — D'azur semé de navettes d'or en bande.

55. — La corporation des teinturiers d'Abbeville. — D'azur à un saint Maurice à cheval, armé de pied en cap, et portant un guidon, le tout d'or, sur une terrasse de même.

56. — La corporation des notaires royaux d'Abbeville. — De sable à trois pals engrélés d'or.

57. — La corporation des maçons, chaufourniers, briquetiers, charpentiers, scieurs d'ais, couvreurs, plaqueurs, menuisiers, monteurs d'affuts et chapeliers d'Abbeville. — D'azur à trois fasces engrélées d'or.

58. — La corporation des perruquiers d'Abbeville. — D'azur à trois fasces engrêlées d'argent.

59. — La corporation des marchands de vin et brasseurs d'Abbeville. — De gueules à trois fasces engrêlées d'or.

60. — La corporation des patissiers d'Abbeville. — D'or à un pal cannelé d'azur.

61. — La corporation des chirurgiens d'Abbeville. — D'argent à un pal cannelé de sinople.

62. — La corporation des mesureurs de grains d'Abbeville. — De gueules à un pal cannelé d'argent.

63. — La corporation des charrons, maréchaux, éperonniers et selliers d'Abbeville. — D'or à une fasce cannelée de gueules.

64. — La corporation des orfèvres, horlogers, graveurs en cachet et en taille douce d'Abbeville. — D'or à une fasce cannelée de sinople.

65. — La corporation des cabaretiers, vendeurs de bierre d'Abbeville. — D'argent à un chef bandé de sinople et d'or de six pièces.

Familles bourgeoises d'Abbeville.

66. — Accart. — D'argent à la croix ancrée de gueules, *alias* de gueules à la croix ancrée d'argent.

67. — Aliamet. — D'or à trois chevrons de gueules chargés chacun de cinq coquilles d'or.

68. — Amiens. — Échiqueté d'argent et d'azur à une croix de gueules brochant sur le tout. — Cette famille a donné deux

maïeurs à Abbeville, Olivier d'Amiens, seigneur de Béhen, en 1605, et Thomas d'Amiens, seigneur de Béhen, avocat en parlement, en 1653.

69. — Asselin. — D'azur à trois croix patées d'or.

70. — Aux-Couteaux. — D'azur à trois couteaux d'argent emmanchés de gueules.

71. — Austine. — D'or à la bande de sable accompagnée de six merlettes de même, trois en chef et trois en pointe.

72. — Bail. — D'azur à trois barbeaux d'argent mis en fasce.

73. — Barbafust. — De gueules au sautoir d'azur chargé de treize fleurs de lys d'or, et accompagné de quatre bustes d'hommes de carnation, de face. — Cette famille, l'une des plus anciennes d'Abbeville, donna quinze maïeurs à la ville dont une rue porte encore le nom : Gauthier Barbafust, en 1219 et 1226 ; Jean de Barbafust, en 1246, 1247, 1250, 1254, 1261 et 1262 ; Mathieu de Barbafust, en 1404, 1408, 1412, 1414, 1422 et 1428 ; Jean de Barbafust, en 1438. Cette famille s'éteignit au xvi° siècle.

74. — Barangue. — Écartelé, au 1er et 4me d'argent à trois étoiles de gueules ; au 2me et 3me d'argent à deux fasces de gueules,

75. — Beaurain. — De sinople fretté d'or. — Mathieu de Beaurain fut maïeur d'Abbeville en 1477.

76. — Beauvisage. — D'azur à trois bustes d'homme d'or, de face.

77. — Becquefebvre. — D'or à la fasce d'azur accompagnée de trois cosses de pois de sinople.

78. — Becquin. — D'azur à trois têtes d'aigle arrachées d'or tenant chacune un haim ou hameçon d'argent dans leur bec. — Claude Becquin, seigneur du Caurroy et de Montvilliers, avocat en parlement, fut maïeur d'Abbeville en 1649, 1650 et 1651 ; Pierre Becquin, seigneur du Chaussoy, conseiller, fut maïeur en 1670.

79. — Bellanger. — D'azur à deux étoiles d'or en chef et une coquille de même en pointe.

80. — Belliard. — De gueules semé d'étoiles d'or, à trois croix d'argent brochantes, deux et une.

81. — Beullet. — D'argent à trois flammes de gueules.

82. — Billard. — De gueules à la fasce d'or accompagnée de six billettes de même, trois en chef, trois en pointe.

83. — Blanchard. — D'or au lion passant de gueules, coupé de gueules à l'étoile d'argent.

84. — Blondin. — D'or au daim passant de sable, à trois trèfles de même, posés deux et un à la pointe sénestre de l'écu. — Cette famille acquit la noblesse au siècle dernier. Gabriel-Augustin-Blondin, écuyer, seigneur de Bazonville, chevalier de St.-Louis, ancien capitaine d'infanterie au régiment de Hainault, fut maïeur d'Abbeville de 1777 à 1781.

85. — Bodart. — D'azur au croissant d'or accompagné de trois coquilles d'argent, deux en chef, une en pointe.

86. — Boille (du). — D'azur à trois lambels d'or posés l'un sur l'autre.

87. — Boisse. — D'or à l'aigle éployée de gueules membrée d'azur. — Renier Boisse fut maïeur d'Abbeville en 1281, 1283, 1291, 1295, 1296 et 1297.

88. — Boitel. — D'azur à la fasce d'argent chargée de trois merlettes de sable, accompagnée en chef d'une patte de griffon d'or, et en pointe d'une croix fleurdelysée, aussi d'or.

89. — Bonaventure. — D'argent à un chevron d'azur accompagné de trois mouchetures d'hermine de sable.

90. — Bos (du). — D'or à trois roses de gueules boutonnées d'or et tigées de sinople.

91. — Boujonnier. — D'argent au chevron d'azur chargé de deux boujons d'or empennés et enferrés d'argent, et accompagné de trois oiseaux de gueules.

92. — Bouilly. — D'azur à la bande d'or chargée de trois tourteaux de gueules.

93. — Boullet. — D'azur à la fasce d'or accompagnée de trois besants de même.

94. — Boulogne. — De sable à trois besants d'or chargés chacun d'une coquille d'azur, surchargées aussi chacune d'un croissant d'argent, posés deux et un.

95. — Boullon. — D'azur à la fasce d'argent accompagnée de trois tourteaux de même. — Cette famille a donné deux maïeurs à Abbeville, Jean Boullon en 1554, et François Boullon, conseiller au siége présidial d'Abbeville, en 1617 et 1618.

96. — Bourguier (du). — D'azur au chevron d'argent accompagné en chef de deux croissants d'argent et en pointe d'une rose de même. — Jean du Bourguier, seigneur de Rouvroy, conseiller-avocat du roi au présidial, fut maïeur d'Abbeville en 1719.

97. — Bridoult. — De gueules à un agneau d'argent passant sur une terrasse de sinople et adextré d'un lys d'argent, grené d'or, tigé et feuillé de sinople, et senestré d'un arbre d'or mouvant du flanc, accompagné d'un soleil naissant de l'angle dextre du chef.

98. — Brocquet. — D'or à trois merlettes de sable. — Hugues Brocquet fut maïeur d'Abbeville en 1309 et en 1312.

99. — Broutelles. — D'azur à la croix d'argent cantonnée de quatre croissants d'or. — Jean de Broutelles fut maïeur d'Abbeville en 1406. — Famille éteinte au xviii° siècle.

100. — Brunel. — Écartelé, au 1er et 4me d'azur au chevron d'argent accompagné de trois têtes de lion arrachées d'or, au 2me de gueules à trois chevrons de vair, au 3me d'argent au chevron d'azur accompagné de trois aiglettes de gueules.

101. — Bultel. — D'azur au croissant d'argent surmonté de trois étoiles mal ordonnées d'or, et accompagné en pointe d'une flèche d'or mise en pal entre deux roses du même.

102. — Buteux. — D'azur à trois fasces d'or, au héron de même, becqué et membré de gueules, en chef.

103. — Cahon. — D'azur à une barre d'argent et un lion d'or passant sur le tout.

104. — Caisier. — De sable à l'épervier d'or posé sur une branche de même, à l'étoile de même au côté sénestre du chef, à la bordure d'argent. — François Caisier, vicomte de Menchecourt, fut maïeur d'Abbeville en 1558; François Caisier, seigneur de Bellencourt et de Mareuil, fut maïeur d'Abbeville en 1601.

105. — Calippe. — De sable à la fasce d'argent accompagnée de deux étoiles d'or en chef et d'un croissant d'argent en pointe.

106. — Candas (du). — Écartelé, au 1er et 4me palé d'argent et de gueules de six pièces; au 2me et 3me de gueules à trois étoiles d'or.

107. — Canlers. — D'azur à trois chandeliers d'or, deux et un.

108. — Canteleu. — D'azur au chevron d'or accompagné de trois épis de blé d'or. — Jean de Canteleu fut maïeur d'Abbeville en 1567, et Paul de Canteleu, conseiller du roi, le fut aussi en 1667.

109. — Capet. — D'azur à trois oiseaux d'or, au chef d'or au lion issant de sable, armé et lampassé de gueules.

110. — Cardon. — D'or à un chardonneret au naturel perché sur une tige de chardon de sinople mouvante de la pointe de l'écu, surmonté de trois chardons de sinople tigés et feuillés de même, fleuris de gueules, rangés en chef.

111. — Caron. — De sable à une barque d'or voguant sur une fasce ondée et abaissée d'argent, accompagnée en chef de trois besants rangés, d'argent, et en pointe d'un cerbère d'or.

112. — Carpentier. — De gueules à la bande d'or accompagnée en chef de trois oiseaux d'argent et en pointe d'un brochet d'or.

113. — Cateux. — De gueules au sautoir d'argent chargé en cœur d'une fleur de lys de gueules et accompagné de quatre merlettes d'argent.

114. — Catine. — De sinople à trois lions naissants d'or, armés et lampassés de gueules. — Pierre Catine fut maïeur d'Abbeville en 1455, 1459, 1462 et 1465.

115. — Caudel. — D'azur à trois courges d'or, goutantes d'eau d'argent. — François Caudel fut maïeur d'Abbeville en 1511.

116. — Cauvins. — De gueules à trois têtes de léopard arrachées d'or, au chef d'or chargé d'un lambel d'azur. — Cette famille donna, en 1220, un maïeur Raoul Cauvins, à la ville d'Abbeville.

117. — Caux. — Échiqueté d'argent et de sable, au chef d'or chargé d'un lion léopardé de gueules.

118. — Cayeu. — D'azur au chevron d'argent accompagné de trois étoiles d'or.

119. — Charlet. — De gueules au lion passant d'argent chargé sur l'épaule d'un croissant de sable, à l'orle de merlettes d'argent.

120. — Chauvin. — D'or à la croix de vair, cantonnée de quatre grappes de raisin d'azur et de seize flammes de gueules.

121. — Chaveton. — D'azur à la fasce d'or accompagnée de trois roses de même.

122. — Chivot. — D'or au chevron d'azur accompagné de trois poireaux de gueules, tigés et feuillés de sinople.

123. — Ciconne. — Bandé d'or et d'azur de six pièces.

124. — Clarbours. — D'or au bouc de sable, au chef d'azur chargé de trois étoiles d'or. — Sauvalo Clarbours fut maïeur d'Abbeville en 1228 et 1229.

125. — Clarembault. — D'azur au sautoir d'or chargé de cinq roses de gueules. — Gauthier Clarembault fut maïeur d'Abbeville en 1192 et 1198.

126. — Cocquet. — D'azur à trois coqs d'or, onglés, crêtés et becqués de gueules. — Renaud Cocquet fut maïeur d'Abbeville en 1320 et 1325.

127. — Coulars. — D'azur à l'aigle éployée d'or, membrée et becquée de gueules. — Firmin Coulars fut maïeur d'Abbeville en 1295 et 1305 ; Étienne Coulars le fut aussi en 1321, 1324, 1328, 1332, 1335 et 1351 ; Étienne Coulars, le jeune, fils du

précédent, fut maïeur en 1353, 1357, 1361, 1366, 1371, 1375, 1378 et 1381.

128. — Coulon. — D'azur à trois cygnes, *alias* trois pigeons d'argent, membrés et becqués de gueules.

129. — Couffes. — De gueules à trois coupes à l'antique d'or.

130. — Court. — D'azur à une gerbe d'or accompagnée de trois croissants d'argent, deux et un.

131. — Courtois. — De sinople à trois aigles d'argent, becqués et membrés de gueules.

132. — Creton. — D'azur à un chevron d'argent surmonté d'un croissant de même, et accompagné de trois billettes d'or, deux en chef, une en pointe.

133. — Crignon. — De gueules au chevron d'argent accompagné de trois grillons de même.

134. — Cuffe. — D'azur à la bande d'or chargée de trois roses de gueules.

135. — Cuignet. — D'azur au chevron d'hermines accompagné de trois oiseaux d'argent.

136. — Dailly. — D'or à trois ognons d'ail arrachés de sable, deux et un.

137. — Darragon. — De sinople à trois jumelles d'or.

138. — Daverloing. — De gueules au chevron d'or accompagné de deux roses en chef et d'une étoile en pointe, le tout d'or.

139. — Délegorgue. — D'or à trois merlettes de sable.

140. — Démery. — D'argent à la quintefeuille de gueules, à l'orle de huit merlettes de sable.

141. — Dénel. — D'or à trois lions de sable, œillés, membrés et lampassés de gueules.

142. — Derly. — D'or au lion de gueules, armé et lampassé d'azur.

143. — Deschamps. — De sinople à deux lions croisés l'un sur l'autre d'or, armés et lampassés de gueules.

144. — Descroisettes. — D'azur à la fasce d'argent chargée de

trois canes de sable, et accompagnée de treize croisettes d'argent, six en chef, trois et trois, et sept en pointe, trois, trois et une.

145. — DESLAVIERS. — De sable à la fasce d'argent chargée de trois hures de sanglier de sable, et accompagnée de six croisettes d'or, trois en chef, trois en pointe, au franc-quartier d'azur fretté d'argent.

146. — DESPOS. — Écartelé, au 1er et 4me de sable à une aiguière d'argent ; au 2me et 3me de gueules à une sirène d'argent, tenant un miroir et un peigne de même. — Une rue d'Abbeville porte encore le nom de cette famille.

147. — DESROCHES. — De sable au chien braque rampant d'or, colleté de gueules.

148. — DIRIGNÉ. — D'azur à un cerf passant d'or, surmonté d'une moucheture d'hermines au 2me canton.

149. — DOUVILLE. — Écartelé, au 1er et 4me de gueules à la tour d'argent maçonnée de sable ; au 2me et 3me d'azur à trois étoiles d'or. — Cette famille, qui acquit la noblesse au siècle dernier par des charges de magistrature, a donné deux maïeurs à Abbeville, en 1759 et 1760 Nicolas-Jean Douville, seigneur de Maillefeu, conseiller-magistrat, et de 1786 à 1789 Pierre-Jean-François Douville, chevalier, seigneur d'Ouville-les-Alliel, Maillefeu et Villeroy, ancien gendarme de la garde du roi et capitaine de cavalerie.

150. — DUCHÉ. — D'azur à une grue d'argent, la patte dextre levée tenant un caillou d'or, à un chef d'or chargé de trois roses de gueules boutonnées d'or, à une bordure de gueules chargée de huit besants d'or.

151. — DUCHESNE. — D'azur au chevron d'or accompagné de trois glands de même. — Cette famille possède la noblesse depuis le siècle dernier. Noble homme Adrien Duchesne, conseiller, fut maïeur d'Abbeville en 1674; maître François Duchesne, avocat au présidial, conseiller du roi aux traites d'Abbeville, le fut en 1718; Jean-Claude Duchesne, écuyer, seigneur de Cour-

celles et la Motte, conseiller-secrétaire du roi, fut aussi maïeur en 1751 et 1752.

152. — Dugardin. — D'azur au chevron d'or accompagné de trois violettes tigées et feuillées d'argent. — Cette famille fut anoblie en 1699.

153. — Duval. — D'azur au sautoir d'or cantonné d'une croisette d'argent en chef, et de trois coquilles d'or. — Cette famille a donné quatre maïeurs à Abbeville, Blaise Duval, ancien juge des marchands, en 1729, Blaise Duval, seigneur de Bommy, conseiller élu en l'élection de Ponthieu, Nicolas-Pierre Duval, seigneur de Soicourt, conseiller du roi, son lieutenant particulier, assesseur criminel en la sénéchaussée de Ponthieu, en 1763 et 1764, et enfin Nicolas Duval de Soicourt, ancien mousquetaire du roi, de 1777 à 1781.

154. — Facebroye. — D'azur à trois aigles éployées d'or, membrées et becquées de gueules. — Gauthier Facebroye fut maïeur d'Abbeville en 1219.

155. — Famechon. — D'azur au chevron d'argent accompagné de trois trèfles de même et surmonté d'un cor de chasse aussi d'argent, lié de gueules.

156. — Farsy. — D'azur au chevron d'or accompagné de trois roses de même boutonnées de gueules.

157. — Fauvel. — D'azur à la croix d'argent cantonnée de quatre étoiles d'or.

158. — Firmin. — D'azur à un chevron d'or accompagné de trois têtes de levriers arrachées d'argent, accolées de gueules et bouclées d'argent.

159. — Flamenc. — De sable au croissant d'or surmonté d'une flamme de gueules, au lambel d'or de trois pendants en chef. — Cette ancienne famille a donné un maïeur à Abbeville, Firmin Flamenc, en 1389, 1392 et 1401.

160. — Formentin. — D'azur à trois épis de froment d'or, tigés et feuillés de même, rangés sur une terrasse de sinople, accompagnés en chef d'une étoile à six rais, d'or.

161. — Foucques. — D'or à trois foulques de sable, membrés et becqués de gueules. — Cette famille, en possession de la noblesse depuis le siècle dernier, a donné deux maïeurs à Abbeville, Pierre Foucques, sieur de Bonval, ancien juge des marchands, en 1688, et Pierre Foucques, écuyer, seigneur de Bonval, Vironchaux et autres lieux, conseiller, en 1740.

162. — Fossé. — D'argent à un cœur enflammé de gueules, cotoyé de deux rinceaux d'olivier de sinople, accompagné, en chef, de deux étoiles de gueules, et en pointe, d'un croissant de même.

163. — Franqueville. — D'argent à trois forêts de gueules, deux et un, et un lambel d'azur en chef. — Artus de Franqueville, auditeur du roi en la sénéchaussée de Ponthieu, fut maïeur d'Abbeville en 1509.

164. — Froissart. — D'azur à une fasce haussée d'or, surmontée de trois trèfles de même, rangés en chef, et accompagnée en pointe d'une canette d'argent, becquée et éclairée de gueules, nageant sur des ondes d'argent.

165. — Gaignerel. — D'argent à trois palmes de sinople.

166. — Galland. — De sinople à trois rencontres de cerf d'argent, les cornes d'or.

167. — Gallempoix. — D'azur à l'arbre d'or, au chef cousu de gueules, chargé de trois merlettes d'or.

168. — Gallet. — D'azur à trois besants d'or.

169. — Gallet. — D'azur au chevron d'or chargé de trois roses de gueules.

170. — Gallet. — D'or au lion de sable, armé et lampassé de gueules, au chef de gueules chargé de trois besants d'argent.

171. — Gannelon. — D'or à la fasce d'azur, accompagnée de trois feuilles de chêne de sinople.

172. — Gasse. — De gueules à un laurier d'or fruité de sable, accompagné en chef de deux étoiles d'or.

173. — Geudre. — D'azur à l'aigle éployée d'or, membrée et becquée de gueules.

174. — Gillebelée. — D'azur au chevron d'or, accompagné de trois gerbes de blé de même. — Bernard Gillebelée fut maïeur d'Abbeville en 1234.

175. — Gisors. — D'azur au casque d'or, accompagné en chef de deux croissants et en pointe d'une rose de même. — Gauthier de Gisors fut maïeur d'Abbeville en 1271.

176. — Godquin. — D'or au tau de sable, au chef d'azur chargé de trois étoiles d'argent.

177. — Gorre. — Écartelé, au 1er et 4me de gueules à trois cornets d'or, virolés de sable; au 2me et 3me d'or au gonfanon de gueules, chargé de trois besants du champ. — Pierre Gorre fut maïeur d'Abbeville en 1334, 1339, 1347 et 1350.

178. — Gourdin. — D'azur à la cloche d'argent, bataillée de sable.

179. — Gouvion. — D'or au chevron d'azur, accompagné de trois poissons de gueules.

180. — Grébaumaisnil. — D'argent à la fasce de gueules, accompagnée en chef d'une étoile de sable accostée de deux flammes de gueules, et en pointe d'un lion passant de sable, armé et lampassé de gueules.

181. — Griffon. — De gueules au griffon d'or. — Cette famille est en possession de la noblesse depuis le xviiie siècle; elle a donné cinq maïeurs à Abbeville, Jean Griffon, seigneur de St.-Séverin, conseiller, en 1679, 1680 et 1682; Nicolas Griffon, seigneur de St.-Séverin, conseiller, en 1727, et Claude Griffon d Offoy, chevalier de St.-Louis, ancien capitaine d'infanterie au régiment de Flandre, en 1775 et 1776.

182. — Grossens. — De gueules à la bande d'or accompagnée de deux écussons de vair. — Thomas Grossens ou Le Gros, fut maïeur d'Abbeville en 1231.

183. — Guyèvre. — De gueules à deux fasces crénelées de trois pièces, d'argent. — Colart de Guyèvre fut maïeur d'Abbeville en 1471.

184. — Harencq. — D'or au lion de sable, armé et lampassé de gueules.

185. — Haudecoustre. — D'argent à trois fasces d'azur.

186. — Haudrechies. — D'argent à la bande d'azur chargée de trois coquilles d'or et accompagnée de deux étoiles de gueules.

187. — Hault. — D'azur à trois croissants d'or.

188. — Héricy. — D'azur à un chevron d'or, accompagné en chef de deux molettes de cinq pointes, et en pointe d'un houx de cinq feuilles, arraché, de même.

189. — Hermant. — Écartelé, au 1er et 4me, de gueules à la bande de vair; au 2me et 3me, d'azur à trois chevrons d'or; à un écu d'or sur le tout. — Octavien Hermant, conseiller, fut maïeur d'Abbeville en 1625 et 1626.

190. — Hermer. — De gueules à trois pals d'or, au chef d'hermines. — Jean Hermer fut maïeur d'Abbeville en 1354 et 1358.

191. — Héron. — D'or, à la fasce vivrée de sable, accompagnée de trois étoiles de même.

192. — Heu. — D'or à la croix écotée de gueules, cantonnée de quatre trèfles de sinople.

193. — Hubert. — D'azur, à la rencontre de cerf d'argent, arrachée de gueules.

194. — Huppy. — D'azur au chevron d'or, accompagné de trois huppes de même.

195. — Lagache. — D'argent, au pin de sinople surmontée d'une corneille (en picard : *une agache*) de sable.

196. — Laignel. — D'azur, au mouton d'argent.

197. — Lannel. — De gueules, à quatre demi-vols d'argent formant deux chevrons, l'un sur l'autre.

198. — Langlois. — D'argent à trois tierces d'azur, au chef de gueules chargé d'un lion léopardé d'or. Cette famille, l'une des plus anciennes de bourgeoisie d'Abbeville, donna cinq maïeurs à cette ville au xiie et xiiie siècles, Alard Langlois en 1191, Hugues Langlois en 1199, Alard Langlois en 1201 et 1207, et Gilles Langlois en 1273.

199. — Lardé. — D'azur au chevron d'or, accompagné de trois coquilles d'argent.

200. — Lardier. — De gueules, à un fer de rateau d'or, les pointes en bas.

201. — Le Blanc. — D'azur au chevron d'argent, accompagné de trois quintefeuilles de même, au chef d'or, chargé d'un lion léopardé de gueules.

202. — Le Borgne. — D'or, au chevron de sable accompagné de trois merlettes de même.

203. — Le Borgne. — D'azur, au lion passant d'or, armé et lampassé de gueules, à la bande de gueules lozangée d'argent brochant sur le tout.

204. — La Broye. — D'argent, à la croix de gueules chargée de cinq pommes de pin d'or, à une merlette de sable au canton dextre de la croix.

205. — Le Carbonnier. — D'or, au lion de gueules. — Bernard Le Carbonnier fut maïeur d'Abbeville, en 1226.

206. — Le Caron. — D'argent à la bande d'azur, accompagnée en chef de deux merlettes de sable, et en pointe d'une étoile de gueules. — Colart Le Caron fut maïeur d'Abbeville en 1385 et 1393.

207. — Le Cirier. — D'azur à trois licornes d'or.

208. — Le Conte. — D'azur à la bande d'argent chargée de deux trèfles de sable et accompagnée de deux étoiles d'or.

209. — La Court. — D'azur à trois hocqs d'or.

210. — Le Devin. — D'or à trois grappes de raisin d'azur, tigées de sinople : *aliàs*, d'or à trois pommes de pin d'azur.

211. — Le Fèvre. — De sinople à la croix d'argent ; *aliàs* d'argent à la croix de sinople.

212. — Le Febvre. — De sinople à une fasce bretessée d'or, accompagnée de trois grenades d'or, tigées et feuillées de même, ouvertes et grainées de gueules, posées 2 et 1.

213. — Le Fèvre. — De sable à un chevron d'argent chargé de

trois roses de gueules, boutonnées d'or. — Cette famille, aujourd'hui éteinte, était en possession de la noblesse au siècle dernier, et la seigneurie de Harcelaines lui appartenait.

214. — Le Febvre. — D'azur à une fasce d'argent, accompagnée de trois molettes d'éperon d'or, au chef d'or chargé de deux pals de gueules, accompagnés de trois merles de sable, membrés et becqués de gueules. — Cette famille acquit la noblesse au siècle dernier par des charges de magistrature. Charles Le Febvre, seigneur du Grosriez, conseiller-magistrat en la sénéchaussée de Ponthieu, fut maïeur d'Abbeville en 1758.

215. — Le Febvre. — D'argent, au chevron d'azur, accompagné de trois fèves de sinople. — Comme la précédente, cette famille fut mise en possession de la noblesse, au siècle dernier, par des charges de magistrature. Jacques Le Febvre, seigneur des Amourettes, conseiller-magistrat, fut aussi maïeur en 1738 et 1739.

216. — Le Febvre. — De gueules à trois chevrons d'or, au chef cousu d'azur, chargé d'une tête de lion d'argent, lampassé de gueules.

217. — Le Forestier. — D'azur à trois forêts d'or.

218. — La Fosse. — D'argent au lion de gueules.

219. — La Garde. — D'azur à une tour crénelée de quatre pièces, d'or, maçonnée et ajourée de deux fenêtres de sable, enflammée de trois flammes de gueules mouvantes d'entre les créneaux. — Ancienne famille qui a beaucoup marqué en Ponthieu, et a donné des maïeurs à Abbeville, Jean de la Garde, seigneur de Cumont, en 1612, et François de la Garde, seigneur de Cumont, en 1641 et 1642.

220. — Le Gillon. — D'azur à deux lions adossés d'or, armés et et lampassés de gueules.

221. — La Hodde. — De sinople au croissant d'argent, surmonté d'une étoile de même.

222. — Le Maire. — D'argent au lion de gueules, armé et lam-

passé d'azur, à la cotice d'azur brochant sur le tout. — Pierre Le Ma. fut maïeur d'Abbeville en 1209 et 1214.

223. — Le Mercher. — D'argent au chevron de gueules accompagné de trois besants d'azur.

224. — Lempereur. — D'azur à l'aigle éployée d'or, becquée et membrée de gueules, accompagnée de deux trèfles du même en chef, et d'un cœur de gueules en pointe.

225. — Le Messier. — D'argent à la fasce d'azur accompagnée de trois hermines de sable.

226. — Le Noir. — Écartelé, au 1er et 4me d'argent à la croix ancrée de gueules, au 2me et 3me d'argent à trois roses de gueules.

227. — Le Petit. — De gueules à l'aigle d'or, au chef d'argent chargé de trois étoiles d'azur. — Jean Petit fut maïeur d'Abbeville, en 1307.

228. — Le Porc. — D'argent à trois hures de sanglier de sable, au chef de gueules chargé de trois oiseaux d'or.

229. — Le Prestre. — D'azur à trois têtes de lévrier d'argent, colletées de gueules et bouclées d'or.

230. — La Rade. — De gueules à la croix d'argent chargée en chef d'une aigle éployée de sable, et accompagnée en pointe de deux aigles de même, aux deux derniers cantons.

231. — La Rivière. — D'argent au lion de sable, armé et lampassé de gueules, à la bordure de même.

232. — Lerminier. — D'argent à trois mouchetures d'hermines de sable.

233. — Leschelle. — D'azur à une échelle d'argent mise en fasce, accompagnée de trois taux de même.

234. — Le Sergent. — D'azur à la main d'argent tenant une massue de même, et sortant d'une nuée aussi d'argent mouvant du flanc dextre de l'écu.

235. — L'Estoile. — De gueules au chevron d'or accompagné de trois étoiles de même.

236. — Le Sueur. — D'azur au héron d'argent, becqué et membré d'or, au chef de même. — Nicolas Le Sueur, seigneur de Frireules et du Saussoy, fut maïeur d'Abbeville en 1527.

237. — Le Vasseur. — D'azur au compas d'or, accompagné de trois croissants de même.

238. — Lévesque. — D'azur au cœur percé de flèches d'argent, au chef de gueules chargé de trois fleurs de lys d'or, mises en face. — Jean Lévesque, seigneur de Flixicourt, Angerville, Neuvilette et Fouilly, conseiller du roi, fut maïeur d'Abbeville de 1765 à 1767.

239. — Lhuillier. — De gueules à la fasce d'or chargée d'une vivre d'argent, et accompagnée de trois croissants d'or.

240. — Liault. — De gueules à l'ancre d'argent accompagnée de trois croix patées d'or.

241. — Liscot. — D'azur à un coq d'or, coupé d'azur à trois bandes d'or.

242. — Locquet. — De gueules au sautoir d'argent, cantonné de quatre roues d'or.

243. — Loingtier. — D'azur à la gerbe d'or en pointe, à deux aigles éployées de même en chef.

244. — L'Orfèvre. — D'or au chevron de gueules, chargé de sept hermines de sable, et accompagné de trois oiseaux de sable, membrés et becqués de gueules. — Jean L'Orfèvre fut maïeur d'Abbeville en 1310, 1312 et 1313.

245. — Lucas. — D'azur au chevron d'argent, accompagné de trois têtes de lion arrachées d'or, lampassées de gueules.

246. — Machard. — De gueules à un char de triomphe d'or, pointé d'un mat de navire de même, orné d'une girouette d'argent, et un chef cousu d'azur, chargé de trois étoiles d'argent.

247. — Maillart. — D'azur à un canard ou maillart d'argent nageant dans une mer de même et portant dans son bec une branche de laurier d'or, surmontée de deux croissants de même.

248. — Mallart. — D'azur au lion d'or, armé et lampassé de gueules.

249. — Mallot. — D'argent à l'ancre de sable, au chef de gueules chargé de trois pattes d'oiseaux mises en fasce.

250. — Marchant. — D'azur au chevron d'or, accompagné de trois trèfles de même.

251. — Marcq (du). — D'argent au chapeau de sable.

252. — Mathon. — D'azur à la galère équipée d'argent, accompagnée de trois croix patées de même.

253. — Maurice. — D'argent à la fasce de gueules, accompagnée en chef de deux croissants et en pointe d'un trèfle, le tout de sable : *alias*, d'or à trois mures de pourpre, feuillées de sinople. — Antoine Maurice, seigneur de Baynast, ancien juge des marchands, fut maïeur d'Abbeville en 1722.

254. — Mautort. — De sable à la fasce d'or, accompagnée de trois têtes de lion arrachées d'or. — Pierre de Mautort fut maïeur d'Abbeville en 1411.

255. — Mention. — D'argent à la bande de sable accompagnée de six billettes de même.

256. — Mercher. — D'argent au chevron de gueules, accompagné de trois trèfles de sable.

257. — Michault. — D'azur à la fasce d'or, accompagnée de trois canards de même, becqués et membrés de gueules.

258. — Moisnel. — D'azur à trois moineaux d'argent, *alias* d'or à trois moineaux de sable, *alias* d'azur à la bande d'argent chargée de trois trèfles de sable.

259. — Moitié. — D'argent au pin de sinople, tranché par le milieu.

260. — Mont. — De gueules à la licorne d'argent.

261. — Monvoisin. — D'argent à une montagne de cinq copeaux de sinople, au chef d'azur chargé de trois étoiles d'or, *alias* d'azur au chevron d'argent, accompagné de trois croix recroisetées d'or.

262. — Morant. — De gueules à la bande d'hermines.

263. — Morel. — D'azur à trois aigles d'or, becquées et membrées de gueules.

264. — Nacart. — D'argent à une croix ancrée de gueules, à une bande d'azur chargée de cinq églises d'argent, brochant sur le tout.

265. — Noel. — D'azur à trois pattes de griffon d'or, les deux du chef affrontées, au croissant d'argent en chef.

266. — Normant. — D'azur à trois croix pleines d'argent.

267. — Nouretier. — D'argent à trois têtes de maure de sable, tortillées d'argent.

268. — Noyelles. — D'argent à la fasce d'azur, accompagnée en chef de trois fleurs de lys de gueules, et en pointe d'une molette de sable. — Jean de Noyelles fut maïeur d'Abbeville en 1478.

269. — Noyers (des). — De gueules au sautoir d'argent cantonné de quatre merlettes de même, coupé d'argent au lion d'azur, au chef de gueules.

270. — OEuilliot. — D'or à une tige d'œillet de sinople, portant trois fleurs de gueules.

271. — Palette. — D'azur à trois vases d'or.

272. — Patin. — De sinople au chevron d'or, accompagné de trois merlettes de même. — Gontier Patin fut le premier maïeur d'Abbeville. Il occupa cette charge pendant les années 1184, 1193 et 1200.

273. — Patrichon. — D'azur au sautoir d'or, accompagné de quatre étoiles d'or.

274. — Pelé. — De sable au croissant d'or, surmonté d'une flamme de même, au lambel de gueules en chef.

275. — Pélerin. — D'azur au bourdon d'or, accompagné en chef de deux étoiles d'or, en fasce de deux coquilles de même, et en pointe d'un croissant d'argent. — Gauthier Pélerin fut maïeur d'Abbeville en 1215 et 1224.

276. — Pellet. — D'azur à une fleur de lys d'or, à la bordure engrêlée de même.

277. — Pennel. — D'azur au chevron d'or, accompagné de trois plumes d'argent. — Louis Pennel fut maïeur d'Abbeville en 1497.

278. — Piffes. — D'azur au chevron d'or, accompagné de trois merlettes de même. — Torestan et Guiffroy Piffes furent tous deux maïeurs d'Abbeville, le premier en 1231 et 1236, le second en 1241.

279. — Pigniel. — D'azur au lion d'or, accompagné de trois croix patées d'argent.

280. — Poilly. — D'or à la croix de gueules, chargée de cinq coquilles d'or, à la bordure engrêlée de même.

281. — Poiret. — D'argent au chevron d'azur, accompagné de trois poireaux au naturel.

282. — Pont (du). — D'azur au pont d'or, maçonné de sable. — Hugues du Pont fut maïeur d'Abbeville en 1267, 1268, 1270, 1272, 1276, 1278 et 1287.

283. — Ponthieu. — D'azur à deux roses d'or en chef, et un croissant de même en pointe : *alias*, d'or au chevron de gueules, accompagné de trois oiseaux de sable.

284. — Potier. — D'azur au chevron d'or, accompagné de trois pots de même.

285. — Poultrain. — D'or au cheval *poultre* de sable.

286. — Prouville. — De sinople à la croix engrêlée d'argent.

287. — Quesmont. — D'or à trois roses de gueules mises en fasce, accompagnées, en chef et en pointe, de deux jumelles d'azur.

288. — Quevauvillers. — De gueules au croissant d'argent, surmonté d'une rose d'or.

289. — Retart. — D'azur à trois fasces ondées d'argent, au chef d'argent chargé de trois flammes de gueules.

290. — Revel. — D'azur à la bande d'or, écartelé de gueules à

trois quintefeuilles d'or. — Willard Revel fut maïeur d'Abbeville en 1282, 1285, 1286 et 1294.

291. — Rey. — D'azur au chevron d'argent, accompagné en chef de deux étoiles, et en pointe d'une anille, le tout de même.

292. — Ribaucourt. — D'argent à trois fasces ondées d'azur.

293. — Rogehan. — D'argent à trois fasces de sinople, chargées de six besants d'or, 3, 2 et 1. — Gauthier de Rogehan fut maïeur d'Abbeville en 1189.

294. — Rohault. — D'azur au chevron d'or, accompagné de trois croissants de même.

295. — Roiel. — De gueules au chevron d'or, accompagné en chef de deux trèfles d'or, et en pointe d'une quintefeuille percée de même.

296. — Roussel. — D'or au pin de sinople, fruité de gueules.

297. — Saint-Lau. — D'argent au massacre de cerf de gueules.

298. — Saint-Sanson. — De gueules, semé de trèfles d'or, à trois calices de même.

299. — Sauvageon. — D'argent au pommier de sinople, au chef d'azur chargé de trois étoiles d'argent.

300. — Savary. — D'argent au chevron d'azur, accompagné en pointe d'un pin de sinople, et en chef de deux étoiles de gueules.

301. — Scourion. — D'azur à trois gerbes d'or liées de même.

302. — Serpes. — D'azur à trois serpes d'hermine, emmanchées d'or.

303. — Thibault. — Écartelé, au 1er et 4me, d'azur au lion d'or; au 2me et 3me, d'or à la bande de gueules, à la bordure de même.

304. — Thierry. — D'azur au chevron d'or, accompagné de trois étoiles de même.

305. — Tiercelin. — D'argent à deux tierces d'azur mises en sautoir, accompagnées de quatre merlettes de sable. — Gauthier Tiercelin fut maïeur d'Abbeville en 1212.

306. — Tirmont. — D'argent au chevron d'azur, accompagné en pointe d'une aigle éployée, à deux têtes, becquée et membrée de gueules, au chef d'argent chargé d'un daim rampant de gueules.

307. — Toressart. — D'or à trois besants de sable, surmontés chacun d'une flamme de gueules. — Hugues Toressart fut maïeur d'Abbeville en 1217.

308. — Toullet. — De gueules à un chevron d'or, accompagné en chef de deux fleurs tigées et feuillées d'or, et en pointe d'un paon rouant, de même.

309. — Touvoyon. — D'azur au lion d'argent, couronné d'or, armé et lampassé de gueules. — Firmin de Touvoyon fut maïeur d'Abbeville en 1369.

310. — Turpin. — D'or à trois merlettes de sable, au chef d'azur chargé de trois pommes de pin d'or.

311. — Vacossins. — Écartelé, au 1er et 4me d'or à trois cœurs de gueules mis en bande, au 2me et 3me d'argent à trois clés de sable, deux et une. — Claude de Vacossins, conseiller, fut maïeur d'Abbeville en 1579.

312. — Vacquette. — Écartelé, au 1er et 4me d'argent à trois fasces d'azur, au 2me et 3me d'argent fretté de sable, au chef de gueules chargé de trois besants d'or.

313. — Val (du). — D'azur au sautoir d'or, accompagné de trois coquilles de même.

314. — Vicaire. — De gueules à la bande d'hermines, au chef d'or chargé de trois tourteaux de gueules. — Jean Vicaire fut maïeur d'Abbeville en 1311.

315. — Viedieu. — D'azur au triangle annelé d'or, accompagné de trois besants de même. — Pierre Viedieu fut maïeur d'Abbeville en 1340, 1343 et 1344.

316. — Waignart. — D'azur au chevron d'or accompagné de trois croix recroisetées de même.

317. — Wattebled. — D'azur à la gerbe de blé d'or, liée de

même, surmontée d'un coq d'or, membré, crété et becqué de gueules.

318. — WAUTRICQUE. — D'azur au lion d'or, à l'orle de coquilles de même, chargé en cœur d'un écu de gueules à une autruche d'or, tenant dans son bec un fer de cheval de même.

319. — WIGNIER. — D'azur à un chevron d'or, accompagné de trois étoiles d'argent. — Cette famille acquit la noblesse au siècle dernier par des charges de magistrature.

TABLE.

TABLE
DES GÉNÉALOGIES

CONTENUES DANS CE VOLUME.

	Pages.		Pages.
Abbeville	1	Baynast	32
Abraham	3	Beauchamp	36
Acheu	4	Beauvarlet	37
Aigneville	7	Becquet	37
Ailly	10	Bellangreville	38
Ainval	10	Belleval	38
Alegrin	13	Belloy	53 et 327
Aoust	14	Bernard	53
Arrest	15	Bersacles	55
Au-Costé	17	Biencourt	55
Ault	18	Blottefière	60
Aumale	19	Bommy	64
Auxy	27	Boubers	66
Avisse	27	Boufflers	69 et 348
Bacouel	29	Boulogne	69
Bailleul	31	Bourdin	70
Ballen	31	Bournel	71

	Pages.		Pages.
Boussart	75	Gribauval	146
Boutery	76	Groiseliers (des)	147
Bresdoul	77	Grouches	150
Brestel	79	Gueschard	150
Briet	80	Hallwin	153
Bristel	81	Hamel (du)	155
Buigny	82	Hardenthun (Anvin de)	157
Bus	85	Hesdin	159
Cacheleu	89	Heudain	160
Cacheleu	92	Journe	161
Calonne	94	La Fresnoye	163
Cannesson	96	La Houssoye	164
Carpentin	98	Lamiré	166
Carue	100	Laudée	169
Clabault	102	Lavernot	170
Coppequesne	103	Le Bel	171
Cordier	104	Le Blond	174
Cornu	105	Le Boucher	174
Cromont	107	Le Boucher	178
Damiette	109	Le Briois	180
Danzel	110	Le Caucheteur	182
Danzel	112	Le Fèvre de Caumartin	182
Descaules	115	Le Flameng	182
Doncœur	116	Le Moictier	183
Dourons	116	Lenganeur	184
Drucat	117	Lenglacé	185
...felin	119	Le Prévost	186
Fontaines	120	Le Quieu	188
Forceville	132	Le Roy	189
Frieucourt	135	Le Roy	195
Gaillard	137	Le Sage	199
Gaude	140	Lesperon	201
Godart	142	Lessopier	204
Gourguechon	142	L'Estoile	205
Gourlay	143	Le Vasseur	207
Grambus	145	Le Vasseur	209

	Pages.		Pages.
Le Vasseur	240	Nouvillers	261
Le Ver	243	Pappin	263
Limeu	224	Pocholles	266
Lisques	222	Polhoy	267
Lourdel	227	Postel	269
L'Yver	227	Quiéret	271
Machy	231	Rambures	277
Macquet	232	Rambures	280
Maillefeu	233	Rouault	283
Maisniel (du)	234	Roussel	288
Malicorne	238	Routier	289
Manessier	239	Rumet	290
Mannay	245	Saint-Blimond	293
Manssel	247	Saint-Souplis	299
Martainneville	249	Teuffles	303
Massue	250	Tillette	304
Matiffas	252	Truffier	310
Maupin	254	Vaillant	313
May	256	Vaudricourt	316
Monthomer	259	Vincent	319
Moyenneville	260	Wierre	323
Nibas	261		

ARMORIAL D'ABBEVILLE ET DE PONTHIEU 363

FIN DE LA TABLE.

Amiens. — LEMER aîné, imp. de la Société des Antiquaires de Picardie.

www.ingramcontent.com/pod-product-compliance
Lightning Source LLC
Chambersburg PA
CBHW052039230426
43671CB00011B/1716